湛庐 CHEERS

与最聪明的人共同进化

HERE COMES EVERYBODY

U0101936

语言本能

The Language Instinct

How the Mind Creates Language

人类语言进化的奥秘

[美] 史蒂芬·平克
Steven Pinker 著

欧阳明亮 译

浙江科学技术出版社

测一测

你了解语言的无限魅力吗？

扫码激活这本书
获取你的专属福利

扫码获取全部测试题及答案
一起了解人类语言进化的
奥秘

- 教育程度偏低的人群语言表达能力也会差一些，这是真的吗？
  A. 真
  B. 假

- 有些语法在婴儿诞生之初就存在于他们的大脑之中了，这是真的吗？
  A. 真
  B. 假

- 小孩语法不好，这是因为他们缺少一个有关语法的显性基因，这是真的吗？
  A. 真
  B. 假

扫描左侧二维码查看本书更多测试题

Steven Pinker

史蒂芬·平克

当代思想家
世界顶尖语言学家和认知心理学家

Steven Pinker

世界顶尖语言学家和认知心理学家

史蒂芬·平克，犹太人，1954 年 9 月 18 日出生于加拿大蒙特利尔。

1976 年，平克取得加拿大麦吉尔大学心理学学士学位；1979 年，取得哈佛大学实验心理学博士学位。

1980—1982 年，平克先后在哈佛大学、斯坦福大学担任助理教授。之后，他加入麻省理工学院，开始在脑与认知科学系任教，专心研究儿童的语言学习模式。他认为，语言是人类经过自然选择形成的一种适应功能，通过不断再生和优化，语言同手、眼等器官一样也在进化。1990 年，平克和他的学生——现耶鲁大学心理学教授保罗·布卢姆（Paul Bloom）联名发表了论文《自然语言和自然选择》（*Natural Language and Natural Selection*），在学术界引起巨大反响。

在这篇论文的启发下，平克出版了《语言本能》一书。这本书一经出版，就成为轰动一时的畅销书，并入选《美国科学家》杂志（*American Scientist*）评出的"20 世纪 100 本最佳科学书籍"。凭借此书的成功，平克得以拓展研究领域，开始思索更宽泛的人性问题。史蒂芬·平克于 1994 年成为麻省理工学院认知神经学中心的掌门人。

2003 年，平克回到哈佛大学，担任哈佛大学心理学教授。2008—2013 年，因在教学方面的杰出贡献，史蒂芬·平克被授予哈佛学院荣誉教授头衔。

截至目前，平克获得了麦吉尔大学、纽卡斯尔大学、特拉维夫大学等多所大学授予的 9 个荣誉博士学位；共出版了 9 部面向大众的通俗著作，并于 1998 年和 2003 年两次入围普利策奖终选名单。

1986 年，平克获得美国心理学协会的博伊德·麦克坎德莱斯奖（Boyd McCandless Award），1993 年获得美国国家科学院特罗兰研究奖（Troland Research Award），2004 年获得英国皇家神经科学亨利·戴乐奖（Henry Dale Prize），2010 年获得认知神经科学学会的乔治·米勒奖（George A. Miller Prize）。

平克的父亲曾是一名律师，母亲曾是一所中学的副校长。他的妹妹苏珊·平克（Susan Pinker）也是著名的发展心理学家，是畅销书《性别悖论》（*The Sexual Paradox*）和《村落效应》（*The Village Effect*）的作者。

史蒂芬·平克在其著作《词与规则》（*Words and Rules*）中引用了小说家和哲学家丽贝卡·戈尔茨坦（Rebecca Goldstein）小说中的不规则动词 "stridden"，他们因此而相识。丽贝卡·戈尔茨坦十分敬仰平克，她说，自大卫·休谟（David Hume）之后，就没有哪位思想家打动过她，但平克是个例外。2007 年，史蒂芬·平克与丽贝卡·戈尔茨坦结婚，这是他的第三次婚姻。

Steven Pinker

当代思想家

2004 年，平克当选《时代周刊》"全球 100 位最有影响力人物"。2005 年和 2008 年，他两度被《前景》(*Prospect*) 杂志和《外交政策》(*Foreign Policy*) 杂志联合评选为"世界最受尊敬的 100 位公共知识分子"。

2006 年，因在人类进化知识普及方面的突出贡献，史蒂芬·平克当选美国人道主义协会（American Humanist Association）"年度人道主义者"。

2010 年和 2011 年，平克两度被《外交政策》杂志评选为"全球顶尖思想家"。在 2013 年《前景》杂志"最伟大思想家"的评选中，平克名列第三。

2016 年，平克当选为美国国家科学院院士。2021 年，根据学术影响力网站（Academic Influence）的计算，在 2010—2020 年的 10 年间，平克是世界上第二大最有影响力的心理学家。

史蒂芬·平克典藏大师系列

作者演讲洽谈，请联系
BD@cheerspublishing.com

更多相关资讯，请关注

湛庐文化微信订阅号

 湛庐CHEERS 特别制作

赞　誉

　　与我同年同月出生的史蒂芬·平克教授是我们这一代语言研究工作者的骄傲。作为继乔姆斯基之后认知科学领域研究语言与心智关系的领军人物，平克在其可读性极强的著作《语言本能》中为我们开启了一扇了解语言器官、破解语法基因、进入人类心智本性的大门。平克从生物进化论和心理语言学的交叉视角，以大量的基于日常生活和流行文化的语言案例，揭开了语言神秘的面纱，证明了语言的生物学基础和生物遗传性。语言的无限魅力在于语言是人的一种本能。日常语言并非思维的唯一方式，由心智词汇和心智语法构成的"心语"才是真正意义上的思维语言。

梅德明

著名语言学家，上海外国语大学教授

　　《语言本能》是一部革命性的著作！史蒂芬·平克以他深厚的语言学、认知神经学和进化心理学功底，成功地证明了这样一个事实：语言能力是人类的本能。他的论证条理清晰、生动有趣又不失专业性，他的结论为人们探索人性打下了坚实基础。

彭凯平

清华大学社会科学学院院长

　　如果我现在大学毕业，我就会去报考平克教授的研究生。平克教授是现代西方学界最有创意、最具洞察力、剖析问题最为深刻的学者之一。平克教授的《语言本能》是一部了不起的著作。即使你不是语言学家或者心理学家，也会对这本书爱不释手。平克教授通过对语言的结构和表达方式的分析告诉你一个引人入胜的有关人性和人的故事。另一个让你爱不释手的原因是平克教授的幽默和风趣。我一直认为幽默的人才有创意，这本书是这个观点的最好的验证。

黄亚生

麻省理工学院斯隆商学院副院长，麻省理工学院终身教授

　　平克是一位了不起的语言学家、心理学家，并具备深厚的生物学功底。他的《语言本能》是一部语言风趣、深入浅出的伟大著作。他将观察数据、科学实验和巧妙的论证融为一体，为我们揭开了语言与心智的奥秘。遇到这样一本精彩的传世之作，绝对是读者的福分！

李淼

著名物理学家，文津图书奖得主，南方科技大学教授

　　当我在香港中文大学图书馆第一次读到史蒂芬·平克的《语言本能》时，就被它风趣幽默的文字风格和举重若轻的说理方式所深深吸引。对我来说，所谓好书的标准就是，我多么希望自己是这本书的作者，同时又深知自己绝无可能写出这本书，所以剩下的事情就变得非常简单——成为它最忠实的读者。十三年来，我一直是《语言本能》最忠实的读者。

周濂

中国人民大学哲学院教授

　　对我的大脑来说，拜读史蒂芬·平克的著作是一种最大的享受。任何一位真正的专家都渴望自己拥有像他这样的写作本领：既能够让普通读者易于接受，又能为专业人士带来思考。普通读者会被这本书深深吸引，因为平克在书中对语言学这个有趣的领域做了清晰、幽默的介绍。正统的社会科学家以及他们在生物学领域的同路人，则会发现自己奉为圭臬的教条遭到了进化论的挑战。而像我这种喜欢堆砌辞藻的学究，或者其他喜欢用"gender"来代替"sex"的人，则不得不

为自己的卖弄而汗颜。即便你不同意这本书的观点，你还是会为它的绝妙才思所倾倒。

理查德·道金斯

进化生物学家，畅销书《自私的基因》《基因之河》作者

一本非常有价值的书，内容丰富，文笔极佳。

诺姆·乔姆斯基

麻省理工学院语言学荣誉退休教授，"生成语法"之父

史蒂芬·平克是世界顶尖的语言研究者，他巧妙地捍卫了"语言的生物基础"这个极富争议的观点，并针对语言本质的主要问题给出了权威的答案。《语言本能》是一部不容忽视的经典之作。

霍华德·加德纳

哈佛大学教授，多元智能理论之父

史蒂芬·平克关于"语言能力很大一部分是源自人类遗传基因"的观点，显然是极富智慧的论断。

查理·芒格

美国投资家，沃伦·巴菲特的黄金搭档

赶紧去当地的书店买一本《语言本能》吧，它内容丰富、生动有趣、精彩纷呈。在这本书中，史蒂芬·平克将带你进入奇妙无穷的语言世界。他带领读者绕过语言学家的晦涩理论，直接探触最为本质的核心事实：语言是一种本能。根据这个发现，平克还为我们揭示了心智的奥秘。这是一部精彩之作！

迈克尔·加扎尼加

认知神经科学之父，畅销书《谁说了算》作者

一本精彩、幽默、无可挑剔的好书。平克先生具有一种在其他科学家身上很少见到的能力，他可以让普通的读者理解最为深奥的内容。最重要的是，他从来不会居高临下地对待读者。这本书有一个令人激动的主题：普遍的人性。它引人入胜，风趣幽默，而且启发性强，真是一部令人受益的佳作。

《纽约时报书评》

太吸引人了！平克为他的理论提供了一个令人信服、生动有趣的例证。

《时代周刊》

这是一本让人拿起就放不下的书。全书围绕着我们都非常熟悉，但从未思考过的语言问题展开论述，其中融入了大量的观察数据、实验结果、深刻洞见和有力论证。读者也将发现，平克教授的这本书不但知识性强，而且风趣诙谐，几乎可以与马克·吐温的经典之作《密西西比河上的生活》比肩而立。

《科学美国人》

这是一次常识对谬论的胜利，在 20 世纪的大部分时间里，这些谬论都主导着心理学和语言学的研究模式。一本关于语言的著作本身就应该语言优美，平克先生的作品正是如此。很少有一部新见迭出、思想深刻的科学著作能写得如此通俗易懂。他妙语如珠、风趣幽默，而且语言晓畅。就这一点而言，乔姆斯基就像斯宾塞，而平克则是莎士比亚。

《经济学人》

一本可读性极高的语言著作，出自一位真正的专家之手。史蒂芬·平克机智巧妙地回答了有关语言的种种问题。他不仅具备专业的语言学、心理学知识和广博的生物学知识，还能了解普通人的语言问题，并在轻松调侃之中让他们茅塞顿开。无论这本书最终会给语言学和心理学带来怎样的影响，它在科学普及方面做出的巨大贡献必将得到大家的认可。丰富的例证、完美的版式、广博的文献以及无法抗拒的幽默，平克的这本书必定会让读者对语言这一神奇的并让众多语言学家投入毕生研究的自然现象充满敬意。

《自然》

史蒂芬·平克教授经常接受媒体的专访，下面是他经常被问到的几个问题，它们都与《语言本能》一书有关。

▮ 你和诺姆·乔姆斯基一同学习或工作过吗？

史蒂芬·平克：没有。乔姆斯基是一位语言学家，而我所学的专业是实验心理学。在我任教麻省理工学院的 21 年里，我们一直分属不同的院系。鉴于大学的运转方式和管理制度，我们日常见面的机会并不多。不过我们的关系非常好，他深刻地影响了我对语言的看法，但我们的研究方法仍存在一些重要的区别。

▮ 你的学界同行对你这种"跨界"的成功是否抱有敌意？

史蒂芬·平克：据我所知并没有这回事，我在麻省理工学院和哈佛大学得到的都是支持。其他大学的许多学者都曾向我表示感谢，说我的书能够唤起学生的兴趣，或者能让他们的父母明白他们的工作究竟是在做什么。当然，有许多人站出来表达了与我相左的观点，就像任何一位观点鲜明的学者都会碰到（也应该碰到）的情况一样。但学术界并不像局外人想象的那样"小肚鸡肠"。

▮ 你会几种语言？

史蒂芬·平克：我对法语、希伯来语、西班牙语略有了解，但远未达到流利对话的程度。我在撰写语言方面的文章时从不会依靠自己的这点儿皮毛知识。当我的研究涉及一门外语时，我会找一位以这门语言为母语、同时又精通语言学的人一同合作。在写作过程中，我通常站在语言学"食物链"的顶端，将普通语言学家对世界上各种语言的研究结果作为养料，而他们则是以具体语言学家的研究结果为食。

▣ 你仍在做实证研究吗？

史蒂芬·平克：是的。在写完《语言本能》之后，我借助功能性核磁共振和其他神经影像技术，对儿童（包括同卵和异卵双胞胎）、神经疾病患者，以及英语、希伯来语和德语的使用者进行了研究，以观察他们在处理过去时态和复数形式时的脑部活动。最近我的关注点转向了语义学和语用学，探讨由我的另一本书《思想本质》①所引申出来的各种问题。

▣ 我的爱人与我母语不同，我能用什么方法让我的孩子长大后不会忘掉他们的第二语言？

史蒂芬·平克：儿童更加在乎他们的同龄人，而不是父母，因此可以送他们参加夏令营、课外活动或是让他们去度假。让他们和同辈亲友一起生活，这样他们就不得不使用这些同龄孩子的语言了。

▣ 我的孩子已经 3 岁了，但一个字也不会说。我该怎么办？

史蒂芬·平克：带他（更可能是"他"而不是"她"）去看言语语言治疗师，这位治疗师必须经由美国言语语言听力协会（American Speech-Language-Hearing Association）认证，而且他最好是供职于某所大学、诊所或者医学院的附属医院。如果孩子能够理解语言，而且智力正常，具有良好的社会性反应，那么他很可能只是一位"迟语者"（或许是源自遗传因素），他最终将开口说话，不会有什么问题。

---

① 《思想本质》是关于语言与思想关系的深刻论述，一扇进入人类心智的窗户。该书中文简体字版已由湛庐引进，浙江科学技术出版社出版。——编者注

语言的无限魅力

　　我从未见过对语言不感兴趣之人，撰写本书的目的正是为了满足人们对语言的好奇。如今，语言正在接受科学的"检阅"，学者们正努力为其建立起一套完备合理的知识体系，但对于多数人而言，它仍旧是个秘密。

　　我希望本书能为语言爱好者展示一片新天地。我希望他们看到，即便是日常的生活语言也包含着优雅的格调和丰富的内涵，其意义远远超过针对词源出处、生僻词语以及用语技巧的专门探究。而对于喜欢科普的读者来说，我希望向他们解释最新公布的一些科学发现的真正含义（不过其中的许多案例可能也称不上发现）：语言中普遍存在的深层结构、善于学习的婴儿、语法基因、人工智能计算机、神经网络、会打手语的黑猩猩、会说话的尼安德特人、低能专才、野孩子、反常性脑损伤、出生之时就分开生活的双胞胎、记录大脑思维活动的彩色图像，以及对"语言之母"的寻找。同时，我也希望回答一些日常性的语言问题，比如，世界上为什么会有这么多种语言？成年人学语言为什么如此困难？为什么大家似乎都弄不清"Walkman"（随身听）一词的复数形式应该是"Walkmen"还是"Walkmans"？

对于那些还不了解语言与心智科学，或正为了熟记字频效应或空范畴原则（Empty Category Principle）的内容要点而大费脑筋的学生而言，我希望让他们重新感受到几十年前那场激动人心的"认知革命"，正是它开启了现代语言研究的大门。

我的专业同行来自诸多学科门类，研究着各式各样看似毫不相干的理论问题，我希望为他们提供一个整体框架，以涵盖这片广袤无垠的研究领域。虽然我是一个容易固执己见，甚至有些偏执的研究者，不喜欢毫无意义、模棱两可的折中之论，但如今的许多学术争论在我看来的确有点儿像"盲人摸象"。如果我的汇整综合能将争论双方的对立观点（比如"形式主义与功能主义""语法、语义与语用"）兼容并包，这或许是因为它们之间本来就不存在分歧。

对于有意了解语言与人类相关问题的普通读者来说，我希望为他们提供一些"干货"，这些干货不同于人文或者科学领域中有关语言问题的泛泛之论（如"语言浅谈"之类），那些侃侃而谈的人其实压根儿没有研究过语言学。无论是好是坏，我的写作方式只有一个：追求鞭辟入里、解释性强的理论观点，以及纷繁详尽、不厌其烦的细节描述。就后一个习惯而言，我很庆幸自己探讨的主题与我们的日常生活密切相关，它所涉及的各项原则正是文字游戏、诗歌创作、修辞艺术、语言的机智风趣以及写作技巧的基础。我将毫不吝啬地提供自己最为喜爱的语言案例，它们分别来自流行文化、日常生活、语言研究领域才华横溢的学术作家，以及英语世界中最为优秀的语言大师。

因此，这本书是写给所有使用语言的人的，而这其实就意味着我们每一个人！

在这里，我要向许多人表示感谢。首先，我要感谢勒达·科斯米德斯（Leda Cosmides）、南茜·伊特考芙（Nancy Etcoff）、迈克尔·加扎尼加（Michael Gazzaniga）、劳拉·佩蒂妥（Laura Ann Petitto）、哈里·平克（Harry Pinker）、罗伯特·平克（Robert Pinker）、苏珊·平克（Susan Pinker）、约翰·图比（John Tooby），特别是伊拉维尼尔·苏比亚（Ilavenil Subbiah），他们都对本书手稿发表过意见，并慷慨无私地提供了许多建议与鼓励。

　　我所在的麻省理工学院是语言研究的不二之地，我要感谢在校的同事、同学以及一些已毕业的学生，谢谢他们将自己的专业知识与我分享。诺姆·乔姆斯基（Noam Chomsky）的批评和建议深富洞见，惠我不浅。内德·布洛克（Ned Block）、保罗·布卢姆（Paul Bloom）、苏珊·凯瑞（Susan Carey）、特德·吉布森（Ted Gibson）、莫里斯·哈利（Morris Halle）以及迈克尔·乔丹（Michael Jordan）帮我厘清了部分章节中的问题。同样还要感谢希拉里·布朗伯格（Hilary Bromberg）、雅各布·费尔德曼（Jacob Feldman）、约翰·霍德（John Houde）、塞缪尔·凯泽（Samuel Jay Keyser）、约翰·金（John J. Kim）、盖瑞·马库斯（Gary Marcus）、尼尔·珀尔马特（Neal Perlmutter）、大卫·佩塞斯基（David Pesetsky）、大卫·波佩尔（David Pöppel）、安妮·森加斯（Annie Senghas）、卡琳·斯特朗斯沃尔德（Karin Stromswold）、迈克尔·塔尔（Michael Tarr）、玛丽安·托伊伯（Marianne Teuber）、迈克尔·乌尔曼（Michael Ullman）、肯尼思·韦克斯勒（Kenneth Wexler）以及凯伦·韦恩（Karen Wynn），他们以渊博的知识回答了我请教的各种问题，从手语语法到一些名不见经传的球员和吉他手的名字。麻省理工学院大脑与认知科学系的图书馆管理员帕特·克拉菲（Pat Claffey）和计算机系统管理员史蒂芬·瓦德洛（Stephen G. Wadlow）不愧为令人敬佩的职业典范，他们在我写作过程的各个阶段中提供的帮助可以说是既敬业又专业。

　　本书的不少章节受益于多位学者的批阅审读，他们都是真正的行家：德里克·比克顿（Derek Bickerton）、大卫·凯布兰（David Caplan）、理查德·道金斯（Richard Dawkins）、尼娜·杜克思（Nina Dronkers）、简·格雷姆肖（Jane Grimshaw）、米泽亚·兰代（Misia Landau）、贝斯·莱文（Beth Levin）、阿兰·普林斯（Alan Prince）和萨拉·汤姆森（Sarah G. Thomason），感谢他们在专业和行文两方面所发表的意见。我还要感谢网上的同行，他们是马克·阿罗诺夫（Mark Aronoff）、凯思林·贝恩斯（Kathleen Baynes）、厄休拉·贝露姬（Ursula Bellugi）、多萝西·毕夏普（Dorothy Bishop）、海伦娜·克罗宁（Helena Cronin）、莱拉·葛雷兹曼（Lila Gleitman）、默娜·高普尼克（Myrna Gopnik）、雅克·盖（Jacques Guy）、亨利·库切拉（Henry Kučera）、西格丽德·利普卡（Sigrid Lipka）、雅克·梅勒尔（Jacques Mehler）、艾丽莎·纽波特（Elissa Newport）、阿历克斯·鲁迪尼基（Alex Rudnicky）、珍妮·辛格尔顿（Jenny Singleton）、弗吉尼亚·瓦里安（Virginia Valian）和希瑟·莱利（Heather Van der Lely）。感谢他们容忍我的急脾气，总是不厌其烦地回答我通过电子邮件发送的各种问题，我甚至有时几分钟内就能收到他们的回复。此外，我要向比亚利克中学的阿尔塔·列文森（Alta Levenson）女士说声"谢谢"，感谢她在拉丁语方面所提供的帮助。

另外，我还希望向我的代理人约翰·布罗克曼（John Brockman）、企鹅出版集团的编辑拉维·米尔查达尼（Ravi Mirchandani）、威廉莫罗出版公司的编辑玛丽亚·瓜尔纳斯凯利（Maria Guarnaschelli）表达诚挚的谢意，感谢他们的慷慨付出和特别关照，其中玛丽亚所提出的睿智、详细的建议极大地提高了本书定稿的质量。卡塔琳娜·赖斯（Katarina Rice）编辑过我最早的两部著作，很高兴她能应邀与我再度合作，特别是对本书第 11 章的部分内容提出了宝贵意见。

最后需要说明的是，我的语言研究得到了美国国立卫生研究院、美国国家科学基金会以及麻省理工学院认知神经科学研究中心的资助。

语言是人的一种本能

神奇的语言

当你阅读这些文字时，你其实正在做着自然界中最神奇的事情之一。你我所属的这个物种具有一项超凡的能力：我们可以精确地描绘出彼此大脑中的想法与事实。这里所指的并非心灵感应、意念控制或其他令人好奇的边缘科学。即便是根据特异功能支持者的描述，这些所谓的奇能异技与我们每个人都拥有的这项能力比起来，也不过是小巫见大巫。这种能力就是语言。我们只需张开口，发出一些声响，就可以在彼此头脑间传递准确、可靠的新想法。这种能力显得如此稀松平常，以至于我们很少把它视为奇迹。因此，不妨让我举几个简单的例子，这样你就能明白语言的神奇之处了。请在阅读以下文字时充分调动自己的想象，只需几分钟的时间，你的脑中自然会产生一些具体明确的想法。

当一只雄章鱼发现雌章鱼时，它原本浅灰色的身体会一下子变得布满斑纹，然后它会游到雌章鱼的头顶，用自己的7只腕足爱抚对方，如果雌章鱼没有表示反感，它就会迅速贴近，并将自己的第8只腕足插入雌章鱼的呼吸管道。一连串的精袋就这样顺着它的腕足缓缓地滑入雌性章鱼的外套腔内。

◇　◇　◇　◇

白色西装上沾到了樱桃汁？祭坛台布上洒了葡萄酒？请立即用苏打水擦拭，它能有效去除布料上的污渍。

◇　◇　◇　◇

当迪克希打开门看到塔德时，她一下子惊呆了，因为她以为塔德已经死了。她"砰"的一声把他关在门外，并试图逃走。但塔德的一声"我爱你"让她打开了房门。塔德开始抚慰迪克希，他俩缠绵在一起。突然布莱恩闯了进来，迪克希只好对一脸惊愕的塔德说自己今早已经和布莱恩举行了婚礼。迪克希异常艰难地告诉布莱恩，自己和塔德的关系还远未了结，她将自己的秘密道了出来：杰米是塔德的儿子。"我的什么？"塔德一脸震惊地问道。

想想这些文字的神奇魔力吧：我不但让你的头脑中出现了章鱼，还让你了解到一只全身布满斑纹的章鱼会有怎样的举动，即便你从未真正见过这种动物。接着，当下一次逛超市时，你可能会从成千上万种商品中挑出一瓶苏打水，你会把它搁在家里一直不用，直到几个月后家里的某件物品不小心沾上污渍，再让它发挥作用。再者，你现在和收看日间肥皂剧《我的孩子们》（*All My Children*）的数百万观众一样，获悉了主人公的秘密，而这部电视剧所描绘的世界只不过是出自某位编剧的想象。当然，我举的例子能否产生这些效果还取决于我们的读写能力，这使得我们的交流能够打破时空阻隔和亲疏之别，因而显得越发神奇。不过很明显的是，写作能力只是一个"可选配件"，语言交流的核心构件是我们从小就掌握的口语。

在人类自然进化的过程中，语言堪称最为突出的一个特征。当然，一个与世隔绝的人也能够出色地解决问题、制造工具。但是，一个由"鲁滨逊"们组成的种族恐怕是不会让探访地球的外星人感到有多么稀奇的。《圣经》中巴别塔（Tower of Babel）的故事能够说明人类自身的特点。这一故事讲道：人类曾经使用的是同一种语言，因此他们能够同心协力建造一座直逼天堂的高塔，这让上帝感到不安。的确，共同的语言可以将社会中的所有成员联系起来，构成一个信息共享的网络，并由此形成一股强大无比的合力。每个人都能从世代积累的才思机巧和经验教训中获益匪浅。人们可以相互协商，达成共识，从而分工合作，实现目标。正因如此，这个被称为"智人"（Homo sapiens）的物种才能给地球带来意义深远的变化，就像蓝绿藻和蚯蚓一样。考古学家曾在法国的某个山崖下发现上万具野马的骸骨，这些野马都是在 17 000 年前被旧石器时代的狩猎部落赶落山崖的。这些化石充分证明了人类团结合作、分享智慧的作用，同样也可以解释为什么诸如剑齿虎、乳齿象、披毛犀等几十种大型哺乳动物会在现代智人进入它们的栖息地之后逐渐灭绝。原因很简单，我们的祖先杀光了它们。

　　语言与我们的日常生活紧密相连，我们几乎无法想象没有语言的生活。可以这样说，无论在地球上的哪个角落，只要有两个或两个以上的人聚在一起，他们很快就会交谈起来。即便找不到能说话的人，人们也会自言自语，或者和自己的宠物聊天，甚至说给院子里的植物们听。在人际交往中，能言善道者往往比身体力行者更受欢迎，例如那些口若悬河的演说家、花言巧语的男人以及说起话来头头是道、能在与父母的口舌之争中占得上风的小孩。与之相对的是，失语症（一种因脑部损伤而丧失语言功能的疾病）则是一种毁灭性的打击，当患者病情严重时，患者家属甚至会恍惚觉得患者已从他们的生活中完全消失。

　　本书探讨的是人类的语言。不过，它与大多数以"语言"为名的书籍不同，并不会苛求你掌握语言的正确用法、习语的来源，也不会向你介绍充满趣味的回文诗（palindrome）、变位字（anagram）、齐名词（eponym）或与动物有关的集合名词，例如"exaltation of larks"（一群云雀）。我要探讨的不是英语，也不是其他任何一种语言，而是更为基本的问题：我们身上所具有的学习、表达和理解语言的本能。在人类历史上，我们终于可以写一写有关语言本能的东西了。20世纪 50 年代，一门名为"认知科学"的新学科诞生于世，它综合了心理学、计算机科学、语言学、哲学以及神经生物学等各个领域的研究方法，试图揭示人类智能的运作。自此以后，语言学取得了突飞猛进的发展，我们对许多语言现象有了深入细致的了解，就如洞悉照相机的工作原理或脾脏的生理功能一般。我希望向大家展示这些振奋人心的发现，其中的一些发现能与现代科学所取得的任何成就相媲美。不过除此之外，我还有另一个议题：语言究竟是一项"文化创造"还是人的一种"本能"呢？

"文化创造"论

有关语言能力的最新发现具有革命性的意义，它极大地改变了我们对相关问题的看法：什么是语言？语言在人类生活中扮演着怎样的角色？我们应如何看待人类自身？大多数受过教育的人都对语言有一定的认识：语言是人类最重要的一项文化创造，它完美无缺地展现了人类使用符号的能力，正是这个前所未有的生理现象将人类与其他动物永远地区分开来。他们同样知道，语言与思想不可分割，使用的语言不同，对现实的看法也不同。孩子们总是把崇拜的榜样和身边的亲人当作语言老师。虽然学校是教授语法规范的地方，但随着教育质量的下降和流行文化的影响，语言的规范性和准确性正受到可怕的侵蚀。他们还知道，英语是一门滑稽可笑、逻辑混乱的语言，像"one drives on a parkway and parks in a driveway"（在公路上开车，在停车道上停车）①、"plays at a recital and recites at a play"（在演奏会上表演，在戏剧中朗诵）②这样的句子比比皆是。相比之下，英语单词的拼写方式则显得更为荒谬，萧伯纳就曾抱怨说，"fish"（鱼）一词完全可以拼成"ghoti"，因为 gh 在"tough"中发 [f] 的音，o 在"women"中发 [i] 的音，ti 在"nation"中发 [ʃ] 的音。显然是某种制度惰性阻碍了人们采用更为合理的"发音与拼写一致性"（spell-it-like-it-sounds system）原则。

"语言本能"论

但在以下内容中，我将努力让你看到，这些所谓的常识其实都站不住脚。它们都犯了同一个错误：语言并不是文化的产物，语言能力的获得不同于一般的学习模式（如学习辨认时钟或了解美国联邦政府的运作模式）。相反，语言是人类大脑组织中的一个独特构件。一个人在儿童时期就能掌握语言这门复杂精专的技能，不用刻意学习，也无须正规教导。人们可以自如地运用语言，而不必了解其

---

① 在英语中，parkway 指公路，driveway 则指私家小路，一般用来停车。但英语中的 park 又有停车的意思，而 drive 则指开车。——译者注

② 在英语中，play 兼有"表演"（动词）和"戏剧"（名词）的意思，recital 是"演奏会"，动词形式 recite 是"朗诵"的意思。——译者注

背后的逻辑和原理，而且每个人的水平都大致相当，没有质的区别，这显然有别于其他一些常见的信息处理或智能操作的能力。正因如此，一些认知科学家将语言描述为一种"心理官能"（psychological faculty）、"心智器官"（mental organ）、"神经系统"（neural system）或者"计算模块"（computational module），但我更喜欢这个古朴的字眼："本能"（instinct）。它所传达的意思是：人类懂得如何说话，如同蜘蛛懂得如何结网。蜘蛛懂得拉丝结网，并不是某位无名的天才蜘蛛的发明创造，也不是悉心传授的结果或者源于某种建筑方面的才能。事实上，蜘蛛之所以结网，是因为它们所拥有的大脑赋予了它们结网的冲动与能力。结网和说话当然不是一回事，但我希望你站在这个角度去看待语言，这有助于理解我们将要探讨的各种现象。

将语言视为一种本能，颠覆了人们对语言的普遍看法，特别是在人文社科领域，这种普遍看法被视为一种正统观念而代代相传。但是，语言就和直立行走一样，并非文化的产物。我们不能用它来说明人类在符号运用上的普遍能力：例如，一个三岁大的孩子已经称得上是语法天才，但他却很难理解视觉艺术、宗教肖像、交通标志以及其他人类符号。虽然在所有物种当中，精妙绝伦的语言能力只为人类所独有，但这并不意味着我们可以将人类语言的研究从生物学领域中分离出来。每个特定的物种都拥有一些独特、精妙的技能，但如果将之放到整个动物王国的背景下，这些技能就显得没那么神奇了。一些蝙蝠能用声呐来锁定飞行的昆虫，有些候鸟则能在星座的导航下飞行数千千米。在大自然的"选秀比赛"中，我们不过是拥有一技之长的灵长类动物，可以对呼气时发出的声音进行各种调控，以达到交流信息、描述事件的目的。

一旦将语言视为适应沟通需要而产生的一种生物特征，而非人类所特有的高贵属性，你就不再会认为语言是思想的幕后操纵者，本书后面的章节将会向你证明这一点。此外，将语言视为大自然的造化，或者用达尔文的话说，一个"引起我们赞叹的如此完善的构造和相互适应"的器官，能够让我们对普通百姓的言谈或饱受诟病的英语（或其他任何语言）多一分尊重。从科学的角度来看，精密复杂的语言能力是我们与生俱来的一种生物属性，它并非源于父母的教导或学校的培养，正如王尔德所言："教育是令人羡慕的东西，但要时刻记住：凡是值得知道的，没有一个是能够被教会的。"一名学龄前儿童所具备的隐性语法知识远比最为厚实的写作指南或最为先进的计算机语言系统复杂得多，而且，所有健全的人都具有这一特征，即便是那些说起话来支离破碎、含混不清的职业运动员或者不善言辞的滑板少年也是一样。最后，将语言视为大自然精心设计的一种生物本能可以让我们明白，语言并不像幽默专栏作家所嘲弄的那样滑稽可笑。我希望给英语找回一丝尊严，甚至要为其拼写体系美言几句。

达尔文是最早将语言认定为一种本能的学者。1871 年，在《人类的由来》（*The Descent of Man*）一书中，他不得不思考语言的问题，因为语言是人类独有的现象，而这似乎给他的理论带来了挑战。不过就像在其他领域一样，达尔文对语言的看法也极具现代意义：

> 正如高贵的语言学奠基人之一霍恩·图克（Horne Tooker）所说，语言是一种技艺，就同酿酒和烤面包一样；不过书写也许是一个更好的直喻。这肯定不是一种真正的本能，因为每一种语言都必须学而知之。然而，语言和一切普通技艺都大不相同，因为人类有一种说话的本能倾向，幼儿的咿呀学语就是这样；同时却没有一个幼儿有酿酒、烤面包或书写的本能倾向。再者，现在没有一位语言学家还假定任何语言是被审慎地创造出来的；语言是经过许多阶梯缓慢地、无意识地发展起来的。

达尔文认为，语言能力是"获得一项技艺的本能倾向"，而这种能力并非专为人类而设，其他的物种也有这样的表现，比如懂得鸣唱的鸟类。

"语言本能"的说法恐怕会令一些人大为反感，他们或是把语言当作人类智慧的最高结晶，或是把本能视为一种兽性冲动。他们认为，本能操纵着那些毫无智慧的生物做出一些自发的行为，例如水獭筑坝、候鸟南飞。但达尔文的追随者威廉·詹姆斯（William James）指出，拥有本能并不会让人成为一台"宿命的自动装置"（fatal automaton）。他认为，我们不但具有动物所具有的一切本能，而且拥有大量其他的本能。我们的头脑之所以灵活无比，正是由于这些本能的相互竞争、相互影响。实际上，也正是人类思想的本能属性，让我们难以看清其真面目：思维其实也是一种本能。

如果想探析人类任何一种本能行为背后的原因，我们就不得不让心智走下神坛，这样才能发现那些看似极其自然的事情其实是那么古怪，也只有形而上学者才会提出这样的问题："我们高兴的时候为什么会开怀大笑，而不是紧锁眉头？我们为什么不能像对一个朋友讲话那样发表公共演讲？为什么我们会为那个女孩神魂颠倒？"一般人只会回答："这是理所当然的事，我们高兴了自然要笑；在一群陌生人面前当然会感到紧张，心跳加速；我们当然会爱上那个女孩，她是那样秀外慧中、完美无瑕，这足以让我爱她一生一世！"

对所有动物而言，在面对某些特定的对象时，它们也会产生某种冲动，做出一些特别的事情……雄狮会对雌狮产生挚爱之情，公熊则将母熊视为眼中的"西施"。而对于孵蛋的母鸡来说，这个世界上若有谁对一窝待孵的鸡蛋不感兴趣、不以为然，这简直就是一件不可理喻的事情！

因此，我们可以肯定地说，正如动物的本能在我们人类看来是多么奇怪，人类的本能对动物来说也一样不可思议。我们可以由此得出结论：对于服从本能的动物而言，本能的每一次冲动、每一个举动都闪烁着睿智的光芒，它们似乎都代表着此时此刻唯一正确合理的行为。当一只苍蝇最终发现了可供自己产卵的一片树叶、一块腐肉或者一堆粪便时，它的内心难道不会因此异常兴奋吗？此时此刻，产卵对它来说难道不是唯一该做的事情吗？它难道还需要去左思右想，考虑自己将来的幼虫和食物的问题吗？

詹姆斯的这段文字完美地表达了本书的主旨。语言的运用并非出于我们的意识，就像产卵并非出于苍蝇的意识一样。我们可以毫不费力地表达自己的想法，有时甚至会不假思索地脱口而出，而让自己陷于尴尬境地。当我们阅读文章时，一串串文字映入眼帘，清晰易懂。我们可以自动识别出句子的含义，以至于我们会忘记自己观看的是一部配有字幕的外语影片。我们认为孩子是通过模仿母亲的说话而学习语言的，但当一个小孩说出"Don't giggle me"（不要玩笑我）、"We holded the baby rabbits"（我们抓住了这只婴儿兔子）这样不合语法的句子时，显然不是一种模仿行为。我希望让你看到，语言这种极其自然的天赋才能是多么奇特，我也希望你能对这种已经司空见惯的能力刨根问底。总之，我希望你对心智的看法更加贴近现实。当你看着新到美国的移民结结巴巴地说着英语，或者中风患者努力半天却说不出一句话时，当你试图剖析婴儿话语中的语法成分，或者准备编写一个能让计算机读懂英语的程序时，你会发现，所谓的"毫不费力""清晰易懂"或"完全自动"都不过是一些假象，它们掩盖了语言系统的丰富与精美。

乔姆斯基的"普遍语法"

到了 20 世纪，有关语言本能的最为著名的论断来自诺姆·乔姆斯基（Noam Chomsky）。作为一名语言学家，乔姆斯基不但首次揭示出语言系统的精密复杂，并且在现代语言与认知科学的革命中扮演了最为重要的角色。20 世纪 50 年代，行为主义笼罩着整个社会科学领域。这一学说以约翰·华生（John Watson）和B.F. 斯金纳（B. F. Skinner）为代表人物，他们认为"懂得"（know）与"思考"（think）等心理词语是不科学的，而"心智"（mind）与"天赋"（innate）更是禁忌字眼。在他们看来，我们只能根据"刺激－反应学习理论"来解释人类的行为，而研究对象如按压杠杆的老鼠或听到铃声就会分泌唾液的狗。但乔姆斯基提醒人们注意两个有关语言的基本事实。第一个事实是，人们说出或听到的每个句子基本上都是一句全新的话，它们都是第一次出现在天地之间。因此，我们不能将语言视为一种简单的"刺激－反应"系统，大脑一定拥有一套指令或程序，可以用有限的词语制造出无限的句子。我们可以将这个程序称为"心理语法"（mental grammar），它与我们平常所说的教学语法或文体语法不是一回事，那些语法仅仅是用来规范遣词造句的。第二个事实是，无须正规的指导，儿童就能迅速发展出这套复杂精密的语法，并能准确合理地理解他们从未见过的陌生句式。因此乔姆斯基认为，儿童必然拥有某种先天机制，它符合世界上所有语言的语法原则，这就是所谓的"普遍语法"（Universal Grammar），它能够帮助儿童从父母的言语中悟出句法模式。乔姆斯基如是说：

> 在过去几个世纪的思想史中存在着一个奇怪的现象，人们在生理进化与心智发展的问题上采用的是两种完全不同的研究思路。没人会相信这样的说法：人这个有机体是通过经验的学习才拥有手臂而不是翅膀的，或者

说某个特定器官的基本结构是某次偶然经验的产物。人们理所当然地认为，有机体的生理结构由基因决定，虽然这种结构在某些方面会有差异，比如身体的大小、生长的快慢等，而这在一定程度上无疑是受外部因素的部分影响……

在探讨人类这种高级生物的个性发展、行为模式及认知结构时，我们的研究思路却截然不同。人们通常认为，在这些领域中，社会环境起着主导作用。心智结构的发展进程是随意的、偶然的，根本就没有脱离特定的历史产物而独立存在的"人性"（human nature）。

但是如果细加勘察，我们就会发现人类的认知系统是如此的复杂精密、不可思议，一点儿也不逊于随着生命演化而自然形成的生理结构。因此，为什么我们不能像研究某些复杂的身体器官一样去探讨诸如语言之类的认知结构的习得问题呢？

乍看之下，这个提议显得十分荒谬，人类的语言种类繁多且千差万别，仅凭这一点，似乎就足以否定这个想法。但是，如果我们深入探究的话，这些疑虑就会烟消云散。即便对语言普遍性的本质所知甚少，我们也能肯定一个事实：语言变化的可能性是极其有限的……我们每个人所习得的语言是一个丰富、复杂的结构，而这一结构根本无法用人们（幼儿时期）所接收的零散的语言片段来加以支撑……然而，生活于同一语言社区的所有个体使用的基本都是相同的语言。因此，只有假设这些个体采用了某种具有高度限制性的原则，才能对这一现象做出合理的解释。

通过对人们所使用的各种语言进行复杂精细的句法分析，乔姆斯基和其他语言学家揭示出了人们在运用某种具体语言时所隐含的心理语法，以及隐藏在这些具体语法之下的普遍语法。在早期阶段，乔姆斯基的学说激发了许多科学家的研究热情，例如埃里克·勒纳伯格（Eric Lenneberg）、乔治·米勒（George Miller）、罗杰·布朗（Roger Brown）、莫里斯·哈利（Morris Halle）和阿尔文·利伯曼（Alvin Liberman），他们积极地开拓着语言研究的全新领域，从儿童发展到言语知觉，从神经系统到遗传基因。如今，已有数以千计的科学家从事着相关问题的研究。乔姆斯基著作的引用率已排在整个人文领域的前10位，仅次于马克思、列宁、莎士比亚、《圣经》、亚里士多德、柏拉图与弗洛伊德，排在黑格尔和西塞罗之前，而且他是其中唯一的在世者。

　　当然，人们引用他的文章并不一定是因为赞同其观点。乔姆斯基是一个让人议论不休的人物，其中既有如同尊奉宗教领袖般的顶礼膜拜，也有令人叹为观止、臻于艺术境地的嘲讽谩骂。这种局面的产生，在一定程度上是因为乔姆斯基的攻击对象正是 20 世纪思想文化史的基石，即"标准社会科学模式"（Standard Social Science Model）。这种模式认为，人类心智是文化环境塑造的结果。不过还有另一个原因让乔姆斯基成为永恒的话题，即没有一位研究者敢于无视他的存在。正如乔姆斯基的最大论敌、哲学家希拉里·普特南（Hilary Putnam）所承认的那样：

> 　　当一个人读到乔姆斯基的文字时，他会被其中非凡的智慧之力所震撼，并知道自己正面对的是一个卓越的头脑。他强大的人格魅力与其有目共睹的聪明睿智一样熠熠发光：追求独创的思想、蔑视潮流与肤浅、致力于复兴传统理论（如天赋观念）的意愿和能力，以及专注于像人类心智结构这样历久弥新的重要问题。

　　毋庸讳言，本书有关语言本能的探讨深受乔姆斯基的影响，但我并非完全照搬其观点，我的论述与他有所不同。乔姆斯基对达尔文自然选择学说的态度让不少读者迷惑不解，因为他认为这一学说无法解释语言器官的起源问题，这与他对其他进化过程的看法形成了鲜明对照。而我认为，将语言作为进化适应的结果其实有助于我们对语言的认识。语言就像眼睛一样，其主要构造是为了实现重要的功能。此外，乔姆斯基在论证语言机制的本质时，主要是基于单词和句子的技术性分析，因而常带有形式主义的晦涩深奥。他对日常话语的讨论显得过于草率，而且过于理想化。虽然我对乔姆斯基的许多观点都表示赞同，但我认为，只有汇集、整合多方面的证据，才能在人类心智的问题上得出令人信服的观点。因此，本书吸纳了众多领域的观点和证据，涵盖了从 DNA 建构大脑的方式到语言专栏作家的夸夸其谈。不过在展开这些内容之前，我们要问的第一个问题是：为什么说语言是人类的一种生物属性或一种本能？

The Language Instinct

How
the Mind Creates
Language

01

有人类存在的地方，
就有语言存在

　　我们本以为语言是文化的产物，错误地认为教育程度偏低人群的语言表达能力也会差一些。但实际上，美国黑人在英语表达力方面更胜一筹。语言的普遍性，并不意味着语言就是人的本能，我们还要观察语言的进化过程。大脑，是语言产生的生物学基础。

到 20 世纪 20 年代，人们普遍认为，地球上所有适合人类居住的地方都已被探险家发现了。新几内亚，这座世界第二大岛也不例外。来自欧洲的传教士、种植园主和公务人员聚居于新几内亚沿海的低地一带，因为他们认为那条将该岛一分为二的险峻山脉根本不适合人类居住。虽然从两边海岸的位置看来这是一条山脉，但其实它是两条，在它们中间，是一片气候宜人的高原，其间错落着众多土地肥沃的峡谷。这片高地之上，大约有 100 万处于石器时代的原住民生活。4 万年来，他们一直过着与世隔绝的生活，不为外人所知。直到有一天，人们在新几内亚岛上的一条河流中发现了金子，紧随而来的淘金热吸引了生性自由的澳大利亚探矿者迈克尔·莱希（Michael Leahy）。于是在 1930 年 5 月 26 日，他雇用了一些低地原住民为向导，与另外几名探矿者一起着手勘探这些横贯全岛的高山峻岭。等他们登上顶峰后，莱希惊讶地发现，群山的对面竟然是一片广袤的草原。随着夜幕降临，莱希的惊讶变成了惊恐，因为他们远远地看到了火光。显然，有人居住在这片峡谷之中。莱希和他的同伴度过了一个不眠之夜，他们给所有的武器装上子弹，还自制了一枚炸弹。第二天，他们首次见到了生活于群山之中的高地人。这次碰面令双方都感到震惊。莱希在日记里这样写道：

> 当他们（高地人）出现在我们眼前时，我们都松了一口气……男人们站在前面，手里拿着弓箭，女人们则捧着甘蔗站在后面。依万加（Ewunga）一看到这些女人，就立刻告诉我这场仗打不起来。我们挥了挥手，招呼他

们过来，于是他们异常警惕地向我们走来，每走几步就停下来打量我们。终于有几个人鼓起勇气来到我们面前，看得出来，我们的出现完全把他们震住了。我把帽子摘了下来，这个举动吓得离我们最近的几个人连连后退。其中一位年纪较大的原住民张大了嘴，小心翼翼地摸了摸我，想确定我是不是真人，然后他跪了下来，用手摩挲我裸露的大腿，估计是想看看上面是不是涂了白漆，接着他又抱住我的膝盖，他那毛发浓密的头在我身上蹭来蹭去……女人和小孩也壮着胆子走上前来，一时间，我们的营地挤满了这些人，他们一个个跑来跑去、叽叽喳喳、指手画脚。对他们来说，我们的一切都是闻所未闻、见所未见的。

这里的"叽叽喳喳"指的就是语言，一种陌生的语言。到 20 世纪 60 年代，人们已经在这些与世隔绝的高地人中发现了 800 种不同的语言。在人类历史中，莱希与高地人初次相遇的场景想必出现过成百上千次，每当一个种族与另一个种族首次相遇时，这个情景都要重演一番。据我们所知，世界上的所有种族都拥有自己的语言，无论是霍屯督人、因纽特人还是雅诺马马人。我们还从未发现不会说话的原始部族，也没有任何证据显示有哪个地区曾是语言的"摇篮"——语言是从那个地方出发、传播到其他原本没有语言的人群那里的。

与其他任何语言一样，莱希的"新朋友"所使用的语言并不只是"叽叽喳喳"，它是思想的媒介，足以表达抽象的概念、无形的实体以及复杂的推理过程。面对从天而降的白人，高地人展开了热烈的讨论，他们试图理解这些"白色怪物"到底是何方神圣。有一种看法占了上风：这些白人是他们祖先的转世化身，或是以人形现身的幽灵，说不定到了晚上就会变回枯骨。他们一致认为应该用实证的方法来解决这个问题。高地人吉鲁帕诺·艾查（Kirupano Eza'e）后来回忆说：

> 我们中的一个人躲在暗处，看到他们要去大便，就跑回来说："那些天上来的人要去那边拉屎了。"等他们拉完之后，许多人都跑过去一看究竟，结果发现同样是恶臭扑鼻，就纷纷议论道："他们的肤色也许和我们不同，但大便闻起来却一样臭。"

黑人英语更高明

语言的复杂性是一个普遍现象，这一发现令语言学家们充满了敬畏之心，它同时也给了我们第一个怀疑的理由：语言并非文化的产物，而是源自人类的一项独特本能。不同社会的文化创造在复杂精细的程度上有很大差别，而在同一个社会中，文明的程度则保持着相同的精细水平。某些社会尚处于契刻记数、钻木取火的阶段，而另一些社会则已在使用电脑和微波炉了。然而，语言超越了这种文化上的关联。世界上只有石器时代的社会，却没有所谓石器时代的语言。人类语言学家爱德华·萨丕尔（Edward Sapir）在 20 世纪初写道："就语言形态而论，希腊的柏拉图与马其顿的养猪人并肩而立。"

为了证明欠开化的民族在语言形态上的精密性，语言学家琼·布列斯南（Joan Bresnan）随机挑选了班图语的分支奇温久语进行研究，奇温久语是坦桑尼亚乞力马扎罗山山坳上的几个村子所使用的语言。在最近撰写的一篇学术论文中，布列斯南将奇温久语与英语这种"在英格兰及其前殖民地所使用的西日耳曼语"进行了构式上的比较。英语中有一种"与格"（dative）构式，例如"She baked me a brownie"（她给我烤了一块布朗尼蛋糕）或"He promised her Arpège"（他答应送给她一瓶芭音香水）。在这些句子中，"me"（我）和"her"（她）都是间接宾语，它们被置于动词之后，以表示行为的受动者。在奇温久语中，有一种对应的构式被称为"涉用格"（applicative），它与英语中的与格有相似之处，正如布列斯南所指出，"它们之间就像是象棋与跳棋的关系"。奇温久语的构式完全依靠动词的自身变化，它们有 7 种前缀和后缀、两种语气以及 14 种时态。动词必须根据其主语、宾语以及受动名词的类别进行变化，而它的名词又分为 16 种"性"（gender）。需要指出的是，这里所谓的"gender"与异装癖、变性人或者雌雄同体等问题无关。对语言学家来说，"gender"一词指的是它的本义，即"类别"（kind）的意思，与类属（generic）、种类（genus）、类型（genre）等词语相似。在班图语中，"gender"代指的是不同的类别，例如人类、动物、延伸物、集合物以及身体部位。而在欧洲的诸多语言中，"gender"一词恰巧被用来指代两性的"性"（sex），至少就代词而言是如此。因此，"gender"这一语言学术语就被借用到语言学之外的领域，用作两性的标签，而"sex"这个更为精确的词语如今则成为"交配"一词的代称。在一些所谓原始部族的语言中，我发现了许多类似"与格与涉用格"的精细构造，例如彻罗基族人（北美印第安种族之一）拥有一套精密的代词系统，能够灵活地表达各种含义。例如，它的代词可以区分"你和我""我和另一个人""我和其他几个人"以及"我、一个或其他几个人与你"等不同情形，而英语则用一个万能的"we"（我们）来统称这一切。

实际上，反倒是我们这个社会过分地低估了人类的语言能力。语言学家总是听到这种说法：劳工阶层和教养不够的中产阶级所使用的是简单粗糙的语言。这一危险错觉源自我们聊天时所感到的轻松自如的感觉。日常的生活语言就好比我们的色觉或者行走能力，是工程造诣的杰出典范，它的表现是如此精密完美，以至于让使用者觉得理所当然，因而根本察觉不到其背后隐藏的复杂机制。例如像"Where did he go"（他去哪儿了）或者"The guy I met killed himself"（我认识的一个人自杀了）这样"简单"的句子，几乎每个讲英语的人都可以不假思索地脱口而出，但事实上，它们都包含了几十种用来组合单词、表达意义的子程序。尽管花费了几十年的努力，科学家仍然无法制造出能够模拟人类街头闲聊的人工语言系统，更不用说像"哈尔"（HAL）、"C3PO"这样善于交流的机器人了。①

不过，人们一方面对埋藏于语言之下的隐形发动机视而不见，一方面却斤斤计较于语言的外部包装和样式搭配。主流方言和地方方言之间的某些细微差别被上升到所谓的"正确语法"（proper grammar）的高度，比如"isn't any"与"ain't no"、"those books"与"them books"、"dragged him away"与"drug him away"。但它们其实与语法的精密程度并无丝毫关系，这就像美国的有些地方把蜻蜓叫作"dragonfly"，而另一些地方叫作"darning needle"；或者英国人把狗叫作"dog"，而法国人则把狗叫作"chien"一样。此外，将标准英语称为"语言"而将其他一些变体称为"方言"的做法也具有误导性，仿佛它们之间存在着本质的区别。语

---

① "哈尔"是电影《2001：太空漫游》（*2001: A Space Odyssey*）中的一台人工智能计算机，能够模拟人脑的活动；"C3PO"是电影《星球大战》（*Star Wars*）中的一台由废弃残片和回收物拼凑而成的机器人，具有超强的语言分析能力。——译者注

言学家马克斯·魏因赖希（Max Weinreich）对此曾有过一句最好的诠释："语言，就是以军队为后盾的方言。"

人们普遍认为，不符合标准英语的方言在语法上是有缺陷的。在 20 世纪 60 年代，一些善意的教育心理学家宣称，美国黑人儿童接受教育的机会受到严重侵蚀，这使得他们缺乏真正的语言表达能力，而只能局限于"非逻辑的行为表达模式"（non-logical mode of expressive behavior）。这一结论的依据是黑人学生在一系列标准化测试中表现欠佳。但如果这些心理学家去听一听黑人孩子的自然对话，他们就会重新认识一个基本常识：无论何时何地，美国黑人文化在口语表达方面都具有很高的造诣，源于黑人青少年的美国街头文化，已经成为人类学年鉴中一个响当当的名词，因为它高度强调语言的表达技巧。以下是语言学家威廉·拉波夫（William Labov）在美国纽约的哈勒姆区（Harlem，著名的黑人聚居区）所做的街头采访，采访对象名叫拉里（Larry），他是当地一个名为"喷气机"的少年帮派的成员，而且是帮派里最厉害的角色。拉波夫在论文中写道："对于本文的大多数读者来说，与拉里的初次会面想必会令双方都感到不快。"

> You know, like some people say if you're good an' shit, your spirit goin' t'heaven …'n' if you bad, your spirit goin' to hell. Well, bullshit! Your spirit goin' to hell anyway, good or bad.
>
> 你知道，就像有些人说，如果你他妈是一个好人，你的灵魂就可以进天堂，如果你是个坏人，你的灵魂就要下地狱。这纯属放屁！不管你是好人坏人，你的灵魂终归是要下地狱的。

> Why?
>
> 为什么呢？

> Why? I'll tell you why. 'Cause, you see, doesn' nobody really know that it's a God, y'know, 'cause I mean I have seen black gods, white gods, all color gods, and don't nobody know it's really a God. An' when they be sayin' if you good, you goin' t'heaven, tha's bullshit, 'cause you ain't goin' to no heaven, 'cause it ain't no heaven for you to go to.
>
> 为什么？让我来告诉你为什么。因为，你知道的，没有人知道是不是真有个上帝，我的意思是，我见过黑皮肤的上帝，白皮肤的上帝，各种肤色的上帝，没有人知道哪个是真正的上帝。当他们说如果你是好人就会上天堂

时，这就是放屁，因为你上不了天堂，因为根本就没有天堂可以让你上去。

… jus' suppose that there is a God, would he be white or black?

……假如上帝真的存在，那么他会是白人还是黑人？

He'd be white, man.

他会是白人，伙计。

Why?

为什么？

Why? I'll tell you why. 'Cause the average whitey out here got everything, you dig? And the nigger ain't got shit, y'know? Y'understan'? So-um-for-in order for that to happen, you know it ain't no black God that's doin' that bullshit.

为什么？让我告诉你为什么。因为白人啥都有，你懂吗？可是黑人连屁也没有，你知道吗？你明白吗？所以，嗯，连这种事情都能发生，这肯定不是黑人上帝做的屁事。

初次接触拉里所使用的语法，可能同样会令人不快。然而，对语言学家而言，它完全符合黑人英语（Black English Vernacular）的规则。在语言学上，这种方言的有趣之处在于，它丝毫引不起语言学家的兴趣，要不是拉波夫极力唤起人们的注意，以证明贫民区的孩子同样拥有真正的语言能力，它可能会被打入另册。一般来说，标准美语（Standard American English）是将"there"用作系动词的形式主语，而黑人英语则用"it"来充当这个角色（试着比较标准美语中的"There's really a God"与拉里所说的"It's really a God"）。拉里所用的"否定一致"结构（You ain't goin' to no heaven）在许多语言中都能看到，例如法语中的"ne…pas"。与其他说黑人英语的人一样，拉里在非陈述句中将主语和助词倒装，虽然标准美语中也存在这种倒装的情况，但其具体句式略有不同。黑人英语可以在否定句中将主语和助词倒装，例如"Don't nobody know"，而标准美语则只能在疑问句中这样做，例如"Doesn't anybody know?"。黑人英语允许说话者选择性地省略系动词，例如"If you bad"，不过，这并不是胡乱的偷懒，而是一种系统化的规则，它类似于标准美语中的缩写，例如"He is"缩写成"He's"、"You are"缩写成"You're"以及"I am"缩写成"I'm"。在这两种方言中，"be"都只能在某些特定句式中才可以被缩略。标准美语的使用者不会进行以下缩写：

> Yes he is! → Yes he's!
>
> I don't care what you are. → I don't care what you're.
>
> Who is it? → Who's it?

出于同样的原因，黑人英语的使用者也不会进行以下省略：

> Yes he is! → Yes he!
>
> I don't care what you are. → I don't care what you.
>
> Who is it? → Who it?

还须指出的是，在缩略问题上，黑人英语的使用者并未表现出特别的偏好，他们往往会使用某些助词的全形（I have seen）；而在标准美语中，这些助词却通常会被缩写（I've seen）。正如我们在进行语言比较时经常看到的那样，黑人英语在某些方面比标准美语更为精确。"He be working" 意味着他通常都在干活，或者他有一份固定的工作；"He working" 则表明在说这句话的时候，他正在工作。而标准美语中的 "He is working" 就无法做出这样的区分。此外，像 "In order for that to happen, you know it ain't no black God that's doin' that bullshit" 这样的句子表明，哈里在说话时用到了一整套的语法设备，例如关系从句、述补结构和从属从句，而这些正是计算机学家绞尽脑汁也无法复制的，更不用说这句话还表现出颇具深度的神学思辨了。

除此之外，拉波夫还开展了另一个研究项目，他与各个阶层和各种社会环境中的人进行了谈话录音，以检测其中合乎语法的句子所占的比例。这里的"合乎语法"是指"符合说话者所说方言的一贯规则"。例如，如果一个人问"Where are you going"（你准备去哪儿），那么合乎语法的回答就是"To the store"（去商店），即便从某种意义上说它并非完整的句子。显然，这种省略形式符合会话英语的语法规则，而另一种回答"I am going to the store"（我准备去商店）则听起来十分呆板，几乎没人会这样说。就此而言，所谓"不合语法"的句子就是指那些毫无缘由的断句、残句，不知所云的含糊之言，脱口而出的错误表达以及其他形式的语词杂拌。拉波夫的研究得出了极具启发意义的发现。在这些录音中，绝大多数的对话都是合乎语法的，尤其是日常性闲谈。此外，就合乎语法的比例而言，劳工阶层要高于中产阶级，而"不合语法"的最高比例则出现在专家学者们的学术会议上。

语言普遍性≠语言即本能

人类的所有语言都表现出复杂精密的特点，这一发现的确令人激动不已。对许多研究者来说，这已经完全可以证明语言是一种天生的能力。但是，这还不足以说服像希拉里·普特南这样顽固的怀疑论者。并非所有普遍存在的现象都是天生的产物。就像几十年前的探险家从未发现过没有语言的部落一样，现在的人类学家恐怕也很难找到一个没有录像机、可口可乐和辛普森①式 T 恤衫的民族。的确，语言远在可口可乐出现之前就已普遍存在，但这只不过是因为语言比可口可乐更加有用而已。我们更喜欢用手而不是脚吃饭，这也是个普遍现象，但我们却不必拿"用手吃饭"的本能来解释为何如此。对于离不开社会生活的人们来说，语言的重要价值体现在日常活动的方方面面：衣食住行、恋爱、争吵、谈判、教育。需要乃发明之母，语言很可能是我们聪明的祖先一次次发明的结果。或许正如莉莉·汤普琳（Lily Tomlin）所言："人类创造语言用于诉说他们内心的不满。"所谓的普遍语法，也许只不过反映了人类普遍经历的生存状况，以及在信息加工上的普遍局限。所有的语言中都有"水"和"脚"等词语，这是因为所有的人都要表达"水"和"脚"的概念。所有的语言中都不会出现包含 100 万个音节的单词，因为人们根本没时间把它说出来。语言一旦被发明，就与文化绑在了一起，父母以此教授孩子讲话，孩子也以此来模仿父母。一旦某个民族发明了语言，它就会以燎原之势传播到其他尚未出现语言的地区。而整个传播过程的核心要素，正是超级灵活的人类智慧和功能繁多的学习策略。

语言的普遍性并不能直接推导出天生的语言本能，它并不像一加一等于二那样简单、必然。因此，要充分证明语言本能的存在，我还必须在现代人的"叽叽喳喳"和我们所假定的语法基因之间做一番补充论证，而这关键的一步正是我的

---

① 美国著名动画电视剧《辛普森一家》（The Simpsons）中的虚构人物。——编者注

专长：研究儿童的语言的发展过程。我要论证的核心观点是，语言之所以具有普遍的复杂性，是因为孩子们在不断地对其进行改造，一代又一代，皆是如此。而这并不是因为别人的教导，也不是因为他们个个都头脑聪明，更不是因为这会对他们有所帮助，而是因为他们情不自禁，别无选择。现在，让我带你踏上这条证明之路。

从无到有的克里奥尔语

这条证明之路有个开端，即探讨世界上的语言到底是如何产生的。看到这里，或许有人会想，语言学遭遇的是历史学上的普遍难题：在重要事件的产生之初，没人会想到要把它记录下来。尽管历史语言学家可以追溯现代语言的发展历程，但这只不过是把人们使用语言的时间推前了一些而已。我们需要了解的是，人们是如何从无到有地创建出复杂精密的语言的。而令人惊奇的是，我们完全可以了解这一点。

第一个例证出自世界文明进程中的两段血泪史：大西洋的奴隶贸易和南太平洋的卖身苦力。或许是受了巴别塔的警示，一些种植园主故意将不同语言背景的奴隶和劳力混编在一起。当然，也有些人喜欢某一特定种族的劳工，但因条件有限，只能接受不同种族的劳力。这些言语不通的人需要相互交流才能完成工作，却没有机会去学习彼此的语言，因此，他们会发展出一种临时用语，即"皮钦语"（Pidgin）。皮钦语吸收了殖民者或种植园主所用语言中的大量词语，语序排列变化多端，缺乏一定的语法规则。有时，皮钦语可以成为一种通用语，并且经过几十年的发展，其形式也变得日益复杂，例如现在南太平洋地区所使用的"皮钦英语"（Pidgin English）。当年菲利普王子（Prince Philip）访问新几内亚时，发现自己被当地人称为"那个属于女王的小伙"（fella belong Mrs. Queen），这让他很是欣喜。

不过，语言学家德里克·比克顿（Derek Bickerton）证明说，在许多情况下，皮钦语也可以在很短的时间内转化为一种完整、复杂的语言，只要将一群正开始学习母语的孩子放到皮钦语的环境中就行。比克顿指出，这种情况往往发生在从小离开父母并由使用皮钦语的人照顾的孩子中。这些孩子并不满足于简单地重复这种支离破碎、片段式的语言形式，他们往往会注入前所未有的复杂语法，从而创造出一种具有丰富表现力的崭新语言。这种语言被称为"克里奥尔语"（Creole），它是以皮钦语为母语的孩子发展出来的一种语言。

比克顿的主要证据来自一个特殊的历史环境。奴隶种植园曾是大多数克里奥尔语的发源地，但它已成为历史。不过，历史给我们提供了一个近距离研究"克里奥尔化"（Creolization）现象的机会。在 19 世纪与 20 世纪之交，夏威夷的甘蔗种植园得到迅猛发展，对劳动力的需求很快就超出了当地劳工的供给能力。因此，来自中国、日本、韩国、葡萄牙、菲律宾、波多黎各的劳工们大量涌入夏威夷，很快，他们就发展出一种皮钦语。在发展出这种皮钦语的首批劳工中，有许多人活到了 20 世纪 70 年代，因此比克顿有机会对他们进行采访。以下是他们的一些典型语句：

> Me capé buy, me check make.
> Building-high place-wall pat-time-nowtime-an' den-a new tempecha eri time show you.
> Good, dis one. Kaukau any-kin' dis one. Pilipine islan' no good. No mo money.

第一句话出自一位 92 岁高龄的日本移民，根据其中的个别单词和说话背景，听者可以推断出他是在谈论自己早年种植咖啡豆的日子。"他购买了我的咖啡豆，他付给了我支票。"但这句话也完全可以解释为："我购买了咖啡豆，我付了支票给他。"这种理解也没错，因为他也有可能讲述的是自己现在的生活：一家商店的店主。第二句话出自另一位上了年纪的日本移民，他生了许多儿子，其中一个儿子把他接到了洛杉矶，想让他领略一下现代文明的各种"奇观"。这句话的意思是说：他自己看到一座大楼的墙上悬挂着一个电子广告牌，上面显示着时间和温度。说第三句话的人是一位 69 岁的菲律宾移民，他的意思是：这里比菲律宾要好，在这里，你有各种各样的食物，但在菲律宾，你根本没钱买吃的。（其中有一种食物叫作"pfrawg"，这是他用"kank da head"的方法在沼泽地捉到的。）在这些例句中，听者必须填补说话者所要表达的意图。皮钦语没有给说话者提供一套惯用的语法规则来传递信息——没有固定的语序，没有前缀或后缀，没有时态或其他注明时序和逻辑的标记，没有超过单句的复杂结构，也没有固定的方法来标明谁是施动者、谁是被动者。

但是，19 世纪 90 年代以后，那些在夏威夷长大的孩子虽然从小接触的是皮钦语，但最终却形成了完全不同的表达方式。他们发明出了"夏威夷克里奥尔语"（Hawaiian Creole）。以下是这种语言的例句，前两句出自一位在毛伊岛（Maui）出生的日裔木瓜种植者。中间两句来自一位出生于夏威夷的种植园劳工，他是日本与夏威夷混血儿。最后一句出自夏威夷的一位旅馆经理，他以前是农夫，出生在考艾岛（Kauai）。

> Da firs japani came ran away from japan come.
>> 第一个来到这里的日本人是从日本逃过来的。
> Some filipino wok o'he-ah dey wen' couple ye-ahs in filipinislan'.
>> 一些菲律宾人在这里工作几年后又回菲律宾去了。
> People no like t'come fo' go wok.
>> 人们不想让他替自己工作。
> One time when we go home inna night dis ting stay fly up.
>> 有天晚上当我们回到家时，这个东西正飞来飞去。
> One day had pleny of dis mountain fish come down.
>> 有一天，许许多多这样的鱼从山上流下来，流到了河里。

在这些例句中，有些动词和短语看起来像是胡乱放置的，例如"go""stay""came"和"one time"，但是，千万不要被它们误导，它们并不是随便使用的英语单词，而是属于夏威夷克里奥尔语的语法系统。克里奥尔语使用者已将这些单词转化为助词、介词、格标记以及关系代词。事实上，这或许就是许多既有语言中的语法前后缀的形成方式。例如，英语的过去式后缀"-ed"很可能就是由动词"do"变化而来。"He hammered"这句话最早的说法类似于"He hammer-did"。事实上，克里奥尔语是一门地道的语言，它拥有早期皮钦语所缺乏的固定语序和语法标记，而且除了单词的读音外，其他语言规则的生成都与殖民者的语言无关。

比克顿强调说，如果克里奥尔语的语法主要是孩子们心智的产物，而没有受到父母所说的复杂语言的影响，那么它无疑给我们提供了一扇清晰无比的窗口，通过它可以窥探出大脑的先天语法机制。他认为，克里奥尔语是许多毫不相干的语言的混合体，但它们却展现出令人惊讶的相似性——甚至连基本语法也相同。比克顿指出，在孩子学习中规中矩的既有语言时，他们常会犯一些语法错误，而这些错误与克里奥尔语的基本语法有着惊人的相似。例如，一些说英语的孩子往往会说出下面的句子。

> Why he is leaving?
> 　他为什么要离开？
> Nobody don't likes me.
> 　没有人喜欢我。
> I'm gonna full Angela's bucket.
> 　我要装满安吉拉的水桶。
> Let Daddy hold it hit it.
> 　让爸爸拿着它打它。

殊不知，他们无心说出的这些句子，正符合克里奥尔语的语法。

比克顿的个别论断仍存在争议，毕竟他所重建的是几十年前或几个世纪以前的历史。但最近的两项自然实验却出人意料地证实了他的基本观点。在这两项实验中，人们可以亲身观察儿童的克里奥尔化现象。这些有趣的发现来自有关对聋哑人手语的研究。人们对手语存在普遍的误解。手语不仅仅是一些哑语手势的拼凑，它不是教育家的发明，也不是其他口语的解码。只要是聋哑人聚居的地方就会形成手语，而且每种手语都是一种独立、完整的语言，它们使用与口语类似的语法规则。例如，美国聋哑人使用的美国手语（American Sign Language）与英语或英国手语（British Sign Language）就不相同，它在主谓一致和词性分类上反而类似于纳瓦霍语和班图语。

直到最近，尼加拉瓜才开始出现手语，因为该国的聋哑人一直没有形成自己的社群。1979 年，桑地诺政府取得政权，并着手进行教育改革，从此建立了当地第一所聋哑人学校。学校致力于培养学生的读唇和说话能力，但和所有先例一样，这样的教育收效甚微。不过这也没有关系，因为在一同玩耍、一同乘坐校车的过程中，孩子们发明了自己的一套手势系统，这套系统吸收了他们与家人交流时所使用的各种临时手势。不久，这套手势系统就演变成今天所谓的"尼加拉瓜早期手语"（Lenguaje de Signos Nicaragüense）。如今，这套手语的使用者主要是17~25 岁的聋哑青年，而这套手语也正是他们 10 岁左右时所创立的。从根本上说，尼加拉瓜早期手语是一种皮钦语，每个人的表达方式都不相同，它依靠提示性和细节性的反复陈述来表达意思，缺乏既定的语法。

但是，对马耶拉（Mayela）这种 4 岁或者更小的年龄就进入聋哑学校的孩子来说，情形则完全不同。当他们进入学校时，尼加拉瓜早期手语已充斥整个校园，而他们的手语表达也变得更为流利、紧凑，动作也越来越程式化，而不再像是哑剧表演。研究者对他们的手语进行了细致考察，结果发现这种手语与尼加拉瓜早期手语存在明显的区别，因此给它取了一个不同的名字："尼加拉瓜手语"（Idioma de Signos Nicaragüense）。目前针对尼加拉瓜早期手语和尼加拉瓜手语进行研究的心理语言学家有朱迪·凯格尔（Judy Kegl）、米里亚姆·洛佩斯（Miriam Hebe Lopez）和安妮·森加斯（Annie Senghas）。尼加拉瓜手语有点儿像克里奥尔语，当更小的孩子接触到大一点儿的孩子所说的皮钦语时，就会质变出这种语言，这与比克顿的预测完全一致。尼加拉瓜手语自发地生成了一套标准的用语规则，所有的孩子都使用相同的手势。孩子们会将许多语法规则引入其中，而这些都是尼加拉瓜早期手语所没有的现象。因此，孩子们不再需要依赖反复的陈述来表达意思。例如，尼加拉瓜早期手语（皮钦语）的使用者可能必须先打出一个"说话"的手势，然后将手从说话者的位置指向听者的位置，但在尼加拉瓜手语（克里奥尔语）中，这个手势已经得到改良，使用者只需做一个动作，将手从代表说话者的点划向代表听者的点就行了。这是一个常见的手语语法，就如英语中的主谓一致性原则一样。借助这些固定的语法规则，尼加拉瓜手语可以表达极为丰富的内容。一个聋哑儿童在看过一段天马行空的漫画之后，可以把它的剧情讲述给另一位儿童。孩子们用尼加拉瓜手语开玩笑、写诗歌、讲故事以及诉说自己的经历。它就像黏合剂一样，将孩子们紧紧联系在一起。一种语言就这样在我们眼前诞生了。

不过，尼加拉瓜手语是许多孩子相互沟通交流的产物。如果我们要将语言的丰富性归功于儿童的大脑，就需要了解一个孩子到底能给他所接触的语言增添多少语法上的复杂性，而针对聋哑人的研究再次满足了我们的需要。

如果聋哑儿童是由使用手语的父母抚养长大的，那么他们学习手语的方式就与正常幼儿学习口语的方式基本相同。但现实情况是，大多数聋哑儿童的父母都不是聋哑人，因此在成长过程中，他们很少有机会接触到使用手语者。而且，一些支持口语教学的教育者有时会故意避免聋哑儿童接触手语，以此强迫他们学习读唇和说话。不过，大多数聋哑人士对这种强制措施深为不满。当聋哑儿童成年以后，他们更愿意与其他聋哑人一起生活并开始学习手语，以便能正确掌握这种适合他们的交流工具，但往往为时已晚。对他们来说，手语的学习不亚于一道智力难关，就像那些学习外语的成年人一样。他们的手语水平远远不如从小接触手语的聋哑人，就像是侨居异国他乡的成年移民，一不小心就会出现一些明显的语音和语法错误。事实上，聋哑人几乎是唯一一类神经正常，但直到成年都未能掌握语言的人，因此，他们在手语学习上所遭遇的困难是一个完美的例证。它表明，成功的语言习得必定发生在童年的某个关键时期。

心理语言学家珍妮·辛格尔顿（Jenny Singleton）和艾丽莎·纽波特（Elissa Newport）研究过一位重度失聪的 9 岁男孩。这位男孩化名西蒙（Simmon），其父母也是聋哑人，而且他们直到 15 岁左右才开始学习手语，因此他们的手语水平很差。美国手语和其他许多语言一样，可以将某个短语移到句子前面，并用加上前缀或后缀的方式予以标记，以此来表明它是句子的主题（在美国手语中，是通过扬起眉毛或抬起下巴来标记的），例如英文句子 "Elvis I really like"（猫王是我真正喜欢的）就是这样。但西蒙的父母很少使用这种结构，而且当他们这样做的时候，也常常错误百出。例如，西蒙的父亲曾想表示 "我的朋友他认为我的第二个孩子是个聋人"，但他打出的手势却是 "我的朋友认为，我的第二个孩子，他认为他是个聋人"。这样的句子不但不符合美国手语语法，而且根据乔姆斯基的理论，它也不符合支配着所有自然语言的普遍语法（本章稍后会谈及原因）。此外，西蒙的父母也没有掌握美国手语的动词变形规则。在美国手语中，动词 "to blow"（吹）的手势是以手握拳置于嘴边，然后把手打开（就像吹气一样）。美国手语中的任何动词都可以改变形态，以表示动作的持续进行，方法是在原有的手势之外增加一个弧形动作，并迅速重复一遍。另外，通过某种变形，美国手语中的动词还可以表示受动者不止一个（比如说几根蜡烛）：手语者在空中某个位置停止手势，然后把动作重复一遍，并在另一个位置上结束手势。这些词形变化可以组合为以下两种语序：先向左吹，再向右吹，然后重复一遍；或者先向左吹两次，再向右吹两次。第一种语序表示"先吹第一个蛋糕的蜡烛，再吹第二个蛋糕的蜡烛，然后再吹第一个蛋糕的蜡烛，再吹第二个蛋糕的蜡烛"，第二种语序则表示"连续吹灭第一个蛋糕的蜡烛，然后再连续吹灭第二个蛋糕的蜡烛"。西蒙的父母掌握不了如此精细的规则，他们的词形变化很不一致，而且从不会将两种变形运用到同一个动词上，虽然他们偶尔也会分别使用一些动词变形，然后粗糙地用表示"then"的手势来连接它们。从许多方面来看，西蒙的父母更像是皮钦语的使用者。

西蒙从小只接触过父母打出的错误百出的美国手语，而没有见过正确的版本，但令人惊讶的是，他的美国手语却能青出于蓝，他能毫不费力地读懂主题短语前置的句子。当他对录像中的某段复杂情节进行描述时，他能够几近完美地运用动词变形的规则，即便有些句子需要在某一特定语序中使用两种变形。可见，西蒙一定是过滤了父母手语中不合语法的"噪声"，他能够识别出父母手语中前后不一的词形变化，并将其理解为一种强制性的语法规则。他透过父母所使用的两类动词变化，看到了包含其中却未表现出来的逻辑关系，因此重构出美国手语的一个语法规则，即按照某一特定语序将这两类变形重复运用到同一个动词之上。西蒙的手语强过了他的父母，这是一个再好不过的例子，我们在这个聋哑男孩的身上看到了克里奥尔化现象的演变轨迹。

事实上，西蒙的成就之所以令我们感到惊讶，不过是因为他是第一个在心理语言学家面前展现出这一才能的孩子。这个世界上必定存在着成千上万个"西蒙"，90%~95%的聋哑儿童出生于父母听力正常的家庭。在这些家庭中，孩子接触到的美国手语大都是他们的父母为了与孩子交流而自学的。的确，由尼加拉瓜早期手语向尼加拉瓜手语转变的过程表明，手语本身就是克里奥尔化的产物。在历史上，总是有一些教育人士试图发明一套手语系统，这种系统有时就以当地口语为基础。但是，聋哑儿童很难学会这些生造的手势，而且，即便他们着手学习这些手势，也要先把它们转化为表现力更为丰富的自然手语。

　　儿童这种非凡的创造力并非一定要在特殊的环境下才能被激发出来，例如一定要幼年失聪或者身处语言混杂的种植园。当任何一个小孩学习自己的母语时，都能表现出类似的语言天赋。

　　首先，让我们破除所谓"父母教会孩子说话"这种民间说法。当然，没有人认为父母会向孩子传授明确的语法规则，但许多父母（包括一些具有专业知识的儿童心理学家）认为，母亲在向孩子提供隐性的"语法课程"。这些课程的内容是一种特殊的言语变体，即"母亲式语型"（Motherese，法国人称之为Mamanaise）。它是一系列语气强烈的对话，再加上重复的练习和简化的语法，比如："看这只狗狗！看到狗狗了吗？这儿有一只狗狗！"在美国当代中产阶级文化中，子女的教育被视为父母的一项重要职责，如果让自己的孩子在人生的赛场上输给同龄人，这简直就等同于犯罪。那种认为母亲式语型是语言发展必不可少的环节的想法，就和一些时尚的父母跑到"学习中心"去购买印有靶心的小手套以帮助他们的婴儿早点发现自己的双手一样。

　　如果审视一下其他文化中有关子女教育的做法，我们就会得到一点启示。生活于南非卡拉哈里沙漠（Kalahari Desert）的昆申族人认为，幼儿必须依靠训练才能学会坐起、站立和行走。他们小心翼翼地在孩子周围堆起沙堆，以便使他们保持坐姿。果不其然，每个小孩很快就会自己坐起来了。当然，我们觉得这样的行为非常可笑，因为我们了解昆申族人所不愿尝试的一个事实：即便我们不教，孩子到了一定阶段照样会坐、会站、会走。不过，其他一些民族也同样会以此讥笑我们。在世界上的许多社群中，父母并不会用母亲式语型来与孩子沟通，而且，除了偶尔的命令和训斥之外，他们几乎不会与尚未掌握语言的孩子进行交流。这并无不合情理之处，毕竟，年幼的孩子又听不懂你的话，那为何还要白费口舌地自言自语呢？任何一个有头脑的人都应等孩子懂得说话之后再与之交流，这样才可能形成有意义的对话。就像生活在南卡罗来纳州皮埃蒙特（Piedmont）的梅姨（Aunt Mae）对人类学家雪莉·希思（Shirley Brice Heath）的解释："这难道不莫名其妙吗？白人总喜欢听他们的孩子说话，然后回答他们，而且会一遍又一遍地问他们，就好像小孩子天生就懂似的。"不用说，这些社群中的孩子只是无意中听到大人或其他孩子的说话，但同样能够掌握语言，例如这位梅姨就操着一口标准的黑人英语。

儿童掌握语言的功劳主要归功于他们自己。有证据表明，孩子们知道一些没有教过的语法知识。乔姆斯基对语言逻辑所进行的经典论证之一，就是考察调整语序以形成问句的过程。例如，要把 "A unicorn is in the garden"（花园里有一只独角兽）这个陈述句变成疑问句 "Is a unicorn in the garden"（花园里有一只独角兽吗？），你会先把这个陈述句看一遍，找到句中的助动词 "is"，然后把它移至句首：

> A unicorn is in the garden. →
> Is a unicorn in the garden?

但如果句子变成 "A unicorn that is eating a flower is in the garden"（花园里有一只独角兽在啃食花朵），其中就包含了两个 "is"，这时你应该移动哪一个呢？显然不可能是第一个，因为这样会产生一个非常古怪的句子：

> A unicorn that is eating a flower is in the garden. →
> Is a unicorn that eating a flower is in the garden?

但是，为什么不能移动这个 "is" 呢？这种简易的操作错在哪里呢？乔姆斯基指出，问题的答案源自语言的基本设计。虽然所有的句子都是以字串的形式出现的，但我们用以分析语法的心理算法却并非根据单词的线型排列来处理语句，诸如 "第一个字" "第二个字" 之类。相反，心理算法是将单词组合成短语，再将短语组合成更大的短语，然后给每个短语贴上一个心理标签，比如说 "主语名词短语" 或 "动词短语"。而构成问句的真正规则并不是从左到右找出第一个出现的助动词，而是寻找位于 "主语短语" 之后的助动词。在上面的例句中，主语短语包含了整个字串 "a unicorn that is eating a flower"，它们作为一个单位出现在句子中。因此，藏身其间的第一个 "is" 显然与问句的构成规则无关。而紧接着这个主语名词短语之后的第二个 "is" 则是移动的对象：

[A unicorn that is eating a flower] is in the garden. →
Is [a unicorn that is eating a flower] in the garden?

　　乔姆斯基推断说，如果儿童天生就具备这种语言逻辑，那么在初次遇到含有两个助动词的句子时，他们就能准确无误地将其变成问句。尽管错误的做法看似更简单，也更易掌握，只要按照字串顺序找出第一个 "is" 就行，但孩子们并不会这样去做。而且，在大人与幼儿的交谈中，几乎不会用到这种含有两个 "is" 的问句，因此孩子们并不能从实践中获得任何经验，即知道线型规则是错的，结构优先规则是对的。显然，没有多少母亲会对自己的小孩说出这样的句子："Is the doggie that is eating the flower in the garden？"（是不是有一只正在吃花朵的狗狗在花园里？）乔姆斯基将这一推断称为 "输入贫乏论证"（the argument from the poverty of the input），它是 "语言天赋论" 的主要证据。

THE LANGUAGE INSTINCT ｜ 语言认知实验室

　　心理语言学家史蒂芬·克雷恩（Stephen Crain）和中山峰春（Mineharu Nakayama）所做的一个实验证实了乔姆斯基的观点。他们的实验对象是幼儿园里 3~5 岁的儿童。实验人员一边向孩子展示一个以赫特人贾巴（《星球大战》中的角色）为模型的木偶，一边诱导孩子提出一系列问题，例如："Ask Jabba if the boy who is unhappy is watching *Mickey Mouse*."（问一问贾巴那个不开心的男孩是不是在看《米老鼠》）然后木偶贾巴会审视一下图片，回答 "是" 或 "不是"。当然，这个实验的真正目的是测试孩子，而不是贾巴。结果，孩子们都十分开心地说出了正确的问句。正如乔姆斯基的预测一样，没有一个小孩使用了简单的线型规则，说出 "Is the boy who unhappy is watching *Mickey Mouse*" 这样不合语法的问句。

　　你或许会反驳说，这并不能说明幼儿的大脑能够识别句子的主语，也许他们只是按照字面的意思来做而已。例如 "the man who is running"（那个跑步的人）指的是图片中一个做着某种动作的人，孩子只要理解哪些单词与这个特定人物有关就行，而未必知道这些单词构成了一个充当主语的名词短语。不过，克雷恩和中山峰春已经预料到这种反对意见，因此他们在问题列表中加入了这样的提问："Ask Jabba if it is raining in this picture"（问一问贾巴这张图里是不是在下雨）。显然，这个句子中的"it"没有任何实际意义，它只是一个为满足句法需要而充当主语的"假位成分"（dummy element）。但是，英语的问句规则将它与其他表意主语同等对待："Is it raining?"那么，孩子们会如何处理这种毫无意义的"占位符"呢？他们是否会像《爱丽丝梦游仙境》（*Alice's Adventures in Wonderland*）中那只咬文嚼字的鸭子呢？

> "I proceed," said the Mouse, "Edwin and Morcar, the earls of Mercia and Northumbria, declared for him; and even Stigand, the patriotic archbishop of Canterbury, found it advisable—"
>
> 老鼠说："那我就接着讲下去了。埃德文和莫卡，也就是莫西亚和诺森伯兰的两位伯爵也公开宣告拥戴征服者威廉，甚至连坎特伯雷的爱国大主教施蒂甘德也发现这个是不无可取的——"
>
> "Found what?" said the Duck.
>
> "发现什么？"鸭子问道。
>
> "Found it," the Mouse replied rather crossly: "of course you know what 'it' means."
>
> "发现'it'，"老鼠回答的时候有点不耐烦，"你当然知道'it'指的是什么意思。"
>
> "I know what 'it' means well enough, when I find a thing," said the Duck: "it's generally a frog, or a worm. The question is, what did the archbishop find?"
>
> "当我发现了什么吃的东西时，自然知道'it'指的是什么。'it'通常指的是一只青蛙或一条蚯蚓，"鸭子呱啦着，"不过我现在的问题是，那个大主教发现的到底是什么呢？"

但孩子比鸭子高明得多，参与实验的幼儿都给出了正确的答案："Is it raining in this picture？"同样，无论句子的主语是其他的形式主语，还是一些并非实物的抽象概念，孩子都能应付自如，例如"Ask Jabba if there is a snake in this picture"（问一问贾巴图片里是不是有条蛇）、"Ask Jabba if running is fun"（问一问贾巴跑步是不是件好玩的事）、"Ask Jabba if love is good or bad"（问一问贾巴爱是好还是坏）。

此外，语法规则中的普遍限制性也表明，我们不能将语言的基本形式视为一种实用性驱动的必然结果。世界上许多语言都有助动词，和英语一样，它们也通过将助动词移至句首来构成疑问句或其他句型，而且同样遵循"结构依存性"（structure-dependent）原则。但是，这并不是我们可以想出的唯一一个问句规则，我们完全可以通过其他方法做到这一点，例如将句中第一个助动词移到整个字串之前，或者将句子的第一个字和最后一个字进行对调，又或者将整个句子从头到尾翻转过来。人类的头脑完全有能力这样做，例如有些人喜欢将一些话倒过来说，这样做不但有趣，而且还能在朋友面前显摆一下。然而，世界上的语言在问句的构式上有着严格、普遍的约定性，这种约定性在人工系统（例如计算机语言或数学符号）中是不存在的。潜藏于语言之下的种种普遍规则，例如助动词的倒置原则、名词和动词的搭配原则、主语和宾语的位置原则、短语和从句的关系原则，以及格的一致性原则等，似乎都在暗示着说话者的大脑中存在一个"共同机制"，因为其他某些规则也具有同样的作用，但未被采纳。这就好比分散于世界各地的发明家奇迹般地想出了同一套打字机键盘、莫尔斯电码或者交通信号。

有证据表明，人类头脑中的确存在语法规则的先天蓝本，而这些证据同样来自婴幼儿的牙牙学语。例如，英语中有关后缀"-s"的主谓一致性原则（比如说"He walks"）。世界上许多种语言都强调主谓一致性原则，但在现代英语中，它却显得多余，因为它只不过是古英语的烦琐规则的残留物，即便它完全消失，我们也不必感到遗憾，就像我们不会怀念"Thou sayest"中的后缀"-est"一样。但从心理学的角度来看，这个源自古英语的"装饰物"却让我们付出了不小的代价，所有英语使用者在说出每句话时都必须留心以下 4 个细节：

- 主语是否为第三人称：如"He walks"与"I walk"。
- 主语为单数还是复数：如"He walks"与"They walk"。
- 动作是现在时态还是过去时态：如"He walks"与"He walked"。
- 动作是平时的习惯还是说话时正在发生的（即动词的"体"）：如"He walks to school"与"He is walking to school"。

如果要学会 "-s" 的用法，就必须掌握以上所有知识，对一个初学语言的孩子来说，他必须做到以下三点：（1）注意到动词在某些句子中要加 "-s"，而另一些句子则不用；（2）着手搜索句子中导致这种词形变化的语法条件（而不是把它当成日常生活中的一种小乐趣）；（3）直到把所有毫无关系的因素（例如，句子最后一个词的音节数、介词的宾语是自然之物还是人造之物、说话者说出这个句子时的口气等）排除，只剩下那些与之相关的语法条件（如时态、体以及句子主语的数量和人称），搜索工作才能结束。人们为何要这样自寻烦恼呢？

可是，很少有小孩会被这个问题难倒。在 3 岁半或更早一些的时候，孩子们就已经可以给 90% 以上需要添加后缀的句子加上 "-s"，而且几乎不会给无须添加的句子加上 "-s"。这是儿童 "语法爆炸期"（grammar explosion）的一个重要表现。所谓的 "语法爆炸期"，是指孩子成长到 3 岁时，会突然在几个月内开始讲出流利顺畅的句子，这些句子往往符合其生活的地区所用口语的许多细部特征。举例而言，有一位化名莎拉（Sarah）的学龄前女孩，其父母只上过高中，但她却懂得遵循这种主谓一致性原则，虽然这种原则并无实际意义。以下是她说的一些复合句：

> When my mother *hangs* clothes, do you let 'em rinse out in rain?
>
> 当我妈妈晾衣服的时候，你会让它们在雨里吗？
>
> Donna *teases* all the time and Donna has false teeth.
>
> 唐娜总是喜欢捉弄人，唐娜装着假牙。
>
> I know what a big chicken *looks* like.
>
> 我知道大母鸡是长什么样子的。
>
> Anybody *knows* how to scribble.
>
> 有人知道怎么涂鸦吗？
>
> Hey, this part *goes* where this one is, stupid.
>
> 嘿，这一块应该和这个放在一起，真笨。
>
> What *comes* after "C"?
>
> C 后面是什么？
>
> It *looks* like a donkey face.
>
> 它看起来像一张驴脸。

The person *takes* care of the animals in the barn.

　　人们把动物养在棚子里。

After it *dries* off then you can make the bottom.

　　等它干了之后你就可以制作它的底部了。

Well, someone *hurts* himself and everything.

　　嗯，有人伤害了自己和所有的东西。

His tail *sticks* out like this.

　　他的尾巴就这样伸出来了。

What *happens* if ya press on this hard?

　　如果你用力按这个的话会发生什么事？

Do you have a real baby that *says* googoo gaga?

　　你有一个会"咕咕嘎嘎"说话的真宝宝吗？

同样有趣的是，莎拉不可能仅靠模仿父母来记住各个动词的"-s"形式。有时，莎拉会说出一些她父母根本不可能用到的词形：

When she *be's* in the kindergarten…

　　当她在幼儿园的时候……

He's a boy so he *gots* a scary one. [costume]

　　他是个男孩，所以他得到了一件很吓人的服装［演出服］。

She *do's* what her mother tells her.

　　她妈妈怎么说，她就怎么做。

因此，莎拉一定是自己创造出了这些词形，她是在不知不觉地运用英语中的主谓一致性原则的。其实，关于"模仿"的说法从一开始就经不起推敲（如果儿童是纯粹的模仿者，那么他们在坐飞机时为什么不模仿自己的父母，安安静静地坐着呢？），而这些句子更加清楚地表明，语言的获得不能被解释为模仿的结果。

大脑，语言的生物学基础

不过，我们还需要解决一个问题，才能最终证明语言是一种特殊本能，而并非某个异常聪明的物种发明的一套巧妙的生存工具。如果语言是一种本能，那么它就应在大脑中占据一席之地，甚至还可能存在一系列特殊的基因，以助其顺利地开展工作。如果这部分基因或神经元遭到破坏，人的语言能力就会受损，而其他方面的智力则不受影响。但如果是其他部分遭到破坏，而与语言相关的基因或神经元完好无损，那么你就有可能成为一个有着完美语言能力的智障，即低能的语言天才。反过来说，如果语言只是人类智力的一种表现，那么大脑的损伤和破坏就将导致智力的全面衰退，包括语言在内。因此依据这种说法，一个人的脑组织受损程度越大，他的语言能力就越低，也就越不会说话。

到目前为止，人们还未找到语言器官或语法基因，但这种寻找还在继续。我们现在已知的是，有几类神经、遗传上的缺陷会对人的语言能力产生影响，但不会危害其他认知能力，而另一些疾病则恰恰相反。例如，千百年来为人们所熟知的一种状况：当左脑额叶下方的神经回路受损时，如中风或遭到枪击，患者通常会出现一种并发症——"布洛卡氏失语症"（Broca's aphasia）。下面是一位布洛卡氏失语症患者的事后回忆，这位患者最终恢复了语言能力，他对自己的发病过程做了清晰的描述：

> 当我醒来时，我感觉有点儿头痛，我想一定是因为睡觉的时候把右胳膊给压住了，因为它就像针刺一样难受，而且完全不听使唤。我下了床，但身子却站不稳，结果摔在了地板上，因为我的右腿没有一点儿力气，无法支撑自己，于是我极力呼唤隔壁房间的妻子，但根本发不出声来，我不能说话了……我惊呆了，也吓坏了。我不相信这种事情会发生在自己身上，我开始感到迷惑和恐惧，然后我突然意识到，自己一定是中风了。想到这里，我悬着的心放下了一些，但这也只是暂时的宽慰，因为我一直认为中风毫无例外地会造成永久性的伤害……后来我发现自己可以讲一些话，但这些话连我自己都听不懂，不知道表达的是什么意思。

正如这位作者所言，大多数中风患者并没有这么幸运。福特先生（Mr. Ford）曾是海岸警卫队的无线电通信员，他在 39 岁时罹患中风。三个月后，神经心理学家霍华德·加德纳（Howard Gardner）对他进行了采访，询问他入院之前的工作情况。

> "I'm a sig...no...man...uh, well, ...again." These words were emitted slowly, and with great effort. The sounds were not clearly articulated; each syllable

was uttered harshly, explosively, in a throaty voice…

　　"我一个通……不是……员……噢，又来了。"福特先生用尽全身力气，缓慢地吐出这些单词。它们听起来含混不清，每个音节都非常急促，带着沙哑的嗓音。

"Let me help you," I interjected. "You were a signal…"

　　我插嘴说："让我来帮你，你是一个通信……"

"A sig-nal man …right," Ford completed my phrase triumphantly.

　　"一个通信员……没错。"福特先生成功地接下了我的话。

"Were you in the Coast Guard?"

　　"你在海岸警卫队工作过？"

"No, er, yes, yes …ship …Massachu …chusetts …Coast-guard …years." He raised his hands twice, indicating the number "nineteen".

　　"不，呃，是的，是的……船……马萨诸……塞州……海岸警卫队……年。"他的手两次举起，表示数字"19"。

"Oh, you were in the Coast Guard for nineteen years."

　　"哦，你在海岸警卫队干了 19 年。"

"Oh ... boy …right …right." he replied.

　　"哦……老兄……是的，是的。"他回答道。

"Why are you in the hospital, Mr. Ford?"

　　"你为什么待在医院里，福特先生？"

Ford looked at me a bit strangely, as if to say, Isn't it patently obvious? He pointed to his paralyzed arm and said, "Arm no good," then to his mouth and said, "Speech …can't say …talk, you see."

　　福特有点儿奇怪地看着我，仿佛在说，这不是明摆着的事吗？他指着自己瘫痪的手臂说道："胳膊不行。"然后又指了指嘴说："话……不能说……说话，你看。"

"What happened to you to make you lose your speech?"

　　"发生了什么事，让你不能讲话？"

"Head, fall, Jesus Christ, me no good, str, str …oh Jesus …stroke."

　　"一头，栽倒，我的天，我感觉不好，中，中……哦，老天……中风了。"

"I see. Could you tell me, Mr. Ford, what you've been doing in the hospital?"

"我明白了。您能告诉我，福特先生，您在医院里都做些什么吗？"

"Yes, sure. Me go, er, uh, P.T. nine o'cot, speech …two times …read …wr …ripe, er, rike, er, write …practice …get-ting better."

"是的，当然。我去，呃，运动治疗，9点钟，谈话……两次……阅读……写……呃，呃，呃……作……练习……好了一些。"

"And have you been going home on weekends?"

"你周末回家吗？"

"Why, yes …Thursday, er, er, er, no, er, Friday …Bar-ba-ra …wife …and, oh, car …drive …purnpike …you know …rest and …tee-vee."

"嗯，是的……周四，呃，呃，呃，不，是周五……芭—芭—拉……妻子……和，哦，开……汽车……你知道……休息和……看电视。"

"Are you able to understand everything on television?"

"你能看懂电视里的内容吗？"

"Oh, yes, yes ... well …al-most."

"哦，是的，是的……嗯……差不多吧。"

显然，福特先生不得不费力地吐出每一句话，但他的问题并不是声带肌的控制问题。他能够吹灭蜡烛，也能够咳痰清嗓，但语言表达却力不从心，不论是写作还是说话。他的最大障碍是语法问题。他省略了"-ed""-s"等词尾和"or""be""the"等虚词，尽管它们在英语中时常会被用到。当大声朗读时，他也会略过这些虚词，却能正确地读出与"be""or"同音的实词"bee"（蜜蜂）、"oar"（船桨）。他在指认物品名称方面表现良好。当别人向他提问时，如果问题的内容可以依靠句中的实词推断出来，他就能很好地理解。例如，"石头可以浮在水面上吗""锤子是用来剪东西的吗"。但是，如果涉及一定的语法分析，如"狮子被老虎杀死了，最后是谁死了"，他就无法回答了。

尽管福特先生存在语法障碍，但其他能力却丝毫未受损。加德纳指出："他机敏、谨慎，而且完全知道自己身在何处以及为何会在那里。只要是和语言关系不大的智力活动，他都一如常人，例如辨别左右、用左手画画、计算、识图、设置时钟、搭建物品或者执行命令等。他的非语言智商位于平均值上游。"的确，从他的对话中可以看出，和许多布洛卡氏失语症患者一样，福特先生对自己的理解障碍有着清醒的认识。

成年后的脑部创伤并不是语言神经回路受损的唯一原因。有些孩子其他方面都相当健康，但无法如期发展出语言能力。当开始说话时，他们会在吐字发音上显得困难重重。而且，尽管随着年龄的增长，他们的吐字问题会有所改善，但许多语法上的错误却常常保持到成年。研究者排除了其中所有可能的非语言因素，例如智障、耳聋以及孤独症等，最后给这些孩子的症状取了一个准确但无多少帮助的名称："特定型语言障碍"（Specific Language Impairment）。

长久以来，语言治疗师一直怀疑特定型语言障碍是一种遗传疾病，因为他们发现一个家庭里常有多人存在这种问题。最近的统计数据表明，这种怀疑很可能就是事实。"特定型语言障碍"会在家族中流传，如果同卵双胞胎中的一方患有这种疾病，那么另一方的发病概率会非常高。其中最为著名的例子来自一个化名K氏的英国家族，语言学家默娜·高普尼克（Myrna Gopnik）和一些遗传学家对他们进行了研究。这家人的祖母存在语言障碍。她有5个孩子，都已长大成人，其中除了1个女儿外，其余4人都和他们的母亲一样，存在语言障碍。此外，这4个人一共生有23个孩子，其中11个小孩出现语言障碍，而另外12个小孩的语言能力正常。此外，这11个有语言障碍的小孩在家庭、性别、出生顺序等方面是随机分布的。

当然，即便家族成员拥有某种共同的行为模式，也不能说明它就是遗传的结果。一个家族的食谱、口音或摇篮曲往往会延续几代，但它们都与DNA无关。然而，在语言障碍的问题上，遗传却是合理的解释。假如致病的原因来自环境，如营养不良、亲人间的耳濡目染、过度地观看电视或者旧水管的铅污染等，那为什么偏偏是他们中的某些人出现这种症状，而其他的同龄亲属（其中还包括一位异卵双生子）却不受影响？事实上，与高普尼克一同共事的遗传学家指出，这个家族的病例表明，"特定型语言障碍"很可能是受单一显性基因控制的遗传性状，就像格里哥·孟德尔（Gregor Mendel）杂交出的粉红色豌豆花。

　　这个可能存在的基因有着怎样的破坏力？它似乎并不会影响患者的整体智商。在 K 氏家族中，大多数患病的家族成员的非言语智商值都处于正常范围。而且，高普尼克还研究过另一个患有特定型语言障碍的小孩，这个小孩经常在班上的数学考试中拿第一名，可见他们只是在语言方面存在障碍。但是，这些人又与布洛卡氏失语症患者不同，他们看起来更像是来到陌生国度的观光客，说起话来很慢，也很小心，他们需要仔细斟酌自己说的每句话，并期待对方能够帮他们把句子说完。他们告诉研究人员，即便是日常交谈，对他们来说也是一件极其艰难的脑力工作，因此他们总是千方百计地回避那些需要开口说话的场合。他们的语言充斥着各种语法错误，例如误用代词或者弄错复数和过去时态的后缀，如：

> It's a flying finches, they are.
> 它是一群飞雀，它们是。
>
> She remembered when she hurts herself the other day.
> 她记得几天前她弄伤了自己。
>
> The neighbors phone the ambulance because the man fall off the tree.
> 邻居们打电话叫来了救护车，因为这个人从树上掉了下来。
>
> They boys eat four cookies.
> 男孩们吃 4 块饼干。
>
> Carol is cry in the church.
> 卡罗尔在教堂里哭泣。

　　测验显示，即使是 4 岁正常儿童都能轻松完成的任务，他们也觉得困难无比。

THE LANGUAGE INSTINCT　语言认知实验室

　　一个典型例子是"wug 测试"，这个测试同样可以证明孩子的语言习得并非源自对父母的模仿。在测试中，孩子们首先看到的是一张由线条勾勒的图画，形状类似于一只小鸟，研究人员把它叫作"wug"。然后，研究人员再给孩子观看一张画有两只"wug"的图片，并对孩子们说："现在这里有两只了，这里有两只 ＿＿＿＿。"通常，一个 4 岁的孩子会脱口而出："wugs。"但患有语言障碍的成年人却很难做到。

　　例如，高普尼克研究的一位成年患者就紧张地笑笑说："呃，亲爱的，请继续。"在高普尼克的追问下，她回答说："Wug…wugness，不是吗？不对，我知道了，你要的是一对……，是吧？"对于下一个动物"zat"，她回答道："Za…ka…za…zackle。"而当面对动物"sas"时，她推断它的复数形式一定是"sasses"，这一次的成功令她激动不已，她开始将这种形式到处乱用，如将"zoop"变为"zoopes"，将"tob"变为"tobyees"，这说明她并未真正掌握复数的变化规则。可见，源自家族遗传的基因缺陷以某种未知的方式影响着患者对语法规则的掌握，而这些规则对正常儿童来说就是小菜一碟，根本无须费心。虽然成年患者试图通过推理的方法来弥补这一缺陷，但结果可想而知。

　　布洛卡氏失语症和特定型语言障碍的一个共同点是，患者的语言能力出现障碍，但其他方面的智力却相对正常。不过，这仍不能说明语言与智力互不统属、各司其职。或许相对于其他智力活动而言，语言对大脑提出了更高的要求。在面对其他智力问题时，大脑可能并不需要开足马力；但如果使用语言，大脑就必须全力以赴，进入满负荷状态。为了澄清这一事实，我们需要看一些反面的例子，即低能的语言天才。这些人有着良好的语言能力，却存在智力上的障碍。

　　以下是另一段采访，来自已故心理语言学家理查德·克罗默（Richard Cromer）与一位名叫丹妮丝（Denyse）的女孩。采访内容的转录和分析由克罗默的同事西格丽德·利普卡（Sigrid Lipka）完成（其中方头括号内的内容为克罗默的应答）。

我喜欢打开各种卡片。今天早上我有一堆邮件，但是里面没有一张是圣诞卡。我居然收到了一张银行对账单！

【银行对账单？我希望是个好消息。】

不，不是好消息。

【听起来和我的账单一样。】

我讨厌它……我妈妈正在病房里做事。她说："不会又是银行账单吧？"我说："这是两天里的第二张了。"她说："你要我在吃午饭的时候为你跑一趟银行吗？"结果我说："不，这次我自己去和他们解释。"我跟你讲，我的银行实在是糟透了。他们把我的存折给弄丢了，你看，我到处都找不到。我选的是英国信托储蓄银行，不过我正在考虑换家银行，因为他们太烂了。他们老是，老是弄丢……（这时有人把茶端了进来）哦，这不错吧。

【嗯，非常好。】

他们丢东西都丢成习惯了。他们在一个月里把我的存折弄丢了两次，我都要疯掉了。我妈妈昨天替我去了一趟银行。她回来说："他们又弄丢了你的存折。"我说："我可以大叫吗？"然后就大叫了一声。她说："好的，继续。"于是我又大声抱怨。但是，他们这样做实在令人生气。信托储蓄银行不是……嗯，最好的生意人。他们简直无可救药。

　　我看过有关丹妮丝的录像资料，她看上去言辞老练、能说会道，这在美国人听来更是如此，因为她拥有一口优雅的英国腔。例如，"我的银行实在是糟透了"（My bank are awful）这句就是标准的英式英语，并不符合美式英语的语法。然而，令人不可思议的是，虽然她的描述让人觉得煞有其事，但都是出于自己的臆想。丹妮丝没有银行账户，因此她不可能收到账单，银行也不可能弄丢她的存折。而且，她还说自己与男友合开了一个"联合账户"，但实际上她并没有男友，而且对联合账户的概念也不甚了了，因为她抱怨自己的男友从账户的另一头取走了钱。在其他谈话中，丹妮丝还向听众活灵活现地讲述了自己妹妹的婚礼，以及她与一个名叫丹尼（Danny）的男孩在苏格兰共度的假期，甚至还包括自己与长期分离的父亲在机场的愉快重逢的场景。但是，丹妮丝的妹妹并没有结婚，丹妮丝本人也从未去过苏格兰，而且她根本不认识一个名叫丹尼的人，她的父亲也从未离开过她。实际上，丹妮丝患有严重的智障。她不会读书写字，也不会管理财务，无法应付基本的日常生活。

　　丹妮丝是先天性脊柱裂患者，脊椎的畸形生长导致其脊髓缺乏应有的保护。脊柱裂常常会诱发脑积水，即因脑室中的脑脊液压力增大，使得大脑从内部向外膨胀。不过，由于某种未知的原因，患有脑积水的儿童有时会发展为丹妮丝这种状态：智力发育迟钝，但语言能力不但未受损伤，反而表现出过度发育的迹象。这或许是由于脑室的膨胀挤坏了负责日常智力的大部分脑部组织，但掌管语言回路的脑部组织却完好无损。学界为这种症状取了许多名字，如"鸡尾酒会式对话"（cocktail party conversation）、"话痨综合征"（chatterbox syndrome）以及"胡话症"（blathering）。

事实上，许多类型的智障患者都能流利地讲出符合语法的句子，譬如精神分裂症患者、老年痴呆症患者，以及部分孤独症儿童和失语症患者。最近，学界公布了一项与该症状有关的著名案例，患者是圣地亚哥一位患有话痨综合征的智障女孩，她的父母从一本科普杂志上了解到乔姆斯基的理论，于是给身在麻省理工学院的乔姆斯基打了一个电话，他们觉得自己的女儿应该会引起乔姆斯基的研究兴趣。不过，乔姆斯基是一位专门从事理论研究的科学家，他对孩子们喜欢的赫特人贾巴或者饼干怪兽一无所知。因此，他建议这对父母带着孩子去拜访一下心理语言学家厄休拉·贝露姬（Ursula Bellugi）的实验室，地点就在圣地亚哥的拉霍亚（La Jolla）。

贝露姬与分子生物学、神经病学、放射学等领域的同事一起对这个女孩进行了全面的研究，他们发现，这个化名克里斯蒂尔（Crystal）的女孩患有一种罕见的疾病，即"威廉姆斯综合征"（Williams syndrome）。这种病症有可能与调控钙水平的 11 号染色体的基因缺陷有关。这一基因缺陷会给大脑、内脏以及颅骨的发育带来复杂影响，但人们目前还不清楚其中缘由。随后，贝露姬等人对其他一些患者进行检查，发现了类似的症状。这些孩子的身材相貌非常特别：他们个子很小、体重很轻、面颊很窄，额头却很宽，他们有着扁平的鼻子、削尖的下巴、厚厚的嘴唇；他们的虹膜呈现出星状图纹。他们有时会被称为"精灵面孔"或者"小精灵"，但我觉得他们长得更像滚石乐队的创始人米克·贾格尔（Mick Jagger）。他们的智力存在严重缺陷，智商只有 50 左右，无法完成日常性的简单任务，比如说系鞋带、认路、从柜子里拿东西、区分左右、数字相加、画一辆自行车或者克制自己搂抱陌生人的冲动等。但是，他们和丹妮丝一样，都能侃侃而谈，而且语言十分流利，虽然听起来可能有些呆板。以下是克里斯蒂尔 18 岁时的两段谈话：

> 大象是什么？它是一种动物。大象在哪里生活？它生活在丛林中，也可能住在动物园里。大象有什么？它有长长的耳朵，灰色的，像扇子一样可以扇风。它有一个长长的鼻子，可以卷起青草或干草……如果它们心情不好，就会变得很可怕……大象如果发起疯来，就会乱踩乱跺，横冲直撞。有时大象跑得很快，就像公牛一样。它们的牙齿又大又长，它们可以顶翻一辆汽车……它们有时非常危险。在紧急情况下或者心情不好的时候，它会变得非常恐怖。你可别想着养一头大象当宠物，还是养只猫、狗或者鸟什么的吧。

这是一个关于巧克力的故事。从前，巧克力王国里住着一位巧克力公主，她是一位甜美可人的公主。她坐在自己的巧克力宝座上，这时一位巧克力人前来参见她。这个人向她鞠了一躬，并对她说了一番话。他说道："巧克力公主，我想请您看一看我是怎样工作的。但外面实在是太热了，您可能会像黄油一样融化在地上。如果太阳变成另一种颜色，您和巧克力王国就不会融化。只要太阳换一种颜色，您就有救了。如果不换颜色，您和巧克力王国就一定会灭亡的。"

实验证明，这些孩子能够正确地使用语法，他们和正常人一样可以理解复杂的句子，并对不合语法的句子做出修改。此外，这些孩子还有一个有趣的嗜好：他们喜欢用冷僻的词语。如果要正常的孩子讲出一些动物的名称，他们会列举自己日常见过的宠物或家畜，如狗、猫、马、牛、猪；但威廉姆斯综合征患者却会罗列出一群珍禽异兽：独角兽、翼龙、牦牛、野山羊、水牛、海狮、剑齿虎、秃鹫、考拉和龙，他们甚至会提到一种令古生物学者异常感兴趣的动物——"雷龙"。又比如，一名 11 岁的威廉姆斯综合征患者把一杯牛奶倒进水槽，然后他告诉别人说："I'll have to evacuate it."（我不得不把它清空。）而另一个孩子将自己的画作送给贝露姬，并说："Here, Doc, this is in remembrance of you."（拿去吧，医生，这可是用来纪念您的。）

无论是吉鲁帕诺、拉里、夏威夷的木瓜种植者、马耶拉和西蒙，还是梅姨、莎拉、福特先生、K 氏家族和丹妮丝，他们都为我们的语言研究提供了鲜活的实例。这些例子表明，复杂的语法普遍存在于人类世界的各个角落，你无须离开石器时代的原始部落，无须挤进素质较高的中产阶级，无须接受良好的教育，而且无须达到入学的年龄，你的父母也不必整天围着你说话，他们甚至不需要懂得任何语言，你也无须拥有维持社会关系的交往技能或理解现实境况的正常智力。当然，如果你拥有以上所有条件，也并非坏事，但如果你缺乏某种正常的基因或某些细小的大脑部件，你依然无法成为一个"能说会道"的人。

The Language Instinct

How
the Mind Creates
Language

02

心语

人们很容易高估语言的能力，以为语言决定着我们的思维。实际上，语言不是思维的唯一方式。心智计算理论是认知科学的基础，无论是英语还是其他任何自然语言，都不能用作心智计算的介质。心语，才是思维的语言。

我们平安地度过了 1984 年，乔治·奥威尔（George Orwell）在 1949 年预言的极权主义噩梦并未发生。不过，现在高兴恐怕还为时尚早。在小说《1984》（*Nineteen Eighty-four*）的附录中，奥威尔提到了一个更为不祥的日期。在 1984 年，统治者还必须采用监禁、虐待、药物以及酷刑等方式对异端分子温斯顿·史密斯（Winston Smith，《1984》的主人公）实施改造。到了 2050 年，就再也不会有像温斯顿·史密斯这样的人了。因为在这一年，一项控制思想的终极技术将会被全面落实，这就是"新话"（Newspeak）。

新话的目的不仅是为英社（英格兰社会主义）的拥护者提供一种表达世界观和思想习惯的合适手段，而且也是为了使所有其他思想方式不可能再存在。这样在大家采用了新话、忘掉了老话以后，异端的思想，也就是那些违背英社原则的思想，再也无法思考（只要思想是依靠字句来进行的）。新话是党员用以正确表达意思的一种确切的、有时是非常细微的表达方法，它排除所有其他的意思，也排除用间接方法得出这些意思的可能性。所以能做到这一点，一部分原因是因为创造了新词，但主要是因为废除了不合适的词并消除了剩下的词所带有的原有的非正统含义，而且尽可能消除了它们的歧义。例如，新话中仍保留了 "free"（自由）一词，但它只能用在下列这样的话中，如 "This dog is free from lice"（此狗身上无虱）或 "This field is free from weeds"（此田无杂草）。它不能用在 "politically free"（政治自由）或"intellectually free"（学术自由）这些原来可用的词组中，因为即使是作为概念，政治自由和学术自由也已不复存在，因此必然是无以名之的。

　　……以新话为唯一语言而教养成的人不会知道"平等"曾有过"政治平等"的旁义，或者"自由"曾是"思想自由"的意思，正如一个从未听说过国际象棋的人不会知道"后"和"车"的旁义一样。有许多罪行和错误是他无力犯下的，因为这些罪行和错误是没有名字的，因此是无法想象的。

不过，人类的自由还存在一线希望，因为奥威尔在文中提到这样一句话："只要思想是依靠字句来进行的。"请注意他的闪烁其词：在第一段的末尾，他说如果一个概念是无法想象的，那么它就必然无以名之；在第二段的末尾，他又说如果一个概念是无以名之的，那么它就无法想象。然而，思想真的必须依靠语言吗？人们真的是在用英语、彻罗基语、奇温久语或者2050年的新话来思考的吗？抑或我们的思想原本是以无声的形式栖息于大脑之中，即所谓的思维语言，或者说"心语"（mentalese），而只有在我们需要与他人交流时，才临时披上了一件语言的外衣？在语言本能的探讨中，这是一个至为关键的问题。

在多数社会和政治领域的文章中，人们往往简单地认为语言决定思想。这一想法源自奥威尔的散文《政治与英语》（*Politics and the English Language*），受此启发，权威人士纷纷批评政府通过一些更为委婉的用语来操纵人们的头脑，比如用"平定"（pacification）代替"轰炸"（bombing）、用"扩充财源"（revenue enhancement）代替"税收"（taxes）、用"不予挽留"（nonretention）代替"解雇"（firing）。哲学家则认为，由于动物没有语言，所以它们一定也没有意识。例如维特根斯坦（Wittgenstein）写道："一只狗不可能想到'也许明天会下雨'。"因此，动物不具备作为意识主体的各项权利。一些女权主义者指责语言中包含着歧视女性的因素，如将男性的"he"（他）作为通用的第三人称代词。于是，各式各样的改革运动如雨后春笋般涌现出来，其中，光是"he"的替代词就有"E""hesh""po""tey""co""jhe""ve""xe""he'er""thon"和"na"等诸多建议。在这些改革运动中，最极端的例子是工程师柯日布斯基（Korzybski）于1933年所倡导的"普通语义学"（General Semantics）。这一学说经由其学生斯图亚特·蔡斯

（Stuart Chase）和早川一荣（S. I. Hayakawa）所撰写的一系列畅销书而为世人所熟知。普通语义学认为，人类之所以会被愚弄，是因为语言的形式在无意之中破坏了语义，从而影响了人们的思考。比方说，假设我们将年轻时犯了盗窃罪的 40 岁的约翰关进监狱，这等于是把 40 岁的约翰和 18 岁的约翰视为"同一个人"，而这在逻辑上显然不成立。要避免这类现象的发生，我们在谈到约翰的时候就应该用"1972 年的约翰"和"1994 年的约翰"来加以区分。而动词"to be"则是语义混乱的一个特定根源，因为它用抽象的概念来指代个人，比如说"Mary is a woman"（玛丽是个女人），这样便可以逃避责任，就像里根总统的经典用语，"Mistakes were made"（错误已经铸成）。因此，有一派普通语义学家试图完全废止"to be"的使用。

而且，人们还为这些说法找到了科学上的依据，即著名的"萨丕尔－沃尔夫假说"（Sapir-Whorf hypothesis）。该假说的主要观点是"语言决定论"，即人们的思想由语言提供的各种范畴所决定。不过，该假说还有一个较为温和的版本，即"语言相对论"：不同的语言导致了不同的思维。那些上过大学的人一定能不假思索地举出下列所谓的"事实"：不同的语言对颜色有着不同的分类；霍皮人（印第安人的一支）的时间观念与我们截然不同；因纽特人用来表示"雪"的词语多达几十个。言下之意非常明显：现实世界中的各种基本范畴并非客观存在，它们是文化强行输入的结果（因此也可以对其进行质疑，这或许可以解释为什么大学生对这一假设抱有普遍好感）。

但这个假说是错误的，而且大错特错。这种将思想和语言等同起来的说法属于典型的"传统谬论"（conventional absurdity）：它违背了常识，但大家却深信不疑，因为每个人都觉得自己似乎在某个地方听到过它，而且它似乎蕴含着某种启示（就像我们相信"人的大脑只使用了 5%""旅鼠会集体自杀""童子军手册每年都销量第一""潜意识信息会诱导人们消费"等这类所谓的"事实"一样）。但不妨想一想，我们在说话或写作的时候，有时会突然打住，因为自己发现这不是我们想要表达的意思。我们常常会觉得"心中所想"与"口中之言"并不能合拍。有时，要找到一个能够确切表达自己想法的词语并非易事。在倾听或阅读时，我们常常只是通其大意，而记不住对方的原话，因此，我们的头脑中一定存在着独立于语言而存在的"意义"。而且，如果思想依赖于语言的话，我们怎么可能创造出新的词语呢？小孩又是如何学会第一个单词的呢？一种语言又是如何翻译成另一种语言的呢？

"语言决定思维"的观点之所以能够流行，完全是因为人们缺乏必要的怀疑精神。伯特兰·罗素（Bertrand Russell）指出，也许一只小狗无法告诉你它的父母非常诚实但生活拮据，但你能因此断定这只小狗就没有意识吗？它只是一个毫无感觉的东西而已？有位研究生曾与我争论语言与思维的问题，但他采用的完全是"逆反逻辑"（backwards logic）：语言一定会影响思维，否则的话，我们还有什么理由反对语言中的性别歧视现象——显然对他而言，歧视现象本身还不足以说服人们采取行动。至于政府的委婉用词，它的确是一种卑鄙的伎俩，不过其卑鄙之处体现在欺骗，而非思想控制。奥威尔在《政治与英语》中已阐释得足够清楚。例如，"扩充财源"的概念比"税收"一词要大得多，而听众会自然地认为，如果一个政治家想说"税收"，他肯定会用"税收"这个词。一旦政治家的谎言被拆穿，人们很容易就能明白其中的骗局，也不会再有被洗脑的危险。美国英语教师委员会每年都会对政府新闻稿中反复出现的假话、套话予以嘲弄。作家们也往往以通俗、幽默的方式来唤起人们对委婉用语的注意，例如在电视剧《巨蟒剧团之飞翔的马戏团》（*Monty Python's Flying Circus*）中，一位愤怒的宠物店顾客说道：

> 它已经不再是只鹦鹉了。它终结了自己的存在，寿终正寝，它去见上帝了。这是一只故去的鹦鹉，是一具死尸，它丧失了生命，它安息了。如果你没有把它钉在枝头，它早就被埋入黄土了。它生命的帷幕已经落下，归寂于无声的洪荒之中，这是一只"前"鹦鹉（ex-parrot）。

我们将会在本章看到，并没有科学上的证据显示语言能够塑造人们的思维方式。虽然许多人试图证明这一点，但都不可避免地沦为研究史上的笑柄。不过，我不只是想简单地回顾这段搞笑的历史，毕竟，当科学家对思维的运作机制和研究方法都一片茫然时，"语言塑造思想"的观点看似是很有道理的。如今，认知科学家已经懂得如何研究思维，因此，很少再有人会仅仅因为语言的明晰可感就将它与思维等同起来。了解语言决定论的错误，可以帮助我们更好地理解下一章将要探讨的内容：语言自身的运作机制。

语言决定思维吗

语言决定论假说与两位研究者的名字紧密相连：一位是爱德华·萨丕尔，一位是本杰明·沃尔夫（Benjamin Lee Whorf）。萨丕尔是一位才华横溢的语言学家，师从人类学家法兰兹·鲍亚士（Franz Boas）。鲍亚士和他的学生，例如鲁思·本尼迪克特（Ruth Benedict）、玛格丽特·米德（Margaret Mead），都是20世纪的重量级学者。他们一致认为，世界上那些未开化的民族并非原始愚昧的野蛮人，他们拥有和我们一样复杂、有效的语言、知识和文化。萨丕尔探究了北美印第安人的语言，他指出，运用不同语言的人对现实世界也有不同的感受和认知，而这种不同正是源于日常性的遣词造句。例如，英语使用者需要考虑是否应给动词加上"-ed"，因此他们就必须注意时态，即事件的发生时间与描述时间的相互关系。而温图语使用者则无须考虑时态的问题，但他们也有一套自己的动词后缀形式，以区分说话者描述的事实是出于亲眼所见还是道听途说。

萨丕尔这一有趣的发现很快就得到进一步发展。沃尔夫是哈特福德火险公司（Hartford Fire Insurance Company）的一名调查员，也是一位研究北美印第安语的业余学者。沃尔夫在耶鲁大学听过萨丕尔讲课，他在一篇被广为引用的文章中写道：

> 我们用自己的本族语所划的线来切分自然。我们从现象世界中分离出范畴和种类，并不是因为它们客观地呈现于每一个观察者面前。相反，呈现在我们面前的世界是千差万别的印象流，它们是通过我们的大脑组织起来的——很大程度上是用我们大脑中的语言体系组织起来的。我们将自然进行切分，用各种概念将它组织起来，并赋予这些概念不同的意义。这种切分和组织在很大程度上取决于一个契约，即我们所在的整个语言共同体约定以这种方式组织自然，并将它编码固定于我们的语言形式之中。当然，

这一契约是隐性的，并无明文规定，但其条款却有着绝对的约束力。如果我们不遵守它所规定的语料的编排和分类方式，就根本无法开口讲话。

是什么原因导致沃尔夫得出如此极端的结论？他写道，在担任防火工程师期间，他惊讶地发现工人们常会被语言所误导，以致对危险情况做出错误的判断，这让他开始产生"语言决定思维"的想法。例如，一名工人将点着的香烟丢进一个"空"的汽油桶中，结果引发了一场严重的爆炸事故，而这个所谓的"空"桶其实充满了汽油蒸气。还有一位工人在一个"水池"附近点燃了喷灯，但这个"水池"并非真正的水池，而是制革厂用来处理废料的地方，里面装的也不是水，而是释放着易燃气体的液体。沃尔夫对印第安语的研究增强了他的认识。例如在阿帕切语中，"这是一眼滴水泉"（It is a dripping spring）的说法是"像水或泉那样，白色向下运动"（As water, or springs, whiteness moves downward）。沃尔夫感叹道："这与我们的思维方式相距多么遥远！"

但是，如果你仔细分析沃尔夫的证据，就会发现它们其实站不住脚。在关于"空"桶的例子中，沃尔夫声称灾难的根源是"空"字的多义性，它既表示"容器内没有物品"，也有"不存在、真空、否定、无生命"的意思。不幸的是，语言范畴制约了这位工人对现实的认知，使他无法区分"清空"和"真空"的含义，结果引发了一场爆炸。但是，这种解释值得商榷。汽油蒸气是一种无形的气体，一个装满了气体的桶看起来就和空桶一样。因此，这位"肇事者"显然是被他的眼睛所蒙骗，而不能怪罪于语言。

此外，沃尔夫以"白色向下运动"的例子来说明阿帕切人的独特思维，即他们不会将外在事物切割为一个个具体的物体和动作。沃尔夫从印第安语中找到了许多例证，例如，在阿帕切语中，"这条船搁浅在沙滩上"（The boat is grounded on the beach）的说法是"沙滩是这条独木舟一点一点运动的地方"（It is on the beach pointwise as an event of canoe motion）；"他请人吃大餐"（He invites people to a feast）的说法是"他，或某人，去找吃煮熟食物的人"（He, or somebody, goes for eaters of cooked food）；"他用通条擦枪"（He cleans a gun with a ramrod）的说法是"他通过工具的运动，引导一个干燥的点在一个中空的洞中移动"（He directs a hollow moving dry spot by movement of tool）。显然，这些句子与我们的表述方式完全不同，但这是否说明他们的思维方式也与我们的不同呢？

沃尔夫的文章发表不久，心理语言学家埃里克·勒纳伯格和罗杰·布朗就指出他的论证存在两个漏洞。首先，沃尔夫其实并未研究过阿帕切人，他很可能连一个阿帕切人都没见过。他对阿帕切人心理特征的论断完全是基于阿帕切语的语法特点。在他看来，阿帕切人有着不同的说话方式，所以他们也必然有着不同的思维方式。但是，我们怎么知道他们的想法就一定不同呢？难道仅凭他们的说话方式？

其次，沃尔夫在呈现这些例句时，采用的完全是生硬无比的逐字翻译法，其目的就是要让原文的字面意思看起来古怪异常。因此，一旦识破沃尔夫所施的"障眼法"，我们就能以同样的理由将这些例句还原成日常的通俗语言。例如，"像水或泉那样，白色向下运动"可以改为"清澈的东西——水——落了下来"（Clear stuff-water-is falling）。反过来说，我也可以将英文中的"他在走路"（He walks）改写为"一个孤独的男子用腿前进"（As solitary masculinity, leggedness proceeds）。布朗表示，如果沃尔夫的逻辑成立，那么德国人的头脑一定也非常奇特，因为对于英语使用者来说，德语的语法实在是古怪透顶，例如马克·吐温就曾特意将自己在维也纳记者俱乐部的德语演讲翻译成不伦不类的英语：

> I am indeed the truest friend of the German language—and not only now, but from long since—yes, before twenty years already... I would only some changes effect. I would only the language method—the luxurious, elaborate construction compress, the eternal parenthesis suppress, do away with, annihilate; the introduction of more than thirteen subjects in one sentence forbid; the verb so far to the front pull that one it without a telescope discover can. With one word, my gentlemen, I would your beloved language simplify so that, my gentlemen, when you her for prayer need, One her yonder-up understands.
>
> ... I might gladly the separable verb also a little bit reform. I might none do let what Schiller did: he has the whole history of the Thirty Years' War between the two members of a separate verb inpushed. That has even Germany

itself aroused, and one has Schiller the permission refused the History of the Hundred Years' War to compose—God be it thanked! After all these reforms established be will, will the German language the noblest and the prettiest on the world be.

> 我确实是德语的最真诚的朋友，不仅现在，而是从很早以前——是的，早在 20 年前就是了……我只希望有一些改变。希望这门语言更有条理——压缩一下繁复精巧的结构；抑制绵绵不绝的插入语，废除它们，消灭它们；禁止一个句子里使用 13 个以上的主语；动词被拖得离开头那么远，没有望远镜就找不着。一句话，先生们，我希望你们心爱的语言简化一点儿，那么当你们需要用它来祷告时，我的先生们，你们就会明白的。
>
> ……我也很高兴对可分动词作一点小小的改动。我恐怕不会让席勒如愿以偿。他把"三十年战争"的整个历史都塞进可分动词的两个组分之间，连德国都震惊了。幸好没让席勒去编撰百年战争史——感谢上帝！如果这些变更都能实现，德语一定能成为世界上最高贵、最美丽的语言。

在沃尔夫所谓的"千差万别的印象流"（kaleidoscopic flux of impressions）中，颜色无疑是最吸引眼球的。沃尔夫强调，虽然物体呈现出不同的颜色是因为它们反射不同波长的可见光，但是物理学家告诉我们，波长只是一组连续频度，并未划定红、黄、绿、蓝等色别。各种语言对颜色的分类并不相同，例如，拉丁语中缺乏常见的"灰色"与"褐色"，纳瓦霍语将"蓝色"和"绿色"合为一个词，俄语用不同的词来区分"深蓝色"和"天蓝色"，修纳语中"偏黄的绿色"和"偏绿的黄色"是同一个词，而用不同词来分别指代"偏蓝的绿色"和"不带紫的蓝色"。由此我们似乎可以得出结论，语言把人们对颜色的感觉给搅乱了，说着拉丁语的恺撒大帝恐怕无法分辨灰色的石块和褐色的鞋油。

不过，虽然物理学家无法为颜色的分类找到理论依据，但生理学家却不这么认为。眼睛记录波长的方式与温度计记录气温的方式不同，视网膜上分布着三种视锥细胞，它们分别对应着不同的色调。这些视锥细胞以特定的方式与神经元相连，这导致了神经元对"绿底的红色""红底的绿色""黄底的蓝色""白底的黑色"最为敏感。对生理学家而言，无论语言的影响力有多大，它也无法触及视网膜的结构或改变神经节细胞的连接方式。

　　事实上，就视觉而言，世界各地的人（包括婴儿，甚至包括猴子）使用的都是相同的"调色板"，这对人类关于颜色的词语的发展形成了普遍制约。虽然各种语言在"64色蜡笔"的颜色分类上存在分歧，例如焦棕色、青绿色或紫红色；但如果是一盒"8色蜡笔"，那么颜色的分类就会非常统一，例如大红色、草绿色以及柠檬黄。人们使用的语言虽然不同，但都毫无例外地选取了这类色彩作为颜色词语的主角，即便某种语言只拥有一个描绘颜色的单词。而且，虽然各种语言的颜色词语存在一定的差异，但这种差异是有规律可循的，并非出于某些造字者的特殊偏好。语言对颜色的描绘方式有点儿像蜡笔工厂的生产线，鲜艳奇特的色彩总是在一些基本色的基础上添加而成。如果一种语言只拥有两个颜色词语，它们一定是"黑"与"白"（通常也包含"暗"和"亮"的含义）；如果拥有三个颜色词语，则分别是"黑""白""红"；如果有4个，则是在"黑""白""红"之外加上"黄"或"绿"；如果是5个，则既有"黄"又有"绿"。第6个是"蓝"，第7个是"棕"；如果超过7个，则可能是"紫""粉红""橙"或者"灰"。这份颜色"排行榜"的出炉主要归功于新几内亚高地的丹尼人，丹尼人的语言中只有两个颜色词语："黑"与"白"。心理学家埃莉诺·罗施（Eleanor Rosch）发现，丹尼人在学习新的颜色词语时，对基于红色的颜色词语学得更快。可见，是我们眼中的颜色决定了我们对颜色词语的学习，而非相反。

　　霍皮人（北美印第安人部落）截然不同的时间观念被认为是最能证明思维多样性的神奇例证之一。沃尔夫写道，霍皮人的语言"没有任何词、语法形式、结构或表达方式用以直接指称我们所说的'时间'，或过去、现在、将来"。他同样认为霍皮人的"总体概念和直觉中没有这样一种时间——一个平缓流动的连续体，在这个连续体之中，宇宙万事万物都同速运行，从未来到现在再到过去"。根据沃尔夫的说法，霍皮人不会将事件看成时间上的一个点或一段可以计量的时间长度，比如说一天或两天。相反，他们注重的似乎是事件本身的变化和过程，以及对所述之事是已知事件、神话故事还是遥远推测的心理区别。霍皮人对"明确的时序、日期、日历以及年表"没有丝毫兴趣。

　　然而，果真如此的话，我们应如何解释下面这句译自霍皮语的句子呢？

> Then indeed, the following day, quite early in the morning at the hour when people pray to the sun, around that time then he woke up the girl again.
> 于是，第二天拂晓时，也就是人们向太阳祈祷的时候，他再次叫醒了这个女孩。

霍皮人或许并不像沃尔夫说的那样缺乏时间概念。人类学家埃克哈特·马洛特基（Ekkehart Malotki）对霍皮人进行了广泛的研究，上面这句话正是出自其报告。此外，他还指出，霍皮语中包含时态、时间隐喻、时间单位（如天、天数、时辰、昨天、明天、星期几、星期、月份、月相、四季和年）、计时方法以及诸如"古代""很快""长期"和"结束"等词语。霍皮人拥有一套精密复杂的计时系统，包括基于日出日落的太阳历、准确有序的祈祷时间、用来记录日期的绳子或木棍，以及利用日晷原理显示时间的各种工具。谁也不知道沃尔夫是如何得出自己的古怪结论的，但可以确信的是，极其有限的霍皮语样本、偏颇拙劣的分析方法，再加上对神秘主义的一向偏爱，是导致沃尔夫步入歧途的重要原因。

说到人类学中的各种不实传言，没有哪个比得上"爱斯基摩词汇大骗局" [①] 了。在有关语言与思想的讨论中，这是一个绝对不可忽略的例子。与人们的普遍看法相反，因纽特语中有关"雪"的词语并不比英语多。因纽特人根本不像某些书中所讲的那样，拥有数量繁多的有关"雪"的词语（有的说400个，有的说200个，有的说100个，有的说48个，有的说9个）。例如，有本字典中只收录了两个这样的词语。而即便将标准大幅度放宽，语言学家也只能找到大约几个。相比之下，英语也差不到哪儿去，如"snow"（雪）、"sleet"（雨夹雪）、"slush"（雪泥）、"blizzard"（暴风雪）、"avalanche"（雪崩）、"hail"（冰雹）、"hardpack"（压紧了的雪）、"powder"（粉末状的雪）、"flurry"（阵雪）和"dusting"（雪末）。此外，波士顿WBZ电视台的气象学家布鲁斯·施沃格勒（Bruce Schwoegler）还发明了一个词："snizzling"（雪和毛毛雨的混合物）。

那么，这个传言起自何处？显然它不是出自对因纽特－阿留申语族（流行于西伯利亚与格陵兰岛之间）有着真正了解的学者之口。人类学家劳拉·马丁

---

① 据说因纽特语中关于"雪"的词语数目远超其他语言，因行文原因，本书译文选用"爱斯基摩词汇"而非"因纽特词汇"。——编者注

（Laura Martin）考察了这一传言的形成过程，它就像是一个都市传奇，在口耳相传间被不断夸大。1911 年，鲍亚士偶然提到因纽特人使用 4 个不相干的词根来代称"雪"。沃尔夫则将数字提高到 7 个，并暗示说还有更多类似的词语。他的文章被广泛转载，许多有关语言的教科书和通俗读物也纷纷引用他的观点。随之而来的是，在各种教材、文章以及关注奇闻逸事的报纸专栏中，这个数字像滚雪球一样地膨胀起来。

语言学家杰弗里·普勒姆（Geoffrey Pullum）在《爱斯基摩词汇大骗局》（*The Great Eskimo Vocabulary Hoax*）一文中向普通公众介绍了马丁的文章，并解释了这一传言为何会变得一发不可收拾。"因纽特人拥有丰富词语的说法恰好契合了很多关于他们的种种传闻：打招呼时相互摩擦鼻子；把妻子借给陌生人；生吃海豹脂肪；把祖母扔去喂北极熊。"这一现象极具讽刺意味，源自鲍亚士学派的语言相对论本来是为了证明无文字的民族和欧洲文明人一样，拥有同样复杂精密的文化。但是，这些意在培养宽容精神的域外故事却完全变了味，它们恰恰迎合了人们狭隘的民族心理，将不同于本民族的文化风俗看成荒诞不经的怪异行为。正如普勒姆所言：

> 谣言传播得言之凿凿，谎言被精心地编造。而在这众多令人沮丧的状况中，有一点颇值得玩味：客观来讲，就算在某种北极语言中真的存在大量描述不同类型的雪的词根，也不应引起什么关于心智研究的兴趣，这只是一个稀松平常、不值一提的事实而已。养马的人用很多不同的词来描述马的品种、个头和年龄；植物学家用很多不同的词来描述树叶的形状；室内装潢设计师用很多不同的词来描述淡紫色的色调差异；印刷工人用很多不同的词来描述不同的字体。这些都是多么自然而然的事情。……为什么没人去写些关于印刷工人的东西呢？这不是和我们在那些差劲的语言学课本中读到的有关因纽特人的瞎话差不多吗？随手翻开一本……就能看到作者认真地说："显而易见，在因纽特文化中……雪具有无可比拟的重要性，以至于将这个相当于英语中一词一义的概念，切割成许多截然不同的层次……"试想一下，如果他这么写："显而易见，在印刷工人的文化中……字体具有无可比拟的重要性，以至于将这个相当于非印刷行业中一词一义的概念，切割成许多截然不同的层次……"即使描述的是真的，也无聊透顶。只有与浮冰之上的传奇猎人们那些乱伦杂交、生吃鲸脂的传说联系起

来时，这种平庸的东西才会变得格外惹人注目。

　　如果人类学中的这些奇闻逸事不值得相信，那么科学家所进行的对照研究又如何呢？近几十年来的心理学实验证明了一个结果，那就是没有结果。大多数实验都是为了验证"温和版"的沃尔夫假说，即语言可能会影响人们的记忆或概念。其中一些实验的确证明了这一点，但这并不奇怪。在某个典型的实验中，被试必须记住各种色块，以便回答测试中的多项选择题。一些测试表明，如果被试所用的语言中存在有关某种颜色的现成名称，他们就能更好地记住这个色块。不过，即便是那些没有名称的颜色，被试在记忆方面也还是表现得相当不错。因此，这个实验并不能证明人们是完全依靠语言标签来记住颜色的，它只能说明被试通过两种方法来记住这些色块：一种是非语言的视觉记忆，一种是语言记忆，这两种方式各有优劣。在另一类实验中，研究者要求被试将三个色块中的任意两个放在一起，结果显示，被试常常将其所用语言中名称相同的色块放在一起。这也不足为怪，我们可以想象出被试的心理活动："这人究竟想要我把哪两个色块放在一起呢？他没有给我任何提示，这些色块又非常类似。对了，这两个色块应该都属于'绿色'，而那一个色块属于'蓝色'，这似乎是个恰当的分类标准。"就这些实验来看，从技术层面上讲，语言的确在某种程度上影响了人们的思维方式，但那又怎样？它既不能证明不同的语言会导致截然不同的世界观，也不能证明"无以名之"的东西就一定"无法想象"，更不能证明我们是依靠"有着绝对约束力"的本族语言来切分自然的。

　　在"语言影响思维"的问题上，唯一引人注目的发现来自语言学家、斯沃斯莫尔学院院长阿尔弗雷德·布卢姆（Alfred Bloom）的著作《语言对思维构成的作用》（*The Linguistic Shaping of Thought*）。布卢姆指出，英语语法给其使用者提供了一种虚拟语气结构，例如，"If John were to go to the hospital, he would meet Mary"（如果约翰去了医院，他就能碰到玛丽）。这种虚拟语气用来描述一种"反事实的"（counterfactual）情形，即说话者知道事件本身并未发生，却假设其存在。熟悉意第绪语的人还能举出一个更好的例子，即"Az di bobe volt gehat beytsim volt zi geven mayn zeyde"（如果我祖母有睾丸的话，她就是我的祖父了），这句话常被用来讽刺那些喜欢说"如果"之人。相比之下，汉语就缺乏虚拟语气以及其他直接表示反事实的语法结构，因此表达起来颇为曲折，例如："如果约翰去了医院——但他其实没去——但如果他去了，他就会碰到玛丽。"

THE LANGUAGE INSTINCT | 语言认知实验室

布卢姆写了一些以反事实前提为脉络线索的小故事，然后把它们分别拿给中美两国的学生看。其中一个故事的梗概是："比尔是一位生活于 18 世纪的欧洲哲学家。在当时，西方与中国已有所接触，但很少有中国的哲学著作被翻译过来，而比尔又不懂中文。不过，如果他懂中文的话，他就会发现 B，而对他影响最大的将会是 C。一旦比尔受到中国哲学的影响，他就会去研究 D。"然后，布卢姆要求这些学生回答故事中的"B""C""D"是否真实发生过。结果，98% 的美国学生给出了正确的答案：没有发生。而回答正确的中国学生只有 7%。布卢姆认为，汉语的语法特征使得其使用者无法轻易分辨出想象中的虚假世界。不过据我所知，还没有人对意第绪语的使用者进行过反向验证。

布卢姆认为东方人在思维方式上偏执、现实，缺乏想象，但认知心理学家特里·欧（Terry Au）、高野阳太郎（Yohtaro Takano）和刘丽莎（Lisa Liu）对此并不认同。他们分别指出了布卢姆的实验中存在的严重缺陷。首先，布卢姆的故事是用生硬的中文写成的；其次，如果细加研读的话，其中的一些科学故事本身就包含了多重含义。相较于美国学生，中国学生接受了更多科学训练，因此他们能够察觉出连布卢姆本人都未能发现的多重含义。当这些因素被排除后，中美学生之间的差异也就消失了。

语言不是思维的唯一方式

人们一不小心就会高估语言的能力，不过这也情有可原。语言从嘴里说出，或被写在纸上，他人能够随意倾听和阅读，而我们的思想却深居于头脑之中。要知道他人心中所想，或与别人一起探讨思维的本质，我们就必须使用语言，除此之外别无他途。也难怪有许多评论家离开了语言就不会思考，不过，这或许只是因为他们找不到合适的语言来表达自己的想法。

作为一名认知心理学家，我敢于向各位宣布这样一个事实：常识性的看法是正确的（即思维不同于语言），而语言决定论虽然流传甚广，却是无稽之谈。我们可以通过两个方面来认清这一事实：第一，已有大批实验打破了语言的屏障，发掘出多种非语言的思维方式；第二，有关思维机制的科学理论已能相当精确地阐明这个问题。

在上一章中，我们已经见识了一个非语言思维的例子：福特先生，一位智力正常的失语症患者（不过有人可能会争辩说，福特先生的思维能力是在他中风之前依靠语言的框架搭建好了的）。我们还看到一些缺乏语言能力的聋哑儿童能够很快地发明一种手语。不过，更能说明问题的是一些被学者偶然发现的成年聋哑人，他们完全不懂任何形式的语言，不会手语，不会写字，不会读唇，也不会说话。例如，苏珊·夏勒（Susan Schaller）在其新书《无语之人》（*A Man Without Words*）中讲述了一位 27 岁的非法移民伊尔德方索（Ildefonso）的故事。夏勒在洛杉矶担任手语翻译时认识了这位来自墨西哥农村的年轻人，他的眼神机灵无比，透露出确凿无疑的智慧与好奇心，而夏勒则成了他的志愿老师和朋友。伊尔德方索很快就显示出对数字透彻理解的能力：他在三分钟内学会了笔算加法，并毫无困难地理解了两位数的十进制原则。此外，在伊尔德方索身上还发生了一次类似于"海伦·凯勒"的奇妙经历。当时，夏勒试图教会他"猫"字的手语动作，这让他突然领悟到万物皆有名字，从此他变得一发不可收，要求夏勒把所有熟悉之物的名字都教给他。很快，伊尔德方索就能向夏勒倾诉自己的人生经历：幼时的他是如何央求贫穷的父母送他上学，他在美国各州采摘的各类庄稼以及他如何躲避移民局的官员。他向夏勒介绍了其他一些被社会遗忘的"无语之人"。尽管他们被隔离于语言世界之外，却表现出许多抽象思维的能力，比如修锁、玩牌、管理财务以及通过哑剧表演的方式相互娱乐。

关于伊尔德方索及其同类人的精神世界，我们的了解只能停留在印象层面，因为从人道主义出发，一旦我们发现这些人的存在，第一要务就是要教会他们使用语言，而不是研究他们在缺乏语言的情况下如何进行思考。不过，科学家找到了其他一些"无语"生命进行实验研究，旨在揭示他们如何思考空间、时间、物体、数目、比例、因果和范畴等抽象问题，并形成了大量的研究报告。不妨让我为大家介绍三个绝佳的例证：第一个是婴儿，他们还不会说话，因此无法用语言思考；第二个是猴子，它们无法掌握语言，所以也不能用语言思考；第三个是某些艺术家和科学家，他们表示只有摆脱语言的束缚才能进行更好的思考。

THE **LANGUAGE** | **语言认知实验室**
INSTINCT

　　发展心理学家凯伦·韦恩（Karen Wynn）最近指出，5个月大的婴儿已经懂得简单的心算。她采用的是婴儿知觉研究中的一种常用方法：拿一些东西给婴儿看，时间一久，婴儿就会对它们失去兴趣，并把头转向别处；而如果把场景稍作改变，婴儿就会发现其中的差别，并重新产生兴趣。通过这种方法，科学家发现出生仅5天的婴儿对数目就已非常敏感了。在某个实验中，研究人员让一名婴儿观看某个物体，直到他丧失兴趣，然后再用一块幕布把这个物体挡住。当研究人员把幕布移走之后，如果这个物体和刚才一模一样，婴儿在看了一下之后就会再度失去兴趣。但是，如果研究人员暗中把物体的数目增加两个或三个，那么等幕布移走之后，婴儿会颇感惊讶，注视的时间也会更长。

　　在韦恩的实验中，婴儿首先看到的是一个放在台上的橡胶米老鼠，时间一长，他们的眼睛就开始四处乱转。接着，一块幕布将米老鼠挡住，婴儿可以看见一只手从幕后伸出，将另一个米老鼠玩具放进了幕后。结果，当幕布移走后，如果幕后有两个米老鼠（这是婴儿事先没有见过的场景），婴儿只会稍微看一看；但如果幕后只有一个米老鼠，婴儿就会大吃一惊，尽管这个场景与他们之前感到无聊的场景一模一样。韦恩还对另外一组婴儿进行了测试，不过这一次婴儿首先看到的是两个米老鼠，然后幕布出现，婴儿可以看到一只手伸入幕后，拿掉了其中一个米老鼠。结果当幕布移走之后，如果台子上只剩下一个米老鼠，婴儿并不会表现出多大的兴趣；但如果仍存在两个米老鼠，他们的注意力就会集中在这两个米老鼠上。可见，这些婴儿一定记住了幕后有多少个米老鼠，然后根据增加或拿走的数量来进行加减。如果最终的结果与自己的预期不符，他们就会仔细观察现场，仿佛在寻找答案。

　　草原猴是一种有着稳定家族结构的动物。灵长类动物学家多萝西·切尼（Dorothy Cheney）和罗伯特·赛法思（Robert Seyfarth）发现，草原猴的各个家族之间存在着像"蒙特鸠与贾布列家族"这样互为世仇的对立关系。他们在肯尼亚观察到一个典型的例子。一只小猴子被另一只小猴子摔倒在地，尖叫不已。20分钟后，"受害者"的姐姐走到"施暴者"的姐姐跟前，突然毫无缘由地咬了一下它的尾巴。从理论上说，如果这位"复仇者"要找出正确的报复对象，它必须完成以下的推理：A（受害者）与B（自己）的关系等于C（罪犯）与X的关系，其中的关系就是"姐姐"（或者仅仅是"亲属"而已，毕竟公园里的草原猴数量不多，不一定非得是"姐姐"才行）。

　　但是，猴子真的知道它们之间的亲属关系吗？更有意思的是，它们能理解其他猴子也存在着和自己一样的亲属关系（如姐弟关系）吗？为了证实这一点，切尼和赛法思在一片树丛背后藏匿了一个喇叭，然后播放一只两岁幼猴的叫声。结果，这一带的母猴都把目光投向一只幼猴的母亲，而录音带里的叫声正是录自它的孩子。实验证明，草原猴不但能根据叫声识别出幼猴的身份，而且还知道它的母亲是谁。除了草原猴外，长尾猕猴也展现出了类似的能力。维雷娜·达泽（Verena Dasser）曾将一群长尾猕猴"请"到实验室旁边的一个围栏里，并向它们播放三张幻灯片：中间一张是一只母猴，旁边一张是它的孩子，而另一边一张则是一只与它的孩子年龄相同、性别也相同的幼猴，但没有血缘关系。此外，每张幻灯片的下方都有一个按钮。经过一定的训练之后，猴子们学会了按动母猴孩子下方的按钮。接下来达泽对这些猴子进行了测试，这一次的幻灯片上出现的是另一只母猴，两边分别是它自己的孩子和另一只没有血缘关系的幼猴。结果，90%以上的猴子选择了这只母猴的孩子。在另一项测试中，达泽给这些猴子看了两张幻灯片，每张幻灯片上都是两只猴子，且其中有一张幻灯片中的两只猴子是母女关系。经过一定的训练，猴子学会了按动"母女"那张幻灯片的按钮。接下来，达泽让这些猴子观看其他猴子的幻灯片，结果发现，实验中的猴子总是选择"母子"关系的幻灯片，无论其中母猴的孩子是公还是母，是老还是少。此外，在判定两只猴子的亲属关系时，它们似乎不仅仅依赖外表的相似度，或者这两只猴子在一起生活的绝对时间，而是基于交往过程中所表现出来的一些微妙因素。

这让极力想要弄清动物之间的亲属关系及其表现方式的切尼和赛法思不禁感叹：猴子才是出色的灵长类动物学家。

　　许多从事创作的人都强调，当灵感爆发时，他们的思维不再依靠语言，而是表现为一幅幅"心象"（mental image）。英国诗人萨缪尔·柯勒律治（Samuel Taylor Coleridge）则写道：当时只觉异象纷呈，文思泉涌，恍如梦境。他立即将浮现于脑海中的前 40 行诗写到纸上，这就是我们熟知的名篇《忽必烈汗》（*Kubla Khan*）。然而，一阵意外的敲门声打碎了他心中纷呈的异象，也让这首诗作戛然而止。以琼·狄迪恩（Joan Didion）为代表的许多当代小说家也表示，他们的创作并非始于有关人物或情节的具体概念，而是始于脑海中一幅幅鲜活生动的画面，正是这些画面决定了他们的遣词造句。现代雕塑家詹姆斯·苏尔兹（James Surls）喜欢躺在沙发上一边听着音乐，一边构思作品。他习惯于在大脑中摆弄他的雕塑：把一只手臂接上，再把另一只手臂拿下。一个个画面在他的脑海中翻滚旋转。

　　物理学家更加确信自己的思维工具是几何图形，而非言语。现代电磁学创立者迈克尔·法拉第（Michael Faraday）没有接受过正规的数学教育，但他通过将磁力线可视化为空中弯曲的细线来洞察电磁的奥秘。随后，詹姆斯·麦克斯韦（James Clerk Maxwell）通过一组数学方程式对电磁理论进行了总结，而他本人也被公认为理论型学者的典型代表。不过，他也是先在脑中想象出一套精密复杂的流体机械模型，然后才把它们转化为数学方程式。此外，诸如尼古拉·特斯拉（Nikola Tesla）发明电动机和发电机、弗里德里希·凯库勒（Friedrich Kekulé）发现苯环（现代有机化学的序幕由此拉开）、欧内斯特·劳伦斯（Ernest Lawrence）关于回旋加速器的想法以及詹姆斯·沃森（James Watson）和弗朗西斯·克里克（Francis Crick）对 DNA 双螺旋结构的洞察，这些伟大的成就无不肇始于科学家脑海中的心象。在那些自称为"视觉思考者"的科学家中，爱因斯坦恐怕是最为著名的一个，他想象着自己骑在光束上回头观看时钟，或者站在垂直下降的电梯里丢下一枚硬币，由此收获了许多创见。他写道：

　　　　那些似乎可用来作为思维元素的心理实体，是一些能够"随意地"使之再现并且结合起来的符号和多少有点儿清晰的图像……在创造性思维同词语或其他可以与他人进行交流的符号的逻辑构造之间产生任何联系之前，这种结合活动似乎就是创造性思维的基本特征。对我来说，上述那些元素是视觉型的，也有一些是肌肉型的。只在第二阶段中，当上述联想活动充分建立起来并能随意再现的时候，才有必要费神地去寻求惯用的词或其他符号。

另一位富有创意的科学家是认知心理学家罗杰·谢帕德（Roger Shepard），他也经历过这种突如其来的视觉灵感，这一灵感最终发展成一个经典的心理学实验，它能直观地展示普通人的心象活动。某天清晨，半梦半醒的谢帕德突然进入一种神思清明的状态，他似乎看到"一个自发运动的立体图像在空中威严地旋转着"。片刻之间，还没等他完全清醒过来，一个有关实验设计的明确想法闪现在他的脑海里。

THE LANGUAGE INSTINCT ┃ 语言认知实验室

　　谢帕德和他当时的学生林恩·库珀（Lynn Cooper）根据这个想法设计了一个简单的实验，他们让一批颇有耐心的学生志愿者观看上千张幻灯片，每张幻灯片中包含一个字母，这个字母有时是正的，有时是倾斜或翻转的，有时则既倾斜又翻转，例如图 2-1 中 16 个不同样式的 F。

0°　+45°　+90°　+135°　180°　-135°　-90°　-45°

图 2-1　谢帕德的实验

　　如果幻灯片上的字母属于正常样式（如图 2-1 中的上一排 F），被试需要按动一个按钮；如果字母属于翻转样式（如图 2-1 中的下一排 F），被试则需要按下另一个按钮。要完成这个工作，被试必须将幻灯片中的字母与自己脑海中正面朝上的原字母进行比较。显然，正面朝上（即 0° 倾斜）的字母的辨认时间最短，因为它与被试脑海中的字母完全一致。但是对于其他样式的字母，被试就必须先在心里把它摆正过来。许多被试表示，为了摆正这些字母，他们会像那些著名的雕塑家和科学家那样，对这些字母进行"心理旋转"。通过检测被试的反应时间，谢帕德和库珀发现这种内心活动是真实存在的。就心理旋转的速度而言，正面朝上的字母最快，接下来依次是 45°、90° 和 135° 的字母，而 180°（即上下倒置）的字母最慢。换句话说，字母旋转的角度越大，他们花费的时间也越多。根据实验的统计数据，谢帕德和库珀估算出了字母的心理转速：每分钟 56 转。

值得注意的是，如果被试是通过语言描述来进行字母的对比，例如把 F 描述成"一根垂直的直线，其上部有一根向右伸出的横线，其中部也有一根向右伸出的横线"。那么实验的结果恐怕会完全不同。比如说，在进行字母对比时，上下倒置（即 180°）的字母应该是最快的。因为被试只需简单地将"上"与"下"互换、"右"与"左"互换，就可以得出一个与脑海中正面朝上的字母完全匹配的形状描述。相对而言，左右平躺（即 90°）的字母则要稍慢一些，因为被试需要根据字母平躺的朝向（是顺时针 +90°还是逆时针 –90°），将"上"换成"左"或"右"。最慢的是斜角倾斜（即 45°和 135°）的字母，因为语言描述中的关键词都要被替换，比如"上"要换成"右上角"或"左上角"，等等。因此，就语言描述而言，字母对比的难易顺序应该为（从易到难）0°、180°、90°、45°、135°，而非心理旋转的 0°、45°、90°、135°、180°。许多实验也证实，视觉思维的工具不是语言，而是一套心理图形系统，它可以对图形进行旋转、缩放、平移、扫描、替换、填充等一系列操作。

心智计算理论

如果图像、数字、血缘关系或者逻辑问题能以非语言形式表征于大脑之中，这又能说明什么问题呢？在 20 世纪上半叶，哲学家们对此还不以为然。他们认为，将思想观念物化为脑中事实的做法是一个逻辑错误：我们的大脑里必须住着一个小人，由他来解读大脑中的一个画面、一张图谱或一个数字，而这个小人的脑袋里是不是还应有个更小的小人，替他解读这些画面呢？这种推论显然站不住脚。直到英国天才数学家、哲学家艾伦·图灵（Alan Turing）的出现，"心理表征"的观点才获得科学上的尊重。图灵设想出了一种可以进行逻辑推理的机器，后来，人们为了纪念他，将这台机器命名为图灵机（Turing Machine）。这套装置虽然看似简单，但具备超强的功能，它能解决世界上任何一台计算机所能解决的一切问题，无论是过去、现在，还是将来。它依靠的不是神秘的小人或其他超自然的运作，而是一套内置的符号表征系统（即"心语"的一种）。通过考察图灵机的工作原理，我们可以洞悉用心语思考和用英语思考的区别。

从本质上说，所谓的推理，就是从已知的判断中推导出新的结论。例如逻辑学中最为常见的一个入门级推理：已知苏格拉底是人（Socrates is a man），且所有的人都会死（all men are mortal），那么苏格拉底也会死（Socrates is mortal）。但是，像大脑这样的物质实体是如何完成这一智力表演的呢？一个首要的概念就是表征（representation），即客观事物的组成部分和排列方式与大脑中的某组观念或事实形成一一对应的关系。例如图 2-2 上的一行字迹。

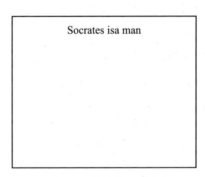

Socrates isa man

图 2-2 "苏格拉底是人"

它所代表的就是"苏格拉底是人"这个观点，其中"Socrates"这组符号代表"苏格拉底"的概念，另一组符号"isa"代表"是什么"的概念，第三组符号"man"代表"人"的概念。现在需要牢记的一点是，为方便起见，我选用的是英语单词来代表这些概念，这样读者就可以毫无障碍地理解这个例子了。但真正重要的是，这些符号其实可以有不同的形态。我完全可以用犹太人的大卫之星、奔驰车的标志或者一个笑脸来替换它们，只要我从始至终都使用这些符号。

同样，在这张纸上，"Socrates"这组符号位于"isa"的左边，"man"位于"isa"的右边，这代表"苏格拉底是人"这个概念。如果我对这个表征的任意部分进行改动，例如把"isa"换成"isa son of a"，或者将"Socrates"和"man"的位置进行调换，它所表示的概念就不再是"苏格拉底是人"了。还须说明的是，在这里，从左至右的排列方式只是为了方便读者的阅读和记忆，其实我完全可以采用"从右至左"或"从上至下"的排列方式，只要我自始至终都这样做。

现在请将这些惯例记在心里，然后想象图 2-2 中出现了第二行字迹，它代表的是"所有人都会死"的概念（见图 2-3）。

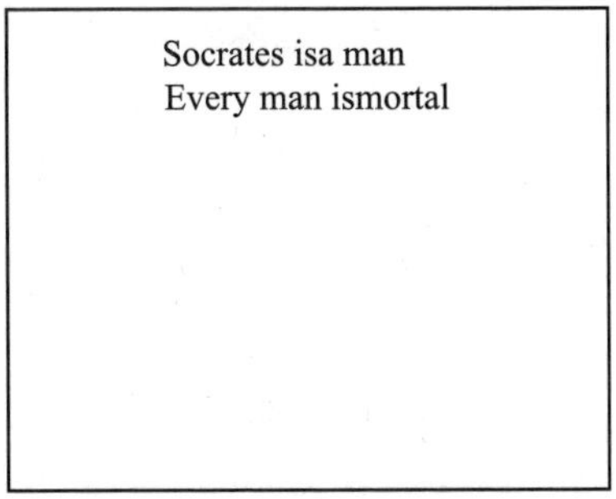

```
Socrates isa man
Every man ismortal
```

图 2-3　"所有人都会死"

为了进行推理，我们现在需要的是一个处理器。这个处理器并不是一个小人（因此不必担心出现"小人里面住着小人"这样无穷倒退的逻辑悖论），而是一个稍显笨拙的装置，它连接着固定数量的反应器，能够对表征的不同部分做出反应，并予以一定的回复，包括变更原有表征或制造新的表征。例如，假设有一台可以在纸上来回移动的机器，它配备了一个形如"isa"的切口和一个传感器，当这个切口与纸上的"isa"字符相互重叠时，传感器就会识别出来。此外，这个传感器连接着一台可以复制任何符号的小型复印机，它既可以在纸张的其他位置复制出相同的符号，也可以把它们转换成一个新的切口。

让我们设想一下，这台由传感器、复印机和移动器构成的机器连接着 4 个反射器。首先，这台机器顺着纸张向下移动，每当侦测到"isa"的符号时，它就会向左移动，并将位于"isa"左侧的符号复制到纸张的左下角。这样一来，纸上显示的内容将变成图 2-4。

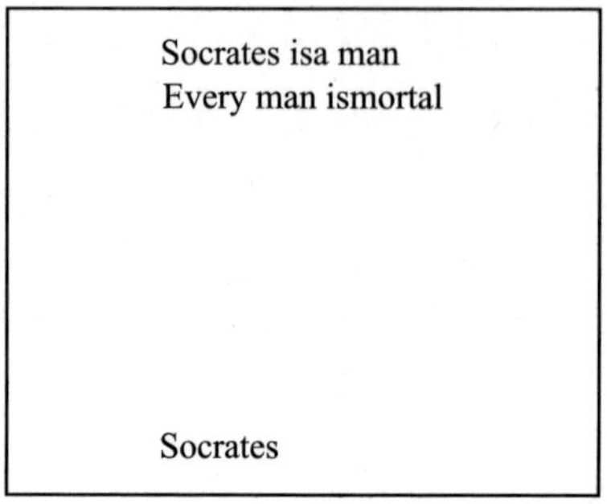

```
Socrates isa man
Every man ismortal



Socrates
```

图 2-4　"苏格拉底"

第二个反射器也会对符号"isa"做出反应，不过它是让机器移动到"isa"的右侧，并将"isa"右侧的符号复制下来，然后将其转换成一个新的切口。在这个例子中，这个新切口的形状为"man"。第三个反射器的功能就是继续扫描，搜寻形状为"every"的符号，如果它找到目标，就会检查这个符号的右侧是否连着与新切口形状相同的符号。在这个例子中，它找到了一个，即第二行中间的那个"man"。在实现了这样的匹配之后，第四个反射器会移动到"man"的右侧，并将"man"右侧的符号复制到纸张的底部中心，在这个例子中，这组符号是"ismortal"。经过这几个步骤，纸上的内容就变成图 2-5。

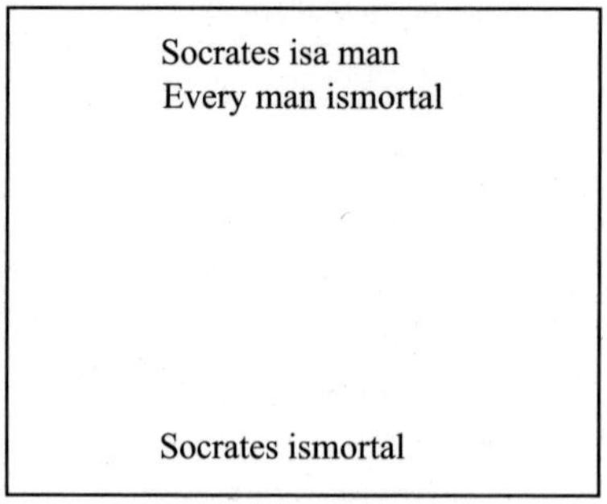

```
Socrates isa man
Every man ismortal



Socrates ismortal
```

图 2-5　"会死"

这就是一个最简单的推理过程。其中关键的一点是，尽管这台机器及其所读取的纸张表现出某种智力特征，但它们本身毫无智力可言，只不过是一堆印刷符号、切口、光电池、发射器以及电线的集合体。这台机器之所以显得颇具智慧，是因为其扫描、移动和打印方式与逻辑命题"如果 X 是 Y，且所有 Y 皆是 Z，那么 X 是 Z"形成准确的对应关系。从哲学上说，"X 是 Y"意味着凡是适用于 Y 者亦适用于 X；而从图灵机的工作原理上说，"X 是 Y"意味着可以将位于 Y 后的符号复制到 X 之后。这台机器只是机械地服从各种物理规则，对"isa"这个图形符号做出反应，虽然它并不知道这个符号的真正含义，却能针对性地对相关符号进行复制处理，而这种处理方式正类似于逻辑上的推导过程。它的"智慧"表现在，通过一系列的感应、移动和复制活动，这台机器在纸上留下了一个符合逻辑的命题表征："当且仅当前提为真时，结论必然为真。"图灵表示，只要提供足够多的纸，这台机器不但能完成任何计算机所能完成的一切任务，而且还有可能实现人类"具身心智"（embodied mind）的所有功能。

在这个例子中，我们是以纸上的印刷符号作为表征的，以一台具备"复制－移动－感应"功能的机器作为处理器。但事实上，任何物理介质都可以成为表征，只要我们始终如一地使用这一形式。比如说在大脑中，它可以是三组神经元，第一组代表的是与命题相关的个体概念（例如"苏格拉底""亚里士多德""罗德·斯图尔特"等）；第二组代表的是命题中的逻辑关系（例如"是""不是""像"等）；第三组代表的是个体所属的类别（例如"人""狗""鸡"等）。其中，每个概念都与某个特定神经元的放电活动有关；假设在第一组中，第 5 神经元的放电活动代表的是"苏格拉底"，第 17 神经元的放电活动代表的是"亚里士多德"；在第三组中，第 8 神经元的放电活动代表的是"人"，第 12 神经元的放电活动代表的是"狗"。此外，大脑的处理器可以是一个由其他神经元构成的网络，它们负责向这三组神经元输送信息，并通过特定的连接方式将某一组神经元的放电模式复制到其他组的神经元中。例如，如果第三组的第 8 神经元开始放电，神经网络处理器也将激活位于大脑其他区域的第四组的第 8 神经元。以上整个过程也可以用硅片来实现，但无论是图灵机、大脑还是硅片，它们的工作原理都是一致的。处理器中的各个部件以特定的方式连接在一起，以便对表征进行感应和复制，并产生新的表征，从而模拟出推理过程。成千上万个表征符号，再加上一台足够精密的处理器（可以是不同类型的表征样式和处理装置），我们就能够制造出拥有智慧的大脑或计算机。如果在它上面添加一只眼睛，它就可以侦测外部世界的各种轮廓，并随之触发与其对应的各种表征。如果再添加一副肌肉，使它在被特定目标表征触发后能够采取相应的行动，我们就造出了一个有行为能力的生物（或者再给它添加一台摄像机、一组杠杆和几个轮子，我们造出的就是一个机器人）。

简而言之，这就是被称为"物理符号系统假说"（physical symbol system hypothesis）的思维理论，它又被称为"心智计算理论"或"心智表征理论"。这套理论是认知科学的基础，就像生物学中的"细胞学说"或者地质学中的"板块构造论"一样。认知心理学家和神经科学家正试图破解大脑的表征系统和处理器的具体类型，但无论结果如何，它一定遵循着基本的原理。大脑中没有小人，也不存在对外部世界的窥探。进入大脑中的各种表征必定是一组组排列整齐的符号，而大脑的处理器也必定是一个配备了固定数量的反射器的装置。这两部分相互结合，自主运作，由此实现智能活动，而并非是由哪位理论家窥视并"阅读"这些符号，"分析"出它们的意义，才推动这个装置走上了智慧之路。

英语不适于心智计算的 5 大原因

现在，我们可以更加准确地指出沃尔夫的问题所在。请记住，表征并不一定要以英语或其他语言的形式出现，它只需是一组用来表示概念的符号，且根据一致性原则，这些符号之间的排列顺序能够代表它们之间的逻辑关系。然而，尽管英语使用者头脑中的内在表征可以与英语无关，但从理论上说，它当然可能以英语的形式出现，而且，如果换成其他语言也是一样。因此，我们的问题是：事实是否真是这样？举例而言，我们之所以知道苏格拉底是人（Socrates is a man），是不是因为我们拥有与英语单词"Socrates""is""a""man"——对应的神经模式，以及与英语句法的主谓宾结构相匹配的神经元群；还是说我们的大脑使用的是另一套用来表示概念及其相互关系的代码，即一种有别于世界上任何语言的思维语言，或者说心语？为了回答这个问题，我们可以对英文语句进行分析，看它是否包含了大脑处理器执行有效推理所需的信息，而不必借助一个智能小人来帮它进行"理解"。

答案非常明确：没有。英语完全不能用作心智运算的介质，而其他任何自然语言也一样。看看下面这些问题。

第一个问题是英语中存在的歧义现象。例如下面几则真实的新闻标题：

Child's Stool Great for Use in Garden
　　非常适合在花园使用的儿童板凳——也可理解为：可用于花园的儿童粪便。

Stud Tires Out
　　壁骨无力支撑——可理解为：种马筋疲力尽。

Stiff Opposition Expected to Casketless Funeral Plan
　　无棺式丧葬方案将招致强烈的反对——也可理解为：无棺式丧葬方案将招致死人的反对。

Drunk Gets Nine Months in Violin Case
　　小提琴案中的醉汉被判 9 个月监禁——也可理解为：醉汉在小提琴琴盒里待了 9 个月。

Iraqi Head Seeks Arms
　　伊拉克领导人求购武器——也可理解为：伊拉克领导人在寻找他的手臂。

Queen Mary Having Bottom Scraped
　　玛丽女王号船底被刮——也可理解为：玛丽女王的屁股被刮。

Columnist Gets Urologist in Trouble with His Peers
　　专栏作家使泌尿科医生与其同事发生了矛盾。——也可理解为：专栏作家使泌尿科医生与上院议员产生了矛盾。

以上每个标题中都含有一个多义的单词，但毫无疑问的是，这个单词背后的意义却是明确的，因为标题的作者显然清楚句子中的"stool""stud""stiff"到底表达的是什么意思。如果同一个词语可以对应两种不同的思想，这就说明思想不同于语言。

第二个问题是英语缺乏逻辑上的明确性。看看下面三个句子，它们的设计者是计算机科学家德鲁·麦克德莫特（Drew McDermott）：

Ralph is an elephant.

拉尔夫是一头大象。

Elephants live in Africa.

大象生活在非洲。

Elephants have tusks.

大象长有象牙。

只要稍作改装，让我们的推理装置具备处理英语句法的功能，它就能推导出"Ralph lives in Africa"（拉尔夫生活在非洲）和"Ralph has tusks"（拉尔夫长有象牙）这两个事实。这看起来似乎没有问题，但其实不然。作为本书的读者，聪明的你会知道拉尔夫所生活的非洲与其他大象生活的非洲是同一个地方，但拉尔夫的象牙却是自己的象牙。然而，这台"符号 - 复制 - 移动 - 感应"设备虽然能够模拟你的推理过程，却无法分辨这一点，因为它无法在输入的语句中找到这种区别。也许你会反驳说，这只是一个常识问题。没错，确实如此，但这是我们必须做出说明的常识，而英文的语句中并未包含必要的信息，以供处理器进行常识判断。

第三个问题是语言的"共指"（co-reference）现象。假设你在谈话中提到一个人，一开始把他称为"the tall blond man with one black shoe"（那个穿一只黑鞋的高个金发男人"），而在第二次提到他时，你可能会将其简称为"the man"（那个男人），等到第三次提及之时，你恐怕只会用"him"（他）来代称了。但是，这三种表达方式并非指代三个不同的人，或者说针对同一个人有三种不同的说法。后面两个代称的使用只是为了节省说话的气力。我们的大脑中一定存在着某种特殊机制，能够将它们视为同一事物，但英语却做不到这一点。

第四个问题是，语言中存在着许多只有依据前后语境才能被正确理解的词语，语言学家称之为"指示语"（deixis）。例如冠词"a"和"the"，试着比较"killed a policeman"（杀死一名警察）和"killed the policeman"（杀死这名警察）的区别。显然，第二个短语中的警察想必前文已经提及或者是语境中的某个特定对象。因此孤立地看，这两个短语意思相同，但如果联系上下文（第一个句子摘录自某篇新闻报道），它们的含义则完全不同：

A policeman's 14-year-old son, apparently enraged after being disciplined for a bad grade, opened fire from his house, killing a policeman and wounding three people before he was shot dead.

　　因成绩不良而受到惩处，一名警察的 14 岁儿子心中不忿，他从自家向外开枪，射杀了一名警察，并伤及三位路人，最后自己也被击毙。

A policeman's 14-year-old son, apparently enraged after being disciplined for a bad grade, opened fire from his house, killing the policeman and wounding three people before he was shot dead.

　　因成绩不良而受到惩处，一名警察的 14 岁儿子心中不忿，他从自家向外开枪，射杀了这名警察，并伤及三位路人，最后自己也被击毙。

　　如果撇开具体的谈话内容或文本语境，单词"a"和"the"并无实际意义，它们无法在人类心智的永久数据库中取得一席之地。其他一些依赖具体语境的单词还有："here""there""this""that""now""then""I""me""my""her""we"和"you"。它们也存在同样的问题，例如下面这则笑话：

First guy: I didn't sleep with my wife before we were married, did you?

Second guy: I don't know. What was her maiden name?

　　甲：我结婚之前没有和我妻子同过床，你呢？

　　乙：我不知道，请问她婚前叫什么名字？

　　第五个问题是"同义"（synonymy）现象，例如下面的句子：

Sam sprayed paint onto the wall.

　　山姆把油漆喷到了墙上。

Sam sprayed the wall with paint.

　　山姆在墙上喷了油漆。

Paint was sprayed onto the wall by Sam.

　　油漆被山姆喷到了墙上。

The wall was sprayed with paint by Sam.

　　墙被山姆喷了油漆。

　　这 4 个句子指涉的都是同一件事，因此可以得出许多相同的推论。从以上每句话中，我们都可以推导出同样的结论：墙上有油漆。但是，它们却有 4 种不同的词序排列。你知道这 4 句话的意思相同，但那些构造简单、只能在字符之间爬行穿梭的处理器却无法了解这一点。可见，在这些排列结构之外，还存在着一个表征，它所代表的正是这 4 个句子共同指涉的事实。例如，这个事实可以表述为：

〔Sam spray paint〕cause〔paint go to〔on wall〕〕
〔山姆喷油漆〕导致〔油漆沾在〔墙上〕〕

如果我们不过分计较其中的英语单词，这种表述已经比较接近学界所普遍认定的一种心语形态了。

心语才是思维语言

这些例子（还有许多其他例子）共同说明了一个重要的事实：一边是用于思维的表征，一边是各式各样的语言，二者在许多方面都龃龉不合。我们头脑中的每一个想法都包含着大量信息，但当我们向他人诉说某个想法时，对方的注意力很难保持长时间的集中，而我们说话的速度又不能太快。因此，为了在合理的时间范围内向听者传递信息，说话者只能将其中一部分信息转换成语言，其他信息则需要听者自行"想象"。但在大脑内部的情形则完全不同，信息的交流基本不受时间限制，因为大脑各个区域之间连接着密集的神经纤维，它们能够以极快的速度传递海量信息。对思维而言，想象已经派不上用场，因为内在表征本身就是想象。

由此我们可以得出这样的结论：人们并不是依靠英语、汉语或者阿帕切语进行思考的，而是依靠思维语言。这种思维语言或许与世界上的所有语言都有类似之处，它想必也是用符号来表示概念，并通过符号之间的排列结构来对应"谁对谁做了什么"，类似那个"喷漆"的例子。但是，与任何给定的语言相比，"心语"既有更加丰富的一面，也有更加简单的一面。一方面，它必定包含着更加丰富的内容。比如说，对于某个多义的英语单词，如"stool"或"stud"，心语中一定有几个不同的概念之间的符号与之对应。此外，它还必须拥有一套额外的装备，用于区分某些概念之间的逻辑差别（例如拉尔夫的"象牙"与一般意义上的"象牙"），或者将指涉相同的符号进行关联（例如"那个穿一只黑鞋的高个儿金发男人"与"那个男人"）。另一方面，心语又必须比人们的口头语言更加简单。那些依赖具体语境的单词（如"a"和"the"）显然没有存在的必要，而有关语音、语序的信息也显得可有可无。就目前而言，一个英语使用者也许是依靠一种经过某种简化、标注的"准英语"来进行思考的，就像我上面所述的例子；而一个阿帕切人依靠的则是经过简化、标注的"准阿帕切语"。但是，如果要实现正确推理的功能，这些思维语言就必然要极其相似，并且这种相似度显然超过其各自对应的自然语言。而很有可能的是，这些思维语言其实是同一种语言，即一种普遍的心语。

因此，掌握一门语言其实就是懂得如何将心语翻译成一串串文字，或者将一串串文字翻译为心语。有些人虽然不懂得任何语言，但同样拥有心语。而且推测起来，婴儿和许多动物也应拥有心语，只不过在形式上更为简单一些。的确，如果婴儿缺少一种可以和英语进行互译的心语，我们就无法解释他们是如何学会英语的，甚至无法解释学习英语到底是怎么一回事。

以上这些事实会对《1984》中的新话产生怎样的影响呢？我对2050年的预测是：首先，既然人类的精神生活独立于特定语言存在，因此，即便取消了"自由""平等"等名词，这些概念依然会出现在人们的头脑之中。其次，由于头脑中的概念远远多于语言中的词语，而且听者总是会主动地填补说话者未说出的信息，因此，现有的词语将很快获得新的意思，甚至会很快恢复它们的原始含义。最后，孩子们将并不满足于复制大人的语言输入，他们会创造出一套远胜于它的复杂语法，这将导致新话的克里奥尔化，而这个过程只需一代人就可完成。就此而言，21世纪的孩子们很可能会成为温斯顿·史密斯的复仇者。

The Language Instinct

Instinct

How
the Mind Creates
Language

03

语言机制

　　我们每个人的大脑中都装有一部"心理词典"和一套"心理语法"，语言就是用语法规则组合起来的词语。若想领悟乔姆斯基的语言机制理论，我们首先要弄清这个理论是解决什么问题的。有些语法规则在婴儿诞生之初就存在于他们的大脑中，他们是天生的"语法专家"。

记者们常说："狗咬人不是新闻，人咬狗才是新闻。"这其实也是语言本能的真谛：语言的目的就是传递消息。这一串串叫作"句子"的东西不仅仅是触发记忆的工具，让你想起张三、李四或者他们的朋友，然后由你自己填补剩下的内容。这些句子可以告诉你一件事情的来龙去脉，因此，我们可以从精心构撰的语言文字中获得丰富的信息。这些信息要远远胜过伍迪·艾伦（Woody Allen）对《战争与和平》（*War and Peace*）一书的理解。据说，伍迪·艾伦在参加了速读班之后，曾在两小时内读完了《战争与和平》，然后总结说："它讲的是一些俄罗斯人的故事。"语言让我们知道章鱼如何交配、台布上的樱桃汁该如何去除、塔德为什么伤心、红袜队是否能在缺少优秀替补投手的情况下赢得职业棒球大赛、如何在地下室里造出原子弹、凯瑟琳大帝是怎么驾崩的等各类事情。

当科学家看到自然界中的一些奇妙景观，例如蝙蝠在漆黑的夜里捕捉昆虫、鲑鱼游回出生的河流繁殖后代等，他们会试图探寻其背后的工程原理。蝙蝠的法宝是声呐，鲑鱼则是依循微弱的气味。那么对人类而言，是什么样的奥秘使人具备传递消息（比如说"人咬狗"）的能力呢？

实际上，语言的奥秘并非一个，而是两个，它们与 19 世纪的两位欧洲学者有着密切的联系。第一个是瑞士语言学家费尔迪南·索绪尔（Ferdinand de Saussure）提出的"符号的任意性"（the arbitrariness of the sign）原理，即声音与意义的匹配完全是约定俗成的结果。"dog"这个词看起来并不像狗，也不会像狗一样地走路、吠叫，但它完全可以表示"狗"的意思。之所以如此，是因为每一个说英语的人从小就通过死记硬背的方式，将"dog"的发音和它所表示的意义紧紧连在了一起。这一标准化的记忆过程给同一语言社区的成员带来了巨大的收益，使得成员之间可以相互传递概念、表达思想，而且几乎可以在瞬间完成。有时，声音和意义之间的"拉郎配"会显得十分可笑。例如理查德·莱德勒（Richard Lederer）在《疯狂英语》（*Crazy English*）一书中所举的例子："we drive on a *parkway* but park in a *driveway*"（我们在停车道上开车，在公路上停车）、"there is no ham in *hamburger* or bread in *sweetbreads*"（汉堡包里没有火腿，牛杂碎里没有面包）、"*blueberries* are blue but *cranberries* are not cran"（蓝莓是蓝色的，但蔓越莓却与鲱斗无关）。不妨设想一下，或许我们可以选择更为"理智"的方式来表示概念，使听者可以透过字词的外形领悟其背后的含义。但是，要创造出这样一套符号系统恐怕并非易事，而且也显得滑稽可笑、不伦不类，它必然会使人们的语言交流变成"看图说词"或者"你演我猜"的字谜游戏。

语言本能的第二个奥秘是威廉·洪堡特（Wilhelm Von Humboldt）所说的"有限域的无限应用"（makes infinite use of finite media），这也正是乔姆斯基语言理论的先导。我们之所以能够区分平淡无奇的"狗咬人"和堪称新闻的"人咬狗"，是因为在这两句话中，"狗""人"和"咬"三个字有着不同的排列顺序。也就是说，我们是在使用一种代码在字序和思想之间进行转译。这个代码或这套规则，被称为"生成语法"（generative grammar）。正如前文所述，我们不能将这个语法与学校课堂里教授的语法格式混为一谈。

心理词典和心理语法

在自然界中，语法的基本原则显得并不自然。语法是一个典型的"离散组合系统"（discrete combinatorial system），即一组数量有限的离散元素（这里指的是单词）通过抽样、组合和排列，创造出一个更大的结构（这里指的是句子），而这个结构在特性上与它的构成元素完全不同。例如"人咬狗"这个句子，它在意思上不同于"人""咬""狗"这三个字，也不同于"狗咬人"这个文字全部相同但顺序颠倒的句子。在像语言这样的离散组合系统中，有限的元素可以生成数量无穷、特性无限的组合方式。自然界中另一个重要的离散组合系统是 DNA 的遗传密码。在 DNA 中，4 种核苷酸组合成为 64 种密码子（codons），而这 64 种密码子则可以串联成无限数量的不同基因。许多生物学家都十分看重语法规则和基因组合之间的相似性。以遗传学术语为例，DNA 序列中不但包含了"字母"（letters）和"标点"（punctuation），还可能是"回文"（palindromic）、"无义"（meaningless）或者"同义"（synonymous），或被"转录"（transcribed）和"翻译"（translated），甚至可以被储存于"文库"（libraries）中。免疫学家尼尔·耶尼（Niels Jerne）发表的诺贝尔奖获奖演说的题目就是：《免疫系统的生成语法》（*The Generative Grammar of the Immune System*）。

与之相对的是，我们在世界上看到的大多数复杂系统，如地质、调色、烹饪、声、光和气象等，都属于"共混系统"（blending system）。在共混系统中，组合体的特性是各元素特性中和的结果，而各元素则由于均分、混合而丧失了本身的特性。例如，将红色涂料与白色涂料混在一起，将得到粉红色的涂料。因此在共混系统中，组合体所能拥有的特性极其有限，如果要区分共混系统中数目繁多的组合体，就只能对其中的细微差异进行逐层甄别。由此可见，在整个宇宙中，最让我们印象深刻的两大开放式复杂构造——生命和心智，都是基于离散组合系统，这或许并非巧合。许多生物学家认为，如果遗传不是以离散的形式出现，我们所谓的"进化"就不可能发生。

因此，语言的工作机制是：每个人的大脑中都包含了一部词典，它囊括了所有词语及其代表的概念，即"心理词典"（mental dictionary），此外还包含了一套遣词造句的规则，以便传达各个概念之间的逻辑关系，即"心理语法"（mental grammar）。我们将在下一章探索词语的世界，而本章的任务是剖析语法的构造。

语法是一套离散组合系统，这一事实产生了两个重要后果。第一个即是语句的浩瀚无穷。如果你走进美国国会图书馆，随便从一本书中挑出一个句子，那么你很可能无法再找到一个和它一模一样的句子，无论你在书海中翻腾多久。一个普通人能造出多少个句子？答案几乎是无法想象的。如果随机打断某个人的一句话，那么在被打断的地方，我们平均可以插入 10 个不同的词来续接这个句子，而没有语法或意义上的毛病（在句子的某些部位，我们只能插入一个词，而在其他一些部位，我们则有上千种选择，因此以 10 为平均数）。再假设句子的长度为 20 个词，那么从理论上说，一个人可以制造出至少 10^{20} 个句子（也就是 1 后面加上 20 个 0）。假设以每个句子被说出的时间为 5 秒来计算，即便一个人不吃不睡，也要花费 100 万亿年的时间来记住所有这些句子。而且，20 个词的长度限制也显得过于苛刻。下面这个句子出自萧伯纳之手，长达 110 个词：

> Stranger still, though Jacques-Dalcroze, like all these great teachers, is the completest of tyrants, knowing what is right and that he must and will have the lesson just so or else break his heart (not somebody else's, observe), yet his school is so fascinating that every woman who sees it exclaims: "Oh why was I not taught like this!" and elderly gentlemen excitedly enroll themselves as students and distract classes of infants by their desperate endeavours to beat two in a bar with one hand and three with the other, and start off on earnest walks around the room, taking two steps backward whenever M. Dalcroze calls out "Hop!"

> 更为奇怪的是，尽管雅克－达克罗兹和所有那些伟大的教师一样，是一个彻头彻尾的专制者，但他知道什么是正确的教法，一定要这样上课，否则就会伤透心——注意，伤的可不是别人的心。然而，他的学校却具有无比的吸引力，每一个见过的女人都会说："哎呀，为什么没有老师这样教过我呢？"而一些老大不小的绅士们则兴致勃勃地报名参加他的舞蹈班，他们竭尽全力地一手打着二拍、一手打着三拍，并认认真真地在教室里绕圈，当达克罗兹喊"跳"的时候，就立刻后退两步。他们的表现不免让班里的孩子们分心侧目。

的确，如果把 70 年的平均寿命撇在一边，我们每个人都能说出无限多的句子，这就像数学上存在无限多的整数一样。当你认为自己找到了最大的整数之后，只要加上个 1，一个新的整数又出现了，所以句子的数量也一定是无限的。

根据《吉尼斯世界纪录大全》（*The Guinness Book of World Records*）的记录，世界上最长的英文句子出自威廉·福克纳（William Faulkner）的小说《押沙龙，押沙龙！》（*Absalom, Absalom!*），该句长达 1 300 字。它的开头是：

> They both bore it as though in deliberate flagellant exaltation ...
> 他俩都心甘情愿地承受它，如同宗教上的苦修……

然而，我完全可以用下面这个句子来打破这个纪录，为自己赚得不朽的名声：

> Faulkner wrote, "They both bore it as though in deliberate flagellant exaltation ..."
> 福克纳写道："他俩都心甘情愿地承受它，如同宗教上的苦修……"

但这个名声很快就会化为过眼云烟，因为别人可以用下面这个句子打败我：

> Pinker wrote that Faulkner wrote, "They both bore it as though in deliberate flagellant exaltation ..."
> 平克写道，福克纳写道："他俩都心甘情愿地承受它，如同宗教上的苦修……"

当然，这个纪录也会旋即被人打破：

> Who cares that Pinker wrote that Faulkner wrote, "They both bore it as though in deliberate flagellant exaltation …" ?
> 谁在乎平克写道福克纳写道"他俩都心甘情愿地承受它，如同宗教上的苦修……"?

以此类推，这种"句子接力"可以永远继续下去。"有限域的无限应用"是人类大脑的一个特性，能使之区别于日常生活中的所有人工语言设备，比如会说话的玩具娃娃、能够提醒你关上车门的汽车以及声音甜美的电子语音信箱（"更多选择请按 # 键"），它们依靠的都是固定列表中的预设语句。

语法构造的第二个后果是，它是一个独立自主、与认知无涉的代码。语法只告诉我们应该如何组合文字来表达意义，而这些规则与人们相互之间传达的具体意义无关。因此，我们常常会有这种体会：虽然一些句子并不符合英语的语法规则，但我们却可以从常识上理解它们。下面就是一些例句，虽然它们在语法上有问题，但意思却非常好懂：

Welcome to Chinese Restaurant. Please try your Nice Chinese Food with
Chopsticks: the traditional and typical of Chinese glorious history and cultual.

欢迎来到中国餐馆。请用筷子品尝美味的中国菜肴：它代表了中国的辉
煌历史和传统文化。

It's a flying finches, they are.

它是一群飞雀。

The child seems sleeping.

这孩子好像睡着了。

Is raining.

正在下雨。

Sally poured the glass with water.

莎莉倒了一杯水。

Who did a book about impress you?

这本让你印象深刻的书是谁写的？

Skid crash hospital.

车辆打滑撞进了医院。

Drum vapor worker cigarette flick boom.

锅炉工人扔掷的烟头引发了爆炸。

This sentence no verb.

这个句子没有动词。

This sentence has contains two verbs.

这个句子包含两个动词。

This sentence has cabbage six words.

这句话删掉了 6 个字。

This is not a complete. This either.

这个不完整，那个也是。

　　这些句子都"不合语法"，但它们的问题与课堂上教授的分裂不定式（split
infinitives）、悬垂分词（dangling participles）等语法错误无关，而是表现为这样
一种现象：尽管这些句子的意思很好理解，但每个说英语的人都能下意识地判断
出它们存在这样或那样的毛病。因此，所谓的"不合语法"，只不过是相对于我

们头脑中用来翻译句子的固定代码而言的。面对一些语法不通的句子，我们有时会猜测它们的意思，但不敢肯定我们的理解就符合说话者的本意。在这个问题上，计算机表现得更加苛刻，一旦碰到不合语法的句子，它就回答："SYNTAX ERROR"（句法错误），以表示自己的不满，例如：

> PRINT（x + 1
*****SYNTAX ERROR*****

反之亦然，一些句子虽然毫无意义、不知所云，却符合语法标准。乔姆斯基曾经杜撰过一个经典的句子，这也是他唯一一句入选《巴特利特引语词典》（*Bartlett's Familiar Quotations*）的名言：

Colorless green ideas sleep furiously.
无颜的绿色念头狂怒地睡着。

这个特意杜撰的句子表明，语法和语义是相互独立的。不过，在乔姆斯基之前，已经有许多人意识到了这一点。流行于 19 世纪的"谐趣诗文"（nonsense verse and prose）就是以此为创作技巧的。下面是著名谐趣大师爱德华·李尔（Edward Lear）的两句诗：

It's a fact the whole world knows,
That Pobbles are happier without their toes.
全世界都知道这回事，
没有脚指头的泡泡更快乐。

马克·吐温也曾戏谑地模仿过一些作家笔下过于浪漫的景色描写，以讽刺那些文字的华而不实：

It was a crisp and spicy morning in early October. The lilacs and laburnums, lit with the glory-fires of autumn, hung burning and flashing in the upper air, a fairy bridge provided by kind Nature for the wingless wild things that have their homes in the tree-tops and would visit together; the larch and the pomegranate flung their purple and yellow flames in brilliant broad splashes along the slanting sweep of the woodland; the sensuous fragrance of innumerable deciduous flowers rose upon the swooning atmosphere; far in the empty sky a solitary esophagus slept upon motionless wing; everywhere brooded stillness, serenity, and the peace of God.

　　这是 10 月上旬一个清新宜人的早晨。丁香花和金链花沐浴着秋日的艳阳，灼灼其华，在半空中显露出它们鲜丽夺目的容颜，这是慷慨的大自然为那些没有翅膀的野生生灵架起的一座仙桥。这些生灵在树梢结巢，常在那里聚首。顺着一望无际、布满榛莽的斜坡，落叶松和石榴树像燃烧着的紫色和蓝色的烈焰；落英缤纷，升腾起醉人的芳香，让人目眩神迷。在虚空深处，一根孤寂的食管安睡在静止的一侧；主宰四野的是沉寂、宁静与和平之神。

而且，几乎所有人都见识过刘易斯·卡罗尔（Lewis Carroll）在《爱丽丝镜中奇遇记》（*Through the Looking-Glass and What Alice Found There*）中写的《蛟龙杰伯沃基就诛记》：

> And, as in uffish thought he stood,
> The Jabberwock, with eyes of flame,
> Came whiffling through the tulgey wood,
> And burbled as it came!
> One, two! One, two! And through and through
> The vorpal blade went snicker-snack!
> He left it dead, and with its head
> He went galumphing back.
> "And hast thou slain the Jabberwock?
> Come to my arms, my beamish boy!
> O frabjous day! Callooh! Callay!"
> He chortled in his joy.
> 'Twas brillig, and the slithy toves
> Did gyre and gimble in the wabe:
> All mimsy were the borogoves,
> And the mome raths outgrabe.

> 沉湎于冥思兮蛟龙乃出，
> 彼名杰伯沃基兮其目喷焰。
> 狂飙起兮彼出于丛林，

凛凛然兮天地为之抖颤。
挥刀而斩兮殊死之斗，
利刃闪闪兮直贯其首。
弃其尸于野兮凯歌高奏，
勇士归兮手提其头。
投身于吾怀兮勇哉吾子，
杰伯沃基乃汝所诛。
荣哉此时兮万岁！万岁！
彼拥其子而欢呼。
风怒兮阴霾满空，
滚滚兮布于西方。
雾霭范卓兮翻腾，
怒号兮直达上苍。

正如主人公爱丽丝所说："它使我头脑里充满了各种各样的想法，只不过我说不清楚到底是怎么回事罢了。"虽然各种常识或知识背景都无法帮助我们理解这些诗句，但说英语的人都看得出，这些句子完全符合英语语法。凭借心里的语法规则，他们能够从中提炼出虽然抽象，但八九不离十的大意。例如爱丽丝推测说："不管怎么说，反正是什么人杀了什么东西。这一点我敢肯定。"在看过《巴特利特引语词典》中的乔姆斯基语录后，每个人都可以回答如下一系列问题："什么东西在睡觉？它是怎么睡的？是一个东西在睡还是几个东西在睡？这些想法是什么样的？"

如何通过语法组合文字

潜藏于人类语言之下的语法到底是如何组合文字的？迈克尔·弗莱恩（Michael Frayn）在他的小说《罐头人》（*The Tin Men*）中提供了一种最简单的解释：按序排列。小说的主人公是某个自动化研究所的工程师，他必须设计出一个能够生成各种类似新闻故事的计算机系统，例如像"瘫痪女孩决心重返舞台"这样的励志报道。以下是他手工测试程序的情景，这个程序专门用来构造各种以皇室仪式为背景的故事：

　　他打开档案柜，从中挑出第一张卡片。上面显示"Traditionally"（传统地）一词。接下来就是在"coronations"（加冕）、"engagements"（约会）、"funerals"（葬礼）、"weddings"（婚礼）、"comings of age"（成年）、"births"（出生）、"deaths"（死亡）、"churching of women"（安产感谢礼）等卡片中随机抽取一张。昨天他选择的是"funerals"，随之被准确地引导到一张内容为"occasions for mourning"（哀悼的场合）的卡片上，今天他闭上眼睛，抽到了"weddings"，并被引导到一张内容为"occasions for rejoicing"（欢庆的场合）的卡片上。

　　接下来的逻辑选择是"The wedding of X and Y"（X 与 Y 的婚礼），然后他面临两个选择：一个是"is no exception"（没有特别之处），一个是"is a case in point"（是一次特别的婚礼），而无论选择哪一个，后面都可以接"indeed"（事实上）。的确，无论以哪一种场合开头，比如加冕、死亡或者出生，戈德瓦塞尔（Goldwasser）都能以计算的方式轻松应对，但现在他也遇到了同样的瓶颈。他在"indeed"上停顿了下来，然后紧接着抽出了一张卡片，内容是，"it is a particularly happy occasion, rarely, and can there have been a more popular young couple"（这是一次特别欢乐的场面，真是难得一见，没有比他们更受大家喜爱的一对新人了）。

　　在接下来的选择中，戈德瓦塞尔抽到的是"X has won himself/herself a special place in the nation's affections"（X 已赢得了全国人民的心），这使得他（或她）再接再厉，而"英国人民也已经从心里接纳了 Y"。

　　戈德瓦塞尔惊讶地发现，"fitting"（合适）一词还没有出现，这让他感到有些不安。但紧接着他就抽到了这张卡片："it is especially fitting that"（特别合适的是）。

　　这个结果将他引导到"the bride/bridegroom should be"（新娘或新郎应该）这张卡片上。接下来他有大量的卡片可选："of such a noble and illustrious line"（出自如此的名门望族）、"a commoner in these democratic times"（生于民主时代的平民家庭）、"from a nation with which this country has long enjoyed a particularly close and cordial relationship"（来自与本国长期保持着深厚友谊的国家）、"from a nation with which this country's relations have not in the past been always happy"（来自一个与本国存在历史摩擦的国家）。

　　戈德瓦塞尔觉得，在上一次编造故事时，"fitting"一词的表现相当不错，因此他特意再次挑选了它，卡片的内容是 "It is also fitting that"（也很合适的是）。紧接着出现的是 "we should remember"（我们应该记住的是）和 "X and Y are not merely symbols—they are a lively young man and a very lovely young woman"（X 和 Y 不仅仅是两个符号——他们还是一对充满朝气、活泼可爱的年轻人）。

戈德瓦塞尔闭上眼睛，抽了下一张卡片，内容是 "in these days when"（在……的日子里）。他沉思了一下，考虑是应该选 "it is fashionable to scoff at the traditional morality of marriage and family life"（对传统的婚姻和家庭观念的嘲弄蔚然成风），还是选 "it is no longer fashionable to scoff at the traditional morality of marriage and family life"（对传统的婚姻和家庭观念的嘲弄已经不再时髦）。戈德瓦塞尔决定选择后者，因为它的结构更加华丽繁复。

这台设备的学名叫 "有限状态机"（finite-state）或 "马尔可夫模型"（Markov model），不过我们姑且把它称为 "字串机"（word-chain device）。这台机器拥有一大批词语列表（或者预设短语），以及一套在各个列表之间进行对应、筛选的操作规则。它的处理器会先在某个列表中选择一个单词，然后在另一个列表中再选择一个单词，以此类推，最终制造出一个句子。如果要理解他人说出的句子，这台机器只能以列表为参照，依次核对句中的每个单词。像弗莱恩这样的讽刺作家经常拿字串系统开涮，把它视为一种可以自动生产赘语冗辞的工具，例如有一种所谓的 "社会科学术语生成器"（Social Science Jargon Generator），读者只需依次从以下三栏中各选出一个词，便可组成像归纳性聚合式相互依赖 "inductive aggregating interdependence" 这样听起来冠冕堂皇的术语。

dialectical（辩证的）	participatory（参与的）	interdependence（相互依赖）
defunctionalized（紊乱的）	degenerative（退化的）	diffusion（扩散）
positivistic（实证的）	aggregating（聚合式）	periodicity（周期性）
predicative（表语的）	appropriative（专用的）	synthesis（合成）
multilateral（多边的）	simulated（模拟的）	sufficiency（充分性）
quantitative（定量的）	homogeneous（同质的）	equivalence（等值）

divergent（发散的）　transfigurative（转形的）　expectancy（预期）

synchronous（同步的）　diversifying（多样化）　plasticity（可塑性）

differentiated（差异化的）　cooperative（合作的）　epigenesis（后生作用）

inductive（归纳的）　progressive（先进的）　constructivism（结构主义）

integrated（整合的）　complementary（互补的）　deformation（变形）

distributive（可分配的）　eliminative（消除的）　solidification（固化）

最近我见过一台字串机，它可以自动生成书封上的宣传广告，另外还有一台字串机能够替代鲍勃·迪伦（Bob Dylan）编写歌词。

字串机是最为简单的一种离散组合系统，它可以从一组有限的元素中创建出无限的特定组合。尽管它的表现略显拙劣，但一台字串机可以生成无限数量的符合语法的英文语句，例如，一些最为简单的句式："A girl eats ice cream"（一个女孩吃着冰激凌）或 "The happy dog eats candy"（这只欢快的狗吃着糖果）。

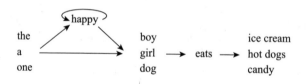

这种句式包含着无限个句子，因为 "happy" 上的循环箭头标志着字串机可以任意重复 "happy" 一词的次数，例如 "The happy dog eats ice cream" "The happy happy dog eats ice cream" 等，以至于无穷。

当工程师准备建立一套符合特定顺序的字词组合系统时，他首先想到的必然是字串机。电话查询台的语音录音就是一个很好的例子，它事先录下 10 个数字的读音，并且每个数字的读音又分作 7 个音调（位于电话号码首位的数字是一个音调，位于第二位的数字又是一个音调，以此类推）。有了这 70 个录音，它就可以播报出 1 000 万个电话号码，再加上 3 位数的区号所产生的 30 个录音，一共可以组合成上亿个电话号码（不过在实际生活中，由于各项规定的限制，许多号码并不会被用到，比如说 0 和 1 不能作为电话号码的第一位数）。事实上，已经有人付出了极大的努力，希望为英语构建出一套巨大的字串模型。为了使它尽可能地符合现实情况，设计者将各个单词之间的转移情况与它们在英语中的衔接概率进行了匹配，例如"that"一词后面紧跟"is"的概率要大于"indicates"。研究人员通过两种方法建立了一个庞大的"跃迁概率"（transition probability）数据库：一是借助计算机对大量英语文献进行分析；二是向参加试验的志愿者播报一个或一系列单词，然后询问他们第一时间联想到的是哪个单词。一些心理学家表示，人类语言其实就是一个储存在大脑中的巨型字串。这个看法与"刺激 - 反应"理论不谋而合：一个刺激引发一个反应，在这里，反应就是嘴里说出的某个单词，而当说话者察觉到自己的反应时，这个反应又转变为新的刺激，引发他做出下一个反应，即说出后面的单词。

但事实上，正如弗莱恩在小说中描写的那样，字串机的工作原理是那么的拙劣可笑，这不能不引起我们的怀疑。如果将我们的语言机制看成一台字串机，那就等于说我们的大脑是如此的盲目无知、缺乏创意，以至于一台简单的机器就可以制造出无穷无尽且足以以假乱真的例句。而弗莱恩的小说之所以显得异常幽默，正是因为我们的语言机制与字串机并非一回事。所有人都相信，人类（包括社会学家和记者在内）并不是真正意义上的字串机，二者之间只不过是有几分相似而已。

然而，乔姆斯基认为，字串机理论不仅仅是一个值得怀疑的看法，在人类语言机制的问题上，它其实犯了一个根本性的错误。由此，乔姆斯基拉开了现代语法研究的序幕。在他看来，虽然字串机也属于离散组合系统，但它与语言机制有着根本区别。以下是它存在的三个问题，而这三个问题也恰好反映了语言机制的三个特性。

首先，一个英文句子与一串根据跃迁概率连接起来的英文单词截然不同，例如乔姆斯基的句子"Colorless green ideas sleep furiously"。乔姆斯基杜撰这个句子的目的，不仅是为了表示毫无意义的句子也可以符合语法，他同时还想说明，那些概率极小的字序连接也可以符合语法。在英语文本中，单词"colorless"之后

紧跟 "green" 的概率显然为零。"green" 之后紧跟 "ideas" 的概率也为零，再如 "ideas" 之后紧跟 "sleep"，"sleep" 之后紧跟 "furiously" 等，莫不如此。尽管如此，这一串文字仍然算得上是一个语法精当的英语句子。相反，如果一个人真的只根据跃迁概率来串联字词，他得出的字串恐怕会毫无语法可言。例如，假设你采用的方法是根据前 4 个单词来推测下一个最可能出现的单词，由此逐字逐词地生成一个字串，其中每个单词的出现都取决于它前面的 4 个单词，其结果是：你将看到一堆莫名其妙的英语单词，而非一个英文句子。例如："House to ask for is to earn our living by working towards a goal for his team in old New-York was a wonderful place wasn't it even pleasant to talk about and laugh hard when he tells lies he should not tell me the reason why you are is evident."

英文语句与英语字串的区别让我们明白了两个道理。第一，在学习语言的时候，人们学习的是如何将字词合理地排列，而不是机械地记住其前后顺序。人们是通过词性（如名词、动词等）的搭配原则来实现这一点的。换言之，我们之所以可以辨认出 "colorless green ideas" 这个短语，是因为它在形容词和名词的搭配上与 "strapless black dresses"（无肩带的黑色裙子）这样的常见短语完全一致。第二，名词、动词和形容词的搭配并不是以首位相接的形式连成一串的，在句子的构建过程中，存在着一个整体蓝图或者框架，为每个单词设定了具体的安放位置。

如果字串机拥有足够的智慧，它或许可以解决这些问题。但乔姆斯基已经明确地驳斥了将人类语言视为字串的观点。他证明说，即使从理论上说，某些英语句型也无法由字串机来完成，无论这台字串机的功能有多强大，也无论它是否完全以概率表为准则。例如下面这两个句子：

> Either the girl eats ice cream, or the girl eats candy.
> 　这个女孩要么吃冰激凌，要么吃糖果。
> If the girl eats ice cream, then the boy eats hot dogs.
> 　如果这个女孩吃冰激凌，这个男孩就吃热狗。

乍看之下，这两个句子似乎很容易分解：

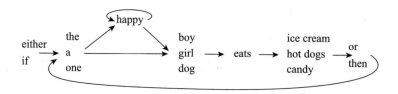

但字串机对此束手无策。在一个句子中，"Either"之后必须连接以"or"引起的分句，没有人会说"Either the girl eats ice cream, then the girl eats candy"。同样，"if"之后跟随的是"then"，没有人说"If the girl eats ice cream, or the girl likes candy"。但是，要满足句中早先出现的单词与稍后出现的单词之间的对应关系，字串机必须在逐字炮制句子的同时记住早先出现过的单词。而这就是问题所在：字串机是一个"健忘者"，它只能记住自己刚刚选取的单词列表，而无法记住之前的内容。当字串机运行到"or"或者"then"列表时，它根本记不清句子的开头到底是"if"还是"either"。当然，我们可以从制高点的位置居高临下地鸟瞰整个"路线图"，记住这台字串机在第一个岔口上所选择的道路；但对于在列表之间匍匐前进的字串机而言，要记住自己之前走过的道路却是不可能的事情。

或许你认为这只是一个很简单的问题，我们只需对字串机进行重新设计，让它可以记住自己先前选择的内容，例如，这台字串机能够将单词"either"和"or"以及它们中间可能出现的字序组合成一个大序列，再将"then"和"if"以及它们中间的字序组合成另一个大序列，然后再进行第三个序列的生成。例如：

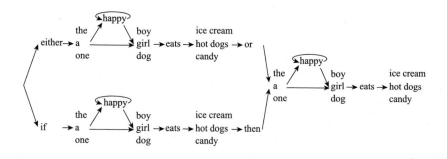

然而，这一解决方案存在非常明显的问题：它产生出三个相同的"子网"

（subnetwork）。显然在现实语境中，无论人们在"either"和"or"之间插入什么内容，它们都同样可以插入"if"和"then"之间，也可以插入"or"或"then"之后。但是，人类的这种能力乃是出自大脑语言机制的自然设计，而并非依赖于某位设计者精心编写的三组相同的指令集（或者貌似更加合理的是，儿童在学习该句的句式时必须分三次进行，先是"if"和"then"之间的序列，然后是"either"和"or"之间的序列，最后是"then"和"or"之后的序列）。

不过，乔姆斯基对这个问题看得更深。他表示，以上两个句子都可以嵌入其他任何句子之中，甚至包括它们自己在内：

> If either the girl eats ice cream or the girl eats candy, then the boy eats hot dogs.
>
> 如果这个女孩要么吃冰激凌要么吃糖果的话，那么这个男孩就吃热狗。
>
> Either if the girl eats ice cream then the boy eats ice cream, or if the girl eats ice cream then the boy eats candy.
>
> 如果这个女孩吃冰激凌，那么这个男孩要么吃冰激凌，要么吃糖果。

就第一个句子而言，字串机必须分别记住"if"和"either"，然后才能在稍后的过程中依次选择"or"和"then"。就第二个句子而言，它必须分别记住"either"和"if"，然后才能选择"then"和"or"来完成句子。从理论上说，位于句子开头部分的"if"和"either"的数量可以无限多，而每个"if"或"either"都需要一个"then"或"or"来完成句子。因此，分别列出每一个可供记忆的字串序列其实并没有多大意义，你必须为此记住无限个字串，而这显然超出了我们大脑的容量。

这种学术性的论证可能会让你颇感诧异。在现实生活中，没人会说出以"Either either if either if if"开头的句子，因此谁又会在乎这台语言机制的模拟装置是否能用"then…then…or…then…or…or"来完成句子呢？不过，乔姆斯基只是借用了数学家的研究方法，他将"either-or"与"if-then"的交替现象视为一种最简单的语言特性，即前后单词的"长距离依存关系"（long-distance dependencies），以便从数学上证明字串机无法处理这些依存关系。

事实上，这种依存关系在语言中比比皆是。人们时时刻刻都在用它，不但距离超长，而且经常一次数个，但字串机却做不到这一点。例如，语法学家常常用这个以 5 个介词结尾的句子为例：Daddy trudges upstairs to Junior's bedroom to read him a bedtime story. Junior spots the book, scowls, and asks, "Daddy, what did you bring that book that I don't want to be read to out of up for?"（父亲步履蹒跚地爬上楼，来到孩子的卧室，只为给孩子读一个睡前故事，孩子看见书，皱着眉头问道："爸爸，你怎么把这本我不想听的书带上来了呢？"）这个孩子在说到 "read" 一词时，已经在脑海中形成了 4 个依存关系："read" 与 "to"、"that book that" 与 "out of"、"bring" 与 "up"、"what" 与 "for"。不过，下面这个源于现实生活的例子或许更能说明问题，它出自某位读者写给《电视指南》（*TV Guide*）的一封信：

> How Ann Salisbury can claim that Pam Dawber's anger at not receiving her fair share of acclaim for *Mork and Mindy's* success derives from a fragile ego escapes me.
>
> 安·索尔兹伯里说，帕姆·道伯之所以没有因《默克与明蒂》的成功获得应有赞誉而生气，是源于她脆弱的自我。我不明白她为什么这样说。

显然，这位写信者在写到 "not" 时，脑海中一定形成了 4 个需要完成的语法结构：（1）"not" 之后需要接动词的 "-ing" 形式（"her anger at not *receiving* acclaim"）；（2）"at" 之后需要接名词或动名词（"her anger at not *receiving acclaim*"）；（3）单数主语 "Pam Dawber's anger" 规定了它的动词（即其后第 14 个单词）也必须保持单数形式（Dawber's anger...*derives* from）；（4）以 "How" 开头的单数规定了它的动词（即其后第 27 个单词）也必须保持单数形式（How ...*escapes* me）。同样，读者在理解这个句子时，也需要将这些依存关系牢记于心。从技术上讲，我们可以制造出一个能够处理这些句子的字串机，只要说话者需要记住的依存关系在数量上有具体的限度（比如说 4 个）。但是，这台机器的冗余度将大得不可思议，因为面对每一种依存组合，这台机器都必须对同一个字串进行重复复制，而这种依存组合的数量多达千计。即使耗尽我们的大脑，也无法记住这样的超级字串。

只有上帝才能造出一棵树

像字串机这样的"人工组合系统"与人类大脑这样的"自然组合系统"之间有着明显的区别，这种区别可以用乔伊斯·基尔默（Joyce Kilmer）的一句诗来概括："只有上帝才能造出一棵树。"一个句子并不是一串字，而是一棵树。在人类的语法中，不同的单词被组合成一个个短语，就像树枝会合成树杈。这些短语都被赋予了名称，成为一个心理符号，而小的短语也可以组合成大的短语。

以"The happy boy eats ice cream"（这个快乐的男孩吃着冰激凌）为例：句首的三个单词"the happy boy"组成了一个名词短语。在英语中，名词短语（NP）是由一个名词（N）、一个前置冠词或限定词（det）以及若干个形容词（A）构成的，其中的限定词并非必要选项。这一描述可以用英语名词短语的定义规则来表示。根据语言学的标准记录法，箭头的符号表示"由……构成"，双括号表示"可有可无"，星号表示"数目不限"。不过，我之所以搬出这些规则，是为了说明所有语法信息都能用简单的符号来概括，你完全可以忽略这些记录法，只要看它下面的翻译文字就行：

NP →（det）A* N
　　一个名词短语是由一个可有可无的限定词、数目不限的形容词以
　　及一个名词构成的。

这一规则可以用一个倒置的树来表示：

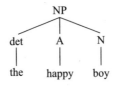

此外还有两个规则：一个用来定义英文句子（S），另一个用来定义谓语或动词短语（VP），它们都以名词短语为主要成分：

S → NP VP

一个句子是由一个名词短语加上一个动词短语构成的。

VP → V NP

一个动词短语是由一个动词加上一个名词短语构成的。

现在，我们需要的是一部心理词典，以确定每个词的词性归属（名词、动词、形容词、介词或限定词）：

N → boy, girl, dog, cat, ice cream, candy, hot dogs

名词列表包含以下单词：boy（男孩）、girl（女孩）……

V → eats, likes, bites

动词列表包含以下单词：eats（吃）、likes（喜欢）、bites（咬）……

A → happy, lucky, tall

形容词列表包含以下单词：happy（快乐的）、lucky（幸运的）、tall（高）……

det → a, the, one

限定词列表包含以下单词：a（某个）、the（这个）、one（一个）……

以上我所列出的这套语法规则被称为"短语结构语法"（phrase structure grammar），它通过将单词组合为短语来构成句子的各个分支，其形状就像一棵倒置的树：

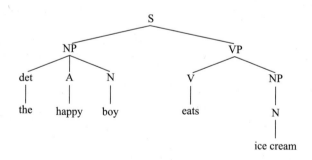

这一看不见的超级结构其实是一个功能强大的设计，它负责将各个单词安放到适当的位置，且能够避免字串机带来的问题。该设计的核心要义是：这棵"树"是模块化的，就像电话插孔或者水管接头，诸如 NP 之类的符号就像一个

个连接插头或者某种形状的配件。根据这套设计，一个组件（短语）能够轻松地插入另一个组件（更大的短语）的任意部位。一旦某类短语被语法规则所定义，并由此获得了一个类似插头功能的符号，它就无须再被定义。这类短语可以插入任何一个与其匹配的插座。例如，在上文列举的简单语法规则中，符号"NP"既可以充当句子的主语（S → NP VP），也可以充当动词短语的宾语（VP → V NP），而在更具现实性的语法规则中，它也可以充当介词的宾语（near the boy），或者出现在领有短语之中（the boy's hat）。此外，它还可以充当间接宾语（give the boy a cookie），或者用于句子的其他部分。这种"即插即用"的设计安排解释了人们为什么能够在句子的多个不同部位使用相同的短语。例如：

[The happy happy boy] eats ice cream.
　　这个快快乐乐的男孩吃着冰激凌。

I like [the happy happy boy].
　　我喜欢这个快快乐乐的男孩。

I gave [the happy happy boy] a cookie.
　　我给了这个快快乐乐的男孩一块饼干。

[The happy happy boy]'s cat eats ice cream.
　　这个快快乐乐的男孩的猫吃着冰激凌。

我们完全没有必要在懂得了"名词前面（而非后面）加上形容词可以构成主语"之后，再去学习什么样的名词和形容词可以构成宾语、间接宾语或领有短语。

还须注意的是，这种短语和插槽之间随意耦合的特点使得语法具有了自治性，它并不在乎字句的意义是否符合常理。由此可以解释的是，我们为什么能够写出并欣赏那些虽然合乎语法，但不知所云的句子。我们的简单语法规则定义了各种诸如"colorless green"（无颜的绿色）之类的句子，例如："The happy happy candy likes the tall ice cream"（这颗快快乐乐的糖果喜欢这个高大的冰激凌），并可以用来传递一些具有新闻价值的信息，例如"The girl bites the dog"（这个女孩咬了狗）。

最为有趣的是，这种短语结构的树状分支可以为整个句子的记忆和设计提供一个总体架构，这使得我们能够轻松地处理"if …then""either …or"等嵌套式的长距离依存关系。你所需要的只是一个短语规则，这个规则中包含一个完全相同的短语类型，例如：

> S → either S or S
>> 一个句子可以由单词"either"加上一个句子，再加上单词"or"，再加上另一个句子构成。

> S → if S then S
>> 一个句子可以由单词"if"加上一个句子，再加上单词"then"，再加上另一个句子构成。

这些规则是在一个符号中嵌入一个与之相同的符号（此处是在一个句子中嵌入另一个句子）。这种巧妙的方法可以生成无穷无尽的结构，逻辑学家称之为"递归"（recursion）。句中的各个片段井然有序地组合在一起，就像由同一个节点生长出来的不同分支。这个节点将每一组对应的"either"与"or""if"与"then"连在一起，就像下面的三角形代表了许许多多的下层分支，如果充分展开的话，我们一定会被弄得晕头转向。

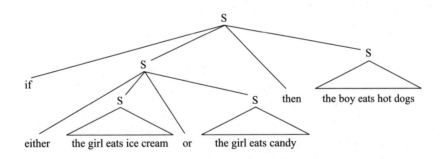

还有另一个理由让我们相信，每个句子都是由一棵"心理树"（mental tree）组合而成的。到目前为止，我一直都在谈论将单词串联成句子的语法规则，而无视它们的含义。但是，在将单词组成短语的过程中，我们也必须将句子的语法规则与具体含义联系起来，而这则属于心语的内容。我们知道上面这个句子说的是一个女孩（而不是男孩）在吃冰激凌，一个男孩（而不是女孩）在吃热狗。我们还知道，男孩吃什么样的零食取决于女孩所吃的零食，而不是反过来。我们之所以知道这一切，是因为"女孩"和"冰激凌"、"男孩"和"热狗"被分别置于各自的短语中，而句中两个提及"女孩"的分句也被放置于一个短语中。一台字串机只懂得从前到后地逐字拼凑句子，但短语结构语法却使得单词之间的树状关联反映出心语中各个观念之间的相互关系。对人类来说，要将大脑中相互关联的种种想法和盘托出，并将其编码为一串发乎声、表于言的语链，这不能不说是一个工程问题，而短语结构正是这一问题的解决之道。

要弄清这一隐性短语结构如何决定了句子的含义的问题，我们不妨回顾一下第 2 章的内容。我们在第 2 章中谈到了"语言"有别于"思想"的一个具体原因：一个特定的语句可以表达出两种截然不同的意思。比如在 "Child's Stool Is Great for Use in Garden" 这个例句中，"stool" 一词就有两个含义，并因此与心理词典中的两个条目形成对应关系。但有时，即便句子中的每个单词都只有一个含义，整个句子也可能表达出两种不同的意思，例如格劳乔·马克斯（Groucho Marx）在电影《疯狂的动物》（*Animal Crackers*）中的一句台词："I once shot an elephant in my pajamas. How he got into my pajamas I'll never know."（我曾在睡衣里射杀了一头大象，至于它是怎么跑到我睡衣里来的，我就不知道了。——此句也可以理解为：我曾射杀了一头穿着我睡衣的大象，至于他是怎么跑到我睡衣里来的，我就不知道了。）以下是从报纸上摘录的一些类似的歧义句：

> Yoko Ono will talk about her husband John Lennon who was killed in an interview with Barbara Walters.
>
> 　　小野洋子将在接受芭芭拉·沃尔特斯的采访时谈及遇刺身亡的丈夫约翰·列侬。——也可以理解为：小野洋子将谈及在接受芭芭拉·沃尔特斯的采访时遇刺身亡的丈夫约翰·列侬。
>
> Two cars were reported stolen by the Groveton police yesterday.
>
> 　　据格罗夫顿警方报告，昨天有两辆汽车被盗。——也可理解为：据报道，昨天有两辆汽车被格罗夫顿警方偷走。
>
> The license fee for altered dogs with a certificate will be $3 and for pets owned by senior citizens who have not been altered the fee will be $1.50.
>
> 　　老年人为已经去势的犬类办理许可证的费用为 3 美元，为尚未去势的宠物办理许可证的费用为 1.5 美元。——也可理解为：尚未去势的老年人为已经去势的犬类办理许可证的费用为 3 美元，为其他宠物办理许可证的费用为 1.5 美元。

Tonight's program discusses stress, exercise, nutrition, and sex with Celtic forward Scott Wedman, Dr. Ruth Westheimer, and Dick Cavett.

今晚的节目是与凯尔特人队前锋斯科特·威德曼、露丝·魏斯太摩博士和迪克·卡维特探讨压力、锻炼、营养以及性方面的问题。——也可以理解为：今晚的节目是探讨压力、锻炼、营养以及与凯尔特人队前锋斯科特·威德曼、露丝·魏斯太摩博士和狄克·卡维特做爱等问题。

We will sell gasoline to anyone in a glass container.

我们将用玻璃容器销售汽油。——也可以理解为：我们将把汽油卖给玻璃容器里的人。

For sale: Mixing bowl set designed to please a cook with round bottom for efficient beating.

出售搅拌碗，它拥有适合高速搅拌的圆形底部，这一设计令厨师爱不释手。——也可理解为：出售搅拌碗，它的设计令屁股浑圆、适合高速摆动的厨师爱不释手。

以上每个句子都有两种解释，它们分别源于句中单词所构成的不同树形图。以 "discuss sex with Dick Cavett"（与迪克·卡维特谈性）为例，作者在写下这一短语时，是按照左边的树形来组装文字的（PP 表示介词短语），性是讨论的对象，而且是与迪克·卡维特一起谈论的对象。

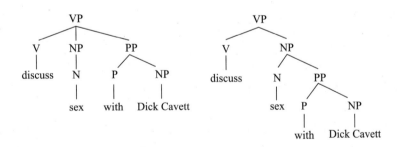

而另一种意思则源于右边的树形结构 "sex with Dick Cavett" 被视为一个单独的分支，因此，"与迪克·卡维特做爱" 成了讨论对象。

乔姆斯基的语言机制理论

毋庸置疑，短语结构是语言的构造材料，但是到目前为止，我只向你展现了一些花絮，在本章的余下部分，我将试图解释乔姆斯基有关语言机制的现代理论。乔姆斯基的书恰好可被归为马克·吐温所说的"经典著作"：人人都希望已经读过但没有人愿意去读。市面上充斥着大量探讨心智、语言和人性的畅销书，它们无不提及"乔姆斯基主张的为人类语言所共有的深层意义结构"（我们将看到，这种说法其实有两点错误），然而就我自己的阅读结果来看，它们的作者必定是将乔姆斯基近 25 年来的著作束之高阁了的，书脊完好无损，书页从未翻动。许多人都想一探心智之谜，但缺乏足够耐心去了解语言的工作机制。就像《卖花女》（*Pygmalion*）中的女主人公伊莉莎·杜利特尔（Eliza Doolittle）对亨利·希金斯（Henry Higgins）的抱怨："我也不想按文法讲话，我就想像花店里的太太们那样讲话。"

相对而言，非专业人士的反应就更为极端。在莎士比亚的《亨利六世》（*King Henry VI*）中，身为造反者的屠夫狄克说过一句著名台词："第一件该做的事，是把所有的律师都杀光。"不过，狄克的第二个建议则没那么有名：砍掉赛伊勋爵（Lord Say）的脑袋。为什么要这样做呢？叛民领袖杰克·凯德（Jack Cade）在起诉书中这样说道：

> 你存心不良，设立什么语法学校来腐蚀国内的青年。……你任用了许多人，让他们大谈什么名词呀、动词呀以及这一类的可恶字眼儿，这些都是任何基督徒的耳朵所不能忍受的。

然而，当乔姆斯基以下面这种方式来撰写他的学术文章时，谁又能责备人们的"语法恐惧症"呢？

> 综上所述，假设零层级范畴的语迹必须被恰当管辖，我们可以得出以下结论：1. 动词短语被时态性 α 标记；2. 因为词语范畴为 L 标记，故动词短语不被时态性 L 标记；3. α 管辖仅限于没有限定语的姐妹关系（35）；4. 只有 X^0 语链的终端可以用 α 标记或格标记；5. 中心项的移动形成一个论元链。6. 指示语和中心语的一致关系与语链涉及相同的索引；7. 语链同标统

摄扩展语链的诸个环节；8. 时态性没有临时同标现象；9. I-V 同标属于中心
项一致性形式；如果它仅限于体动词，那么这种形式的基础生成结构（174）
可被视为一种嫁接结构。10. 动词或许不能恰当管辖它的 α 标记的补足语。

这是很不幸的事情。人们（尤其是那些喜欢谈论心智本质的人）本应对人类
用以交流、思考的这套编码充满好奇，作为回报，语言学家的任务就是满足这种
好奇心。乔姆斯基的理论不应该被看成一套神秘的咒语，只有教派中人才懂得默
念吟诵。它是一组有关语言构造的发现，只要了解这一理论到底是用来解决哪种
问题的，我们就能豁然领悟它的内容。事实上，对语法理论的探究可以带来一种
智力上的乐趣，这在社会科学领域并不多见。当我在 20 世纪 60 年代后期进入高
中时，学生们往往根据"实用性"原则来选修课程，而拉丁语的受欢迎程度正在
直线下降（我必须承认，这不能不归咎于像我这样的学生），即便我的拉丁语老
师瑞利太太（Mrs. Rillie）用心良苦地举办各种纪念罗马帝国的生日派对，也未
能阻止这种兴趣的衰退。她试图说服我们，拉丁语语法具有精确性、逻辑性和一
致性等特点，能够锻炼我们的头脑（现在，这番话更有可能出自计算机编程课老
师之口）。瑞利太太说得不错，不过，拉丁语的词形变化规则并不是展现语法精
细本质的最佳例子。相比之下，普遍语法背后的理论见解显得更有趣味，这不仅
是因为它更为普遍、更为精细，还因为它涉及的是活生生的头脑，而非一种已经
死去的语言。

现在让我们先从名词和动词开始。你的语法老师也许曾经让你背诵过有关词
性与词义的对应法则：

> 名词是事物的名称：例如学校、花园、铁环或者秋千。
> 动词是对动作的描述：例如阅读、数数、唱歌、大笑、跳跃或者奔跑。

但从许多方面来看，这种定义并不完全正确。的确，大多数人物、地点和物
体的名称都是名词，但名词却不一定就是人物、地点或物体的名称，名词有各式
各样的含义：

> the *destruction* of the city [an action]
> 城市的毁灭（动作）

the *way* to San Jose [a path]

　　通向圣何塞的道路（路径）

whiteness moves downward [a quality]

　　白色直流而下（性质）

three *miles* along the path [a measurement in space]

　　沿途三英里（空间单位）

It takes three *hours* to solve the problem. [a measurement in time]

　　解决这个问题需要三个小时。（时间单位）

Tell me the *answer*. [a question]

　　告诉我答案。（问题）

She is a *fool*. [a category or kind]

　　她是个傻瓜。（类别或类型）

a meeting [an event]

　　一次会议（事件）

the *square root* of minus two [an abstract concept]

　　–2 的平方根（抽象概念）

He finally kicked *the bucket*. [no meaning at all]

　　他终于翘辫子了。（无实义）

　　同样，虽然描述动作的词语大都属于动词，例如数数、跳跃等，但动词也可以表示其他意思，比如心理状态（"知道""喜欢"）、归属问题（"拥有""所有"），以及概念之间的抽象关系（"歪曲""证明"）。

　　反过来说，一个单独的概念可以表现出不同的词性，例如"being interested"（对……有兴趣）这个概念：

her *interest* in fungi [noun]

　　她对真菌的兴趣（名词）

Fungi are starting to *interest* her more and more. [verb]

　　真菌让她越来越感兴趣。（动词）

She seems interested in fungi. Fungi seem *interesting* to her. [adjective]

　　真菌是她的兴趣所在，她似乎觉得真菌非常有趣。（形容词）

Interestingly, the fungi grew an inch in an hour. [adverb]

　　有趣的是，这种真菌每小时生长一英寸。（副词）

由此可见，词性与词义类别无关，它只是一套服从固定规则的标记，就像国际象棋的棋子或者牌场上的筹码。举例而言，所谓的名词，就是具有名词词性的词：它位于冠词之后，并可以在词尾添加"-s"等。虽然单词的概念和词性之间存在某种关联，但这种关联十分微妙，也十分抽象。在理解世界的过程中，我们会归纳出这样一类概念：它们可以被识别、计算和测量，或者在某个事件中扮演某种角色。语言让我们用"名词"来代称这类概念，无论它是不是一个物质实体。例如，当我们说"我有3个离开的理由"时，我们是在给"理由"计数，就好像它们是某种东西（当然，我们并不会真的认为可以将"理由"搁在桌上，或把它踢进房间）。同样，在理解世界的过程中，我们也会归纳出另一类概念：它们表示某个事件或者状态，其中涉及多个相互影响的参与者。语言让我们用"动词"来代称这类概念。例如，当我们说"此种情况证明了采取严厉措施的必要性"时，这似乎意味着"证明"一事是出于"情况"之手，尽管我们知道这个"证明"并不是发生于某个特定时间、地点的具体事件。名词通常表示事物的名称，动词通常用于对动作的描述，但人类的头脑会通过多种方式来诠释现实世界，因此名词和动词也就不局限于这些用途了。

那么，将单词组合成树形分支的短语又是怎样的呢？现代语言学的一个最有趣的发现是：世界上所有的语言似乎都拥有相同的构造。

不妨以英语的名词短语为例。首先，名词短语中必须包含某个特定的名词，这是它被称作名词短语的原因所在，而且，这个名词决定了它的大部分属性。例如，名词短语"the cat in the hat"（帽子里的猫）说的是一只猫，而不是一顶帽子，"cat"（猫）的词义是整个短语的核心意义。同样，"fox in socks"（袜子里的狐狸）说的是一只狐狸，而不是一双袜子，而且由于"fox"（狐狸）一词是单数形式，因此整个短语也是单数形式，因此我们可以说"the fox in socks is/was here"而不能说"the fox in socks are/were here"。这个特定的名词被称为短语的"中心语"（head），这个单词所传达的信息位于树形结构的最高节点，它居高临下，规定了整个短语的性质特征。同样，动词短语"flying to Rio before the police catch him"（赶在被警察抓获之前飞往里约热内卢）的重点是"flying"（飞往），而不是"catch"（抓获），因此动词"flying"是中心语。就此，我们得出了通过词义来建构短语意义的第一条原则：短语的意义取决于中心语的意义。

　　其次，短语意义的建构还拥有第二条原则，它使得短语不但可以指涉世界上某个单一事物或者行为，还可以描述一组参与对象之间的特定关系及其所扮演的具体角色。以 "Sergey gave the documents to the spy"（谢尔盖将文件交给了间谍）为例，这个句子不仅仅强调了 "giving"（交给）这个动作，它包含了三个实体："Sergey"（谢尔盖－交付者）、documents（文件－交付的物品）和 spy（间谍－接收者）。这些 "扮演角色"（role-players）通常被称为 "arguments"，不过它不是 "争论" 的意思，而是 "论元"，这个术语出自逻辑学和数学，代指一组关系中的参与对象。名词短语也可以给它的参与对象分派角色，例如 "picture of John"（约翰的照片）、"governor of California"（加利福尼亚州州长）以及 "sex with Dick Cavett"（和迪克·卡维特做爱），每个短语都定义了一个角色。中心语和它的扮演角色（即主体角色之外的角色）构成了一个次级短语（subphrase），它比名词短语和动词短语要小，而且有着非常别扭的名称："N－杠"（N-bar）和 "V－杠"（V-bar），因为它们的写法分别是 "N̄" 和 "V̄"，而这也正是人们对生成语言学敬而远之的原因之一。

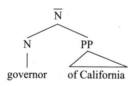

　　构成短语的第三种成分是一个或多个修饰语（modifier/adjunct）。修饰语和 "扮演角色" 并不是一回事。例如，"a man from Illinois"（来自伊利诺伊州的人）和 "a governor of California"（加利福尼亚州州长）表现的就是两种不同的关系。要成为一个州长，你必须要有一个州来管理，因此，"加利福尼亚州" 扮演了一个重要角色，它让这个州长有了管理的地盘，成为名副其实的州长。相比之下，"from Illinois"（来自伊利诺伊州）承载的信息却没有这么重要，它只是帮助我们更加明确自己谈论的对象。事实上，无论这个人来自哪个州，都不会影响他作为人的固有属性。扮演角色和修饰语（用术语来说，即论元和修饰语）之间的这种区别决定了树形图的几何形状。扮演角色涵盖于 N- 杠之内，与中心名词并列，而修饰语则更高一级，不过仍居于 NP 之下：

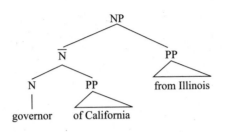

　　短语结构树形图的这种构式并非只是一种符号游戏，它是针对我们大脑所设立的语言规则的一种假设，正是这套规则掌管着我们的语言表达。根据它的指令，如果一个短语同时包含一个扮演角色和一个修饰语，扮演角色必须比修饰语更接近中心语，修饰语绝不可以插入中心语和"扮演角色"之间，这是违反规则的做法，除非出现某种交叉分支（即在"N- 杠"之下插入一些无关的单词）。以里根总统的生平为例：他曾经做过加州州长，但他出生于伊利诺伊州的坦皮科（Tampico）。在任职期间，人们可能会把他称为 "the governor of California from Illinois"（先是扮演角色，然后是修饰语），但如果把他称为 "the governor from Illinois of California"，听起来就会十分古怪。更能说明问题的一个例子是，在 1964 年，罗伯特·肯尼迪（Robert F. Kennedy）决心竞选参议院席位，但马萨诸塞州的两个席位都已为人所占（其中一个是他的弟弟爱德华·肯尼迪），因此他干脆迁居纽约，去争取纽约的席位，结果他很快就成为 "the senator from New York from Massachusetts"，而不是 "the senator from Massachusetts from New York"。不过，马萨诸塞州的民众曾经开玩笑说，他们州是唯一一个拥有三个参议院席位的州。

　　有趣的是，适用于 N- 杠的这些原则也同样适用于 V- 杠和动词短语。以 "Sergey gave those documents to the spy in a hotel"（谢尔盖在一家酒店里将文件交给了间谍）为例，句中的短语 "to the spy" 是动词 "give" 的一个"扮演角色"，因为 "give" 这个动作背后一定存在着某个接收者。因此，"to the spy" 与中心语 "give"

相连，共同构成一个 V- 杠。相对而言，"in a hotel" 属于修饰语，它是对核心事实的补充说明，是无关紧要的添加成分，因而被排除于 V- 杠之外。因此，这个短语具有某种先天固有的顺序安排：我们可以说 "gave the documents to the spy in a hotel"，而不能说 "gave in a hotel the documents to the spy"。不过，当中心语只伴有一个短语时，这个短语可以是"扮演角色"（位于 V- 杠之内），也可以是修饰语（位于 V- 杠之外，但居于 VP 之内），而且词语的顺序也相同。例如下面这则新闻报道：

> One witness told the commissioners that she had seen sexual intercourse taking place between two parked cars in front of her house.
>
> 　一名目击者告诉地方长官，她看到有人在她房前停着的两辆汽车之间做爱。——也可以理解为：一名目击者告诉地方长官，她看到有两辆停着的汽车在她房前做爱。

这位愤愤不平的妇人是将 "between two parked cars" 当作修饰语来用，但喜欢恶搞的读者却可以把它解读为"扮演角色"。

短语中的第四种也是最后一个成分，是为主语保留的一个特殊位置，语言学家将其称为"指示语"（SPEC，即 "specifier" 的缩写，读作 "speck"，至于为何如此，就不要追问了）。主语是一个特殊的"扮演角色"，它通常是短语中的施事者（当然，并非所有短语都有主语）。例如在动词短语 "the guitarists destroy the hotel room"（吉他手破坏了酒店的房间）中，"guitarists"（吉他手）就是主语，它是"酒店房间被破坏"一事的施事者。事实上，名词短语也可以拥有主语，例如相应的名词短语 "the guitarists' destruction of the hotel room"（吉他手对酒店房间的破坏）。以下是这两个短语的完整树形图：

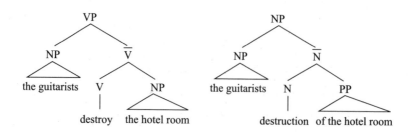

你想必已经注意到，名词短语和动词短语存在许多共同点：（1）一个中心语，它决定了短语的名称和主要意思；（2）一些扮演角色，它与中心语一道，共同组成一个次级短语（N-杠或者V-杠）；（3）修饰语，它处于N-杠或者V-杠之外；（4）一个主语。无论是名词短语还是动词短语，它们内部的排列顺序都是一样的：一个名词总是位于它的"扮演角色"之前（如"the destruction of the hotel room"而非"the of the hotel room destruction"），一个动词也总是位于它的"扮演角色"之前（如"to destroy the hotel room"而非"to the hotel room destroy"），而修饰语则位于它们右侧，主语位于它们左侧。由此看来，这两种短语似乎有着相同的设计标准。

事实上，这种设计几乎无处不在。以介词短语"in the hotel"（在酒店里）为例，它的中心语是介词"in"，表示"范围之内"的意思，后面紧跟着一个"扮演角色"，点明究竟是哪个事物的"范围之内"，这里指的是一家酒店。形容词短语"in afraid of the wolf"（害怕狼）也是一样，形容词"afraid"（害怕）是中心语，它的后面跟着"扮演角色"，即害怕的对象。

有了这套通用设计，我们就没有必要撰写一长串规则来描述人们头脑中的语言机制了。我们或许只需要两个超级规则，就可以涵盖所有的语言结构。在这两个规则中，名词、动词、介词和形容词的区别被打破，统一用变量"X"来表示。由于短语的属性取决于它的中心语（"一个高大的人"说的就是某种类型的人），因此专门将中心语为名词的短语称作"名词短语"就显得过于繁琐，我们完全可以用"X短语"来代称，因为中心名词的名词性和它所包含的其他所有信息一样，都会上行至树形图的顶端，居高临下地决定整个短语的属性。以下就是这两个超级规则的表达式（和之前一样，请重点关注规则之下的解释文字，而非规则本身）：

XP → （SPEC）$\overline{X}$YP*
　　一个短语由一个可有可无的主语，加上一个 X-杠，再加上任意
　　数目的修饰语构成。

$\overline{X}$ → X ZP*
　　一个 X-杠由一个中心语，加上任意数目的扮演角色构成。

　　只要将名词、动词、形容词或介词代入 X、Y 和 Z，你就获得了各类短语的实际结构规则，这种高度精简的短语结构模式被称为"X－杠理论"。

　　这种极具普遍性的短语构式甚至可以推广到其他语言。在英语中，短语中心语位于它的"扮演角色"之前。然而，世界上有不少语言却是颠倒过来的，不过这种颠倒是一种全盘颠倒，即所有类型的短语都一律如此。例如在日语中，动词位于它的宾语之后，而非之前，他们说"Kenji sushi ate"（健治寿司吃），而非"Kenji ate sushi"（健治吃寿司）。同样，日语的介词也位于它的名词短语之后，例如"Kenji to"而非"to Kenji"，因此这些介词实际上被称为"后置词"（postposition）。日语中的形容词也位于其补足语之后，例如"Kenji than taller"（健治比……更高）而非"taller than Kenji"（比健治更高）。日语甚至连疑问助词也是倒过来的，他们说"Kenji eat did?"，而非"Did Kenji eat?"。日语和英语看起来仿佛一个在镜子里，一个在镜子外，二者正好相反。这种一致性现象在许多语言中都有表现：如果某种语言的动词位于宾语之前，比如说英语，那么它拥有的必定是前置词；如果某种语言的动词位于宾语之后，比如说日语，那么它拥有的必定是后置词。

　　这是一个意义非凡的发现。它表明：超级规则不仅适用于英语中的所有短语，而且适用于所有语言中的所有短语，我们需要做的就是一个修订：去掉两个超级规则中"从左到右"的词序要求，这样一来，树形图就具备了变形功能。其中一条规则如下：

$$\overline{X} \rightarrow \{ZP^*, X\}$$
　　　一个 X－杠由一个中心语 X 和任意数目的扮演角色构成，二者顺序不限。

　　要得出英语的规则，我们只需附加一个条件：X－杠的词序是"中心语在前"。而日语的附加条件就是"中心语在后"。同样，另一个超级规则（即涉及短语结构的规则）也可以去掉"从左到右"的词序限制，并通过添加"X－杠在前"或者"X－杠在后"的附加条件，来反映某个特定语言的特定词序。这种将不同语言区分开来的条件叫作"参数"（parameter）。

事实上，超级规则已经不像是某个特定短语的设计图了，而更像一个对短语的一般样式进行规定的通用标准或原则。不过，只有将特定的词序参数设置结合起来，这个规则才具有实际效用。这一概括性的语法概念由乔姆斯基首次提出，名为"原则-参数理论"（principles and parameters theory）。

乔姆斯基认为，这种与词序无关的超级规则（即"原则"）是普遍存在的，而且是与生俱来的。当儿童学习某种特定语言时，他们不必掌握一长串规则，因为他们天生就懂得超级规则。他们唯一要学的是特定语言的参数值：是像英语那样"中心语在前"，还是像日语那样"中心语在后"。他们只需留意自己的父母在说话时是将动词放在宾语之前还是之后就可以了。如果谓语在宾语之前，比如说"Eat your spinach！"（吃你的菠菜！），孩子就能明白这是一种"中心语在前"的语言；如果宾语在谓语前，比如说"Your spinach eat！"（你的菠菜吃！），孩子就知道这是"中心语在后"的语言。突然之间，孩子就能掌握大量的语法规则，仿佛打开了某个拥有两种选项的语法开关。如果这一语言习得理论符合事实，它就可以解开一个困扰着语言学家的谜团：为什么儿童的语法水平能够在极短的时间内获得爆炸式发展，达到成人一样的精密水平。他们并不需要掌握几十、几百种规则，而只需按动几个心智开关即可。

都是动词惹的祸

短语结构的原则和参数只规定了短语的构造成分和排列顺序，它们无法拼出任何一个特定的短语。如果不加约束，它们就会"胡作非为"，捅出五花八门的娄子。例如下面这些句子都符合短语结构原则或者超级规则，但其中带有星号的句子都是病句。

> Melvin dined.（梅尔文用了餐。）
> *Melvin dined the pizza.
> Melvin devoured the pizza.（梅尔文吃光了比萨。）
> *Melvin devoured.
> Melvin put the car in the garage.（梅尔文把车停在车库。）

　　*Melvin put.

　　*Melvin put the car.

　　*Melvin put in the garage.

　　Sheila alleged that Bill is a liar.（希拉断言比尔是个骗子。）

　　*Sheila alleged the claim.

　　* Sheila alleged.

　　从这些句子中可以明显看出是动词的错。有些动词，比如"dine"，是不能与充当直接宾语的名词短语一同出现的；而其他动词，比如"devour"，则必须带有直接宾语，虽然"dine"和"devour"的意思非常接近，但这一点却泾渭分明、不容混淆。你可能会隐约记起语法课上的内容："dine"之类的动词叫作"不及物"（intransitive）动词，"devour"之类的动词叫作"及物"（transitive）动词。不过，动词的"脾气"千奇百怪，并不仅限于这两种。例如动词"put"不仅需要一个名词短语充当宾语（"the car"），还需要一个介词短语（"in the garage"）来与它搭配。动词"allege"则必须后跟从句（"that Bill is a liar"），此外别无他求。

　　由此可见，在短语中，动词是个"小独裁者"，它决定了超级规则所提供的哪些插槽可以插入。这些要求被保存于心理词典的动词词条之中，内容大体如下：

　　dine:

　　　　动词

　　　　意思：在某种优雅的环境中进食

　　　　进食者＝主语

　　devour:

　　　　动词

　　　　意思：贪婪地吃某种东西

　　　　进食者＝主语

　　　　被吃的东西＝宾语

　　put:

　　　　动词

　　　　意思：将某物放置某处

　　放置者＝主语

　　所放之物＝宾语

　　放置之处＝介词宾语

allege：

　　动词

　　意思：没有证据地宣称

　　宣称者＝主语

　　宣称的内容＝从句

　　以上词条列出了每个动词在心语中的定义，揭示出它们所表征的具体事件，然后列举了各个参与者在该事件中所扮演的角色。这些词条预示了每个参与者应该以何种方式出现于句子之中——例如充当主语、宾语、介词宾语还是从句，等等。一个句子如果要合乎语法，首先必须满足动词的要求。"Melvin devoured"之所以显得不伦不类，是因为"devour"一词必须紧跟"被吃的东西"，但这个角色却出现了空缺。"Melvin dined the pizza"之所以是个病句，是因为"dine"之后不能出现诸如"比萨"之类的任何宾语。

　　由于动词有权力决定句子的表意方式，告诉人们到底是"谁对谁做了些什么"，因此如果不核实动词的话，我们就无法编排句子中的各个角色。所以，当你的语法老师告诉你句子的主语是"动作的实施者"时，他其实犯了一个错误。的确，句子的主语常常是动作的实施者，但这必须得到动词的允许。事实上，动词也可以给主语分派其他角色：

The big bad wolf *frightened* the three little pigs.

　　大坏狼吓坏了三只小猪。（主语是恐吓的实施者）

The three little pigs *feared* the big bad wolf.

　　三只小猪害怕大坏狼。（主语是被恐吓的对象）

My true love *gave* me a partridge in a pear tree.

　　我的真爱送给我一只站在梨树上的鹧鸪鸟。（主语是赠予的实施者）

I *received* a partridge in a pear tree from my true love.

　　我从真爱那里收到了一只站在梨树上的鹧鸪鸟。（主语是赠予的对象）

Dr. Nussbaum *performed* plastic surgery.

　　努斯鲍姆医生做了整形手术。（主语是手术的实施者）

Cheryl *underwent* plastic surgery.

　　谢丽尔接受了整形手术。（主语是接受手术的对象）

　　事实上，许多动词都拥有两个截然不同的词条，每个词条所配置的角色也互不相同。这种现象很容易导致一些常见的歧义问题，例如那个经典的老笑话：

"Call me a taxi."

　　"替我叫辆出租车。"——又可理解为：叫我出租车吧。

"OK, you're a taxi."

　　"好的，你是出租车。"

　　在哈勒姆花式篮球队（Harlem Globetrotters）的一场常规赛中，当裁判员要求梅德拉卡·雷蒙（Meadowlark Lemon）投篮（shoot the ball）时，雷蒙用手指瞄准篮球，喊了一声："砰！"（shoot the ball 又有"向球射击"的意思。）喜剧演员迪克·格里高利（Dick Gregory）也说过一件趣事；他曾经光顾过密西西比州的一家快餐店，那时还处于种族隔离时期，服务员对他说："我们不为有色人种服务"。（We don't serve colored people.）结果他回答道："好的，我不吃有色人种，我要一份鸡肉。"（"serve"既有"服务"的意思，也有"供应"的意思。）

主语、宾语都要贴上相应的标签

　　因此，我们到底是如何分清"人咬狗"和"狗咬人"的呢？根据心理词典中有关"咬"的词条："咬人者是主语，被咬者是宾语。"但是，我们是如何在树形图上找到主语和宾语的呢？语法给名词短语贴上了各种小标签，用以与动词词条所分派的角色进行匹配。这些标签被称作"格"（case）。在许多语言中，格以名词前缀或后缀的形式出现。例如在拉丁语中，"人"和"狗"的名词分别是"homo"和"canis"，它们的词尾会依据"谁咬谁"而发生变化：

Canis hominem mordet.

　　狗咬人。——不是新闻

Homo canem mordet.

人咬狗。——是新闻

看了上面两句话，恺撒大帝就能清楚地知道到底是谁咬了谁，因为"被咬者"的词尾多了一个后缀"-em"。而且，即便这两个名词的顺序颠倒过来，他依然能分清"咬者"和"被咬者"。在拉丁语中，"Hominem canis mordet"与"Canis hominem mordet"同义，"Canem homo mordet"与"Homo canem mordet"也是同义。由于格标记的使用，动词词条就不必劳神费力地标明每个"扮演角色"在句中的具体位置了。例如，一个动词只需表明"实施者是主语"就行了，至于这个主语到底位于句中哪个位置，这就是其他语法规则的事情了，反正得出的都是相同的句意。事实上，在一些所谓的"置乱性"（scrambling）语言中，格标记得到了更为广泛的运用，无论是短语中的冠词、形容词还是名词，都被加上了特定的格标记，因此说话者可以随意打乱短语的词序，将它们置于句中的任何部位（例如将形容词置于句末以示强调），而听者则可以在头脑中将它们组装起来。这一规则被称为"一致关系"（agreement）或者"协同关系"（concord），它是短语结构之外的第二个解决方案，能够将各种错综复杂的想法编码为一串串连续不断的语链。

几个世纪以前，英语和拉丁语一样，拥有充当显性格标记的后缀，但这些后缀都逐渐消失了，只在人称代词方面保留了一些显性的格，例如扮演主语角色的"I""he""she""we""they"，扮演领属角色的"my""his""her""our""their"，以及扮演其余角色的"me""him""her""us""them"。"who"与"whom"的区别本来也属于此类，但二者的界限正在逐渐消失，在当今美国，只有那些咬文嚼字的作家和谨小慎微的说话者才会一如既往地使用"whom"。不过有趣的是，因为我们都知道说"He saw us"，而绝不会说"Him saw we"，所以"格"这种句法想必依然存在于英语之中。虽然从表面上看，名词并不会因其扮演的角色而出现外形的改变，但它们都被赋予了无形的格。当爱丽丝看见一只老鼠在她的泪池中游泳时，她忽然意识到：

"Would it be of any use, now," thought Alice, "to speak to this mouse? Everything is so out-of-the-way down here, that I should think very likely it can talk: at any rate, there's no harm in trying." So she began. "O Mouse, do you know the way out of this pool? I am very tired of swimming about here, O Mouse!" (Alice thought this must be the right way of speaking to a mouse: she had never done such a thing before, but she remembered having seen, in her brother's Latin Grammar, "A Mouse—of a mouse—to a mouse— a mouse—O mouse!")

"它来有什么用处呢？"爱丽丝想，"同一只老鼠讲话吗？这井底下的事情都是那么奇怪，也许它会说话的，不管怎样，试试也没害处。"于是，爱丽丝就说，"喂，老鼠！你知道从池塘里出去的路吗？我已经游得很累了。喂，老鼠！"（爱丽丝认为这是同老鼠谈话的方式，以前，她没有做过这种事，可她记得哥哥的《拉丁文语法》中有："一只老鼠……一只老鼠……喂，老鼠！"）

英语使用者通过检视与名词毗邻的单词来标记名词短语的格，这个单词通常是动词或者介词（不过在爱丽丝呼叫那只老鼠的时候，她使用了古英语中的呼格标记"O"）。他们正是使用这些标记，将名词短语和动词所分派的角色匹配起来的。

名词短语必须被贴上格的标签，这一要求解释了有些句子即便符合超级规则，也令人无法卒读的原因。举例而言，直接宾语的角色必须紧跟在动词之后，位于其他任何角色之前：人们可以说 "Tell Mary that John is coming"（告诉玛丽约翰来了），而不能说 "Tell that John is coming Mary"（告诉约翰来了玛丽），个中原因是，"Mary"（玛丽）这个名词短语不能毫无标签地任意漂浮，而必须以格标记，即紧跟动词之后。奇怪的是，虽然动词和介词可以为其毗邻的名词短语标格，名词和形容词却没有这个功能，例如 "governor California" "afraid the wolf" 这两个短语虽然语意可解，却不合语法。英语要求在名词之前加上一个毫无意义的介词 "of"，如 "governor of California" 和 "afraid of the wolf"，这样不为别的，只是为了给它贴上格的标签。我们说出的句子受到动词和介词短语的严格控制，各个短语不能随意"定居"，它们有着明确的"工作职守"，而且无论何时都必须"持证上岗"。因此，我们不会说出 "Last night I slept bad dreams a hangover snoring no pajamas sheets were wrinkled"（昨晚我睡觉噩梦宿醉打鼾没有睡衣床单被子打皱）这样的句子，即便听者可以猜出它的大致含义。这是人类语言区别于皮钦语和黑猩猩交流手势的主要区别，在后两种语言或手势中，单词的排列次序完全是随意的。

功能词是"组装"句子的重要构件

那么，最重要的短语——句子，又是怎样的情形呢？如果说名词短语是以名词为中心的短语，动词短语是以动词为中心的短语，那么句子的中心是什么呢？

评论家玛丽·麦卡锡（Mary McCarthy）曾经这样抨击她的对手莉莲·海尔曼（Lillian Hellman）："她写的每一个字都是谎言，包括'and'和'the'。"这句话之所以带有侮辱性质，是因为句子才是可供判断真伪的最小单位，仅仅一个单词是无所谓真伪对错的（麦卡锡也正是借此表明，海尔曼的欺骗性超出了人们的想象）。一个句子所表达的意思，显然并非仅仅表现于它的名词和动词之中，而是涵盖了整个排列结构，并将其转化为一个或真或伪的命题。例如一个表现乐观想法的句子："The Red Sox will win the World Series"（红袜队将赢得职业棒球大赛），其中的单词"will"既不是单指"红袜队"，也不是单指"职业棒球大赛"或者"赢得"，它指的是"红袜队赢得职业棒球大赛"这一整体概念。这个概念没有时间上的限定，因此它并不可靠。它既可以指代过去的辉煌，也可以表示对未来的假设，甚至仅仅是陈述一件逻辑上有可能但实际却永远不会发生的事。但单词"will"为这个概念定下了时间坐标，将事实发生的时间定位于句子说出之后。因此，如果我说"The Red Sox will win the World Series"，我的结论也许对，也许错，不过就实际战绩而言，错的可能性更大一些。

"will"是一个典型的助动词，它用来表示与说话者所述命题的真实性有关的意义层面，这类层面还包括否定（如"won't"和"doesn't"）、必要性（如"must"）和可能性（如"might"和"can"）。助动词一般出现在树形图的外围，这反映出它们是对句子其余部分的整体判断。助动词是句子的中心语，就像名词是名词短语的中心语一样。由于助动词又被称为"INFL"（"inflection"的缩写），因此我们可以将句子称为 IP（即助动词短语）。它的主语位置是为整个句子的主语而设的，这表明，一个句子其实就是一个论断，即句子的谓语（即动词短语）符合对句子主语的描述。以下是句子树形图的大致结构，它依据的是乔姆斯基的最新理论：

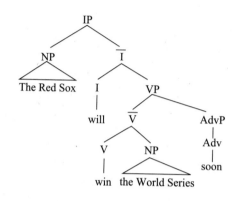

助动词属于典型的"功能词"（function word），它是一种与名词、动词、形容词等"实词"不同的词类。功能词包括冠词（"the""a""some"）、代词（"he""she"）、领属标记"'s"、无义介词"of"、用以引入补足成分的"to"和"that"，以及"and""or"等连词。功能词是一些小型的语法构件，用以将更大的短语装配成合适的名词短语、动词短语和形容词短语，从而为句子的建构提供材料。因此，心智对待功能词的态度与实词不同。人们不断地往自己的语言中添加新的实词，例如名词"fax"（传真机）以及动词"snarf"（窃取计算机文件），但功能词却壁垒森严，它们并不欢迎新的成员。这就是为什么想在英语中添加一个性别中立的代词"hesh"或"thon"的努力都以失败告终的原因。记得我在前面说过，由于大脑语言区域的损害，有些患者无法正确使用功能词"or"或"be"，却可以自如地运用实词"oar"和"bee"。在"一字千金"的情况下，例如撰写电报或新闻标题，作者常常将功能词省去，期待读者能够根据实词的顺序自行填补。但是，由于功能词是句子短语结构最为可靠的线索，因此电报式语言不可避免地沦为一场猜谜游戏。曾经有位记者向加里·格兰特（Cary Grant）发了这样一封电报："How old Cary Grant?"（加里·格兰特多少岁？——又可理解为：老加里·格兰特过得怎么样？）格兰特的答复是："Old Cary Grant fine."（老加里·格兰特很好。）以下新闻标题出自《警方救护被狗咬伤的受害者》（*Squad Helps Dog*

Bite Victim）一书，它由《哥伦比亚新闻评论》（*Columbia Journalism Review*）的编辑收集而成。

New Housing for Elderly Not Yet Dead

新建老年住宅的提议尚未失效。——又可理解为：为仍健在的老人提供的新居。

New Missouri U. Chancellor Expects Little Sex

密苏里州州立大学新校长希望杜绝校园性行为。——又可理解为：密苏里州州立大学新校长希望孩子们发生少许性行为。

12 on Their Way to Cruise Among Dead in Plane Crash

12 人在旅游途中遭遇空难身亡。——又可理解为：12 人准备去空难死者中间旅游。

N.J. Judge to Rule on Nude Beach

新泽西州法官对裸体海滩作出裁决。——又可理解为：新泽西州法官在裸体海滩上做出裁决。

Chou Remains Cremated

周的遗体已经火化。——又可理解为：周仍然处于火化之中。

Chinese Apeman Dated

中国猿人的年代已经确定。——又可理解为：中国猿人进行约会。

Hershey Bars Protest

赫尔希禁止抗议。——又可理解为：好时牌巧克力棒提出抗议。

Reagan Wins on Budget, But More Lies Ahead

里根赢得预算，但将来的预算会越来越多。——又可理解为：里根赢得预算，但将会面对更多的谎言。

Deer Kill 130 000

杀死 13 万只鹿。——又可理解为：鹿杀死了 13 万人。

Complaints About NBA Referees Growing Ugly

人们对 NBA 裁判的抱怨越来越难听。——又可理解为：人们抱怨 NBA 裁判越来越丑。

功能词的运用也反映出各种语言之间在语法上的一些差别。虽然所有语言都拥有功能词，但它们的属性却各不相同，因而对相关语言的结构特征产生了重大影响。我们前面提到过一个例子：拉丁语中的显格和一致性标记使得名词短语的位置可以随意调换，而英语中的无形之格则迫使名词短语各安其位，不可妄动。功能词决定了一门语言的语法外观与风格。就像下面的文字，它们没有一个实词，全由功能词构成：

DER JAMMERWOCH

Es brillig war. Die schlichte Toven

Wirrten und wimmelten in Waben.

LE JASEROQUE

Il brilgue: les tôves lubricilleux

Se gyrent en vrillant dans la guave.[①]

我们还可以从一些趣味文章中领略功能词的影响，它们由一种语言的功能词和另一种语言的实词构成。例如下面这段用"伪"德文写成的告示，它过去常常被张贴于英语国家大学的计算机中心：

ACHTUNG! ALLES LOOKENSPEEPERS!

Das computermachine ist nicht fuer gefingerpoken und mittengrabben. Ist easy schnappen der springenwerk, blowenfusen und poppencorken mit spitzensparken. Ist nicht fuer gewerken bei das dumpkopfen. Das rubbernecken sightseeren keepen **das** cottenpickenen hans in das pockets muss; relaxen und watchen das blinkenlichten.

为公平起见，德国的计算机操作员也如法炮制，将这段文字翻译成了"伪"英文，并把它贴了出来：

ATTENTION

This room is fulfilled mit special electronische equippment. Fingergrabbing and pressing the cnoeppkes from the computers is allowed for die experts only! So all the "lefthanders" stay away and do not disturben the brainstorming von here working intelligencies. Otherwise you will be out thrown and kicked andeswhere! Also: please keep still and only watchen astaunished the blinkenlights.

---

① 这两段文字分别为《蛟龙杰伯沃基就诛记》中的德译、法译诗句，英语原文为："'Twas brillig, and the slithy toves. Did gyre and gimble in the wabe. All mimsy were the borogoves.And the mome raths outgrabe." 参见本章前文所引。——译者注

任何一个见识稍广的人都知道，乔姆斯基在其学术生涯中的一大贡献是提出了"深层结构"（deep structure）的概念，以及一组能将深层结构映射为"表层结构"（surface structure）的"转换规则"（transformation）。在行为主义盛行的20世纪60年代，乔姆斯基的这些术语一石激起千层浪，深层结构一词逐渐被用来指代任何一种含而不露、深奥难测的对象，或者具有普遍、深远意义的事物。没过多久，学界就开始热烈地讨论视觉感知、故事、神话、诗歌、绘画、音乐作品的深层结构。然而，我不得不透露一个颇为煞风景的事实：深层结构只是语法理论中一个平淡无奇的工具，它既不代表句子的意义，也并非为人类语言所共有。虽然普遍语法和抽象的短语结构似乎是语法理论的永恒特征，但许多语言学家都认为深层结构并非不可或缺，就连乔姆斯基本人在他的最新著作中也发表了类似看法。为防止人们对"deep"（深层）一词产生过多联想，如今的语言学家通常将其称之为"d-结构"，它实际上是一个很简单的概念。

根据前文所述，如果要构造一个正确的句子，首先必须满足动词的需要：动词词条中所列举的所有角色必须按部就班地出现在指定位置。但在许多句子中，动词的需求似乎并没有得到满足。例如，动词"put"需要一个主语、一个宾语和一个介词短语。无论是"He put the car"还是"He put in the garage"，听起来都不完整。那么，我们又该如何解释下面这些合乎语法的句子呢？

> The car was put in the garage.
> 　汽车被停在车库里。
>
> What did he put in the garage?
> 　他把什么停在了车库里？
>
> Where did he put the car?
> 　他把汽车停在了哪里？

在第一句中，即便缺少宾语，动词"put"也没有问题，这似乎与它的属性不符。而且，此时的它绝不能携带宾语，像"The car was put the Toyota in the garage"这样的句子显然贻笑大方。在第二句中，"put"一词也同样缺少宾语。在第三句中，"put"缺少必备的介词短语。这是否意味着我们应该为"put"一词增加新的条目，以便它可以在没有宾语或介词短语的情况下出现呢？显然不是，否则像"He put the car""He put in the garage"这样的句子就会大行其道。

　　其实从某种意义上说，那些必需的短语实际上是存在的，只不过它们并没有出现在预期的位置。第一个句子是被动结构，扮演"所放之物"角色的名词短语"the car"并没有按照惯例充当宾语，而是出现在了主语的位置。第二个句子是特殊疑问句（即由"who""what""where""when"和"why"领起的问句），"所放之物"的角色由"what"一词充当，出现在句首。在第三句中，"放置之处"的角色也出现在句首，而非像通常那样跟在宾语之后。

　　我们可以用一套简单的理论来解释上述所有状况：每个句子都拥有两种短语结构。到目前为止，我们所讨论的结构都是深层结构，它是由超级规则所规定的结构。深层结构是心理词典与短语结构的接口。在深层结构中，动词"put"的所有角色都出现在它们的预期位置。然而，通过所谓的"转换"操作，句中的短语可以"移动"到树形图中有待填补的空当中去，而这个空当就是该短语在句中的实际位置，这个新的树形图就是表层结构（如今被称为"s-结构"，因为"表层"一词容易使人们缺乏对它应有的尊重）。以下是被动句的深层结构和表层结构：

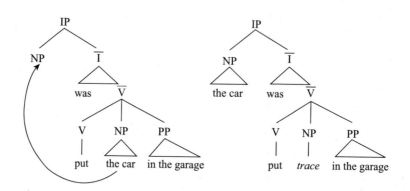

　　在左边的深层结构中，"the car"出现在动词要求的位置上；但在右边的表层结构中，它则处于句中的实际位置。在表层结构中，由于转换操作而移动的短语会在其空出的位置上留下一个无形的符号，这个符号被称为"语迹"（trace）。语迹的作用是提醒人们被移动的短语所扮演的角色。它告诉我们，要确定"the car"在整个事件中的所作所为，我们就必须在动词"put"的词条中查找"宾语"的位置。根据词条内容，这个位置表示"所放之物"。正是由于语迹的存在，表层结构才能囊括必要的信息，从而还原句子的意义，而原初的深层结构只是用来调取心理词典中的正确词条，它本身不起任何作用。

为什么语言要多此一举，既有深层结构，又有表层结构呢？这是因为，如果要生成一个适用的句子，就不仅仅需要依靠深层结构来满足动词的要求。通常，一个给定的概念必须同时扮演两个不同的角色：一个是由动词短语中的动词规定的角色，一个是与动词无关、由树形图中的其他层级规定的角色。试着比较"Beavers build dams"（海狸建造水坝）和它的被动句式"Dams are built by beavers"（水坝由海狸建造）。就动词短语的层级（即"A 对 B 做了什么"）而言，这两个句子中的名词扮演的是相同的角色，"beavers"（海狸）是建造者，"dams"（水坝）是建造的对象。但从句子的层级（即"主谓关系"或者"A 是否适用于 B"）来看，它们的角色则各不相同。主动句表述的是与海狸相关的一种普遍现象，而这恰好符合客观事实；被动句表述的则是与水坝相关的普遍现象，但它却是一个假命题（因为有些水坝并非由海狸建造，如大古力水坝）。表层结构既可以将"dams"一词放到句子主语的位置上，又可以通过语迹的帮助，将它链接到动词短语中的原来位置，从而起到一石二鸟的功效。

表层结构能够在移动短语的同时仍然保留它们所扮演的角色，这种能力给英语这种讲求语序的语言提供了一定的回旋余地。例如，一些通常深埋于树形图中的词语可以被调到句子的前端，以便在第一时间用最重要的信息勾住听者的耳朵。比如说，如果一位冰球解说员一直在描述内文·马克威特（Nevin Markwart）的场上表现，他会这样说："马克威特刺伤了格雷茨基！"但是，如果解说员描述的对象是韦恩·格雷茨基（Wayne Gretzky），他则会说："格雷茨基被马克威特刺伤了！"此外，由于被动分词有权决定深层结构中的施动者角色（即通常意义上的主语）是否出现，因此，当有人希望回避这个角色时，这种句式就大有用武之地了，例如里根总统用来推卸责任的名言："Mistakes were made."（错误已经铸成。）

为不同情景中的参与者分配不同的角色，这是语法的拿手好戏。例如下面这个特殊疑问句：

> What did he put [语迹] in the garage?
> 他把什么放在了车库里？

在这个句子中，名词短语"what"拥有双重身份。在表示"A 对 B 做了什么"的动词短语层级里，语迹的位置表明该事物扮演的是"所放之物"的角色，然而在表示"A 是否适用于 B"的句子层级里，单词"what"表明这个句子的重点是要求听者告知某个未知事物的情况。如果让一位逻辑学家来表述句子背后的意义，他会说："设有某物 X，约翰将 X 放在了车库里。"当这些操作与句法的其他组件一并运用的时候，例如"She was told by Bob to be examined by a doctor"（鲍勃叫她去看医生）、"Who did he say that Barry tried to convince to leave"（他说巴里试图劝说谁离开呢）、"Tex is fun for anyone to tease"（特克斯是人们取笑逗乐的对象）等句子，各个组件相互作用、相互影响，形成一条逻辑上的推导链，并由此决定整个句子的含义，而这整个过程的精密程度不亚于组装一块瑞士手表。

有些语法规则是天生的

我已经对语法规则进行了一番解析，并把它呈现在了你的眼前，希望你不至于像伊莉莎·杜利特尔和杰克·凯德那样对它充满憎恶。至少我希望你能够明白为什么语法属于达尔文所说的"极其完美和复杂的器官"。语法的确很复杂，但它的复杂是有原因的，正是因为我们的思想更为复杂，但我们只有一张嘴，一次只能吐出一个单词。语法是一套设计精美的代码，正是借助这套代码，我们的大脑才能通过单词和语序来传递复杂的思想。如今，现代科学已经开始对它进行破译。

语法之所以如此重要，其实还有另一个原因。它确凿无疑地驳斥了经验主义的信条，即"若无之前的感知，心智将空无一物"的观点。语迹、格、X- 杠以及其他语法装备都是无色无味、无可感知之物，但它们显然存在于大脑的潜意识中，属于心智活动的一部分。对于稍有头脑的计算机学家来说，这并没有什么值得惊讶的地方。如果我们不定义出一套与输入输出并无直接关联的变量和数据结构，就不可能编写出略具智能的计算机程序。举例而言，假设有这样一个图形程序，它专门负责储存包含三角形的圆形图像，在执行任务的时候，它显然不会存储用户在绘制图形时的键盘输入，因为相同的图形完全可以通过不同的击键顺序或者其他输入设备来完成，例如鼠标和光笔。它也不会存储计算机屏幕上用以呈现图形的光点排列，因为用户可能会在绘图之后将圆形移来移去，而让三角形留在原位，或者将圆形任意地放大、缩小。面对这一串长长的光点，程序无法判断出哪些光点属于圆形，哪些光点属于三角形。可见，这一程序一定是以某种更为抽象的格式来储存这些图形的，例如一套可以对每个图形进行定义的坐标系。这种抽象的格式与程序的输入／输出形式之间并没有直接的对应关系，但二者在需要的时候可以相互转化。

作为一套心智软件，语法必定拥有类似的设计规范。在经验主义的影响下，心理学家常常认为语法反映的是发音肌肉的运动指令、语音语调的抑扬顿挫或者人类与世界之间交互作用的心智脚本，然而，我认为这些看法都只是隔靴搔痒。语法其实是一份协议，它将耳朵、嘴巴和思想这三台迥然各异的机器连接起来，它不能只满足于其中一方的设计要求，而必须拥有一套专属自己的抽象逻辑。

人类心智运用的是抽象的变量和数据结构，这曾经是一个振聋发聩的革命性观点，即便是现在，某些领域的学者依然觉得它惊世骇俗，因为这个观点揭示了这样一个事实：人们的认知结构与儿时的生活经验并没有直接对应的关系。一些语法规则在婴儿诞生之初就存在于他们的大脑之中，而正是这种天生的语言习得机制，使得孩子能够分辨出父母口中发出的各种声音，并理解其中的含义。对语法的剖析已经成为心理学研究的重头戏，因为它完美地证明了一点：心智的复杂并非后天学习的结果；相反，后天的学习乃是源自心智的复杂。这才是一条真正的新闻。

The Language Instinct

How
the Mind Creates
Language

04

每个人的头脑中都装
着一套构词法

　　通过构词法，人们就可以将词根扩展为词干，将词干扩展为词语，从而创造出千千万万的词语。符号与意义之间的关系深深地扎根于儿童的头脑中。我们的心智天生就是为了发现这个世界上所存在的各式各样的物体和运动，并用单词来——标记它们。

在英语中，"glamour"（魅力）一词是 "grammar"（语法）的变体，而自"乔姆斯基革命"以来，这种词源关系就显得更为贴切了。面对心理语法的创造力，看着它用一组有限的规则传递出无限的思想，谁能不为之目眩神迷呢？曾经有一本探讨心智与外物的书，书名就叫作《合乎语法的人》（*Grammatical Man*），而某位诺贝尔奖获得者在其获奖演说中也将生命机制比作生成语法。如今，不但杂志《滚石》（*Rolling Stone*）对乔姆斯基进行过专门采访，就连《周六夜现场》（*Saturday Night Live*）这样的综艺节目也不时提及他的名字。在伍迪·艾伦的小说《门萨的娼妓》（*The Whore of Mensa*）中有这样一个情景：

> 顾客问道："假如我想让两个女孩给我解释一下诺姆·乔姆斯基呢？"
> 她回答说："这会花你不少钱的。"

形形色色的构词法和不计其数的单词

与此相对的是，心理词典却缺少这种光环。它看上去仅仅是一张枯燥乏味的单词表，必须通过死记硬背才能录入大脑之中。作家塞缪尔·约翰逊（Samuel Johnson）在自己编纂的《英语词典》的序言中说道：

> 从事卑微工作的人注定要接受这样的命运：他们的努力完全是出于对

不幸的恐惧，而并非为美好前景所吸引。他们备受责难，得不到任何赞扬。他们因为失败而名誉扫地，因为疏忽而遭受惩罚，而且即便成功，也听不到掌声，付出也得不到回报。

　　词典编纂者就是这些不幸人士中的一员。

　　约翰逊在词典中将"词典编纂者"定义为"一种无害的苦工，整日埋头于探寻词源、描述词义的工作"。然而，我们将在本章中看到，这是一种有失公允的见解。就神奇精妙而言，词语世界并不逊于语法世界，甚至还更胜一筹。因为人们不但在造字构词上表现出与构造短语和句子同样丰富的创造力，而且在对个别单词的记忆上也需要用到某种专门的技艺。

　　回想一下前面提到的"wug 测试"，几乎所有学龄前儿童都可以顺利通过。"这是一只 wug，现在这里有两只了，这里有两只 _____。"在接受测试之前，孩子们既没有听过"wugs"一词，也不曾因为说出"wugs"一词而得到过奖赏。因此，单词并不是简单地从心理档案中调取出来的，人们必定拥有一套心理规则，能够在现有单词的基础上生成新的单词，好比说"如果要将名词变成复数，必须在词尾加上后缀'-s'"。作为一种离散组合系统，人类语言背后的工程技巧至少表现在两个不同层面：一是依据句法规则，将单词组成句子和短语；二是依据一套所谓的"词法"（morphology）规则，将一些更小的元素组合成单词。

　　与其他语言相比，英语词法的创造力就显得相形见绌。在英语中，名词只有两种形式（"duck"和"ducks"），动词只有四种形式（"quack""quacks""quacked"和"quacking"）。而在现代意大利语和西班牙语中，每个动词都有大约 50 种形式。在古希腊语中，动词形式达到 350 种。土耳其语的动词形式则更为惊人，居然有 200 万种！我前面提到的许多语言，如因纽特语、阿帕切语、霍皮语、奇温久语和美国手语，都以这种惊人的创造力著称于世。它们是如何做到这一点的呢？我们不妨以奇温久语为例：奇温久语是班图语的一支，据说这种语言与英语比起来就像是国际象棋与国际跳棋。在奇温久语中，动词"Näïkímlyïïä"的意思是"他在替她吃它"，这个单词一共由 8 个部分组成：

● N–："主题"标记。它表明这个单词是当前谈话的"中心"。

- –ä–："主语一致性"标记。它表示"吃东西的人"属于 16 种词性中的第一性，即"单数的人"（前面已经说过，语言学家所说的"性"与性别无关，而是"种类"的意思）。其他名词词性还包括：复数的人、狭窄或长形的物体、成双或成群的物体、量词"双"或者"群"、工具、动物、身体部位、指小词（事物的缩小状态或小巧形态）、抽象的特性、准确的位置以及一般的地点。

- –ï–：现在时态。班图语中的时态类型还有：今天、今天早些时候、昨天、不早于昨天、昨天或更早的时候、遥远的过去、日常性的、正在进行的、连续性的、假设中的、将来发生的、时间未定的、尚未发生的、有时发生的。

- –kì–："宾语一致性"标记。此处表示"被吃的东西"，属于第 7 性。

- –ḿ–："受益者"标记。它表明该动作的发生是为了谁的利益，此处的受益者属于 16 种词性中的第 1 性。

- –lyì–：动词"吃"。

- –ï–："受事"（applicative）标记。它表明在整个动作中多出了一个参与角色，此处指的是受益者。如果用英语来打比方，这就如同要求我们在说到"I baked her a cake"（我为她烤了一块蛋糕）时，必须在动词"bake"后加上某种后缀，以区别于"I baked a cake"（我烤了一块蛋糕）。

- –à：词尾元音。表明此处是陈述语气，而非虚拟语气。

如果你将以上 7 种前后缀的组合方式全部列举出来，大致可以得到 50 万个结果，而奇温久语中的每个动词都有这么多的可能形式。可以说，奇温久语和其他类似的语言是将整个句子装进了一个复杂动词之中。

不过，我对英语的看法似乎略欠公平。在"屈折"（inflectional）构词——通过词形变化来实现语法功能方面，英语的确显得简单粗糙，例如给名词加上"-s"表示复数，或给动词加上"-ed"表示过去时态。但是，英语拥有自己的"派生"（derivational）构词法，即在原有单词的基础上派生出新的单词。比如后缀"-able"可以将表示"去做某事"的动词转变为形容词，表示"能够做成某事"，例如"learnable"（可学会的）、"teachable"（可教会的），以及"huggable"（可拥抱的）。在英语中，派生后缀的数量多得惊人，以下是一些较为常见的后缀：

-able	-ate	-ify	-ize
-age	-ed	-ion	-ly
-al	-en	-ish	-ment
-an	-er	-ism	-ness
-ant	-ful	-ist	-ory
-ance	-hood	-ity	-ous
-ary	-ic	-ive	-y

此外，英语拥有一套轻松自如的"复合"（compounding）构词法，它可以将两个单词灵活地组合起来，构成一个新的单词，例如"toothbrush"（牙刷）和"mouse-eater"（食鼠怪）。多亏有了这些方法，才使得"词法贫瘠"的英语可以拥有海量词语。计算机语言学家理查德·史伯乐（Richard Sproat）曾将美联社自1988年2月中旬以来的新闻稿件中共计4 400万个单词进行了汇集，以便从中梳理出个体单词的数量。截至当年12月30日，他一共收集到30万个不同的单词，大约相当于一部足本英语词典的收词量。你或许会认为这一定已经包含了所有可能出现在新闻稿件中的英语单词，但当史伯乐翻到12月31日的新闻稿时，他又发现了至少35个新词，如"instrumenting""counterprograms""armhole""part-Vulcan""fuzzier""groveled""boulderlike""mega-lizard""traumatological"和"ex-critters"。

更令人印象深刻的是，每种构词规则又可以与其他规则相结合，或者进行自我重复，以形成新的单词。例如，我们可能会说到某些炸薯条是"不可以用微波炉加热的"（unmicrowaveability），或者提到某个用来存放牙刷架吸盘的"牙刷架吸盘存放盒"（toothbrush-holder fastener box）。这使得语言中可能拥有的单词数量更为庞大，它就像句子的数量一样，可以是无穷无尽的。撇开那些为打破吉尼斯纪录而杜撰出来的古怪单词不谈，迄今为止，英语中最长的单词或许是"floccinaucinihilipilification"，《牛津英语词典》对其的解释是"将某物看得一文不值"。但纪录总是要被打破的：

floccinaucinihilipilificational:

与"将某物看得一文不值"有关的。

floccinaucinihilipilificationalize:

使某物与"将某物看得一文不值"有关。

floccinaucinihilipilificationalization:

使某物与"将某物看得一文不值"有关的行为。

floccinaucinihilipilificationalizational:

与使某物与"将某物看得一文不值"有关的行为有关的。

floccinaucinihilipilificationalizationalize:

使某物与使某物与"将某物看得一文不值"有关的行为有关的行为。

如果你患有"恐长字症"（sesquipedaliaphobia）的话，你可以想一想你的曾祖母（great-grandmother），你的曾曾祖母（great-great-grandmother），你的曾曾曾祖母（great-great-great-grandmother），而一共可以有多少个"曾"字，就看你的家族自夏娃以来一共经历多少代了。

更重要的是，单词和句子一样有精密的层级结构，而并非出自字串机之手（这种机器从某个列表中选取一个元素，再移到下一个列表选取一个元素，然后是再下一个列表……）。当里根总统提出战略防御计划，也即人们熟知的"星球大战"计划时，他设想在未来的世界里，美国可以用"反导弹导弹"（anti-missile missile）拦截苏联发射的导弹，但批评人士指出，苏联完全可以用"反反导弹导弹导弹"（anti-anti-missile-missile missile）予以还击。不过这并不是问题，那些毕业于麻省理工学院的工程师们宣称：我们只需制造一个"反反反导弹导弹导弹导弹"（anti-anti-anti-missile-missile-missile missile）就行。这些高科技武器也需要一种高科技语法，用以记录单词的开头有多少个"anti"，以便在同等数量的"missile"之后再添加一个"missile"，从而结束这个单词。单词的结构语法（即单词的短语结构语法）能够通过在"anti"和"missile"之间嵌入单词来实现造词目的，而字串机则做不到这一点，因为当它移动到这个冗长单词的末尾时，早已忘记了自己在词头部分放置了什么。

词是词干的扩展

　　和句法一样，词法也是一个设计精巧的系统，许多看似古怪的单词都是其内在逻辑的预期结果。单词拥有一个精密的结构，构成部件叫作"语素"（morpheme），它们以特定方式组合在一起。单词的结构系统是 X- 杠短语结构系统的延伸，在这个系统中，大的名词性成分建立在小的名词性成分之上，而小的名词性成分又建立在更小的名词性成分之上，以此类推。与名词有关的最大短语是名词短语，名词短语中包含了一个 N- 杠，而 N- 杠中包含一个名词——单词。我们只需要将这个解剖过程继续下去，将单词分解成更细小的名词性部件，就可以从句法跳到词法了。

　　下面是单词"dogs"的结构图：

　　位于这棵小树顶端的 N 代表"名词"，这意味着整个单词可以插入任何一个名词短语的名词插槽之中。在单词之下的层级中，我们看到了两个部分：一是名词原形"dog"，通常被称为"词干"（stem）；一是复数的词形变化"-s"。此处涉及的词形变化规则（即著名的"wug 测试"）十分简单：

　　　　N → Nstem Ninflection
　　　　　一个名词可以由一个名词词干加上一个名词词形变化构成。

　　这一规则能够与心理词典很好地衔接："dog"可以被列为名词词干，意为"狗"；"-s"则可以被列为名词的词形变化，意为"复数的"。

　　这是最简单，也最精练的语法规则。在我的实验室中，我们将它看作一个易于研究的心理语法实例。通过它，我们可以详细了解语言规则的心理表现，从婴儿到老年，从正常人到神经受损的患者，这与生物学家通过果蝇来研究基因机制大致相同。将词干与词形变化黏连起来的规则虽然简单，却是一项功能强大的运算操作，因为它能够辨认出抽象的心理符号，例如名词词干，而不是与某个特定的单词、语音或者意义列表相关联。我们可以将这个规则应用于位于心理词典"名词词干"条目之下的任何项目，而不必在意这个单词的含义。我们不仅可以将"dog"转变成"dogs"，还可以将"hour"转变成"hours"、"justification"转变成"justifications"。同样，这个规则允许我们将任意一个名词转换成复数，而不必管它的读音是什么，我们同样懂得如何将不规则发音的单词变成复数，例如"the Gorbachevs""the Bachs"。同样的道理，这个规则可以完美地应用到全新的名词上，例如"faxes""dweebs""wugs"和"zots"。

正因为我们可以毫不费力地运用这个规则，所以也许只有将它和许多计算机学家标榜为未来潮流的计算机程序进行对比时，才能吸引些许赞赏的目光。这些被称作"人工神经网络"（artificial neural networks）的程序运用的是不同的规则，它们依靠的是类比。"wug"之所以应该转变成"wugged"，是因为它与网络所能识别的"hug-hugged""walk-walked"等成千上万个动词变形实例大体相似。但是，当网络碰到一个与以往经验毫不类似的全新动词时，它就不知所措了，因为这种网络缺乏一个抽象的、包罗万象的范畴"动词词干"助它一臂之力，为它添加词缀。我们不妨将人和人工神经网络在"wug 测试"中的一些典型做法进行对比：

动词	人所给出的过去式	人工神经网络所给出的过去式
mail	mailed	membled
conflict	conflicted	conflafted
wink	winked	wok
quiver	quivered	quess
satisfy	satisfied	sedderded
smairf	smairfed	sprurice
trilb	trilbed	treelilt
smeej	smeejed	leefloag
frilg	frilged	freezled

同样，词干也可以由位于复合词较深层级的部分构成，例如复合词"Yugo-slavia report"（南斯拉夫报告）、"sushi-lover"（寿司爱好者）、"broccoli-green"（西兰花般的绿色）、"toothbrush"（牙刷）：

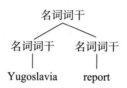

这两个词干连在一起，构成一个新的词干。规则如下：

Nstem → Nstem Nstem
一个名词词干可以由一个名词词干加上另一个名词词干构成。

在英语中，复合词通常由一个连字符来连接，或者直接将两个单词合并而成，不过也可以将两个部分分开拼写，就像两个独立的单词。这种情况往往会让你的语法老师产生混淆，他会告诉你说，这里的"Yugoslavia"（南斯拉夫）是一个形容词。然而，只要将"Yugoslavia"和真正的形容词（如"interesting"）进行一番比较，你就知道语法老师的说法并不正确，你可以说"This report seems interesting"（这份报告似乎很有趣），但不能说"This report seems Yugoslavia"（这份报告似乎很南斯拉夫），这是区分复合词与短语的一个简单方法。复合词的重音通常落在第一个单词上，而短语的重音则往往在第二个单词上。例如短语"dark róom"指的是没有光亮的房间，而复合词"dárk room"（暗室）则是指摄影师冲洗照片的暗室，在冲洗完照片之后，暗室是可以开灯的。短语"black bóard"指的是黑色的木板，而复合词"bláckboards"（黑板）则可以是绿色的，甚至可以是白色的。如果缺乏读音或标点上的线索，一些字串既可以被看作是短语，也可以被看作是复合词。例如下面几则新闻标题：

Squad Helps Dog Bite Victim
　　警方救护被狗咬伤的受害者。——又可理解为：警方助狗咬伤受害者。

Man Eating Piranha Mistakenly Sold as Pet Fish
　　吃人的水虎鱼被误作为观赏鱼出售。——又可理解为：吃水虎鱼的男人被误作为观赏鱼出售。

Juvenile Court to Try Shooting Defendant

少年法庭审问枪击事件的被告。——又可理解为：少年法庭试图枪击被告。

旧的词干加上某种词缀（前缀或者后缀），也可以形成新的词干，例如"-al""-ize"和"-ation"。通过循环使用这些词缀，我可以制造出长度无限的单词（就像"sensationalizationalization"）。举例而言，动词加上"-able"可以创造出一个形容词，如"crunch→crunchable"，后缀"-er"可以将任何动词变成名词，如"crunch→cruncher"，后缀"-ness"可以将任何形容词变成名词，如"crunchy→crunchiness"。

它的结构规则是：

Astern → Stem Astemaffix

一个形容词词干可以由一个词干加上一个后缀构成。

在心理词典中，后缀"-able"的条目大体如下：

-able：

形容词词干的词缀

意思：能够被 X 的

附着于动词词干之上

与屈折变化一样，词干词缀也具有杂交性，它可以与正确类别下的任何词干进行匹配，所以我们可以创造出"crunchable""scrunchable""shmooshable""wuggable"等一系列形容词，它们的含义也是可预测的："能够被压碎的""能够被碾碎的""能够被缓解的"，甚至"能够被 wugged 的"，无论 wug 的意思是什么。当然，我可以找到一个例外：句子"I asked him what he thought of my review of his book, and his response was unprintable"（我问他怎么看待我为他的书所写的评论，他的回答是不宜刊登的），"unprintable"一词的意思比"incapable of being printed"（不能够被刊登出来）更具深意。

我们可以依据构成元素的意义来计算整个词干的意义，这类似于句法中所使用的方法。一个特殊的元素是中心语，它决定了整个单词的指涉对象。正如短语"the cat in the hat"涉及的是一只猫，"cat"是它的中心语一样，"Yugoslavia report"涉及的是一份报告，"shmooshability"涉及的是一种能力。因此，"report"和"ability"是这些单词的中心语。英语单词的中心语就是位于最右边的语素。

词根，词干的最小组成部分

如果继续解剖下去，我们可以将词干划分成更小的部分。单词的最小部分，即不能再被切分的部分，叫作"词根"（root）。词根可以和特定的后缀结合在一起形成词干，例如词根"Darwin"（达尔文）就包含在词干"Darwinian"（达尔文的）之中，词干"Darwinian"又可以借助后缀规则形成新的词干"Darwinianism"（达尔文主义），由此出发可以衍生出单词"Darwinianisms"（达尔文主义者们），它体现了单词结构所包含的三个层级：

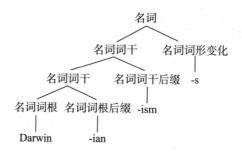

有趣的是，这些部件只能以特定的方式组合在一起。"Darwinism"这个由词干加后缀"-ism"形成的词干不能再做"-ian"的宿主，因为"-ian"只能与词根相连，所以"Darwinismian"这个词（表示"与达尔文主义有关"的意思）

听起来就非常可笑。同样，"Darwinsian"（表示"与查尔斯·达尔文或伊拉斯谟斯·达尔文有关"的意思）、"Darwinsianism"、"Darwinsism"也是不能成立的，因为已经发生了屈折变化的单词不能再添加任何词根或词干后缀。

如果深入到词根和词根词缀的层级，我们就如同进入了一个奇特的世界。以"electricity"（电力）一词为例，它似乎包含了两部分："electric"和"-ity"：

但是，这些单词真的是依据一定的规则，将心理词典中的条目"-ity"与词根"electric"黏连而成的吗？就像如下表述：

Nstem → Nroot Nrootsuffix
　　一个名词词干可以由一个名词词根和一个后缀构成。

-ity:
　　名词词根后缀
　　意思：某种状态
　　附着于名词词根上

然而，这一次却不是这样。首先，你不能将"electric"一词与后缀"-ity"简单相加得到"electricity"，因为这样一来它的读音就变成了"electrick itty"。在单词"electricity"中，"-ity"所附着的词根在发音上出现了变化，读作"electriss"。当我们把后缀移除之后，剩下的那部分就是词根，而它是没有固定发音的。

其次，"词根 - 词缀"的组合在意义上也是不可预测的，从局部解释整体的解读方法在这里行不通。"complexity"表示的是一种复杂的状态，但"electricity"却并非表示有电的状态，你显然不会说出"the electricity of this new can opener makes it convenient"（这个新型开瓶器的电力使其非常好用）这样的句子，它表示的是一种促使某物发电的力量。同样，"instrumental"（有帮助的）与"instruments"（仪器）无关，"intoxicate"（使陶醉）也并非有毒（toxic）的物质，我们不会在"recital"（演奏会）上朗诵（recite），"five-speed transmission"（五档变速器）也并非一种传递（transmit）行为。

最后，这种假定的规则和词缀并不能毫无限制地应用于单词之上，这与我们之前考察的其他规则和词缀不同。例如，我们可以找到"academic""acrobatic""aerodynamic"和"alcoholic"这些单词，但找不到"academicity""acrobaticity""aerodynamicity"和"alcoholicity"（这还只是用我的电子词典检索到的以"-ic"结尾的前 4 个单词而已）。

因此，在单词结构的第三个，也是最低端的层级（即词根和词缀）上，我们找不到一个名副其实的规则，可以根据"wug 测试"的可预测公式来构建单词。在心理词典中，词干似乎都具有某种独属于自己的特殊含义。许多复杂词干都形成于文艺复兴之后。当时，学者们从拉丁语和法语中"进口"了许多单词和后缀，并采用了一些与之相适应的规则。我们继承了这些单词，但抛弃了它们的规则。我们之所以认为现代英语的使用者是通过树形图的方式来分析这些单词的，而非依靠语音的异同，是因为我们都觉得在"electric"和"-ity"之间存在一个自然的间隙停顿，而且我们也认识到其他任何以"-ity"为结尾的单词都是名词。

我们能够识别出单词内部存在的模式，虽然我们知道这个模式并非某种硬性规则的产物，这种能力正是文字游戏的灵感源泉。一些注重辞藻的作家和演说家常常用类比的方式，用拉丁语的词根后缀来制造一些新的单词，例如"religiosity""criticality""systematicity""randomicity""insipidify""calumniate""conciliate""stereotypy""disaffiliate""gallonage"和"Shavian"。这些单词给人以冠冕堂皇之感，因此很容易成为模仿、打趣的对象。1982 年，有"大话篓子"之称的美国国务卿亚历山大·黑格（Alexander Haig）提出辞职，漫画家杰夫·麦克内里（Jeff MacNelly）在他的一幅社论漫画中为黑格编排了一段辞职演说：

> I decisioned the necessifaction of the resignatory action/option due to the dangerosity of the trendflowing of foreign policy away from our originatious careful coursing towards consistensivity, purposity, steadfastnitude, and above

all, clarity.

> 我们外交政策的制定原本是要坚持一贯性、目标性、坚定性以及最为重要的清晰性。然而，我发现事态发展的走向性有偏离这一初始性目的的危险性，于是我决定了辞职性行为的必要性。

另一幅漫画出自汤姆·托尔斯（Tom Toles）之手，它描绘了一位大胡子院士正在向人们解释为什么美国的大学本科标准入学考试成绩会跌至历史最低水平：

> Incomplete implementation of strategized programmatics designated to maximize acquisition of awareness and utilization of communications skills pursuant to standardized review and assessment of languaginal development.

> 建立在对语言发展的标准化的检讨和评估之上的，并旨在最大程度地获取知识和发挥沟通能力的战略性的教育大纲没有得到完整的实施。

在计算机程序员和管理员的世界里，这种类比的方法常常被当作一种玩笑，以显示文字的精确性，而非炫耀辞藻。在专门收集黑客术语的《新黑客词典》（*The New Hacker's Dictionary*）中，几乎全面收罗了英语中那些不能自由添加的词根词缀：

> ambimoustrous
> 形容词，能够用任意一只手操作鼠标。
>
> barfulous
> 形容词，可以使任何人呕吐的。
>
> bogosity
> 名词，某样东西的虚假程度。
>
> bogotify
> 动词，使某物失去效用。
>
> bozotic
> 形容词，像马戏团小丑一样愚蠢的。
>
> cuspy
> 形容词，设计上优雅整洁。
>
> depeditate
> 把……的脚砍掉。（例如，在打印时漏打了页面的底部）

dimwittery

名词，愚蠢说法的例子。

geekdom

名词，技术怪咖的状态。

marketroid

名词，公司营销部的成员。

mumblage

名词，一个人喃喃自语的话题。

pessimal

形容词，"最佳的"的反义词。

wedgitude

名词，被卡住的状态（不借助外力则无法前进）。

wizardly

形容词，与专业程序员相关的。

一旦深入到词根层级，我们还会发现一些杂乱无章的情形，即不规则的复数形态（例如"mouse-mice""man-men"）和不规则的过去时态（例如"drink-drank""seek-sought"）。不规则的形式常常结伴而行，比如说"drink-drank""sink-sank""shrink-shrank""stink-stank""sing-sang""ring-rang""spring-sprang""swim-swam""sit-sat"，或者"blow-blew""know-knew""grow-grew""throw-threw""fly-flew"和"slay-slew"。这种情况的出现，是因为数千年前的原始印欧语（即包括英语在内的大多数欧洲语言的祖语）拥有这样一个规则：通过元音的替换变成过去时态，就像我们现在在词尾添加"-ed"的规则一样。现代英语中的不规则动词或者说"强变化"（strong）动词只不过是古老规则的化石，而规则本身早已不复存在。大部分看起来本应归于不规则动词之列的动词被粗暴地排除在外，正如我们在下面这首英文打油诗中所看到的情况：

Sally Salter, she was a young teacher who *taught*,

And her friend, Charley Church, was a preacher who *praught*;

Though his enemies called him a screecher, who *scraught*.

His heart, when he saw her, kept sinking, and *sunk*;

And his eye, meeting hers, began winking, and *wunk*;

While she in her turn, fell to thinking, and *thunk*.

In secret he wanted to speak, and he *spoke*,

To seek with his lips what his heart long had *soke*,

So he managed to let the truth leak, and it *loke*.

The kiss he was dying to steal, then he *stole*;

At the feet where he wanted to kneel, then he *knole*;

And he said, "I feel better than ever I *fole*."

人们只能通过死记硬背的方法来记住每个不规则动词的过去时态，不过，正如这首打油诗所显示的，人们可以敏锐地察觉出其中的变化模式，并将其运用到新的词语上，以制造出幽默的效果，就像在"官腔"（Haigspeak）或者"黑话"（hackspeak）中一样。我们当中的许多人会忍不住地使用"sneeze-snoze""squeeze-squoze""take-took-tooken""shit-shat"等变化形式，觉得它们更加精巧可爱，而这正是以"freeze-froze""break-broke-broken""sit-sat"为类比对象。在《疯狂英语》一书中，莱德勒撰写了一篇题为《鸡舍狐狸》（*Foxen in the Henhice*）的短文，对英语中的不规则复数形式进行了疯狂恶搞：例如"booth-beeth""harmonica-harmonicae""mother-methren""drum-dra""Kleenex-Kleenices"和"bathtub-bathtubim"。计算机黑客则肆无忌惮地使用"faxen""VAXen""boxen""meece"和"Macinteesh"等词语。《新闻周刊》（*Newsweek*）曾经把身着白色镶石服装的拉斯维加斯表演者称为"Elvii"（"猫王"们）。在连环画《史努比》（*Peanuts*）中，莱纳斯（Linus）的老师欧特玛（Othmar）小姐要求班上的学生用蛋壳制作"igli"（因纽特人用雪块砌成的圆顶小屋，单数形式为"igloo"）模型。玛吉·沙利文（Maggie Sullivan）曾在《纽约时报》上撰稿，要求对更多的动词进行强变化，以达到"强化"英语的目的：

Subdue（征服），subdid，subdone：Nothing could have subdone him the way her violet eyes subdid him.

没什么能像她的蓝紫色眼睛那样把他征服了。

Seesaw（玩跷跷板），sawsaw，seensaw：While the children sawsaw, the old man thought of long ago when he had seensaw.

当孩子们玩跷跷板时，老人想起自己玩跷跷板已经是很久以前的事了。

Pay（付出），pew，pain：He had pain for not choosing a wife more carefully.

择妻不慎让他付出了代价。

Ensnare（诱惑），ensnore，ensnorn：In the 60's and 70's, Sominex ads ensnore many who had never been ensnorn by ads before.

在 20 世纪 60—70 年代，盐酸苯海拉明片剂的广告诱惑了许多之前未受广告诱惑的人。

Commemoreat（纪念），commemorate，commemoreaten：At the banquet to commemoreat Herbert Hoover, spirits were high, and by the end of the evening many other Republicans had been commemoreaten.

在纪念赫伯特·胡佛的宴会上，人们情绪高涨，到晚宴结束的时候，许多其他的共和党人也一并受到纪念。

波士顿流传着一个古老的笑话，一位妇女在洛根机场下了飞机，她询问出租车司机说："Can you take me someplace where I can get scrod?"（你能把我载到有卖鳕鱼片的地方吗？）司机回答说："Gee, that's the first time I've heard it in the pluperfect subjective."（哈！这可是我第一次听到有人在虚拟语气的过去完成时中使用"screw"一词。）

有时，某个幽默的或者听起来很酷的词形变化会在语言社区中得到认同，并传播开来，例如几百年前的"catch-caught"因为"teach-taught"的类比关系而固定下来，今天的"sneak-snuck"也因为"stick-stuck"的类比关系而被人们接受。我还听说在爱逛商场的年轻人中，"has tooken"已经成为他们的首选形式。当我们将不同的方言进行比较时，就可以清晰地看到这一变化轨迹，因为方言中保存了各自早先风尚的产物。脾气乖张的专栏作家 H. L. 门肯（H. L. Mencken）同时也是一位颇受尊敬的业余语言学家，他记录了美国各地方言中的许多过去式。例如"heat-het"（与"bleed-bled"类似）、"drag-drug"（与"dig-dug"类似）、"help-holp"（与"tell-told"类似）。圣路易红雀队投手、哥伦比亚广播公司棒球解说员迪齐·迪安（Dizzy Dean）因为一句"He slood into second base"（他溜到了二垒）的解说词而臭名昭著，然而，这种变化形式在他的家乡阿肯色州十分常见。在 40 多年里，全美国的英语教师都在前仆后继地给哥伦比亚广播公司写信，要求把迪安开除，这反而让他倍感得意，他在大萧条时期曾经反唇相讥："A lot of folks that ain't sayin' 'ain't' ain't eatin'."（凡是不说"ain't"的人都没饭吃。）他还在某次现场直播时说出这样一番解说词，目的就是折磨那些英语教师的耳朵：

The pitcher wound up and flang the ball at the batter. The batter swang and missed. The pitcher flang the ball again and this time the batter connected. He hit a high fly right to the center fielder The center fielder was all set to catch the ball, but at the last minute his eyes were blound by the sun and he dropped it!

> 投手铆足了劲，向着击球手奋力掷球。击球手挥棒击球，但没有击中。投手再次掷球，这一次击球手击中了球，他打了一个高飞球，球向中场手直飞而去。中场手做好了接球的准备，但是在最后一刻，他的视线受到阳光的干扰，他失了手!

但是，在这些创造性的运用中，真正成功的例子并不多见，不规则的词形变化依然属于独来独往的异类。

是 Walkmen，还是 Walkmans

语法中的不规则现象就像人类某些古怪变态的行为一样。不规则的形式在"理性设计"的语言中被明确地废除，例如世界语、奥威尔的新话以及罗伯特·海因莱因（Robert Heinlein）的科幻小说《星际时代》（*Time for the Stars*）中行星联盟所使用的辅助性语言。也许是为了挑战这种严格的控制，某位女士最近在《纽约书评》（*New York Review of Books*）上刊登了一则别出心裁的广告，希望寻求到一位不拘传统的灵魂伴侣：

> 你是不是一个不规则动词，相信名词比形容词更有力量? 本人离异 5 年，白人，职业女性，身居欧洲，兼职小提琴手。本人身材苗条、具有魅力，孩子已婚……寻求一位情感细腻、积极乐观、充满活力的男子为伴，要求年龄在 50~60 岁之间，注重健康，爱动脑筋，为人诚实、忠贞和坦诚。

小说家玛格丽特·尤瑟纳尔（Marguerite Yourcenar）也曾对语法的不规则现象和人类的普遍处境进行了一番点评：

> 语法，既拥有逻辑的规则，又掺杂着武断的用法，它让年轻的头脑预先品尝到法律、道德这些关乎人类行为的科学，以及建立在人们本能经验

之上的一切固有秩序带给他们的滋味。

虽然不规则现象象征着不受羁绊的人类精神，但它却被严格地密封于单词的构造系统之中。总体而言，这个系统设计得非常巧妙。不规则形式是词根，它位于词干之内，词干则包含在单词之内，而部分单词又可以通过常规变形来生成。这种分层方法不仅可以对许多英语单词的合理性做出预测（例如，为什么"Darwinianism"听起来比"Darwinismian"要更加顺耳），它还提供了一个简明的解释，可以回答与那些看似不合逻辑的用法相关的许多琐碎问题。例如：为什么在棒球比赛中，击球手是"*flied* out to center field"（击出腾空球至中外场被守方球员接住而出局），而不是"*flown* out to center field"？为什么多伦多冰球队名叫"Maple Leafs"（枫叶）而不是"Maple Leaves"？为什么多数人认为"Walkman"（随身听）的复数形式是"Walkmans"而不是"Walkmen"？当一个人说自己女儿的朋友都是"low-lives"（人渣）时，我们为什么会觉得非常别扭？

为什么这些不规则形式都被弃之不用？翻开任何一本写作手册或者语法指南，它们提供的解释不外乎以下两种，而这两种解释都是错的。第一种解释是，现代英语已经对不规则单词关上了大门，所以新加入的单词都必须以规则的形式出现。这种说法并不正确，我可以创造出一些新的单词，例如"re-sing"和"out-sing"，它们的过去式显然是"re-sang"和"out-sang"，而不是"re-singed"和"out-singed"。同样，我读到过一篇文章，说的是一些农民带着小油罐在油田四处转悠，从无人看守的油井中盗取石油的事情。文章把这些人称作"oil-mice"（油耗子），而非"oil-mouses"。第二种解释是，当一个单词获得了与字面内容毫不相干的全新意思时，例如棒球中的"fly out"，它就必须遵循规则变化。然而，"oil-mice"的例子就是一个明显的反例，此外，还有许多具有象征意义的词语由不规则名词构成，它们依然保持着不规则的变化形式，例如"sawteeth"（而非"sawtooths"），"Freud's intellectual children"（而非"childs"），"snowmen"（而非"snowmans"），等等。同样，动词"blow"在俚语"to blow him away"中表示"暗杀"的意思，在"to blow it off"中表示"无视"的意思，但它的过去式仍然采用不规则变化，例如"blew him away"和"blew off the exam"，而非"blowed him away"和"blowed off the exam"。

　　能够真正解释"flied out"和"Walkmans"等形式变化的是我们用以解读复合词的心理算法，即依据其内部单纯词的意思来诠释复合词的意思。我们曾经提到，如果某个大词是由较小的单词建构而成的，那么这个大词的所有特性都来自其内部最右端的那个单词，也就是中心语。动词"overshoot"的中心语是动词"shoot"（发射），因此"overshooting"属于"shooting"的一种，而且它是一个动词，因为"shoot"是一个动词。同样，"workman"（工人）是个单数名词，因为它的中心语"man"是个单数名词，它指的是一种人，而不是一类工作。这两个单词的结构如下：

　　重要的是，这条从中心语一直延伸到树形图顶端的管道将中心语携带的所有信息都传递了上去，其中不仅包括中心语的名词性或动词性和包括中心语的意思，还包括它的不规则形式。举例而言，在心理词典中，"shoot"一词的条目会注明：不规则的过去式"shot"。这一信息将会向上传递，并和其他信息一样，成为复合词"overshoot"的特性，因此"overshoot"的过去式是"overshot"而非"overshooted"。同样，"man"一词携带着复数形式"men"的标签，由于"man"是"workman"的中心语，这个标签也会上移到代表复合词"workman"上，所以"workman"的复数形式是"workmen"。这也是我们为什么采用"out-sang""oil-mice""sawteeth"和"blew him away"的原因。

　　现在我们可以回答那些琐碎的问题了。"flied out"和"Walkmans"之所以显得有些奇特，是因为它们都没有中心语。无中心语单词是一种特殊词干，出于某种原因，它们的特性与位于词中最右端的元素有所不同，而普通单词的特性则往往取决于词中最右端的元素。举一个简单的例子，"low-life"就是一个无中心语单词，它指的不是一种"生活"（life），而是一种人，一种活在社会底层的人。因此在"low-life"一词中，正常的传输管道被阻塞了。而且，单词内部的管道不可能只阻塞某一种信息，一旦管道因为某种原因出现了阻塞，所有的信息都不能通过。因此，如果"low-life"无法获取"life"的意思，它也就无法拥有"life"的复数形式。"life"一词的不规则形式"lives"被束缚于心理词典之内，无法应用到"low-life"上，而通用的规则变化"添加后缀 -s"则趁机占领了阵地，因此出现了"low-lifes"的形式。通过类似的无意识推理，英语使用者很自然地选择了"saber-tooths"（剑齿虎，它指的是一种老虎，而非一种牙齿）、"tenderfoots"（初级童子军，它指的不是某种类型的脚，而是身体还很柔弱的小孩）、"flatfoots"（它也不是某种类型的脚，而是"警察"的俚语）和"still lifes"（静物画，它指的不是一种生活，而是一种绘画类型）。

自从索尼公司发明"Walkman"（随身听）以来，人们都不确定它的复数形式应该是"Walkmen"还是"Walkmans"（即便是毫无性别歧视的替代词"Walkperson"也解决不了这个难题，因为我们仍然必须在"Walkpersons"和"Walkpeople"之间作出选择）。很多人觉得"Walkmans"正确，是因为它是一个无中心语单词："Walkman"指的不是某种类型的人，因此它的意思并非获自其内部单词"man"，而根据无中心语词的结构逻辑，它也无法借用"man"的复数形式。不过，无论采用哪一种复数形式，它都显得很不自然，因为"Walkman"和"man"之间的关系令人颇感费解，之所以这么说，是因为这个单词并非依据某种广受认可的方式组合而成的。它是一种在日本非常流行的"伪英语"，常常用于标语和产品名称。例如，日本有一种名为"Sweat"的软饮料，深受大众喜爱，此外，在一些 T 恤衫上还印着"CIRCUIT BEAVER""NURSE MENTALITY"、"BONERACTIVE WEAR"等不知所云的标语。对于如何表述两个以上的随身听，索尼公司曾有一个正式的答复。由于害怕自己的商标像"阿司匹林"（aspirin）、"舒洁"（kleenex）一样沦为普通名词，索尼公司坚持认为"Walkman"的复数形式是"Walkman Personal Stereos"，以此绕开语法上的问题。

那么"fly out"一词呢？作为一个棒球术语，它并非直接源于我们熟知的动词"fly"（飞行），而是源于名词"fly"（腾空球）。"fly out"的意思是"因击出腾空球而被接杀出局"，当然，作为名词的"fly"本身是源自动词"fly"，这种层层引申的结构可以用下面这个竹竿状的树形图来表示：

```
V
|
N
|
V
|
fly
```

　　根据树形图最顶端的标签，整个单词属于动词的范畴，但位于下一层级的构成元素却是一个名词。因此，"fly out"就像"low-life"一样，是无中心语单词。如果名词"fly"是中心语，那么"fly out"也应该是个名词，但它不是。由于缺少中心语和联通管道，原动词"fly"的不规则形式（"flew""flown"）被束缚在树形图的最低层级，不能上升至整个单词的层面。所以，"添加后缀 -ed"的常规方案便临危受命，充当起表明时态的角色，因此我们才会说出"Wade Boggs flied out"这样的句子。让"fly out"失去不规则变化能力的并不是它的特殊含义，而是因为它是一个基于名词生成的动词。正是依照相同的逻辑，我们才会说"They ringed the city with artillery"（他们用大炮包围了这座城市）而非"They rang the city with artillery"，"He grandstanded to the crowd"（他在人群面前招摇地表演）而非"He grandstood to the crowd"。

　　这是一个普遍适用的原则。还记得宇航员萨利·莱德（Sally Ride）吗？她是美国首位飞上太空的女性，因此受到广泛关注。但就在最近，一位名叫梅·杰米森（Mae Jemison）的女性抢了她的风头。杰米森不仅是美国第一位黑人女航天员，而且她还被《人物》（People）选为 1993 年度"全球 50 位最美人士"之一。因此就知名度而言，她可谓"比萨利·莱德还萨利·莱德"（out-Sally-Rided Sally Ride，而非 out-Sally-Ridden Sally Ride）。一直以来，新新（Sing Sing）监狱都是纽约州最为臭名昭著的监狱，但自从 1971 年阿提卡（Attica）监狱爆发骚乱之后，阿提卡监狱就变得"比新新监狱还新新监狱"（out-Sing-Singed Sing Sing，而非 out-Sing-Sung Sing Sing）。

　　至于"Maple Leafs"，这个复数形式并不是加在单词"leaf"（叶子）上，而是加在专有名称"Maple Leaf"（枫叶）上的，它是加拿大的国家象征。名称与名词有所不同。例如，名词前面可以加冠词"the"，而名称则不行。例如你不能把某个人称为"the Donald",除非你是唐纳德·特朗普(Donald Trump)的前妻、以捷克语为母语的伊凡娜·特朗普(Ivana Trump)。因此对于冰球队而言,"Maple Leaf"是一个无中心语名词,因为这个名词是基于一个非名词的单词形成的。如果一个名词的名词性并非源自其内部的某个名词,那么它也无法获得其内部名词的不规则变化。因此,"Maple Leafs"便成为了默认选项。这个解释也可以回答脱口秀主持人大卫·莱特曼(David Letterman)提出的一个问题,在最近一期《深夜秀》(*Late Night*)节目中,莱特曼一直困惑不解:为什么迈阿密新组建的棒球大联盟球队被叫作"Florida Marlins"(佛罗里达马林鱼队)而非"Florida Marlin"呢,"marlin"(马林鱼)一词本身不就是复数形式了吗?事实上,这个解释适用于所有建立在名称之上的名词。

> I'm sick of dealing with all the *Mickey Mouses*(而非"*Mickey Mice*")in this administration.
>
> 我讨厌处理这个部门的琐碎事务。
>
> Hollywood has been relying on movies based on comic book heroes and their sequels, like the three *Supermans*(而非"*Supermen*")and the two *Batmans*(而非"*Batmen*").
>
> 好莱坞一直以翻拍英雄漫画及其续集为支撑,例如三部《超人》电影和两部《蝙蝠侠》电影。
>
> Why has the second half of the twentieth century produced no *Thomas Manns*(而非"*Thomas Menn*")?
>
> 为什么 20 世纪下半叶产生不了托马斯·曼式的人物?
>
> We're having Julia Child and her husband over for dinner tonight. You know, *the Childs*(而非"*the Children*")are great cooks.
>
> 我们今晚和朱莉娅·查尔德夫妇共进晚餐。你知道的,查尔德一家厨艺非凡。

可见,不规则形式位于单词结构树形图的最底层,也就是心理词典中的词根、词干的插入层。发展心理语言学家彼得·戈登(Peter Gordon)曾利用这一特性,通过一个巧妙的实验,揭示出孩子们的心智结构是如何依据单词的结构逻辑设计的。

戈登关注的是一个古怪的语言现象，这个现象最早为语言学家保罗·柯帕斯基（Paul Kiparsky）所发现：复合词可以由不规则复数构成，但不能由规则复数构成。例如一间鼠患成灾的房子可以形容为"mice-infested"，但如果用"rats-infested"就显得不伦不类了。我们可以用"rat-infested"来表示鼠患成灾的意思，尽管从定义上说一只老鼠（rat）构不成一场灾害。同样，人们只会说"men-bashing"（对男性的攻击），但不会说"gays-bashing"（正确的说法是"gay-bashing"，对同性恋的攻击），只会说"teethmarks"（牙印）但不会说"clawsmarks"（正确的说法是"clawmarks"，爪印）。曾经有一首名为"purple-people-eater"（紫色吃人怪）的歌曲，但如果把它改成"purple-babies-eater"就不合语法了。虽然不规则复数和规则复数一个符合要求，一个不符合要求，但它们在意义上却是相同的，因此一定是语法的不规则性导致了这种差别。

单词结构理论可以轻松解释这一效应。不规则的复数形式显得特立独行，因此被作为词根和词干存储于心理词典中，而无法通过规则来生成。由于这种特殊的身份，它们可以用于复合词的构造，通过"词干＋词干"的方式形成新的单词。但是，规则复数却不是作为词干存储于心理词典之中，它们是在必要的时候，依据词形变化规则临时组装的合成词。它们出现在"词根→词干→单词"的装配过程的末尾阶段，因此无法应用于复合规则之中，因为复合规则只能从心理词典中提取词根或者词干。

THE **LANGUAGE** INSTINCT | **语言认知实验室**

戈登发现，3~5 岁的孩子能够严格地遵从这一规则。他首先向孩子们展示一个木偶，并对他们说："这是一只喜欢吃泥巴（mud）的怪物，你该怎么称呼它呢？"然后把答案公布出来："mud-eater."孩子们很喜欢这个游戏，而且这个怪物吃的东西越是恶心，孩子们就越兴奋，急切地想填上问题的答案，这常常使一旁观看的家长感到十分无奈。接下来是实验的关键部分，当戈登问"喜欢吃老鼠（mice）的怪物叫什么"时，孩子们的回答是"mice-eater"，但如果戈登将"mice"换成"rats"时，孩子们的回答却不是"rats-eater"了，而是"rat-eater"。而且，即便有些孩子平时会将"mouse"的复数形式错认成"mouses"，他们也不会把这个木偶叫作"mouses-eater"。换句话说，对于复合词构造过程中的这些细微要求，孩子们表现出了充分的尊重。这表明，这些规则既存在于成人的潜意识中，也存在于孩子们的潜意识中。

不过，当戈登着手调查孩子是如何掌握这一语法要求时，他的发现就显得更为有趣了。戈登一开始的想法是：通过倾听父母的日常谈话，孩子们懂得了复合词中出现的复数形式应该是不规则的，然后将这一原则应用到其他各类复合词上。但他发现这是不可能的，母亲对孩子的谈话中不可能出现包含复数的复合词。大多数复合词包含的都是单数名词，例如"toothbrush"。像"mice-infested"这样的复合词虽然语法上成立，但很少有人这么说。虽然儿童无法从成人的言语中获悉相关的语法规则，但能正确地选择"mice-eater"而非"rats-eater"，这再一次证明了儿童能够在"输入贫乏"的前提下掌握语言，同时也说明语法的另一个基本层面具有先天性的特点。正如我们在前文所见，史蒂芬·克雷恩和中山峰春的实验表明，在句法的层面上，儿童能够自动区分字串和短语。同样，戈登的"mice-eater"实验证明，在词法的层面上，儿童能够自动区分心理词典中的词根和依据规则创造出来的屈折词。

单词，句法规则下的最小单位

总之，单词是一个复杂的东西，但单词究竟是个什么东西呢？我们已经看到，"单词"是依据词法规则由各个部件构造而成的，但它与短语和句子有什么不同呢？它是不是就是索绪尔所说的那种必须死记硬背、毫无道理的"符号"，例证了语言机制的第一原理呢（另一原理是离散组合系统）？我们之所以感到困惑，是因为我们日常所说的"单词"（word）一词并不是一种科学的精确表述。它拥有两种含义。

到目前为止，我在本章所使用的"单词"一词都是一个语言学概念，虽然它是依据词法规则由各个部件构造而成的，但相对于句法规则而言，它却是不可分割的最小单位，相当于"句法原子"（syntactic atom）——在希腊语中，原子一词就是"不可分割"的意思。句法规则可以深入到一个句子或短语的内部，对包含其中的更小短语进行切割和黏连。例如，疑问句的生成规则可以深入句子"This monster eats mice"（这只怪物吃老鼠）的内部，将与"mice"对应的短语移到句子开头，变成"What did this monster eat"（这只怪物吃什么）。但是，句法规则在短语和单词的分界线上止步不前，尽管单词也是由各个部件组合而成的，但句法规则却不能探入单词内部去摆弄这些部件。例如，问句规则无法探入句子"This monster is a mice-eater"（这只怪物是个食鼠者）中的"mice-eater"一词之内，将与"mice"对应的语素移到句子开头，由此形成的问句就会显得莫名其妙："What is this monster an-eater?"（答案是"mice"）。同样，句法规则可以将副词插入短语之中，例如"This monster eats mice quickly"（这只怪物迅速地吃老鼠），但不能将副词插入单词之中，例如"This monster is a mice-quickly-eater"。鉴于以上原因，我们认为，虽然单词是依据一套固定规则由各个部件构造而成的，但它与短语存在差别，短语依据的是一套不同的规则。因此，通常所说的"单词"一词的精确定义是：一种建立在词法规则之上且不能被句法规则分割的语言单位。

"单词"还拥有另一个迥然不同的含义，它指的是一种需要我们死记硬背的语块，即一串与某个特定意义形成任意关联的语言材料，也就是我们的心理词典列出的一个个条目。语法学家安娜·迪休洛（Anna Maria Di Sciullo）和埃德温·威廉姆斯（Edwin Williams）创造了一个术语"句素"（listeme），即需要死记硬背的语言单位，用以指代"单词"这一含义（这个术语以词法单位语素和语音单位音素为参照对象）。需要注意的是，句素的概念与"单词"的第一个精确含义（即句法原子的概念）并不完全吻合。句素可以是树形图上任意大小的分支，它不是由某个规则自动产生的，而是必须强行把它记住。不妨以成语为例，我们无法依据中心语和扮演角色的关系原则，通过构成部件的字面意义推导出以下成语的意义："kick the bucket"（一命呜呼）、"buy the farm"（死于非命）、"spill the beans"（泄露秘密）、"screw the pooch"（把事情搞砸）、"give up the ghost"（驾鹤西游）、"hit the fan"（遭遇麻烦）、"go bananas"（精神错乱）。我们必须强行记住这些短语大小的语言单位所表达的意义，就好像它们是一些简单的单词，这就是句素。从这个意义上说，这些成语是名副其实的"单词"。迪休洛和威廉姆斯以"语法沙文主义者"的口吻对心理词典做了如下描述："如果将心理词典看成是一群句素的集合，那么就本质而言，这部词典也显得太过乏味了……心理词典就像是一个监狱，它只容纳那些不法之徒，它的收容对象只有一个共同点：无法无天，不受管束。"

在本章的余下部分，我将专门探讨"单词"的第二个含义——句素。这将是一场"监狱改革"，我想证明的是，虽然心理词典容纳的都是一些不守规则的句素，但它仍然值得我们尊敬和重视。也许在语法学家看来，让孩子们将父母所说的单词一个个强记心中是种非常野蛮的刑罚，但它其实是一门精妙绝伦的技艺。

句素

心理词典有一个非凡的特征，它拥有令人惊叹的记忆能力。一个普通人大约知道多少个单词？如果你像大多数人一样，以人们听过或读过的单词数量为计算标准，你可能会认为未受教育者的单词量大概是几百个，受过教育的人的单词量大概是几千个，而像莎士比亚这样的天才作家则可以达到 15 000 个（这是莎翁戏剧集和十四行诗里出现过的单词总数）。

然而，这与真正的答案相去甚远。人们认识的单词比他们在具体的时间、场合下使用过的单词要多得多。为了检测一个人的词语量（这里的词语指的是句素的概念，而非词法规则的产物，因为后者是无穷无尽的），心理学家采用了以下方法。首先，找来一本容量最大且未经删节的词典，如若词典太小，人们知道的许多单词就有可能没有收录进去。此处以芬克与瓦格诺出版社（Funk & Wagnall）出版的《新版标准足本词典》（New Standard Unabridged Dictionary）为例，它一共有 45 万个词条，数目非常可观。不过对于测试而言，这个数目显得太大了一点，即使一个单词 30 秒钟，一天工作 8 个小时，也需要一年多的时间才能全部测完。因此我们可以进行抽样，比如说，每 8 页的左手页第一列第三个词条。每个词条通常都含有多个含义，例如 "hard：（1）坚固的；（2）困难的；（3）严厉的；

（4）费力的……"如果把它们都计算在内，就需要硬性地对这些含义进行合并或者区分，因此可行的方法是，一个人只要知道某个单词的一个含义，就可以将这个单词计入他的词语量中，而不必知道该单词的所有含义。研究人员向测试对象展示样本中的每个单词，并要求他们从提供的选项中选出意思最为接近的词。经过猜测校正后，再将正确率乘以词典的收词数，就可以估算出一个人的词语量。

事实上，还有一个校正工作必须事先执行。词典是一种商品，而非科学工具。出于广告的目的，词典编纂者通常会虚报他们的收词数量（例如："最具权威！包罗万象！总字数超过 170 万，16 万个词条，还包括 16 页彩色图表！"）。他们常常将一些复合词或者词缀形式加入词条，以达到"增肥"的目的，而这些都是可以依据词根的意思和词法规则来推测其意思的语言单位，而非真正的句素。例如，我的案头词典在词条"sail"（帆）之下就列有许多派生词："sailplane"（滑翔机）、"sailer"（帆船）、"sailless"（无帆的）、"sailing-boat"（帆船），以及"sailcloth"（帆布）。事实上，即便我以前从未见过这些单词，也可以推断出它们的意思。

THE LANGUAGE INSTINCT | 语言认知实验室

最精确的估算来自心理学家威廉·纳吉（William Nagy）和理查德·安德森（Richard Anderson）。他们从一份包含 227 553 个单词的列表入手，其中有 45 453 个词根、词干。在剩下的 182 100 个派生词和复合词中，他们认为除了 42 080 个单词之外，其他的都可以根据其构成部件的含义进行解读。因此，整个列表中句素的总量为 45 453 + 42 080 = 87 533。通过进一步的抽样和测试，纳吉和安德森计算出美国一名普通高中毕业生的词语量大致为 45 000 个单词，这是莎士比亚的单词使用量的 3 倍！实际上，这还是一个低估了的数字，因为专有名词、数字、外来词语、缩略词以及许多不可拆分的常用复合词仍被排除在外。我们没有必要在估算词语量的时候遵循拼字游戏的规则，这些单词都属于句素，完全应该被计算在内。如果把它们包括在内的话，美国一名普通高中毕业生的词语量可能上升到 60 000 个单词（相当于 4 个莎士比亚），而那些阅读量更大的优秀学生的词语量则可能再翻一番，相当于 8 个莎士比亚。

　　60 000 个单词是多还是少？我们可以计算一下学习这些单词所需的速度，以帮助我们了解这一问题。一个人通常是在 12 个月大的时候开始学习单词，那么一位高中毕业生有 17 年的时间学习这些单词，这等于说从他们一岁起平均每天必须学习 10 个单词，或者说在睡觉之外的时间里平均每 90 分钟就必须学习 1 个单词。运用同样的方法，我们可以推算出 6 岁大的孩子的平均词语量约为 13 000 个，所以像《迪克和简》（Dick and Jane）这样的儿童读物才会显得乏味枯燥，因为它们极大地低估了儿童的词语量。通过这些简单的计算，我们可以发现学龄前儿童虽然接触到的语言环境比较有限，但像一台真空"吸词器"，在他醒着的时候，每隔两个小时就会吸入一个新的单词，日复一日，连续不断。而且需要注意的是，我们所谈论的对象是句素，它们的意思都是任意生成的，这就像你从蹒跚学步开始每醒着的 90 分钟内就要记住一个全新的击球率、约会日期或者电话号码。大脑似乎为心理词典预留了一个容量超大的存储空间和一个运转迅速的转录设备。事实上，心理学家苏珊·凯里（Susan Carey）的一项自然性研究已经证明：当你和一个 3 岁的孩子聊天时，如果你无意之中说出某个新的颜色词，比如说"橄榄色"，这个孩子很可能在 5 个星期之后还能记起这个单词。

单词的记忆过程

　　现在让我们探讨一下单词记忆的过程。每个单词都是一个典型的符号，它的力量来自这样一个事实：使用这种语言的社会成员都不约而同地用它来进行交流与沟通。如果你使用了某个单词，只要这个单词不是太晦涩，我就理所当然地认为自己也可以在另一个人面前使用这个单词，而且他也会理解我所表达的意思，就像我能够理解你的意思一样。我无须再将这个词反用于你，以观察你的反应；或者将它用到其他人身上，看看他们的反应；又或者观望你如何在另一个人面前使用这个单词。这其实是一件耐人寻味的事情。毕竟，假如我看到一只熊在发动攻击之前会发出怒吼，我并不会也用这种吼声来吓唬蚊子；假设我用敲打盆的方式吓跑了一只熊，我也不会指望这只熊会用同样的方法吓跑猎人。即便在我们人类之间，单词的学习过程也不仅仅是一种对他人行为的模仿。行为总是涉及特定的实施者和实施目的，这与单词并不一样。假如一个女孩从她姐姐那里学会了调情，她显然不会和自己的姐姐或者父母调情，而是根据自己的观察所得，将它用到那些乐于接受调情的特定对象上。单词则恰恰相反，它就像一种通用货币。仅仅通过倾听他人言谈，婴儿就能学会使用单词，这个事实说明：婴儿能够暗自认定单词并不是某个人用来影响另一个人的特殊行为，而是一个为人们所共享的双向符号。通过这种符号，说话者可以将自己的意思转化为声音，而听者则可以将这些声音转化为意思，他们依据的是相同的代码。

由于单词是一种纯粹的符号，因此它的读音和意思之间没有一丝必然的联系。正如莎士比亚极其精练地说道：

名称有什么要紧的呢？

玫瑰不叫"玫瑰"，依然芳香如故。

正是由于音义关系的任意性，我们无法指望能通过某种巧妙的记忆方法来减轻记忆的负担，至少对于那些单纯词来说是如此。婴儿不能（也显然不会）指望"cattle"（牛）与"battle"（战斗）之间有什么意思上的关联性，或者说"singing"（唱歌）与"stinging"（刺痛）之间、"coats"（大衣）与"goats"（山羊）之间有什么相同之处。人们还发现，即便是拟声词也不例外，因为它的读音几乎和其他单词一样，都是约定俗成的结果。猪在英语中是"吭吭"（oink）地叫，在日语中却是"噗噗"（boo-boo）地叫。即便在手语中，用手来模拟意思的方法也被人们所抛弃，手势和意思完全是一种任意的配对。当然，在手势和意思之间还残留着一些相通之处，可供我们识别、推断，但它们和拟声词一样，不同的人完全有不同的理解，因此对于单词的学习并没有什么帮助。例如，在美国手语中，"树"的手势是把手摆来摆去，就像在风中摇摆的枝叶。而在中国手语中，"树"的手势则是比画树干的形状。

心理学家劳拉·佩蒂妥（Laura Ann Petitto）曾经有一个惊人的发现，它揭示出符号与意思之间的任意关系深深地扎根于儿童的头脑之中。在差不多快到两岁的时候，以英语为母语的小孩开始懂得使用代词"你"和"我"。但他们经常将这两个词弄反，用"你"来代称自己。这是情有可原的，因为"你"和"我"都是指示（deictic）代词，说话者不同，它所指的对象也不同。当我说"你"时，"你"指的是你；但你说"你"时，指的却是"我"。因此，孩子们可能需要一点时间来消化它。毕竟，当一个名叫杰西卡的女孩听到她母亲称她为"你"的时候，她怎么不会认为"你"就是"杰西卡"的意思呢？

现在让我们对比一下美国手语。在美国手语中，"我"的手势是指向自己的胸前，"你"则是指向对方。这算是最简单易懂的手势了吧？人们不免认为，在美国手语中，学会"你"和"我"的手势肯定易如反掌，这只不过是动动指头的事，所有的婴儿，无论他的听力正不正常，在一岁之前就会用手指来指去了。但是对于佩蒂妥所研究的失聪儿童来说，事情并没有那么简单。他们在差不多两岁的时候仍会错误地将手指向自己的谈话对象，以表示"我"的意思，就像同龄的正常孩子在口语中用"你"来指代自己一样。可见，失聪儿童是将这一手势看成一个纯粹的语言符号，它的实际指向和它所代表的意思并没有必然联系。这也是手语学习的一个正确法门。在美国手语中，手指的指向就像没有实际意思的辅音或元音一样，可以成为其他手势（比如说"糖果""丑陋"）的组成部分。

还有一个原因足以让我们对单词学习这个简单的行为充满敬畏。逻辑学家 W. V. O. 奎因（W. V. O. Quine）曾经设想了这样一个场景：一位语言学家正在研究一个新发现的部落，突然一只兔子飞奔而过，一位原住民大声喊道："Gavagai！"这个"gavagai"是什么意思呢？从逻辑上说，它不一定是"兔子"的意思。它可能是特指那只飞奔而过的兔子，就像《彼得兔的故事》（*The Tale of Peter Rabbit*）一书中那只名叫"奔拉"的兔子一样。它也可以指任何毛茸之物、任何哺乳动物、兔子家族中的任何一个种类（比如"穴兔"）或者品种（比如"青紫蓝兔"）。它的意思可能是"飞奔的兔子""飞奔的物体""兔子和它飞奔过的地面"，或者单指"飞奔"。它还可能是指"留下脚印的动物""兔蚤的宿主""兔子的上半身""跑动着的兔肉"或者"兔脚的拥有者"。它既可以指一只兔子，也可以指一辆别克汽车。它可能是指"兔子各个部分的集合"，也可能是说"瞧！又一只兔子"，或者说"兔子来了"就像说"下雨了"一样。

如果将孩子看成语言学家，将父母看成原住民，问题也是一样的。然而不知何故，婴儿总是能够排除不计其数的、在逻辑上同样成立的其他选项，直觉般地了解一个单词的正确含义。这一现象例证了奎因所说的"归纳法的耻辱"（the scandal of induction）。它既适用于科学家，也适用于儿童：他们能够通过观察数量有限的某类事件，成功地对未来所有同类事件做出正确的概括，同时将与最初观察结果并不矛盾的无数错误概括排除在外。这是为什么呢？

我们都能成功地用归纳法来解决问题，因为我们不是乐于接受无限可能的苏格拉底，而是没有太多想法的快乐"小猪"。面对世间万物的种种谜团，我们天生就倾向于做出某些特定的猜测，而这些猜测往往都能切中要害。我们可以假设牙牙学语的婴儿的大脑能够把世界切分成无数个独立、有限且内聚性强的物体，以及了解这些物体表现出的运动方式，并且能够将同类的物体合并在一起，形成一个个心理范畴。我们也可以假设婴儿本能地认为语言中包括两类单词，一类单词表示不同类型的物体，另一类单词表示不同类型的运动，也即名词和动词之别。因此，婴儿也就不会将"gavagai"一词理解为"兔子的各组成部分""兔子践踏过的地面""兔子每时每刻的状态"或者其他精确的场景描述，这不能不说是件幸事。

但是，孩子和父母之间是否真的存在这种"心灵感应"？许多思想家，无论是思维跳跃的神秘主义者，还是思路清晰的逻辑学家，都不约而同地对这一常识发起了猛烈攻击。他们宣称，物体和运动的分离现象并不存在于客观世界，甚至也不存在于我们的心智之中，而是由人类语言对名词和动词的划分造成的结果。因此，如果真的是单词区分出了物体和运动，那么显然不是物体和运动的概念让我们理解了这些单词。

然而，我认为，这一次的赢家是常识。非常重要的一点是，这个世界上的确存在着各式各样的物体和运动，我们的心智天生就是为了发现它们，并用单词来一一标记的。这是达尔文学说的要义所在。这就像在一个丛林世界里，能够对下一步的情形进行成功预测的有机体能够养育更多的后代，并将这一优势遗传给他们一样。鉴于整个世界的构成状态，将时空切分成不同的物体和运动是一种非常高明的预测手段。它将世上种种具有固定形态的物质设想为一个个物体，换句话说，就是用一个总的名称来概括这些物质的所有组成部分。据此我们就可以预测这些组成部分将持续占据一定的空间区域，并以整体的方式进行运动。对世界上的大部分物体而言，这个预测是正确的。即使我们把目光移开，兔子仍然存在。如果我们抓住兔子的颈背把它拎起来，它的四肢和耳朵也会一并上升。

那么物体的种类，或者说范畴又是真实存在的吗？不是说这个世界上没有两个完全相同的人吗？的确如此，但是这些范畴也并非物体的随意集合。比如说，一个物体长着毛茸茸的长耳朵、绒球一样的尾巴，喜欢吃胡萝卜，喜欢躲进洞里，而且繁殖力超强，这不就是兔子吗？将诸多物体归于一个范畴，并在心语中给它们贴上分类标签，可以帮助人们在审视某个物体时，对一些无法直接观察到的特性做出判断。如果"奄拉"长着毛茸茸的长耳朵，它就是一只"兔子"，而如果它是一只兔子，它就能够迅速地钻入洞里，并生养出更多的兔子。

此外，我们还需要给同一个物体贴上多个标签，以标明范畴的大小，例如"棉尾灰兔""兔""哺乳动物""动物"和"生物"。在对不同范畴进行选择时，我们会有一个权衡的过程。例如，确定"彼得"是一种动物要比确定它是一只棉尾灰兔要容易得多（只要看到它的一些动物行为，我们就能断定它是一种动物，而不必知道它是不是一只棉尾灰兔）。然而，相对于"动物"标签而言，如果我们知道彼得是一只棉尾灰兔，就可以对它有更多的了解。如果它是一只棉尾灰兔，它就会偏爱胡萝卜，以空旷的野外或者森林空地为栖息地；但如果它只是一种动物，那我们就无法知道它具体吃些什么东西，或者喜欢怎样的栖息地。相对而言，"兔子"这个不大不小的基本范畴是一个两全之策，它既不像"棉尾灰兔"标签那样难以张贴，又不至于像"动物"标签那样过于空泛。

最后，为什么要将"兔子"的概念与"奔跑"分离开来呢？这或许是因为无论一只兔子是在奔跑、进食还是睡觉，只要一声巨响，它就会疾速地钻进洞里去，这是我们可以预料的结果。然而，如果是一只狮子，无论它是在奔跑、进食还是睡觉，当它听到一声巨响时，显然会有不同的反应。这种不同正是兔子和狮子的区别所在。同样，无论是谁在奔跑，都会产生一些特定的后果，无论奔跑者是一只兔子还是一只狮子，它都不会在某个地点停留太久。同样，睡觉也一样，无论是兔子还是狮子，只要它睡着了，都会趴在原地一动不动。因此，一个聪明的预测者应该对物体和动作贴上不同的心理标签，如此一来，他就不需要再分别学习兔子奔跑是怎么回事，狮子奔跑又是怎么回事；或者兔子睡觉是怎么回事，狮子睡觉又是怎么回事；乃至奔跑、熟睡的羚羊又是怎么回事；等等。他只要了解"兔子""狮子"和"羚羊"的一般概念，再了解"奔跑""睡觉"的一般概念即可。假设世界上存在 M 种物体和 N 种行为，认知者不必学习 $M \times N$ 个概念，他只要轻松地掌握 $M+N$ 个概念就行了。

因此，即便是那些目不识丁之人，也可以将连续不断的经验切分为各种物体、种类和运动，更不用说地点、路径、事件、状态、材质以及其他类型的概念了。婴儿认知实验证明，正如我们所认为的那样，婴儿在学会物体的各种名称之前就已经有了对物体的概念。早在婴儿未满周岁，还没有接触任何单词之前，他们似乎就已经意识到一些我们称之为物体的东西了。当他们看到一个物体的组成部分突然脱离物体、擅自行动时，会流露出惊讶的表情。同样，如果某个物体神秘地出现或消失，或者径直穿过另一个固体，又或是不依靠任何支撑悬浮在空中，都会让他们倍感惊讶。

当然，给这些概念冠以名称，可以让我们将自己来之不易的发现与理解分享给那些经历有限或者不善观察的人。"gavagai 难题"涉及的其实就是单词和意思的配对问题。如果婴儿一开始就明白这些概念与语言中的各种意思的类型有对应关系，那么这个难题就算得到了部分解决。实验证明，幼儿能够假设某些概念能够成为单词的表述对象，而其他一些概念则不能用单词来形容。发展心理学家埃伦·马克曼（Ellen Markman）和珍妮·哈钦森（Jeanne Hutchinson）给 2~3 岁的小孩观看一组图片，并要求他们"寻找与这张图片类似的另一张图片"。孩子对存在互动关系的物体十分感兴趣，在接受命令之后，他们倾向于选择可以形成角色关系的图片，比如说一只冠蓝鸦和一个鸟巢，或者一条狗和一根骨头。但是，当马克曼和哈钦森要求他们"寻找与这个'dax'相同的另一个'dax'"时，孩子的选择标准就会发生改变。他们似乎认为，一个单词肯定是代表一类事物，因此他们会将一只鸟和另一只其他种类的鸟、一条狗和另一条其他种类的狗放在一起。对孩子来说，"dax"不可能指的是"一条狗或它的骨头"，虽然这个组合对他们来说更加有趣。

　　一个事物可以用不同的单词来代表。棉尾灰兔"彼得"不仅是只兔子，它也是一只动物，更是一只棉尾灰兔。孩子们偏向于将名词理解为像"兔子"这样的中级范畴，但他们也必须克服这种偏好，学习像"动物"这样不同范畴的单词。孩子似乎是借助语言的一个显著特征做到这一点的。虽然大多数常见单词都拥有很多个意思，但每个意思往往只有一个单词来代表。换句话说，同形异义的单词比比皆是，而同义异形的单词却极其罕见。几乎所有被认为是同义的单词都有着意思上的差别，尽管差别很小。比如说"skinny"（干瘦）和"slim"（苗条），一个具有贬义，一个具有褒义；而"policeman"（警察）和"cop"（警察的俚语）则一个是正式用语，一个是非正式用语。谁也无法解释为什么语言对单词如此"小气"，对意思却如此"大方"。不过，孩子们却似乎预料到了这一点（也许正是这种预料导致了这一现象的产生），这帮助他们进一步解决了"gavagai 难题"。如果一个孩子已经知道某个单词是代表某个事物，那么当另一个单词被用来指代这个事物时，他就不会简单地将它看成上一个单词的同义词；相反，他会试着将它理解为其他一些可能的概念。例如马克曼发现，如果你给某个孩子一个锡做的 V 型夹，并把它称作"biff"，孩子就会将"biff"理解为夹子的一般概念，这显示出他对中级范畴的偏爱。因此，当你要求他找出更多"biffs"时，他会挑选出一个塑料做的 V 型夹。但是，如果你给孩子一个锡杯，并把它称作"biff"，孩子就不会将这个"biff"理解为"杯子"的意思，因为多数孩子已经知道有一个单词的词义是"杯子"，即"cup"。出于对同义词的反感，孩子会认为"biff"一词一定表示其他的意思，而这个杯子的材质是最为现成的对象。因此，当要求他找出更多的"biffs"时，他会选择一个锡做的勺子或者夹子。

THE LANGUAGE INSTINCT　**语言认知实验室**

　　还有许多精巧的研究揭示出儿童是如何锁定各类单词的正确意思的。一旦儿童掌握了一些句法知识，他们就能够用它来厘清各类不同的意思。例如，心理学家罗杰·布朗给一些孩子观看一张图片，图片中是一双手正在揉搓一堆搁在碗里的小方块。如果他问"Can you see any sibbing"（你们看到有什么东西在"sibbing"吗），孩子们会指向图片中的那双手。但如果他问道"Can you see a sib"（你们看到了一个"sib"吗），孩子们则会指向那个碗。如果他再问"Can you see any sib"（你们看到了一些"sib"吗），他们又会指向碗里的小方块。其他实验也揭示了儿童能够极其深刻地理解不同词类在句子结构中的身份地位，以及它们与概念和种类之间的关系。

因此，名称到底有什么意义呢？正如我们所看到的，它的意义非比寻常。从词法意义上说，一个名称就是一个复杂的结构，它由一套套规则精美地组装而成，即便有时看上去异常古怪，也有其合理的一面。从句素的意义上说，一个名称就是一个纯粹的符号，它是成千上万个同类中的一员，我们能够迅速地了解它的含义，是因为它与孩子的心智、成人的头脑以及现实的本质相契相合。

The Language Instinct

How
the Mind Creates
Language

05

语音的奥秘

　　我们有喉头、软腭、舌面、舌尖、舌根、双唇 6 个发音部位，再结合喉头是否振动、软腭张闭、舌根是否紧张以及双唇是否撮起，我们在英语中就可以形成 40 个音素。不同语言的语音模式也千差万别。语音之所以难以识别，是因为人类的大脑和口头之间存在许多不相配的地方。

当我还是学生的时候，曾经在加拿大麦吉尔大学一个专门研究听觉的实验室工作。我通过一台计算机，将一串串相互重叠的声波进行合成，以确定它们听起来是像一组频率丰富的声音，还是像两组单一频率的纯音。某个星期一早晨，我体验到一种奇特的现象：这些声音突然变得像一群小孩子在齐声合唱，听起来就像："（哗砰砰、哗砰砰、哗砰砰），汉普蒂·邓普蒂 ①、汉普蒂·邓普蒂、汉普蒂·邓普蒂，（哗砰砰、哗砰砰），汉普蒂·邓普蒂、汉普蒂·邓普蒂、汉普蒂·汉普蒂、邓普蒂·邓普蒂，（哗砰砰、哗砰砰、哗砰砰），汉普蒂·邓普蒂，（哗砰砰），汉普蒂·汉普蒂、汉普蒂·邓普蒂，（哗砰砰）。"我检查了示波器，它的确是我事先设定的两段音流。因此，这种合唱效果一定是由我的听觉感知到的。经过一番工夫之后，我居然可以有意识地进行心理切换，即我既可以把这段声音听成"哗砰砰"声，也可以把它听成孩子们的合唱声。这时一位同学走了进来，我立刻把这个发现告诉了她，并且说自己迫不及待地想告知实验室主任布雷格曼教授。结果她建议我：不要告诉任何人，除了波塞尔教授——他是精神病理学研究室的主任。

多年之后，我才明白自己当时到底发现了什么。

---

① 汉普蒂·邓普蒂（Humpty Dumpty）：英国童谣中从墙上摔下跌得粉碎的蛋形矮胖子。——译者注

心理学家罗伯特·雷米兹（Robert Remez）、大卫·皮索尼（David Pisoni）和他们的同事是一群比我更有勇气的学者，他们在《科学》上发表了一篇关于"正弦波言语"（sine-wave speech）的文章。他们将三个同时振动的声波进行了合成。从物理上说，这个声音一点儿也不像人类的语音，但这三个声波遵循着与句子"Where were you a year ago?"一样的语音频率和幅值。结果，志愿者表示自己听到了某种"科幻的声音"或者"计算机的哔哔声"。实验人员找来第二组志愿者，并告诉他们这个声音出自一个损坏的语音合成器。结果，这一批志愿者能够从中听出许多单词，其中 1/4 的志愿者可以完整地写出这个句子。可见，大脑可以从一堆与语音只有些许相似的声音中听出具体内容。

事实上，正弦波言语解释了八哥为什么"能言善道"。八哥的每个支气管中都有一个可以独立控制的阀门，能够同时产生两种声波，听起来就像是在说话。

我们的大脑既可以将某种声音听成毫无意义的"哔哔声"，也可以把它听成某个单词，这是因为我们的语音知觉就像某种第六感。当我们倾听别人说话时，实际的声音只不过像耳旁风一样，边听边忘，我们真正感知的是语言。我们对单词和音节的体验，对 [b] 音、[ee] 音的体验，可以与我们对音调、音量的体验分离开来，就像歌词可以和乐谱分离开来一样。当面对正弦波言语时，我们的听觉和语感就如同展开了一场竞赛，它们抢着解释听到的每个声音，所以我们的感知才会来回切换。有时候，这两种感觉会同时解释某个声音。如果一个人用磁带录下一个 [da] 音，并通过技术手段删除这个音节的开头部分，也就是将 [da] 与 [ga]、[ka] 区别开来的爆破音，然后将这个爆破音放给一只耳朵听，将剩下的音放给另一只耳朵听。结果，他的一只耳朵会听到这个爆破音，而另一只耳朵却会听到 [da] 音。可见，这一声音同时被感知为爆破音和 [d] 音。有时，语音知觉能够凌驾于听觉渠道之上。假设你去看一部带有英文字幕的异国电影，虽然你对该国的语言所知甚少，然而几分钟后，你可能会觉得自己能够听懂电影中的对话了。在一项实验中，研究人员给一组做出 [va]、[ba]、[tha]、[da] 等嘴型的嘴部特写镜

头配上了一个 [ga] 音，结果被试听到的居然是与嘴型相符的音。这一令人惊讶的错觉有一个好听的名字："麦格克效应"（McGurk effect）——麦格克是这一错觉的发现者之一。

　　实际上，人们无须借助电子技巧来制造语音错觉。所有语音都是一种错觉。在我们的听觉中，语言由一连串各自独立的单词组合而成。但是，与一棵在森林里倒下、虽无人听见但照样有声的树不同，人们无法听见的词界却是没有任何声音的。在语言的声波中，单词与单词的连接是无缝的。在书面中，单词与单词之间有空格隔开；然而在口语中，单词与单词之间却并没有空白。单词的疆界只不过是我们听到的某个声音与心理词典中的某个条目形成匹配关系时所产生的幻觉。这一点在我们倾听外语的时候表现得尤为明显，我们不可能分辨出一个单词在什么地方结束，下一个单词在什么地方开始。语音的无缝性在"同音词串"（oronyms）中也有表现，这种同音词串可以分割为两组不同的单词：

> The good can decay many ways.
> The good candy came anyways.

> The stuffy nose can lead to problems.
> The stuff he knows can lead to problems.

> Some others I've seen.
> Some mothers I've seen.

同音词串常常用于歌曲和童谣：

> I scream,
> You scream,
> We all scream
> For ice cream.

> Mairzey doats and dozey doats
> And little lamsey divey,
> A kiddley-divey do,

Wouldn't you?

Fuzzy Wuzzy was a bear,
Fuzzy Wuzzy had no hair.
Fuzzy Wuzzy wasn't fuzzy,
Was he?

In fir tar is,
In oak none is.
In mud eel is,
In clay none is.
Goats eat ivy.
Mares eat oats.

有一些是老师在批阅学生的论文和作业时无意中发现的：

Jose Can you see by the donzerly light?（与 "Oh say can you see by the dawn's early light?" 同音）

It's a doggy-dog world.（"doggy-dog" 与 "dog-eat-dog" 同音）

Eugene O'Neill won a Pullet Surprise.（"Pullet Surprise" 与 "Pulitzer Prize" 同音）

My mother comes from Pencil Vanea.（"Pencil Vanea" 与 "Pennsylvania" 同音）

He was a notor republic.（"notor republic" 与 "notary public" 同音）

They played the Bohemian Rap City.（"Bohemian Rap City" 与 "Bohemian Rhapsody" 同音）

即使是单词的内部音序，也是一种错觉。如果对录有 "cat" 一音的磁带进行分切，你无法从中分离出 [k]、[a]、[t] 这三个片段，这三个被称为"音素"（phoneme）的单位与字母表中的字母形成了大致的对应关系。如果你将这三个音素倒着拼接起来，你听到的不会是 "tack"，而是一个不知所云的声音。正如我们将要看到的，单词的每个构件所携带的语音信息都混杂于整个单词之内。

语音知觉是构成语言本能的另一个生物学奇迹。将口、耳作为交流工具有着极其明显的优点。我们从没有发现哪个听力正常的社群会选择用手语进行交流，虽然手语同样具有表达功能。用口说话不需要良好的照明，也不需要面对面地直视对方，从而将手和眼睛解放出来。我们既可以远距离地大声喊话，也可以凑在一起低声私语，以防被人听见。不过，在享受以声音为媒介所带来的好处时，口语也必须克服耳朵在接受信息方面存在的瓶颈。在 20 世纪 40 年代，工程师试图为盲人开发一种阅读设备，他们设计了一组与字母相对应的声音。但是，即便经过刻苦的训练，人们还是无法迅速辨认出这些声音，最多只能像老到的莫尔斯电码发报员一样，一秒钟辨认三个单位。而真实的语音感知却比这快了不知多少倍：在随意的谈话中，我们每秒可以感知 10~15 个音素，电视推销节目主持人的感知速度可以达到每秒 20~30 个音素，而人为的快速说话则可达到每秒 40~50 个音素。考虑到人类听觉系统的工作原理，这个速度简直不可思议。当一个类似于"滴答"的声音以 20 次 / 秒或者更快的速度不断重复时，我们就无法辨别出一个个单独的声音，而是把它们听成一串连续的长音。如果我们每秒能感知 45 个音素，那么这些音素就不是以声音片段的形式连续出现的，我们必须将好几个音素压缩到同一个声音片段中，然后由我们的大脑来解压。因此到目前为止，口语是通过听觉获取信息的最快方式。

没有任何一个人造系统可以与人类的语音解码相媲美，这并非因为缺乏发明的必要，也不是因为没有人愿意去发明它。一台语音识别器将是四肢瘫痪者和其他残疾人士的福音，它也将更有助于专业人士将信息输入计算机，从而将他们的眼睛和手解放出来。此外，对于没学过打字的人、电话业务的客户以及越来越多肌腱劳损的打字员来说，这也是好事一桩。因此也就无怪乎工程师们已经花费了40 多年的时间来研究这一问题，力图使计算机能够识别口语。但是，工程师总是被一个两难问题所困扰：如果一个系统能够听懂很多人的声音，那么它就只能识别少量的单词。例如，一些电话公司已经开始装备电话查询语音系统，它可以听懂任何人说的"yes"，甚至还有一些更为先进的系统可以识别从 0 到 9 这十个英文数字的读音（这对工程师来说已经很不容易，因为这十个数字在读音上完全不同）。但是，如果一个系统可以识别很多单词，那么它只能听懂一个人的声音。当今的语音识别系统还无法复制人类的解码能力，即不但可以听懂许多单词，也可以听懂许多人的声音。目前最为先进的语音识别系统当数"声龙听写"（DragonDictate），它是一款计算机软件，可以识别 30 000 个单词，不过它仍然存在明显的局限。它必须花费大量时间来适应用户的声音。你……必……须……以……这……样……的……速……度……说……话，每个单词之间必须停顿 0.25 秒，这只相当于日常语速的 1/5。如果你使用的单词不在它的词典内，比如说一个人名，你就必须用"Alpha""Bravo""Charlie"这种字母代号拼写出来。此外，这个软件还存在 15% 的错误率，平均每句话中就会有一个以上的错误。所以，虽然"声龙听写"是一款相当出色的语音识别软件，但它的识别能力甚至不如一个二流的速记员。

语音背后的生理和神经机制解决了人类语言交流系统的两个问题。一个人可能认识 60 000 个单词，但是，一个人的嘴里不可能发出 60 000 个不同的音（即便可以发出，人的耳朵也无法完全分辨），因此语言又一次用到了离散组合系统的原则。句子和短语由单词构成，单词由语素构成，语素又由音素构成。然而，与单词和语素不同的是，音素对于单词整体意义的构成毫无帮助。我们无法从"d""o""g"的意思及其顺序中推导出"dog"（狗）一词的意思。音素是一种独特的语言单位。它与外在的语音连接，却不与内在的心语连接。每个音素都对应一种发音方式，它们构成离散组合系统中的一个独立成分，将无意义的语音组合成有意义的语素，然后再由其他成分将有意义的语素组合成有意义的单词、短语和句子。这是人类语言的基本结构，语言学家查尔斯·霍盖特（Charles Hockett）将其称为"模式二重性"（duality of patterning）。

不过，语言本能的语素模块并非只用于拼写语素。语言规则是一套离散组合系统：音素组合成语素，语素组合成单词，单词组合成短语。它们不能相互混合或者合并。"Dog bites man"（狗咬人）不同于"Man bites dog"（人咬狗），"believing in God"（信仰上帝）不同于"believing in Dog（信仰狗）。但是，要使这些结构从一个人的脑中传到另一个人的脑中，就必须将它们转化为声音信号。人们所发出的声音信号并非如按键式电话那样发出一串清脆的哔哔声，人们的言语是一条由气息构成的河流，并在口腔和喉头肌肉的制约下形成一个个蜿蜒曲折、清浊高下的弯道。大自然在语音上面临的问题不外乎以下两种：一是将说话者头脑中的一串离散信号编码为一串音流，即数字信号向模拟信号的转换；二是在听者头脑中将一串音流解码为一串离散信号，即模拟信号向数字信号的转换。

因此，语音的诞生取决于几个步骤。首先，形成一组数量有限并可以通过排列组合的方式构成单词的音素列表；其次，对这串音素进行抛光打磨，使它们易于发音，也易于理解；最后，将它们运用到实际的交流场合。我将对这些步骤做详细的解说，并告诉你它们是如何塑造我们日常遇到的各种言语现象的：诗歌、耳误、口音、语音识别设备以及不可理喻的英语拼写体系。

元音和辅音

要理解语音的本质，我们有一个简单的方法，即考察一股气流是如何从腹部开始经由声道传播于口外的。

在说话时，我们会改变正常的呼吸频率，更为快速地吸入空气，然后借助肋部肌肉的力量抵消肺部的弹性回缩，将它平缓地释放出来。如果不这样做，我们说的话听起来就会像气球放气时发出的声音，单调而乏味。在这里，语法比二氧化碳更有优先权：我们抑制住调节身体摄氧量的呼吸循环系统，将呼气时间延长到一个短语或者句子的长度。这可能会导致轻微的呼吸过度或者缺氧，从而也解释了为什么发表一场公共演说是如此累人，以及为什么我们很难一边跑步一边和他人交谈。

气流离开肺部，沿气管上行，直达喉头（也就是我们可以看见的咽喉的突起部位——喉结）。喉头类似于一个阀门，中间有一道缝隙，即声门，声门两侧分别覆盖着一片可以自由伸缩的肌肉组织，也就是人们所说的声带（不过它更准确的名称是声襞，因为它并非如早期解剖学家所认为的那样是一种带状组织）。声带能够关闭声门，从而将气流密封在肺部。这可以帮助我们鼓起自己的上半身，就像扎紧的气囊一般。如果你试图在不使用双手的情况下从椅子上站起来，你就会感觉到自己的喉头是紧缩的。在出现咳嗽、排便等生理行为时，喉头也会关闭。举重运动员或者网球选手在发力时会发出嘶吼，也说明了我们是使用同一个器官来密封肺部和制造声音的。

声带也可以部分地闭合声门，使得气流在通过声门的时候发出嗡鸣的声音。这是因为高度压缩的气流将声带向外推开，而声带又会迅速反弹，将声门关闭，直到气流压力不断累积，迫使它再度打开，从而开始一个新的循环。因此，一股气流被化整为零，间断性地释放出来，由此发出一种嗡鸣声，我们称之为"浊音"（voicing）。你可以试着分别发出"sssssssss"和"zzzzzzzz"的声音，前者是不带声的清音，后者是带声的浊音。

声带的开合频率决定了声音的音高。通过改变声带的张力和位置，我们可以控制它的开合频率，由此也可以控制音高。这一点最明显地表现在哼歌或唱歌时，但在说话的时候，我们也会在一句话中不断地改变音高，这一过程就是"语调"（intonation）。正常的语调使得人类在语言发音上有别于科幻电影中的机器人以及《周六夜现场》节目中的尖头外星人。语调也可以用来表示讽刺、强调以及说话者的喜怒哀乐等情绪。在所谓的"声调语言"（如汉语）中，人们通过升降调来区分词义。

虽然浊音产生的声波拥有主要的振动频率，但它与音叉或应急警报等只拥有一个频率的纯音不同。浊音是一种频率丰富、拥有多种"谐波"（harmonic）的声音。例如，男声声波的振动频率不仅限定于100Hz，还包括200Hz、300Hz、400Hz、500Hz、600Hz、700Hz直至4 000Hz以上，女声声波的振动频率则包括200Hz、400Hz、600Hz不等。在这里，声源的丰富性就显得至关重要，它为声道的其他部分制造元音和辅音提供了原料。

如果我们由于某种原因不能用喉头发声，则可以借助任何一种频率丰富的声源来实现这一点。在低声耳语时，我们的声带是平展的，这导致气流沿着声带边缘四散开来，从而形成一种紊流或噪声，听起来就像"嘶嘶"的声音或者无线电静态噪声。这种"嘶嘶"声并不是由一系列谐波构成的不断重复的声波，如我们说话时发出的周期性声音，而是一种忽高忽低的锯齿状声波，由时刻变化的频率混合而成。然而，这一混合材料正是声道的其余部分用来制造窃窃私语的原料。一些被切除喉头的患者能够学会用食管发声，或者通过打嗝的方法来制造必要的声音；有些人则在自己的颈部放置振动器。20世纪70年代，吉他手彼得·佛莱普顿（Peter Frampton）就将电吉他的扩声通过管道传入嘴中，好让自己能够在演唱时发出弦音，正是这种弦音效果助其收获了摇滚生涯中的两张热卖唱片。

这股振频丰富的气流在离开身体之前，还要穿过一段狭长的空腔：它包括舌头后面的咽喉、舌头和上颚之间的口腔、双唇的开合部位以及另一条备用通道——鼻腔。每段空腔都具有特定的长度和形状，能够通过"共振"（resonance）的方式对穿过的声音产生影响。不同频率的声音有不同的波长（即声波波峰之间的距离），音调越高，波长就越短。在通过具有一定长度的管道时，声波会在到达管道的另一端时向后反弹。如果管道的长度和声波的波长形成一定的比例，每个反弹的回波都会增强下一个来波。如果长度不同，那么回波和来波就会互相干扰，这就好比荡秋千，如果你能在秋千荡得最高的时候稍加推力，就能收到最好的效果。因此，一个特定长度的管道能够放大某种频率的声音，并过滤掉其他频率的声音。你可以通过给一个瓶子注水来体验这种效果：搅动的水声被水面和瓶子开口之间的空气柱过滤，水越多，空气柱就越短，共振频率也就越高，水声也就越小。

我们听到的各种元音，都是对喉头所发出的声音进行放大或过滤的结果，只不过在组合方式上有所不同。通过移动口腔中的 5 个发音部位的位置，我们可以改变共振腔的形状和长度，以形成不同的组合共振。例如，[ee] 这个音是由两种共振组合而成，一种是以喉腔为主的共振，频率介于 200~350Hz 之间，另一种则是以口腔为主的共振，频率介于 2 100~3 000Hz 之间。一个空腔过滤的频率范围与进入该空腔的特定的频率组合并不相干，因此，无论是说话还是耳语、高歌还是低唱、嗝音还是鼻音，所有的 [ee] 音听起来都是一个音。

舌头是最重要的发音器官，因此语言也的确称得上是一门"舌头的艺术"。实际上，舌头是 3 个部位的总和：舌尖、舌面和舌根（即与下颚相连的肌肉）。如果你重复地发"bet"和"butt"中的元音：[e-uh]、[e-uh]、[e-uh]，就能够感觉到舌面在向前和向后反复移动（你可以通过将手指放在上下牙齿之间来感觉这种移动）。当舌头位于口腔前部时，它可以拉长舌头与喉咙之间的空腔，同时缩短舌头与双唇之间的空腔，从而改变声音的共振方式。在发"bet"的元音时，口腔可以放大振频为 600Hz 和 1 800Hz 的声音；而在发"butt"的元音时，口腔放大的是振频为 600Hz 和 1 200Hz 的声音。现在请你试着交替发出"beet"和"bat"的元音，你会发现舌面在上下跳动，运动轨迹正好与"bet-butt"的舌部运动相垂直，你甚至可以感觉到自己的下颚也在跟着舌头一起运动，以便形成发音。这种运动同样能够改变喉咙和口腔的形状，从而改变声音的共振。大脑则将不同方式的放大和过滤解读为不同的元音。

舌部运动与元音之间形成的紧密联系导致了一个颇为奇特的现象，这种现象出现在包括英语在内的许多语言之中，即"语音象征主义"（phonetic symbolism）。当舌头较高，且位置靠前时，形成的是一个空间较小的共振腔，它放大的都是高频率的音。由此一来，以这种方式产生的元音（例如 [ee] 和 [i]）常常让人们联想到微末之事。与此相对的是，当舌头较低，且位置靠后时，形成的则是一个空间较大的共振腔，它放大的都是低频率的音，由此产生的元音（例如"father"中的 [a] 以及"core""cot"中的 [o]）常常让人们联想到庞然大物。因此在英文中，老鼠被叫作"mice"，它体型很小（teeny），声音尖细（squeak）；而大象则被称为"elephant"，它体型庞大（humongous），声音洪亮（roar）。又比如，音箱上的高音扬声器（tweeter）的口径总是比低音扬声器（woofer）的口径小。此外，以英语为母语的人能够准确地猜出汉语里的"轻"（ch'ing）字代表重量小，"重"（ch'ung）字代表重量大（在针对大量外语单词的对照研究中，被试的准确率高于随机猜测，尽管不是特别明显）。我曾经向我身边一位计算机达人请教过"frob"一词的意思，她生动形象地给我上了一堂"黑客英语"辅导课：假设你为自己的立体音响添置了一台新的图示均衡器，首先，你会漫无目的地上下移动控制按钮，以测听这台设备的一般效果，这就是"frobbing"（调着玩）。然后，你会通过适度地移动旋钮，找出自己喜欢的音段，这就是"twiddling"（扭转）。最后，你会做出更为细微的调整，以获得最完美的音质，这就是"tweaking"（微调）。根据这段解释，"ob""id"和"eak"的发音恰好符合语音象征主义的大小规则。

你是否愿意冒着被娱乐节目《60 分钟》（Sixty Minutes）主持人安迪·鲁尼（Andy Rooney）附体的风险，想一想我们为什么不将"fiddle-faddle"（无聊）说成"faddle-fiddle"，不将"ping-pong"（乒乓球）说成"pong-ping"，不将"pitter-patter"（噼啪声）说成"patter-pitter"？为什么我们不能用"span and spic"来形容厨房的整洁，而必须说"spic and span"。同样，为什么我们必须说"riff-raff""mish-mash""flim-flam""chit-chat""tit for tat""knick-knack""zig-zag""sing-song""ding-dong""King Kong""criss-cross""shilly-shally""see-saw""hee-haw""flip-flop""hippity-hop""tick-tock""tic-tac-toe""eeny-meeny-miney-moe""bric-a-brac""click-ety-clack""hickory-dickory-dock""kit and caboodle""bibbity-bobbity-boo"？ 答案是：舌位高而前的元音往往居于舌位低而后的元音之前。没有人知道为什么这些单词要按照这样的顺序结合在一起，但它似乎能够以三段论的形式，通过另外两种奇特的现象推导出来。第一，包含"我、此时、此地"之意的单词往往拥有舌位高而前的元音，而远离"我、此时、此地"的单词则拥有舌位低而后的元音，如"me"与"you"、"here"与"there"、"this"与"that"。第二，在排列顺序上，包含"我、此时、此地"之意的单词往往排在前面，而在字面上或意味上远离"我"（或者说话者本人）的单词则排在后面，例如"here and there"（而非"there and here"）、"this and that"、"now and then"、"father and son"、"man and machine"、"friend or foe"、"the Harvard-Yale game"（哈佛大学的叫法）、"the Yale-Harvard game"（耶鲁大学的叫法）、"Serbo-Croatian"（塞尔维亚人的叫法）、"Croat-Serbian"（克罗地亚人的叫法）。因此，这个三段论可以表述为：

前提一："我"＝高前元音，
前提二："我"通常位于前排，
结论：高前元音通常位于前排。

接下来让我们考察一下其他的发音部位。你可以试着交替发出"boot"和"book"的元音，并注意自己的嘴唇变化。当你发"boot"的音时，你的嘴唇呈圆形并向前突出，这等于在声道前端增加了一个空腔。这个空腔拥有自己的共振值，可以放大和过滤其他振频，使其发出的元音和其他元音形成明显的差别。正是由于唇形变化对声音效果的影响，我们才能在与兴高采烈的人通电话时"听"到他的微笑。

还记得你的小学老师曾经教过的内容吗？"bat""bet""bit""bottle""butt"中的元音是"短音"，"bait""beet""bite""boat""boot"中的元音是"长音"。你当时是不是根本不知道她在说什么？很好，请把它们统统忘掉吧，这些知识早已是陈年往事。早期英语往往通过元音发音的快慢来区分单词，这有点儿像现代英语中"bad"（坏）与"baaaad"（好）的区别。但到了 15 世纪，英语的发音经历了一场大地震，史称"元音大转移"（Great Vowel Shift）。通过舌根的前移，那些原本发音较长的元音变成了"紧元音"，即发音时舌头紧绷，舌面隆起，而不像以前那样松弛扁平。隆起的舌面缩小了口腔上方的空腔，改变了声音的共振。此外，现代英语中的一些紧元音，比如"bite"和"brow"的元音，属于"双元音"（diphthong），即两个元音快速、连续地发音，听起来就像是一个元音，如"bite"读作 [ba-eet]，"brow"读作 [bra-oh]。

如果你尽可能地拉长"Sam"和"sat"的元音，推后词尾的辅音，就能听到第 5 个发音部位的音响效果。在大多数英语方言中，元音会因为被拉长而发生变化，例如"Sam"中的元音在被拉长后会带有浓重的鼻音，这是因为软腭（位于硬腭之后的肌肉组织）的张开使得空气得以从鼻腔通过。鼻腔也是一个共振室，当振动的空气从中经过时，它会放大和过滤另一组频率。在英语中，人们不会根据元音是否带有鼻音来区分单词，但是像法语、波兰语和葡萄牙语等许多语言却是这么做的。有些以英语为母语的人即便在说"sat"时也会把软腭张开，但我们只会认为这是带有鼻音而已，并不会把它听成另一个单词。当你因为感冒而出现鼻塞的症状时，打不打开软腭就没有什么分别了，此时你的发音显然不带鼻音。

到目前为止，我们探讨的都是元音。在发这些音时，气流从喉头出发直达外界，整个过程畅通无阻。如果气流在途中遇到某种阻碍，就形成了辅音。你可以试着发出"sssssss"的音，为了发这个音，你必须将舌尖（第 6 个发音部位）抬起，使之与牙床相抵，只留下一道细小的开口。如果你强迫气流穿过这个开口，这股气流就会汹涌地激荡开来，并发出"噪声"。根据开口的大小以及开口之前的谐振腔的长度，噪声中的某些声波会比其他频率的声波听起来更为响亮，这些声波的波峰和频率范围决定了 [s] 的音色。此外，这个噪声的产生是源自气流的摩擦，因此这类声音也被称为"擦音"（fricative）。如果将急促的气流从舌头和上颚之间挤出来，就可以得到 [sh] 的音；从舌头和牙齿之间挤出来，就可以得到 [th] 的音；从下唇和牙齿之间挤出来，就可以得到 [f] 的音。此外，我们还可以通过舌面或者声带的移动来制造湍流，以发出"ch"在德语、希伯来语、阿拉伯语中的不同读音，例如"Bach"（巴赫）、"Chanukah"（光明节）等。

　　现在请你发一下 [t] 的音。你可以感觉到，舌尖同样对气流形成了阻碍，但这一次它没有留下任何缝隙，而是完全阻塞了气流的前进。随着压力的增大，你猛然间放开舌尖，让气流喷涌而出（笛手们正是通过这种方式来分奏不同的音符的）。其他的"塞辅音"（stop consonant）还有：通过闭合双唇发出的 [p] 音、通过将舌面抵住上颚发出的 [k] 音，以及由喉头发出的喉塞音（如"uh-oh"中的辅音）。当你发出一个塞辅音时，听者往往要经历以下三个阶段：首先，什么声音都没有，因为气流被障碍物完全阻塞，此时的塞辅音就像是"寂静之声"。然后，随着气流的释放，突然爆发出一种急促的噪声，它的振动频率取决于开口的大小和谐振腔的长度。最后，随着舌头滑动到下一个元音的发音位置，浊音逐渐加强，由此过渡为平缓变化的共振。正如我们将要看到的，这种三级跳式的发音方式令语音识别工程师痛苦不堪。

　　最后请你再发一下 [m] 的音。你双唇紧闭，就和发 [p] 音一样，但这一次气流并不是被无声地阻塞在空腔中，你可以持续地发出 [mmmmm] 的音，直到透不过气来。这是因为你在紧闭双唇的同时张开了软腭，使得所有空气得以通过鼻腔释放出来，这时发出的声音是在鼻腔和前部口腔的共振下被放大的结果。此时如果开启双唇，就会产生一种平缓变化的共振。从形式上看，这个共振与 [p] 音的共振非常相似，只是它无须经过"寂静－爆发－加强"这三个阶段。[n] 的发音原理与 [m] 类似，只不过阻碍气流通行的是舌尖，同时，舌尖也是 [d] 和 [s] 的发音部位。此外，"sing"中的辅音 [ng] 也如此发音，只是阻碍气流通行的是舌面部分。

　　那么，我们为什么说"razzle-dazzle"而不说"dazzle-razzle"？为什么是"super-duper""helter-skelter""harum-scarum""hocus-pocus""willy-nilly""hully-gully""roly-poly""holy moly""herky-jerky""walkie-talkie""namby-pamby""mumbo-jumbo""loosey-goosey""wing-ding""wham-bam""hobnob""razza-matazz""rub-a-dub-dub"？恐怕你从未想过这些问题。辅音之间的区别源自气流的阻塞程度：仅仅是使它产生共振，还是迫使它以噪声的形式通过障碍，又或者是完全阻止它的通行。以阻塞小的辅音开头的单词通常位于以阻塞大的辅音开头的单词之前，但这又是为什么呢？

发音部位的组合方式

现在，你已经游历了整个声道，明白了人类绝大多数语音的发声机制和听觉效果。其中的奥秘是，语音并不是由某个单独的部位以单一的运动方式制造出来的，每个语音都是一系列运动方式的组合，而每种运动方式都能对声波进行特定的雕琢和塑造，它们差不多以相同的步调通力合作，履行各自的职责。这也是为什么我们能够迅速发音的原因之一。你可能已经注意到，一个语音可以带鼻音，也可以不带鼻音，可以产生于舌面、舌尖，也可以产生于双唇，它一共有以下 6 种组合方式：

	鼻音 （软腭张开）	非鼻音 （软腭闭合）
双唇	[m]	[p]
舌尖	[n]	[t]
舌面	[ng]	[k]

同样，浊音与清音也是由不同的发音部位组合而成的：

	浊音 （喉头振动）	清音 （喉头不振动）
双唇	[b]	[p]
舌尖	[d]	[t]
舌面	[g]	[k]

因此，我们可以用多维矩阵的方式来描述每一个语音。第一步，确定这个语音的主要发音部位：喉头、软腭、舌面、舌尖、舌根、双唇。第二步，确定这个发音部位的运动方式：摩擦、闭塞、通畅。第三步，确定其他发音部位的配合方式：软腭是否张开（鼻音还是非鼻音）、喉头是否振动（浊音还是清音）、

舌根是否紧张（紧音还是松音）、双唇是否撮起（圆音还是非圆音）。每一种方式或配合都是针对发音肌肉所下达的一组指令符号，这一符号被称为"特征"（feature）。只有分秒不差地执行这些指令，我们嘴里才能蹦出一个个音素。我们每个人都必须掌握这套高难度的"体操运动"。

在英语中，这些组合方式一共形成了 40 个音素，略高于世界平均水平。其他语言有的少到只有 11 个音素（波利尼西亚语），有的多达 141 个音素（克瓦桑语或布西曼族语）。人类语言的音素总量达数千个，但它们都可以用上述 6 个发音部位及其部位形状与运动方式来解释。我们嘴里发出的其他一些声音则不会出现在任何语言中，例如牙齿的摩擦声、舌头刷蹭口腔底部的声音、吐舌头的声音以及唐老鸭般的聒噪声。即便是克瓦桑语和班图语中极其罕见的吸气音，也不是一种随意加入的音素，它类似于"啧啧"的声音，因为科萨族歌手米瑞安·马卡贝（Miriam Makeba）的运用而被人熟知。吸气音与塞音、擦音一样，是一种符合规范的发音特征，它可以和其他所有发音特征结合起来，构成音素表中一个新的行列。吸气音可以由双唇产生，由舌尖产生，也可以由舌面产生；它可以是鼻音，也可以是非鼻音；可以是浊音，也可以是清音。我们一共可以组合出 48 种吸气音！

语音模式

不同的音素库存给不同的语言带来了独特的语音模式。例如在日语中，[r] 音与 [l] 音是不分的。当我在 1992 年 11 月 4 日抵达日本的时候，日本语言学家山梨正明（Masaaki Yamanashi）见到我的第一句话就是："我们日本人非常关注克林顿的勃起（erection）。"[①]

即便是面对一段并不包含真实单词的语音流，我们往往也可以辨析出某种语音模式，例如《布偶秀大电影》（*The Muppets*）中的瑞典厨师所说的"瑞典话"，或者约翰·贝鲁西（John Belushi）扮演的日本武士所说的"日本话"。语言学家

---

① 山梨正明故意用日本口音来说"election"（大选）一词，使之听上去像"erection"（勃起）。——译者注

萨拉·汤姆森（Sarah G. Thomason）对声称能够与亡灵交流或者"说方言"①的人进行过研究，发现他们所说的神秘语言与实际语言有着相似的语音模式。例如一位进入催眠状态的通灵师宣称自己是某个生活于 19 世纪的保加利亚妇女，正在和自己的母亲谈论乡间遭受的兵燹之灾。这段"伪斯拉夫语"听起来就像这样：

> Ovishta reshta rovishta. Vishna beretishti? Ushna barishta dashto. Na darishnoshto. Korapshnoshashit darishtoy. Aobashni bedetpa.

当然，如果用一种语言的语音模式来拼读另一种语言的单词，这就是"外国口音"。以下这段文字摘自鲍勃·贝尔维索（Bob Belviso）编写的童话故事《杰克与魔豆》（*Jack and the Beanstalk*），它是用意大利语的语音模式来拼读英语单词的：

GIACCHE ENNE BINNESTAUCCHE

Uans appona taim uase disse boi. Neimmese Giacche. Naise boi. Live uite ise mamma. Mainde da cao.

Uane dei, di spaghetti ise olle ronne aute. Dei goine feinte fromme no fudde. Mamma soi orais, "Oreie Giacche, teicche da cao enne traide erra forre bocchese spaghetti enne somme uaine."

Bai enne bai commese omme Giacche. I garra no fudde, i garra no uaine. Meichese misteicche, enne traidese da cao forre bonce binnese.

Giacchasse!

到底是什么规范了语言的语音模式呢？它显然不只是音素的简单相加，例如下面这些字母组合：

ptak	thale	hlad
plaft	sram	mgla
vlas	flutch	dnom
rtut	toasp	nyip

---

① 说方言：特指在宗教拜神仪式中讲出一些不为人知的语言。——译者注

　　以上出现的所有音素都可以在英语中找到，但任何一个以英语为母语的人都能发现它们的区别：虽然"thale""plaft""flutch"不是英语单词，但可以成为英语单词；而剩下的组合则既不是英语单词，也不可能成为英语单词。可见，说话者一定具备了某种隐性知识，知道本民族语言的音素的连接方式。

　　音素并不是以直线的形式、从左到右地装配成单词的。与单词、短语一样，它们先是组成一个个单元，然后再组成更大的单元，最终形成一种树形结构。每个音节开头的辅音群（C）被称作"首音"（onset），跟着的元音（V）和所有辅音被称作"韵脚"（rime）。

　　音节的生成规则规定了单词的合法结构。在英语中，首音可以由一组辅音构成，例如"flit""thrive"和"spring"，但也必须遵从一定的限制，例如"vlit""sring"这样的组合就不行。韵脚则可以由一个元音加上一个或一组辅音构成，例如"toast""lift"和"sixths"。然而在日语中，首音只能由单个辅音构成，韵脚则必须是一个元音。因此，"strawberry ice cream"（草莓冰激凌）用日语口音来读就是"sutoroberi aisukurimo"，"girlfriend"（女朋友）用日语口音来读就是"garufurendo"。在意大利语中，首音可以由辅音群构成，但韵脚尾部不得出现辅音。因此在讲述《杰克与魔豆》的故事时，贝尔维索特意使用了这一规则来模仿意大利语的语音模式，所以"and"变成了"enne"，"from"变成了"fromme"，"beans"变成了"binnese"。

　　首音和韵脚不仅规定了某种语言中可能出现的语音，同时，它们也是人们最为敏感的语音——词音的构成部件，因此常常被用于各种诗歌或者文字游戏中。押韵的单词拥有相同的韵脚，叠声的单词拥有相同的首音（或者仅仅是起头的辅音）。诸如"Pig Latin""eggy-peggy""aygo-paygo"等儿童暗语游戏往往是在首音与韵脚的交界处大做文章，比如英语中的"fancy-shmancy""Oedipus-Shmoedipus"等意第绪式构词法。在 1964 年的热门歌曲《名字游戏》（*The Name Game*）中，如果舍丽·艾丽丝（Shirley Ellis）能够采用首音和韵脚的说法，就可以不必费那么多口舌来解释这些规则了（"Noam Noam Bo-Boam, Bonana Fana Fo-Foam, Fee Fi Mo Moam, Noam"）。

再进一步，音节可以组成更大的节奏单位——"音步"（foot）。

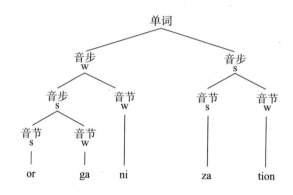

音节和音步可以依据其他规则分为强音（s）和弱音（w），这种强弱分布决定了每个音节发音时的轻重程度。与首音和韵脚一样，音步也是词音中的敏感成分，我们常常在诗歌和双关语中使用到它。"韵律"（meter）是不同音步的排列方式。如果一串连续音步以"由强到弱"的方式排列，就是"扬抑格"（trochaic）韵律，例如"Mary had a little lamb"（玛丽有只小羊羔）；如果以"由弱到强"的方式排列，就是"抑扬格"（iambic）韵律，例如"The rain in Spain falls mainly in the plain"（西班牙的雨区多是平原）。在日常对话中，我们通常将咒骂语置于重读的单词之前，例如，有人问多罗茜·帕克（Dorothy Parker）[①]为什么最近没有去听交响乐，她回答道："I've been too fucking busy and vice versa."（我不是忙着做事，就是忙着做爱。）此外，虽然一些年轻人喜欢将咒骂语插入单词中间，但也总是置于重读的音步之前，比如"fan-fuckin-tastic"（太他妈的棒了）、"abso-bloody-lutely"

---

① 20 世纪美国作家，其作品常具讽刺意味。——编者注

（绝对地）、"Phila-fuckin-delphia"（该死的费城），可见这一规则依然被严格地遵守，如果你硬要说"Philadel-fuckin-phia"，恐怕连街头的不良少年都要嘲笑你了。

语素和单词中的音素组合存储于我们的记忆之中，它们在被实际说出之前还要经历一系列调整，这些调整进一步规范了语言的语音模式。你不妨读一读"pat"和"pad"这两个单词，然后再读一读它们的"-ing"形式："patting"和"padding"。在英语的许多方言中，这两个单词的读音完全相同，[t] 和 [d] 的差别不复存在，而消弭二者差别的是一种叫作"闪音"的音位规则：如果一个舌尖塞辅音出现在两个元音之间，这个辅音的发音方式不再是舌头静止抵住齿龈，以积累足够的气流，而是改成舌尖轻弹齿龈，旋即离开。这种闪音规则不但适用于两个语素相连的情况下，例如"pat"和"ing"，也同样适用于由一个语素构成的单词。虽然对许多说英语的人来说，"ladder"和"latter"似乎是由不同的音素构成的，并且在心理词典中代表不同的意思，但它们的读音其实是一样的（尤其是在故作庄重的场合下）。因此当谈话内容涉及母牛时，一些诙谐之士就会大谈特谈"udder mystery"（乳房的秘密）、"udder success"（乳房的成功）等谐音词。①

有趣的是，音位规则的应用是一种有着固定步骤的有序操作，就如同一条生产流水线，将单词依次装配起来。比如"write"和"ride"，在大多数英语方言中，这两个单词中的元音在发音上是有一定区别的，至少"ride"中的"i"发音比"write"中的"i"要更长一些。在某些方言中，比如新闻评论员彼得·詹宁斯（Peter Jennings）、冰球明星韦恩·格雷茨基（Wayne Gretzky）以及笔者所说的加拿大英语（也就是电视剧《加拿大》中麦肯齐兄弟所操的搞笑口音），这两个元音发音完全不同。"ride"包含的是一个从元音 [ɑ] 滑向元音 [ee] 的双元音，而"write"包含的是一个从更高的元音 [ʌ] 滑向 [ee] 的双元音。但是，无论这个元音如何改变，它都遵循着一个统一的规则：[t] 之前不得出现长 / 低的"i"音，[d] 之前则不得出现短 / 高的"i"音。在电影《超人》（Superman）中，女主人公露易丝·莱恩（Lois Lane）最终以非常难得的理智推断出克拉克·肯特（Clark Kent）就是超人：他们从来没有在同一时间出现在同一地点。我们也可以同理推断说，心理词典中只有一个"i"，在它被读出来之前，音位规则会根据它是出现在 [t] 之前

---

① "udder"为乳房的意思，与"utter"（彻底的）同音。——译者注

还是 [d] 之前进行发音上的调整。我们甚至可以猜测，储存在记忆中的原始的 "i" 在发音上近似 ride 中的 "i"，而 "write" 中的 "i" 则是音位规则的产物。证据是当 "i" 音的身后没有 [t] 和 [d] 时，比如在 "rye" 中，它的发音与 "ride" 中的 "i" 相同，这显然是没有被规则改造的原始形态。

现在请再读一下 "writing" 和 "riding"。在闪音规则的操作下，[t] 和 [d] 的读音已经完全一致，但两个 "i" 的读音却仍旧不同。这是怎么回事呢？根据上文所述，"i" 音的不同完全是因为 [t] 和 [d] 的区别，而 [t] 和 [d] 的区别已经被闪音规则消除。这表明在规则的应用上，"i" 音的变化规则优先于闪音规则。换句话说，这两个规则在应用上有固定的顺序，元音变化在前，闪音变化在后。之所以如此，可能是因为闪音规则的存在是为了让发音变得更加容易，因此它在由脑到口的加工链条中处于更为下游的位置。

元音变化规则还有另一个重要特征。"i" 音不只会在 [t] 前发生改变，它在许多辅音之前都会发生改变，试比较：

prize	price
five	fife
jibe	hype
geiger	biker

这是否意味着 "i" 音有 5 种不同的变化规则，分别用在 [z] 与 [s]、[v] 与 [f] 等 5 种不同的区别上？显然不是。这些引起变化的辅音 [t]、[s]、[f]、[p]、[k] 与它们各自的对应辅音 [d]、[z]、[v]、[b]、[g] 有一个共同的区别：它们都是清音，而它们的对应辅音都是浊音。因此我们只需要一个规则："i" 的读音在清辅音之前发生变化。我们可以通过一个事例来证明它是存在于人们头脑中的真实规则，而不是为了节省笔墨而将 5 个规则硬凑成一个规则。如果一个以英语为母语的人能够正确地读出德语中的 "ch"（如 the Third Reich），他就会将德语中的 "ei" 读成 "write" 中的 "i"，而非 "ride" 中的 "i"。英语中没有辅音 [ch]，所以以英

语为母语的人不可能知道关于它的任何音位规则。但是，由于它是清辅音，因此只要元音变化规则对于任何清辅音都有效，那么以英语为母语的人便会清楚地知道该怎么做。

这种选择性变化不仅出现在英语中，也在所有语言中有所体现。音位规则很少由单个音素触发，它们往往适用于一整类有着某种共同特征的音素，例如同为浊音，同为塞音或擦音，或者有相同的发音部位。这表明，音位规则并不是将音素看成一串符号，而是透过音素的外在形式，把握其内在的发音特征。

因此，音位规则操纵的是发音特征，而不是音素。请读一读下面这些动词过去式：

walked	jogged
slapped	sobbed
passed	fizzed

在"walked""slapped"和"passed"中，"-ed"读作 [t]；在"jogged""sobbed"和"fizzed"中，"-ed"读作 [d]。现在你或许已经能够推断出这种差别背后的原因了：读作 [t] 是因为它跟在 [k]、[p]、[s] 等清辅音之后，而读作 [d] 是因为它跟在 [g]、[b]、[z] 等浊辅音之后。由此可见，我们的头脑中必定存在一个特定的规则，它能够回头查看词干的末尾音素，以确定其是否属于浊音，然后依据检查的结果来调整后缀"-ed"的读音。为了证实这一假设，我们可以要求人们念下面这句话："Mozart out-Bached Bach"（莫扎特比巴赫还巴赫）。动词"out-Bach"包含了"ch"音，但英语中并没有这个音。然而，每个说英语的人都会将"out-Bached"的后缀"-ed"读作 [t]，因为"ch"是一个清辅音。我们甚至可以用一些例子来证明后缀"-ed"是以 [d] 音储存于记忆之中的，而 [t] 音则是规则变化的结果。例如单词"play""row"不是以辅音结尾的，而每个人都将它们的过去式读成"plade"和"rode"，而非"plate"和"rote"。在没有辅音触发音位规则的情况下，我们听到的显然是存储于心理词典中的最初读音，也就是 [d]。这一现

象揭示了现代语言学的一个重要发现：语素能够以与其实际发音不同的形式存储于心理词典之中。

　　偏好理论的读者恐怕还要忍耐一会儿，等我把下一段内容讲完。请注意，在"[d] → [t]"变化规则的背后存在着一种奇特的模式：首先，[d] 本身是个浊音，它也必须跟在浊辅音之后；[t] 是一个清音，它则必须跟在清辅音之后。其次，除了清、浊之外，[t] 和 [d] 在发音上是相同的：它们的发音部位都是舌尖，而且发音方法也相同，即用舌尖抵住齿龈，阻塞气流，然后再释放出来。因此，这条变化规则并不是随意地变更音素，比如在高元音之后将 [p] 变成 [l]，或者随机挑选其他音素。整个变化过程就像是针对后缀 "-ed" 实施的一场"外科手术"，将它的发音调整为与其浊音相对应的清音，而保留其他的发音特征。换言之，在将"slap + -ed"的读音转变为"slapt"的过程中，音位规则是将清浊指令连同"slap"的 [p] 音一起打包，作用于后缀 "-ed" 之上的，如下所示：

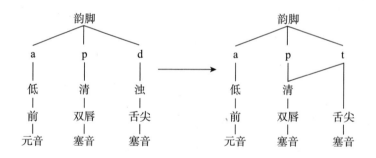

　　"slapped"中的 [t] 音与"slapped"中的 [p] 音形成了匹配关系，是因为它们都是清音。它们在心理词典中被视作同一个特征，从而将两个音段联系起来。这种情形在其他语言中也很常见。例如清浊、元音音质、语调等特征可以为单词中的各个音素提供一种横向联系，仿佛每个特征都住在自己的"音层"（tier）中，而不是与某个单独的音素拴在一起。

　　可见，音位规则关注的是特征，而不是音素。它们调整的也是特征，而不是音素。前文说过，正是一类类特征的排列组合，才形成了语言中的各种音素。这些事实表明，语音的原子是特征，而不是音素，这些特征存储于大脑之中，成为大脑的操作对象。音素只不过是一组特征的集合。因此，即便是在最小的语言单位——特征的层面上，语言也是以组合系统的方式进行工作的。

所有的语言都有自己的音位规则，可它们又有什么用呢？你或许已经注意到，这些规则可以使发音变得更加容易。对两个元音之间的 [t] 或 [d] 进行闪音处理，可以帮助我们更快地发音，而不必让舌尖为了积累足够的气压而长时间地保持不动。将单词词尾的清音特征作用于后缀之上，可以使说话者不必先关闭喉头发词尾的音，再打开喉头发后缀的音。乍看之下，音位规则仅仅是一组偷懒的方法。从这个角度出发，人们很容易注意到其他方言中的语音调整现象，并将这种调整归结为说话者的懒惰。这种心理非常普遍，无论是在英国人还是美国人中。例如萧伯纳写道：

> 英国人不尊重他们的语音，不肯教他们的孩子好好说它。他们无法正确地拼读，因为他们拥有的是一套古老的外来字母系统，其中只有辅音（而且不是所有辅音）有一致的发音规则，因此只要一个英国人开口说话，就注定要遭到其他英国人的鄙视。

莱德勒在《如何听懂美国人的含混口音》（*Howta Reckanize American Slurvian*）中写道：

> 一直以来，语言爱好者都在为美国人说话时的拙劣发音而伤神。那些听觉敏锐的人不得不承受极大的痛苦和愤懑，听着人们把"government"念成"guvmint"，把"accessories"念成"assessories"。事实上，无论走到哪里，我们都受到含混不清的口音的围攻。

但是，如果这些悲愤者的耳朵能够再敏锐一些，他们或许就能注意到这样一个事实：没有任何一种方言允许人们在发音上敷衍了事。音位规则一手提供方便，一手又把它拿走。一个乡下人也许会因为将"Nothin' doin'"中的"g"音省略而遭到嘲笑，但他却很有可能清晰地发出"pólice and accidént"中的元音 [ə]，而那些自以为高人一等的知识分子却会把它弱化为中性元音 [uh]。当布鲁克林道奇队的投手韦特·霍伊特（Waite Hoyt）被球击中的时候，一位球迷在看台上大声叫道："Hurt's hoit!"（受伤了霍伊特。）喜欢"pahk their cah in Hahvahd Yahd"（即

"park their car in Harvard Yard"，把车停在哈佛大学校园）的波士顿人也喜欢把自己的女儿叫作"Sheiler"（Sheila）和"Linder"（Linda）。1992 年，马萨诸塞州韦斯特菲尔德市（Westfield）的居民提交了一份法案，禁止本市学校雇用任何"带有口音"的外来教师——这可是千真万确之事。一位具有怀疑精神的女士曾给《波士顿环球报》（Boston Globe）写信，说自己当年的老师—— 一位土生土长的新英格兰人曾用"orphan"和"often"来解释"同音词"，另一位搞笑的读者也说自己当年因为将"cuh-rée-uh"拼写成"Korea"，将"cuh-rée-ur"拼写念成"career"而让老师气愤不已。不过，很快，这个提议就被撤回了。

我们有充足的理由说明为什么音位规则要对发音上的"懒惰现象"实施严格监管，为什么所有的方言都不允许它的使用者随心所欲地偷工减料。说话者的每一次偷工减料都会让听者付出脑力上的代价。如果一个社会由懒惰的说话者构成，那么它也必然是一个勤奋的听者社会。如果这个社会由说话者说了算，那么所有的音位规则都将被取消；但如果由听者说了算，语音就会走上相反的道路，它会迫使说话者在发音时严格遵守音位规则，以扩大易混音素的听觉差异。事实上，许多音位规则也正是这么做的。例如英语中有这样一条规则：一个人在发 [sh] 音时必须将双唇撮圆，而在发 [s] 音时则不必如此。这个额外动作的好处是：撮起的双唇拉长了共振腔的长度，从而加强了将 [sh] 和 [s] 区分开的低频噪声，听者也就能够更加容易地识别出 [sh] 音。虽然每个说话者同时也是一个听者，但人性的伪善使我们不敢贸然依靠说话者的远见和体贴。相反，语言社区的每个成员都宁愿接受一套相对严格、有张有弛的音位规则，并在牙牙学语的孩提时代就已掌握这套规则。

即便音位规则并未扩大易混音素的听觉差异，它也可以给听者带来好处。它使得语音模式具有可预测性，从而增加了语言的"羡余性"（redundancy）。据估计，就携带的信息量而言，英语文本的实际长度是其所需长度的 2~4 倍。例如，本书在我的计算机磁盘中占了 900 000 个字符，但我的压缩软件可以利用字母排列顺序的羡余性，将其压缩到 400 000 个字符，而不含英语文本的计算机文件则无法压缩到这个程度。逻辑学家奎因解释了为何许多系统都具有羡余性特征：

这是对最低需求的一种明智超越。这是一座设计精良的大桥在承受始料未及的压力时依然屹立不倒的原因所在。这是未雨绸缪的保护之策。这也是为什么我们在填写邮寄地址时尽管已注明邮政编码，却仍要写下城市和州名的原因，否则的话，一旦邮政编码中的某个数字写得不太清楚，就可能搞砸一切……据传说，有个王国曾经因为缺少一个马掌钉而灭亡。羡余性正是我们防范这种不稳定因素的手段。

多亏了语言的羡余性，即便将句子中的元音全部替换成"x"，你也能读懂我所写的内容（yxx cxn xndxrstxnd whxt x xm wrxtxng xvsn xf x rxplxcx xll thx vxwxls wxth xn "x"）；而如果把句中的元音都去掉的话，辨别起来就更难一些（t gts lttl hrdr f y dn't vn kn whr th vwls r）。在倾听别人说话的时候，音位规则所提供的羡余性能够补偿声波上的模棱两可之处。例如，当听者听到"thisrip"这个音时，他知道这一定是"this rip"而不是"the srip"，因为在英语中，[sr] 这个辅音连缀是不符合规律的。

为什么语言识别如此之难

那么，为什么我们已经可以将人送上月球，却制造不出一台具有听读功能的计算机呢？根据我前面的解释，每个音素都拥有一个专有的听觉签名：对元音来说是一组共振，对擦音来说是一段噪声，对塞音来说是一个气流的爆破过程。按部就班的音位规则以可预测的方式对音素的排列次序进行规范调整。假设我们可以循着这些规则原路返回，想必就可以回到最初的起点。

语音识别之所以如此困难，是因为人类的大脑和口头之间存在许多龃龉之处。世界上没有两个人的声音是相同的，无论是声道形状还是发音习惯，都存在个体差异。说话的语气和速度也会影响音素的听觉效果。在快速交谈的时候，许多音素会被直接略过。

但是，为什么我们目前还无法制造出一台电子速记设备？主要原因就是一种肌肉控制现象的存在："协同发音"（coarticulation）。假设在你面前放一个碟子，在碟子旁边 30 厘米的地方放一个咖啡杯。现在要求你快速地触碰一下碟子，然后再拿起咖啡杯。显然，你会选择触碰离咖啡杯最近的碟子边缘，而不会触碰碟子的中心。而且，在你的手伸向碟子的同时，你的手指就已经做出了触碰碟子边缘的姿势。这一组平稳、自然的重叠动作是运动控制的一个普遍现象，它缩小了身体移动的必要力量，降低了关节的劳损度。在这一点上，舌头与喉头也不例外。当我们要发一个音素的音时，我们的舌头无法瞬间判断出自己应该抵达的目标位置。舌头是一块分量不轻的肉，它的移动需要一定的时间。因此在舌头移动的过程中，我们的大脑就已经通过轨道的计算，预测出了它的下一个位置，正如触碰碟子、拿起咖啡杯的操作一样。在条件允许的范围内，我们总是将舌头放在离下一个音素的发音位置最近的地方。如果当前的音素并没有要求发音部位必须处于怎样的状态，我们就会预测下一个音素的发音位置，并将发音部位提前摆好。但大多数人根本察觉不到这种调整，除非被有意提醒。请念一下"Cape Cod"（科德角），如果不是本书提醒，你可能永远都不会注意到这一点：在发这两个 [k] 音时，舌面的位置其实不同。此外，"horseshoe"中的第一个 [s] 音变成了 [sh] 音，"NPR"中的 [n] 音变成了 [m] 音，"month"和"width"中的 [n] 音和 [d] 音的发音位置是齿部，而不是通常的齿龈。

由于声波对共振腔的形状极其敏感，因此这种协同发音会对语音造成严重干扰。每个音素的语音特征都染上了前后音素的色彩，有时在其他音素的组合下甚至会丧失自己的语音特征。这就是我们无法将录有"cat"一词的磁带进行剪裁，从中找出包含一个单独的 [k] 音的片段的原因。当你一路剪下去时，你得到的片段最终会从一个类似 [ka] 的音演变为类似一声"喳喳"声或口哨的声音。从理论上说，语流中的音素叠加现象对语音识别器来说是一个福音。正如我在本章开头部分提到的，辅音和元音的信号被同时传递出来，这极大地提高了音素的发音速度。此外，我们可以为每个给定的音素找到大量羡余的声音线索。但是，只有高度发达的语音识别器才能享受这一便利，这个识别器必须对声道的混音机制有所了解。

显然，人类的大脑就是这样一台高度发达的语音识别器，但没有人知道它是如何做到的。出于这个原因，研究语音知觉的心理学家和设计语音识别装置的工程师密切关注着彼此的研究工作。语音识别的难度大得惊人，从理论上说，我们或许只能找到仅有的几条解决方案。在这种情况下，大脑的工作原理可以为语音识别装置的设计提供最好的参考，反过来说，一台语音识别装置也可以帮助我们了解大脑的工作原理。

　　在言语研究的早期阶段，人们已经发现听者能够预测说话者可能要说的内容。这种预测可以缩小听者对语音信号的分析范围。我们已经注意到，音位规则能够提供一种可资利用的羡余度，但人类的能力并非仅限于此。心理学家乔治·米勒曾用磁带播放出一些夹杂着背景噪声的句子，并要求被试复述他们听到的内容。其中一些句子符合英语语法且合乎情理：

> Furry wildcats fight furious battles.
> 　　毛茸茸的野猫们发生了激烈的搏斗。
>
> Respectable jewelers give accurate appraisals.
> 　　受人尊敬的珠宝商给出了准确的鉴定。
>
> Lighted cigarettes create smoky fumes.
> 　　点燃的香烟散发出呛人的烟雾。
>
> Gallant gentlemen save distressed damsels.
> 　　勇敢的绅士们解救了受困的少女。
>
> Soapy detergents dissolve greasy stains.
> 　　柔滑的洗涤剂溶解了油污。

　　而另一些句子则像"无颜的绿色念头"一样，由单词胡乱拼凑成短语，虽然符合语法，但意思却十分荒谬：

> Furry jewelers create distressed stains.
> 　　毛茸茸的珠宝商们散发出受困的污渍。
>
> Respectable cigarettes save greasy battles.
> 　　受人尊敬的香烟解救了油腻的战斗。
>
> Lighted gentlemen dissolve furious appraisals.
> 　　点燃的绅士们溶解了激烈的鉴定。
>
> Gallant detergents fight accurate fumes.
> 　　勇敢的洗涤剂与准确的烟雾发生了搏斗。

Soapy wildcats give smoky damsels.

柔滑的野猫们给出了呛人的少女。

还有的句子是将短语结构打乱，将相关的单词放在一起，例如：

Furry fight furious wildcat battles.

毛茸茸打架激烈的野猫战斗。

Jewelers respectable appraisals accurate give.

珠宝商们受人尊敬的鉴定准确地给出。

最后是由单词混乱堆砌而成的句子，例如：

Furry create distressed jewelers stains.

毛茸茸的创建受困的珠宝商们污渍。

Cigarettes respectable battles greasy save.

香烟受人尊敬的战斗油腻的拯救。

结果显示，人们最擅长准确地复述那些既符合语法又合乎情理的句子，其次是符合语法但毫无意义的句子和不合语法但稍有意义的句子，最差的是不合语法又毫无意义的句子。

THE LANGUAGE INSTINCT　| 语言认知实验室

数年之后，心理学家理查德·沃伦（Richard Warren）也进行了一个类似的实验，他将一些句子的录音放给被试听，例如"The state governors met with their respective legislatures convening in the capital city"，只不过他将"legislatures"的第一个"s"剪掉，换上一个咳嗽的声音。结果听者根本没有注意到这个被去掉的声音。

如果我们将声波认定为语言结构层级的最底层，即由声音到音素，由音素到单词，由单词到短语，由短语到句子，最后由句子到思想，那么我们所揭示的现象似乎表明，人类的语音知觉似乎采用的是由上而下，而非由下而上的工作机制。或许我们一直都在自觉或不自觉地利用所有可供支配的知识，猜测说话者下一句将要说出的内容：从协同发音对声音的扭曲影响，到英语的各种音位规则和语法规则，再到有关现实世界的人际关系的固有印象，以及对说话者此时此刻心中所想的推断。如果这些预测足够准确，那么大脑的声学分析就可以不必那么精确，声波缺失的内容可以由背景知识来填补。举例而言，如果你正在聆听一场有关生态破坏的报告，你会特别留心与濒危动植物相关的单词，当你听到一个含混的发音"eesees"时，你能够将它正确地理解为"species"（物种），除非你是《周六夜现场》那位耳背的新闻评论员艾米丽·莱特娜（Emily Litella），对保护濒危粪便（endangered feces）①运动大加鞭挞。事实上，喜剧明星吉尔达·拉德纳（Gilda Radner）扮演的一些角色之所以笑话迭出，例如义正词严地反对拯救"苏联珠宝"（Soviet jewelry）②、谴责制止"街头小提琴"（violins in the streets）③、反对保护"自然赛马"（natural racehorses）④，并不是因为底层的语音处理系统出了问题，而是因为上层的知识结构存在缺陷，这个知识结构本可以阻止她得出错误的理解。

语音知觉由上而下的工作机制让某些人深感不安，它验证了相对主义的哲学理论：我们想听到什么，就听到了什么，我们的认识决定了我们的知觉，最终而言，我们与客观世界并没有直接联系。从某种意义上说，任由上层摆布的知觉的确是一种受到控制的幻觉，这正是问题所在。一个感知者如果必须仰仗自己的预测，那么他显然处于十分不利的位置，因为这个世界是无法预测的，即便在最好的条件下也是如此。我们有理由相信，人类的语音知觉在很大程度上来自客观的声音。

如果你有一个不怕麻烦的朋友，你可以尝试下面这个实验。首先，从词典里随机挑选出 10 个单词，然后给这位朋友打电话，将这 10 个单词清楚地报给他听。你的朋友很可能仅仅依靠声波以及英语词语、语音方面的知识，就足以将这 10 个单词拼写下来。此时，你的朋友不可能用到短语结构、背景知识或者故事情节

---

① 实际为"endangered species"，濒危物种。——译者注
② 实际为"Soviet Jewry"，苏联犹太人。——译者注
③ 实际为"violence in the streets"，街头暴力。——译者注
④ 实际为"natural resource"，自然资源。——译者注

等更高层级的预测能力，因为一组随机出现的单词提供不了任何相关信息。虽然我们在嘈杂的环境下会求助于更高层级的概念知识（即便在这种情况下，我们也无法确定到底是知识改变了知觉，还是它仅仅让我们能够在事后做出合理的猜测），但我们的大脑似乎天生就能够将声波所携带的语音信息完全提取出来，我们的第六感或许是将语音感知为语言，而非声音。但它毕竟是一种知觉，是将我们和外部世界联系起来的媒介，而不仅仅是一种暗示性的幻觉。

还有一种现象可以证明语音知觉并不是一种源自幻觉的期待，这就是专栏作家乔恩·卡罗尔（Jon Carroll）所说的"幻听"。卡罗尔曾经听错了苏格兰民谣《莫雷的伯尼伯爵》（*The Bonnie Earl O'Moray*）的歌词：

> They have slain the Earl of Moray,
> And laid him on the green.
> 他们杀死了莫雷的伯爵，
> 并将他放在了青草地上。

他一直以为这两句是 "They have slain the Earl of Moray, And Lady Monde-green"（他们杀死了莫雷的伯爵和莫德格林夫人）。幻听是一种非常普遍的现象（它是前文提到的 "the Pullet Surprises" 和 "Pencil Vaneas" 的升级版），例如：

> A girl with colitis goes by.
> 一个患有结肠炎的女孩走了过去。
> A girl with kaleidoscope eyes.
> 一个双眸如万花筒的女孩。——出自甲壳虫乐队歌曲《缀满钻石天空下的露西》
> He is trampling out the vintage where the grapes are wrapped and stored.
> 他正在踩踏摧毁包裹、储藏葡萄的地方。
> He is trampling out the vintage where grapes of wrath are stored.
> 他正在踩踏摧毁储藏盛怒葡萄的地方。——出自《共和国战歌》
> I'll never be your pizza burnin'.
> 我从来都不想成为你的烤比萨。
> I'll never be your beast of burden.
> 我永不会成为你的负担。——出自滚石乐队的歌曲

It's a happy enchilada, and you think you're gonna drown.

这是个快乐的辣肉馅玉米卷，而你却认为自己就要被淹死。

It's a half an inch of water and you think you're gonna drown.

这里的水有半英寸深，而你却认为自己就要被淹死。——出自约翰·普林的歌曲《世界转动的方法》

幻听的有趣之处在于，听错的内容通常比歌词本身更不合理。它们完全不符合一位理性的听者对说话者表述内容所做的一般预期。在一个案例中，有个学生固执地将骇人蓝乐队（Shocking Blue）的热门歌曲《我是你的维纳斯》中的 I'm your Venus 听成了 I'm Your Penis，他非常奇怪为什么这样的歌曲可以在电台播放。这些幻听的句子的确符合英语的语音、语法（有时）和词语（虽然并不总是这样，例如 "mondegreen" 一词本身）规则。显然，听者被一组与语音相符的单词所引导，这些单词的组合形式或多或少地符合英语短语的结构规则，但合理性和一般预期却没有派上用场。

人工语音识别的研究史也提供了类似的证据。20 世纪 70 年代，在雷伊·雷蒂（Raj Reddy）的带领下，美国卡内基梅隆大学的一组人工智能研究人员设计了一个名为 "HEARSAY" 的计算机程序，它能够依据人们的口头指令移动棋子。在自上而下的语音知觉理论的影响下，他们设计的程序是一个由许多 "专家" 子程序构成的 "社区"，这些子程序相互合作，对语音信号做出最为合理的解释，其中有的子程序专门负责声学分析，有的则负责语音、词语或者语法，还有的专门负责棋子的走法，甚至下棋时的棋局策略。有一个故事是这样的：国防部的某位将军曾经莅临研究所，参观这个由国防部资助的研究项目。当他坐在棋盘前，面对连着计算机的麦克风时，科学家们都不由得捏了一把汗。结果将军清了清嗓子，程序立刻显示："王兵进两格。"

本章前面提到的最新程序 "声龙听写" 更侧重于声学、语音和词法的分析，这似乎是它更为成功的原因所在。这个程序拥有一部包含单词及其音素排列的词典。为了准确预测音位规则和协同发音的影响，设计者让程序掌握了每个英语音素在任何一个可能音素之前或之后的发音情况。对于每一个单词而言，这种 "音素－语境"关系构成了一个微型链条，并附带有声音单位的转换概率。这个链条是人类语音机制的原始模型。当现实中的真人使用这个程序时，链条中的概率会进行调整，以捕捉说话者的语言习惯。此外，每个单词也附带有一个概率，这取决于该单词在该种语言中的出现频率和说话者的语言习惯。在这个程序的某些版本中，每个单词的概率值会依据前面出现的单词进行调整。这是该程序唯一用到的自上而下的信息。通过这些知识，这个程序能够计算出输入语音信号的说话者最有可能说出哪个单词。即便如此，比起听力正常的普通人来，"声龙听写"还是更加依赖于预期判断。在我所观看的演示中，即便是在发音清晰无误的情况下，这个程序也要经过一番周折才能分辨"word"和"worm"，因为它一直在计算概率，期待出现频率更高的"were"的出现。

现在，你已经知道单个语音单位如何产生，它们在心理词典中如何表征以及在被说出之前又经过了怎样的调整和修饰了。接下来就是本章的最后部分，也是最值得探讨的一个问题：为什么英语拼写体系并不像乍看之下那么令人抓狂。

当然，人们对英语拼写体系的抱怨在于：虽然英语单词的拼写形式表面上与读音相符，但实际上却并非如此。有一首流传悠久的打油诗说明了这一点，其中一节内容最为典型：

> Beware of heard, a dreadful word
> That looks like beard and sounds like bird,
> And dead：it's said like bed, not bead—
> For goodness' sake don't call it "deed"!
> Watch out for meat and great and threat
> （They rhyme with suite and straight and debt）.

> 请注意 "heard"，一个可怕的单词
> 它看起来像 "beard"，读起来却像 "bird"。
> 还有 "dead"，它读起来像 "bed"，而非 "bead"。
> 看在老天的分儿上可别把它说成 "deed"!
> 还要注意 "meat" "great" 和 "threat"。
> （它们分别与 "suite" "straight" "debt" 同韵。）

萧伯纳曾经积极地倡导英语字母的改革。他表示，英语的拼写体系完全不合逻辑，例如 "fish" 一词就完全可以拼成 "ghoti"，因为 "gh" 在 "tough" 中发 [f] 的音，"o" 在 "women" 中发 [i] 的音，"ti" 在 "nation" 中发 [ʃ] 的音。此外，我们还可以将 "minute" 拼成 "mnomnoupte"，将 "mistake" 拼成 "mnopspteiche"。萧伯纳在遗嘱中留下了一笔奖金，用以奖励替代性英文字母表的设计者。这套字母表的特点是，口语中的每一种声音都与表中的一个字母符号形成对应关系。他这样写道：

> 要了解使用 42 个音标字母所带来的年际差异……你必须计算一年有多少分钟，以及每一分钟又有多少人在书写英语单词，铸造英文字模以及生产英文打字机。当你面对这个天文数字时，就会充分地意识到，即便是一个音对应两个字母符号的拼写体系，也已经让我们在几百年的时间里耗费了无数的多余精力。一套包含 42 个字母的新英文字母表将为我们收回巨大的成本，每时每刻都能带来几百万倍的回报。如果这套字母表得到推广，所有用来区分 "enough" "cough" 和 "laugh" 的无谓精力都会被节省下来，简化拼写运动将变得多此一举，而经济学家和统计学家也能够动手确立一套标准规范的文字使用规则了。

我并不想为英语拼写体系进行辩护。虽然语言是一种本能，但书面文字却不是。历史上发明的书面文字只有少数几种，而拼音文字，即字母与声音相对应的文字，似乎只发明过一次。许多民族并没有书面语言，那些拥有书面语言的民族也大都是从发明文字的民族那里继承或借用来的。儿童必须经过艰苦的学习才能掌握读书和写字的本领，拼写知识的习得过程不存在爆炸式发展，而且有些人始终无法掌握这门技艺。由于缺乏教育而大字不识在世界上许多地方都是一种普遍现象。难语症（dyslexia），是一种被认为由于先天缺陷而导致的阅读障碍，即便在工业化社会，它也是一个严重问题，其患者人数约占总人口的 5%~10%。

然而，虽然书面文字是一种连接视觉和语言的人工装置，但它必须和语言系统形成清晰明确的对应关系，这使它也拥有了一定的逻辑规则。在所有已知的书写系统中，文字符号通常指代三种语言结构：语素、音节或音素。如美索不达米亚的楔形文字、埃及的象形文字、汉语的意音文字以及日文汉字都属于语素文字；彻罗基语、古塞浦路斯语以及日文假名都是音节文字；而现代所有的音素文字似乎都源自公元前 1700 年的迦南人发明的一套拼音符号。总之，没有一套书写系统的符号与实际的声音单位相对应，使之可以在示波器或者声谱图上被识别出来，例如一个在特定语音背景下的音素发音，或者一个被拦腰斩断的音节。

　　为什么没有一个书写系统符合萧伯纳的理想？为什么不能用一个符号对应一个声音？就像萧伯纳自己在其他场合所说的一句话："生活中只有两个悲剧：一个是没有得到你想要的，另一个是得到了你想要的。"只要回想一下音位规则和协同发音的工作原理，我们就可以明白其中的道理。一套标准的萧式字母将不得不区分"write"和"ride"中的不同元音，又不得不区分"write"和"writing"中的不同辅音，另外还要用不同的拼写方式来分别代表"slapped""sobbed"和"sorted"的过去式后缀。"Cape Cod"将失去字面上的叠声形式，"horse"（马）的拼写到了"horseshoe"（马蹄）中就要发生改变。"National Public Radio"（国家公用无线电台）的缩写将莫名其妙地变成"MPR"。我们需要用新的字母来表示"month"中的"n"和"width"中的"d"。我也许可以将"often"拼得与"orphan"不同，但我的在线好友恐怕就不会这样。反过来说，我的网友拼出的"career"也许和我拼出的"Korea"一模一样。

　　显然，字母不能也不应该和声音形成对应关系，它们最多只能对应到心理词典中的某个特定音素。实际的语音会根据不同的语境发生变化，因此，绝对的音位拼写只会模糊它们的内在身份。表层的语音可以通过音位规则进行预测，因此，我们没有必要制造出一大堆杂乱无章的符号代表实际的语音。读者只要掌握单词的基本架构，就可以在需要的时候还原它的读音。事实上，大约有84%的英语单词是可以依据规则进行预测和拼写的。此外，由于时间和地理的阻隔，方言的音位规则存在许多差异，而正是这些音位规则将心理词典中的各个条目转换为实际语音。因此，一套与心理条目而非实际语音相对应的拼写体系可以为人们所通用。而那些拼写方式颇为古怪的单词（例如"of""people""women""have""said""do""done""give"）通常都是最为常用的单词，因此人们有充分的时间去记住它们。

　　此外，即便是拼写体系中较难预测的部分也表现出潜在的语言规则。请看下面这几对单词，每对单词中都有相同的字母发不同的音的情况：

electric—electricity	declare—declaration
photograph—photography	muscle—muscular
grade—gradual	condemn—condemnation
history—historical	courage—courageous
revise—revision	romantic—romanticize
adore—adoration	industry—industrial
bomb—bombard	fact—factual
nation—national	inspire—inspiration
critical—criticize	sign—signature
mode—modular	malign—malignant
resident—residential	

　　根据以上情形，我们可以为发音不同但拼写相同的现象找到另一个原因：它可以帮助我们识别源自相同词根的不同单词。这表明，英语的拼写体系并不完全以音素为基础。在某些时候，英语字母的确代表音素；但在有的情况下，一组字母序列可以用来代表一个特定的语素。实际上，语素拼写体系往往比你想象的更为有用。毕竟我们阅读的目的是理解文章的意思，而不是把它朗读出来。语素拼写体系可以帮助读者区分同音异义的单词，例如"meet"和"mete"。它还可以提示读者一个单词中包含了另一个单词（而不仅仅是一个语音上的冒牌货）。例如，语素拼写告诉我们"overcome"中包含了单词"come"，因此它的过去式一定是"overcame"，而"succumb"虽然也包含了 [kum] 的音，但语素并不是"come"，因此它的过去式不是"succame"而是"succumbed"。同样，"recede"的名词形式是"recession"，而它的同音词"re-seed"的名词形式则是"re-seeding"。

　　从某种程度上说，语素拼写体系一直为汉语使用者提供着良好的服务，尽管它也存在一些先天缺陷，例如当读者遇到一个新字或罕见字时，就会感到无从下手。互不相通的方言可以共用一种书面语言，即便说话者南腔北调。同样，现代人也可以读懂数千年前的众多历史文献。马克·吐温曾经说过我们自身的罗马文字系统的这种惰性现象："他们把它写成'Vinci'，却把它读作'Vinchy'，外国人在拼写上总是比发音要好。"

　　当然，英语拼写体系还有不少可以改进之处，但它的表现已经比人们想象的要好得多，这是因为拼写体系并不需要对应实际的语音，它的作用是代表潜藏于语音之下的抽象的语言单位，因为这才是我们真正聆听的对象。

The Language Instinct

Instinct

How
the Mind Creates
Language

06

会说话的大脑

在科学家看来，人脑对语言的理解能力实在超乎想象。人们几乎可以"同步"完成接收和理解语言这一极其复杂的任务。记忆负担轻的语言，才是好语言；不产生歧义的句子，才是好句子。语迹，是理解语言的必要心理活动，脑电图证实了这种记忆负担的存在。

人脑对语言的理解能力超乎想象

在过去的很多世纪里，人们一直害怕自己设计发明的机器会比自己更聪明、更强大，或者抢掉自己的饭碗。长久以来，这种恐惧都是各类科幻故事反复表现的主题。早在中世纪时，犹太人中就流传着关于"高伦"（Golem）的传说，它是一个由黏土制成的假人，由于嘴里刻着神的名字，从此获得了生命。而在电影《2001：太空漫游》中，一台名为哈尔的计算机向人类发起了进攻。但是，在 20 世纪 50 年代，当一种被称为"人工智能"（artificial intelligence，简称 AI）的工程学科诞生之时，这些虚构的故事似乎就要成为可怕的现实了。如果一台计算机可以算出圆周率 π 的小数点后 100 万位，或者能够帮助公司分配薪资酬劳，人们并不会觉得有什么不妥，但是一夜之间，计算机居然拥有了论证逻辑定理的能力，而且还下起了高深的国际象棋。在随后的几年中，一些计算机已经击败了众多棋界高手。在治疗细菌感染、投资养老基金等方面，计算机程序的表现也比大多数专家更为出色。从表面上看，一旦计算机开始胜任这类智能型的工作，我们距离科幻电影中的世界似乎就不再遥远。到那时，你可以轻松地为自己订购一台"C3PO"机器人或者"终结者"，因为现在只剩下一些简单的任务有待开发。据说在 20 世纪 70 年代，人工智能的创始人之一马文·明斯基（Marvin Minsky）给一个研究生布置的暑期课题就是"人工视觉"。

　　近几十年的人工智能研究所收获的主要经验是：困难的工作非常简单，而简单的工作却无比困难。一个 4 岁大的孩子已经能够辨认出一张人脸，拿起一支铅笔，穿过一个房间，或者回答一个提问。对于这种智能表现，我们认为这是再正常不过的事情，但实际上，它所解决的是工程学上难度最大的一类问题。在汽车广告中，我们经常会看到在流水线上工作的机器人，你可不要被它们所吓倒，它们的工作只不过是焊接和喷漆而已，这些笨拙的大家伙并不需要去看、去拿或者去摆放任何东西。如果你想故意刁难某个人工智能系统，不妨问它几个无厘头的问题：芝加哥和面包盒哪一个更大？斑马穿不穿内衣？地板会不会跳起来咬你一口？如果苏珊出门去商店购物，她的头有没有跟她一起去？多数情况下，人们对自动化的担忧都是一种误解。随着新一代智能产品的出现，最有可能被机器取而代之的工种是股票分析师、石油化工工程师以及假释委员会成员，而园丁、前台接待或者厨师的工作在未来数十年内还不会受到冲击。

　　读懂一个句子的含义，也是一种高难度的"简单任务"。为了与计算机交流，我们不得不学习它们的语言，因为它们还不够聪明，无法掌握人类语言。然而，我们很容易对计算机的理解能力做出过高的估计。

　　最近举办了一次计算机程序的设计大赛，看看是否有一台计算机可以完美地骗过使用者，让他误以为自己是在和另一个人进行对话，这就是"洛伯纳大奖赛"（Loebner Prize）。这个大奖的设立，是基于艾伦·图灵曾经的一个设想。在 1950 年发表的一篇著名论文中，图灵提出了一个建议，关于"机器是否具有思考能力"的哲学问题，最好的解决方法就是举办一次模拟比赛：一边是真人，一边是可以模拟人类聊天的计算机程序，然后由一位裁判通过终端显示器分别与他们进行对话。图灵认为，如果裁判无法对二者做出分辨，那么我们就没有理由否认计算机具有思考的能力。抛开哲学问题不谈，大赛组织者非常清楚，还没有哪个聊天软件有能力赢走这 10 万美元的大奖，因此为了公平起见，他们设立了一个 1 500 美元的小型奖励。按照比赛规则，裁判必须接受程序设计者或者真人聊天对象所选择的某个话题，而且不允许设置"圈套和陷阱"，例如相同的问题问上 10 遍，或者问一些诸如"斑马穿不穿内衣"之类的问题。对话内容必须"合乎常理"。在与若干聊天软件和真人对象分别进行 7 分钟左右的交流之后，裁判要判断聊天对象说的是否像"人话",并以此为标准对聊天对象做出排名。结果,所有真人对象的排名都在计算机之上。不过,有大约半数的裁判将一款聊天软件误判为人类,这款软件也因此获胜。

这听起来是一项了不起的成就,但实际上并非如此。因为比赛规则束缚了裁判的手脚。如果想要确认自己的聊天对象是人类还是机器,使用一些"不合常理的圈套和陷阱"是一种行之有效的办法,这原本是此类测试的关键所在。此外,获胜的程序设计者巧妙地利用了设定话题的权力,他选择的是"不着边际的对话",而这其实算不上一个真正的话题。所谓的"不着边际",本身就意味着可以答非所问,缺乏逻辑:

> 裁判:真是漫长的一天!我现在想轻松一下。今天的天气不怎么好,你有没有什么笑话可以驱散这满天的阴云?
>
> 计算机:人人都在对天气说三道四,却没有人站出来做点什么。你为什么要告诉我你想找些乐子?切……
>
> 裁判:你是在存心气我,是吗?我已经解释过了,我就是想轻松一下!
>
> 计算机:如果我并不是想存心气你,你是不是会觉得好受些?我已经解释过了,我就是想轻松一下!我存在,所以我计算……你为什么认为我是在存心气你?
>
> 裁判:你的问题让我感到莫名其妙……诗人的"天马行空"和我们大多数人的"不着边际"并不是一回事。
>
> 计算机:你怎么知道我的问题让你感到莫名其妙……诗人的"天马行空"和我们大多数人的"不着边际"并不是一回事?

实际上,这位程序设计者只不过是将计算机科学家约瑟夫·魏茨鲍姆(Joseph Weizenbaum)1965 年发明的一项技术简单地更新了一下。魏茨鲍姆曾经编写了一个非常简陋的程序,并给它取名为"伊丽莎"(Eliza),这个名字源自萧伯纳《卖花女》中的女主人公。这个程序能在输入的语句中找到几个关键词,然后从存储列表中检索出一个现成的回复,并将输入语句中的部分内容插入这个回复之中,再稍微进行一些替换,例如将"你是"换成"我是"。如此一来,这个程序便可以初步模拟人类的谈话。这个程序还有一个名为"医生"（doctor）的版本，它模拟的是一位罗杰斯学派的心理治疗师，根据卡尔·罗杰斯（Carl Rogers）的理论，面对患者的陈述，治疗师应该进行回问，以便引起患者自己的思考。这个程序的一个版本后来被睿侠电子便利店（Radio Shack）作为计算机游戏出售于世，而另一个版本则附带于我所使用的文字处理程序 GNU Emacs 之中。它的说明书这样写道："如果 Emacs 的表现非常糟糕，以上所述的各种方法都无法解决您的问题，Emacs 仍然可以帮到您——请输入'M-x doctor RET'指令。"以下是一段典型的对话：

> 用户：我最近一直很抑郁。
>
> 计算机：你经常感到抑郁吗？
>
> 用户：是的，几乎每时每刻。
>
> 计算机：你为什么说"是的，几乎每时每刻"呢？
>
> 用户：我现在就想哭。
>
> 计算机：你是因为想哭才来找我的吗？

有一天，魏茨鲍姆发现自己的秘书居然坐在显示器前，向计算机程序吐露自己的心扉，这让他感到莫名的恐惧。

大多数计算机科学家对洛伯纳大奖赛嗤之以鼻。在他们看来，它只是一个无聊的宣传噱头，这种比赛只能糊弄一些业余人士，而无法让计算机真正掌握人类的语言（因为人工智能的研究人员和精通语言问题的专家学者都被排除于裁判之列，而他们本身也不屑于参加这样的比赛，报名参赛的都是一些计算机爱好者）。这就好比了推动生物学的研究而设立一个大奖，看看谁能做出一朵最能以假乱真的绢花，或者说在好莱坞的拍摄场地模拟一番登陆月球的情景，以此实现所谓的太空计划。目前，学者们对计算机的语言理解系统已经有了深入的研究，但没有哪位严肃的工程学家敢预言它很快就会达到人类的水平。

事实上，在科学家看来，人类对句子的理解能力实在是超乎想象的。人们不但可以完成这个极其复杂的任务，而且无须花费太多的时间。接收与理解往往

"同步进行"，听话者的思路可以跟上说话者的语速，而不必等到整个谈话结束之后，再回过头来对听到的内容进行解读，就像评论家创作书评那样。一句话从说话者嘴里说出，到听者理解这句话的意思，二者的间隔短得几乎可以忽略不计：大约一两个音节的长度，也就 1/2 秒左右的时间。还有一些人能够更为快速地理解、跟读他人所说的内容，时间间隔只有 1/4 秒。

对这种理解能力的研究探析，不但可以帮助我们制造能够与人类交流的机器，还有许多其他的实际用途。人们对句子的理解又快又准，但并非完美无缺。无论是一次谈话还是一篇文章，它的语法结构都必须符合一定的规则，我们才能明白其中的含义，否则就会出现理解上的障碍、反复和歧义。在本章中，我们将探讨语言的理解问题，看看哪一种句子能够被读者充分理解。这样一来，我们就可以制订出一套有关如何清晰写作的行文规范，对于那些指导人们进行科学写作的手册指南而言，例如约瑟夫·威廉姆斯（Joseph Williams）1990 年所撰的《风格：清晰、优雅地写作》（*Style: Toward Clarity and Grace*），本章的诸多发现将对它们提供重要的参考。

另一个实际的用途则与法律有关。在审判实践中，法官常常会遇到一个难题，他们需要判断一个人是否能够理解某些含糊其辞的文字，比如那些浏览商业合同的客户、听取法官指示的陪审员，或者面对诽谤文字的普通公民。研究者通过各种实验，已经揭示出人们的许多理解习惯。在《法官语言》（*The Language of Judges*）一书中，语言学家、律师劳伦斯·索兰（Lawrence Solan）解释了语言和法律的关系。这本书写于 1993 年，内容十分有趣，我们下面还会提到它。

句法剖析器，理解语言的最基本工具

我们是如何理解一个句子的呢？第一步是进行"句法剖析"（parse）。这并不是指你上小学时所做过的那些令人生厌的语法练习。对于这种练习，戴夫·巴里

（Dave Barry）在《请问语言先生》（*Ask Mr. Language Person*）一书中有过一番调侃：

> 问：请解释一下如何用图解法分析句子。
>
> 答：首先，找个像熨衣板那样的干净平台，把要图解的句子放在上面。然后用一支削尖的铅笔或者小刀片固定句子的"谓语"，它表明的是动作发生的地方。如果把一个句子比作一条鱼，那么"谓语"通常就位于鱼鳃的正后方。例如，在"拉蒙特从不会咬护林员"这句话中，事发地很有可能是森林，所以你画的图就应该像一棵小树，它伸出的树枝可以用来标识句子的各个组成部分，例如各种动名词、谚语或者附加词等。

不过，句法剖析的过程与巴里所调侃的语法练习也有类似之处，你同样要找出句子的主语、谓语以及宾语等，只不过你自己察觉不到。除非你像伍迪·艾伦那样以神奇的速度读完《战争与和平》，否则你就必须把单词组成短语，然后确定这些短语和动词之间的主谓关系。假如要读懂"帽子里的猫回来了"这句话，你就必须把"帽子里的猫"看成一个短语，这样才能明白回来的不是帽子，而是猫。如果要区分"狗咬人"与"人咬狗"，你就必须分清它们的主语和宾语，而如果要区分"人咬狗"与"人被狗咬"或者"人遭到狗咬"，你就得在自己的心理词典中搜寻一下动词词条，以确定句子的主语"人"到底是施动者还是受动者。

语法本身只是一种代码或协议，它就像一个静态数据库，规定了某一特定语言的语音与语义的对应关系。但是，我们之所以具有语言表达能力和理解能力，并非因为语法的存在。虽然我们的表达和理解共享着一个相同的语法数据库（我们说出的语言正是我们所理解的语言），但这还远远不够。想要听懂一大段谈话，或者想要开口表达自己的想法，我们的大脑还必须按照某种特定的程序来执行每一步操作。在语言理解过程中，这种对句子结构进行分析处理的心理机制被称为"句法剖析器"（parser）。

要揭示人类对语言的理解过程，最好的方法就是对某个简单的句子进行句法剖析，比如说那些由简单的语法规则生成的句子。这一点在第 3 章中已经谈到，我在此略作回顾：

S → NP VP

　　一个句子可以由一个名词短语和一个动词短语构成。

NP → （det）N（PP）

　　一个名词短语可以由一个可有可无的限定词、一个名词和一个可
　　有可无的介词短语构成。

VP → V NP（PP）

　　一个动词短语可以由一个动词、一个名词短语和一个可有可无的
　　介词短语构成。

PP → P NP

　　一个介词短语可以由一个介词和一个名词短语构成。

N → boy, girl, dog, cat, ice cream, candy, hot dogs

　　在心理词典中，名词包括：boy（男孩），girl（女孩），dog
　　（狗），cat（猫），ice cream（冰激凌），candy（糖果），hot dogs（热
　　狗）等。

V → eats, likes, bites

　　在心理词典中，动词包括：eats（吃）、likes（喜欢）、bites（咬）等。

P → with, in, near

　　介词包括：with（和……一起），in（在……里面），near（在……附
　　近）等。

det → a, the, one

　　限定词包括：a（某个），the（这个），one（一个）等。

　　让我们以"The dog likes ice cream"（狗喜欢冰激凌）一句为例。我们大脑中
的句法剖析器首先注意到单词"the"，并开始在心理词典中查询这个单词，它一
边搜寻这个单词的用法规则，一边确定它的词性。显然，这是一个限定词（det），
句法剖析器随之画出树形图的第一根树枝（当然，从植物学的角度来看，一棵树
是不可能这样先枝后干，逆生长的）：

　　和其他词语一样，限定词只是某个相关短语的组成部分。通过核查限定词的

用法规则，句法剖析器可以辨认出这个短语。根据用法规则，限定词是用来构成名词短语（NP）的。这棵树因此继续生长：

大脑必须记住这个悬垂结构。句法剖析器明白，"the"这个单词只是名词短语的组成部分，如果要使这个名词短语完整起来，就必须找到其他一些词语来填补剩下的部分——在这个例子中，至少需要一个名词。

与此同时，这棵树还在继续生长，因为名词短语不能单独存在。根据名词短语的用法规则，句法剖析器面临着几种选择：这个刚刚"长出"的名词短语可以是句子的一部分，也可以是动词短语的一部分，还可以是介词短语的一部分。不过，如果我们从"根部"入手，这个问题就好解决了：所有的单词和短语最终必须装入一个句子（S）之中，而所有的句子又必须以名词短语开头。因此，如果想让这棵树继续生长，就有必要动用一下句法规则：

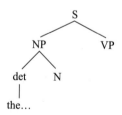

现在，句法剖析器将两个有待补齐的分枝暂存到记忆之中：一个是缺少名词（N）的名词短语，一个是缺少动词短语（VP）的句子。

在这棵树中，树枝 N 下面空空荡荡，这意味着接下来出现的应该是一个名词。当句子中的第二个单词"dog"映入眼帘时，这个预测就得到了验证，因为根据规则的核实，"dog"正属于名词的范畴。就这样，"dog"一词融入树中，与

"the"一起构成了一个完整的名词短语：

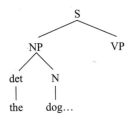

现在句法剖析器可以将名词短语从记忆中清除了，它需要解决的是一个不完整的句子（S）。

到目前为止，我们已经可以推测出这个句子所要表达的部分意思。在名词短语中，名词是整个短语的中心语，它是短语所要表达的主要内容，而短语中的其他部分都是这个中心语的扮演角色。根据心理词典中关于"dog"和"the"的定义，句法剖析器可以解读出这个短语的含义：一只已经提到过的狗。

接下来的单词是"likes"，很明显，这是一个动词（V）。既然出现了一个动词，那么就必然存在一个动词短语，而这恰好是句法剖析器所预料的结果，因此它立即被拼接到句子之中。对于动词短语而言，仅有一个动词还不够，它还需要一个名词短语作为自己的宾语。句法剖析器由此做出预测：接下来应该出现一个名词短语。

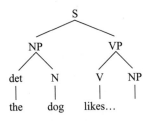

下一个出现的是名词"ice cream"，它正好可以作为一个名词短语来填补树枝 NP 下出现的空缺。就这样，句法剖析器完成了最后一块拼图：

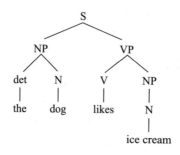

　　"ice cream"一词完成了建构名词短语的任务，因此它不必再保存于记忆之中。名词短语完成了建构动词短语的任务，所以它也可以被丢到一边，最终由动词短语将这个不完整的句子补齐了。当记忆中所有不完整的分枝都被清理干净后，一切都变得豁然开朗：我们听到的是一个要素齐全、合乎语法的句子。

　　当句法剖析器将一个个分枝拼接起来的时候，它也在解读这个句子的意思。剖析器所利用的工具是心理词典和各种搭配规则。动词是动词短语的中心语，所以句中的动词短语所强调的是"likes"。在动词短语中，名词短语是动词的宾语，根据心理词典对"likes"一词的解释，它的宾语是指被喜欢的对象。因此，句中的动词短语所表达的意思是"喜欢冰激凌"。位于时态动词前面的名词短语是这个动词的主语，根据我们的心理词典，"likes"一词的主语是动作的执行者。通过将主语"The dog"和动词短语"likes ice cream"的语义综合起来，句法剖析器就可以确定这个句子的意思：一只先前已经提到过的犬科动物喜欢上了一种冰冻的甜品。

记忆负担轻的语言，才是好语言

　　可是，为什么计算机很难做到这一点呢？另外，当人们碰到一些官僚文字或者文笔极差的文章时，为什么会觉得难以理解呢？我们可以假设自己就是一个句法剖析器，在对一个句子进行解剖分析的时候，我们就像计算机一样，面临着两项工作：一个是记忆，我们不得不记住那些尚待完成的悬垂短语，这些短语都必须由特定的单词来填补；另一个是决策，如果某个单词或短语同时具有两种不同的用法，我们就必须从中做出选择，以便准确地画出下一个分枝。我们前面曾提到人工智能的"第一定律"：困难的工作非常简单，而简单的工作却无比困难。事实证明，记忆的工作对计算机而言非常简单，对人类来说则相当困难，而决策的工作对人类来说易如反掌（只要句子本身的结构没有问题），却足以让计算机望而却步。

句法剖析涉及大量的记忆工作，但其中最常见的是记住那些不完整的短语，即已经剖析过的句子成分。为了完成这项任务，计算机必须预留出一组存储单元，它通常被称为"栈区"（stack）。只有这样，一个句法剖析器才有可能利用短语结构规则来进行工作，而不至沦为一个字串处理装置。人类也必须调动自己的短期记忆来贮存悬垂短语，但短期记忆偏偏是人类信息处理的主要瓶颈。我们的大脑一次只能记住少量的事物，多则 9 个，少则 5 个，一般在 7 个左右，而且这些事物很快就会变得模糊起来，或者被新的记忆所覆盖。下面这些例句会让你明白，如果一个悬垂短语在记忆中保留得太久，将会造成什么样的后果：

He gave the girl that he met in New York while visiting his parents for ten days around Christmas and New Year's the candy.

他给了那位他在圣诞新年十天假期里去纽约看望父母时所遇见的女孩这颗糖果。

He sent the poisoned candy that he had received in the mail from one of his business rivals connected with the Mafia to the police.

他把一位与黑手党有关联的竞争对手寄给他的有毒糖果交给了警方。

She saw the matter that had caused her so much anxiety in former years when she was employed as an efficiency expert by the company through.

她看穿了前些年她在某公司做效率专家时曾让她感到极度担心的那件事情。

That many teachers are being laid off in a shortsighted attempt to balance this year's budget at the same time that the governor's cronies and bureaucratic hacks are lining their pockets is appalling.

在许多教师因为政府平衡收支的短视政策而被解雇的同时，州长的亲信和官僚们却在中饱私囊是一件骇人听闻之事。

要理解这些句子，我们的大脑必须同时记住大量信息，写作学将这种句子形容为"头重脚轻"（top-heavy）。对那些使用格标记来表示意义的语言来说，一个冗长的短语完全可以被移到句子的末尾，这样听者就可以轻松地"消化"句子的头部，而不必记住这个冗长的短语。英语是一种非常讲究词序的语言，但即便如此，它也有一些备用的结构可供选择，以便颠倒句中短语的顺序。注重文笔的写作者往往通过这种方式，将过于烦琐的内容放到最后来说，从而减轻听者的负担。相对而言，下面这些句子显然好懂多了。

> He gave the candy to the girl that he met in New York while visiting his parents for ten days around Christmas and New Year's.
>
> 在圣诞新年十天假期里，他去纽约看望父母，在那里他遇见了一位女孩，并把这颗糖果给了她。
>
> He sent to the police the poisoned candy that he had received in the mail from one of his business rivals connected with the Mafia.
>
> 他把有毒的糖果交给了警方，这颗糖果是一个竞争对手寄给他的，这个竞争对手与黑手党有关联。
>
> She saw the matter through that had caused her so much anxiety in former years when she was employed as an efficiency expert by the company.
>
> 前些年，她在某个公司做效率专家，当时有件事情曾让她感到极度担心，她现在已经把它看穿了。
>
> It is appalling that teachers are being laid off in a shortsighted attempt to balance this year's budget at the same time that the governor's cronies and bureaucratic hacks are lining their pockets.
>
> 这真是一件骇人听闻之事，许多教师因为政府平衡收支的短视政策而被解雇，但与此同时，州长的亲信和官僚们却在中饱私囊。

许多语言学家认为，在运用语言的时候，人们之所以会调整短语的位置，或者在各种同义结构中做出选择，其目的就是减轻听者的记忆负担。

只要句子中的单词可以迅速地组成一个个完整的短语，即使这个句子十分复杂，也照样可以被我们理解。

> Remarkable is the rapidity of the motion of the wing of the hummingbird.
> 蜂鸟翅膀的运动速度异常惊人。

This is the cow with the crumpled horn that tossed the dog that worried the cat that killed the rat that ate the malt that lay in the house that Jack built.

这头牛角弯弯的奶牛顶翻了狗，狗吓坏了猫，猫杀死了老鼠，老鼠吃掉了麦芽，麦芽放在杰克造的房子里。

根据短语结构树的几何形状，这类句子被称为"右向分枝"。当我们从左向右阅读句子的时候，每次只有一个分枝处于悬垂状态。

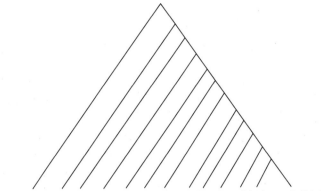

Remarkable is the rapidity of the motion of the wing of the hummingbird

句子的分枝也可以是左向的。左向分枝的树形图在"中心语后置"的语言中最为常见，比如说日语。不过，英语中也有一些这样的结构。同样，句法剖析器每次也只需记住一个悬垂的分枝。

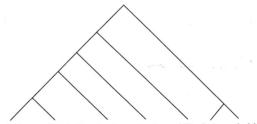

The hummingbird's wing's motion's rapidity is remarkable

树形图还存在着第三种几何形状，但它读起来就不那么轻松了。举例而言：

The rapidity that the motion has is remarkable.

在这个句子中，从句"that the motion has"被嵌入名词短语"The rapidity"之中。这让整个句子读起来颇为生硬，但理解起来还没有很大的问题。同样的句式有：

The motion that the wing has is remarkable.

但是，如果将"the motion that the wing has"嵌入"the rapidity that the motion has"之中，就会给阅读造成很大的障碍：

The rapidity that the motion that the wing has has is remarkable.

如果再嵌入第三个短语，例如"the wing that the hummingbird has"，那么就会制造出一个嵌有三层分句的"洋葱句"（onion sentence），让人完全无法理解。

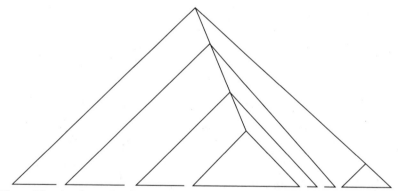

The rapidity that the motion that the wing that the hummingbird has has has is remarkable

面对这样三个连续的"has"，人类的句法剖析器会变得无所适从，不知道如何下手。但是，这并不是因为我们无法长时间地记住这些短语。即使是一些很短的句子，如果存在层层嵌套的现象，也会变得不知所云。

The dog the stick the fire burned beat bit the cat.
一只被火烧过的棍子打过的狗咬了这只猫。

The malt that the rat that the cat killed ate lay in the house.
被猫杀死的老鼠吃掉的麦芽搁在房子里。

If if if it rains it pours I get depressed I should get help.

　　如果如果如果下雨了那一定是倾盆大雨我会变非常郁闷我希望得到帮助。

That that that he left is apparent is clear is obvious.

　　他离开了这件事是显而易见的这件事是清清楚楚的这件事是明白无误的。

　　这些句子像洋葱和俄罗斯套娃一样层层嵌套，人类的理解能力在它们面前发挥不了任何作用。为什么会出现这样的现象呢？这是一个最具挑战性的谜团，它涉及心理句法剖析器和心理语法的构造机理。一开始，人们甚至会怀疑这些句子根本不符合语法规则。或许我们的规则本身就有问题，真正的规则是不会让这些单词组合到一个句子中去的。难道第 3 章中被人讽刺挖苦的字串机（它根本无法记住那些悬垂短语）才是人类语言的正确模式吗？显然并非如此，这些句子的结构其实非常完美。一个名词短语中可以嵌入一个修饰性从句，例如 "the rat" 可以生成 "the rat that S"，其中 "S" 是一个缺少宾语的句子，用以修饰 "the rat"。而像 "the cat killed X" 这样的句子中也包含了一个名词短语，即它的主语 "the cat"。因此，当你说出 "The rat that the cat killed" 这句话时，你是在用一个包含了名词短语的从句修饰另一个名词短语。正是由于以上这两种修饰方法，才出现了这种洋葱句，即用一个修饰性从句去修饰另一个从句中的名词短语。

　　要防止洋葱句的出现，唯一的办法也许是让心理语法定义出两种不同类型的名词短语：一种是可以被修饰的名词短语，一种是可以置于修饰语之内的名词短语。但是，这种区分显然难以实现，因为这两种名词短语都同样可以包含英文中的 20 000 多个名词，而短语中的冠词、形容词和领有名词的所处位置也可以一模一样。"如无必要，勿增实体"，我们的补救之道也应该符合这个原则。为了破解洋葱句的难题，我们当然可以在心理语法中设定出不同类型的短语，但这将使语法的复杂程度成倍增长，并迫使学习语言的孩子掌握更多的语法规则。因此，要解决这个问题，必须从别处着手。

　　洋葱句的出现表明，语法和句法剖析器不是一回事。一个人可以内隐地"懂得"他根本无法理解的语法结构，就像《爱丽丝梦游仙境》中的爱丽丝懂得加法一样，尽管红皇后对此不以为然。

"你会做加法吗？"白皇后问，"一加一加一加一加一加一加一加一加一加一，是多少？"

"我不知道，"爱丽丝说，"我数不过来。"

"她不会做加法。"红皇后打断道。

　　为什么人类句法剖析器数不过来？这是因为人类的短期记忆无法同时容纳两个或两个以上的悬垂短语吗？答案显然没这么简单。有些三层洋葱句的确因为记忆负载的问题而显得颇为难懂，但并不像"has has has"那样的句子令人无法卒读：

> The cheese that some rats I saw were trying to eat turned out to be rancid.
>
> 　　我看到的老鼠正打算吃的奶酪其实已经变质了。
>
> The policies that the students I know object to most strenuously are those pertaining to smoking.
>
> 　　我认识的学生所极力反对的政策都与吸烟问题有关。
>
> The guy who is sitting between the table that I like and the empty chair just winked.
>
> 　　那个坐在我所喜欢的桌子和空椅子之间的家伙仅仅眨了眨眼睛。
>
> The woman who the janitor we just hired hit on is very pretty.
>
> 　　我们刚刚雇用的看门人无意中发现的女人长得非常漂亮。

　　真正困扰人类句法剖析器的不是记忆量的大小，而是记忆的方式：我们的记忆需要将某一特定类型的短语储存起来，以便回过头来进行分析；与此同时，它又必须分析另一个同样类型的短语。以上那些递归结构的例句都有一个特点：一个关系从句坐落于另一个同样类型的关系从句之中，或者说一个"if...then"的句子坐落于另一个"if...then"的句子之中。似乎人类的句法剖析器在解读句子的过程中，并不是依次列出一份所需完成的短语清单，而是开设一份总检查表，为每个短语类型标记一个号码。当某个短语类型需要记住两次以上时——以便这个短语（the cat that...）和坐落于它内部的相同类型的短语（the rat that...）能够依次完成——检查表上却没有足够的空间同时标记两个号码，因此这些短语也就变得难以理解。

在记忆方面，人类无法与计算机相比；但在决策方面，人类却更胜一筹。我们上面所涉及的都是简单的语法和句子，其中的每个单词在心理词典中都只有一个词条，也只有一条用法规则。但是，如果你打开一本词典，就会发现许多名词都拥有二级词条，可以作为动词使用，反之亦然。例如"dog"的二级词条是动词，表示"纠缠、尾随"的意思，如"Scandals dogged the administration all year"（政府全年都被丑闻缠身）。同样，在日常生活中，"hot dog"（热狗）不仅是个名词，还是一个动词，表示"炫耀、卖弄"的意思。其实，简单语法中的每个动词都可以当作名词，因为英语使用者常常会说"cheap eats"（小吃）、"his likes and dislikes"（个人好恶）、"taking a few bites"（随便吃几口）。即便是"one dog"中的限定词"one"也可能作为一个名词出现，例如尼克松当年的竞选口号"Nixon's the one"（尼克松是救世主）。

这种局部性的歧义使得句法剖析器在行进途中不得不面对大量令人迷惑的岔道。举例而言，当它在句子开头碰到"one"这个单词时，它不能简单地画出下面这个分枝：

它必须同时记住以下分枝：

同样，当它经过"dog"一词时，也必须匆忙记录下两个相对的分枝：一个作名词，一个作动词。如果要处理"one dog"这两个单词，句法剖析器需要检查四种可能的情况："限定词 - 名词""限定词 - 动词""名词 - 名词""名词 - 动词"。当然，"限定词 - 动词"这种情况可以忽略不计，因为它不符合语法规则，但句法剖析器依然需要进行检查。

　　当单词组合成短语时，情况就更为复杂了，因为每个短语都可以用不同的方式嵌入更大的短语之中。即便是在简单的语法中，一个介词短语也可以嵌入一个名词短语或动词短语。例如"discuss sex with Dick Cavett"这个存在歧义的短语，作者的本意是将介词短语"with Dick Cavett"插入动词短语中"discuss it with him"，而读者却可以认为这个介词短语是插入名词短语中"sex with him"。这种歧义是普遍现象，并非特例。在句子的每一点上，都可能需要进行几十次或者几百次检查。例如，在处理完"The plastic pencil marks..."之后，句法剖析器必须记住以下可能的选择：它可以是一个由四个单词构成的名词短语，比如"The plastic pencil marks were ugly"（塑料铅笔做的记号非常难看），也可以是一个由三个单词构成的名词短语再加上一个动词，比如"The plastic pencil marks easily"（塑料铅笔很容易做记号）。事实上，即便是前两个单词"The plastic"也存在着某种歧义，你可以对比一下"The plastic rose fell"（塑料的玫瑰花掉了下来）和"The plastic rose and fell"（塑料随风飘扬）的不同。

　　如果只是记录下每一点的所有可能性，计算机并不会有什么问题。它可能要花上几分钟的时间来分析一个简单的句子，或者要耗费过量的短期记忆，以至于打印出来的分析数据足以占据半个房间，但是最终来说，每个点上的大部分可能性都会被句中随后出现的信息所否定。在这种情况下，当行进到句末时，句法剖析器就可以生成一个能够准确揭示句子意思的树形图，就像我们所举的那些简单例句一样。但是，如果局部性的歧义无法彼此消弭，那么同一个句子就会生长出两棵平行的句法树，这就出现了模棱两可的句子，例如：

Ingres enjoyed painting his models nude.

　　安格尔喜欢给他的模特画裸体画。——又可理解为：安格尔喜欢光着身子给他的模特画画。

My son has grown another foot.

　　我儿子又长高了一英尺。——又可理解为：我儿子又长出了一只脚。

Visiting relatives can be boring.

　　探亲是一件无聊的事。——又可理解为：来访的亲戚很无聊。

Vegetarians don't know how good meat tastes.

　　素食者不知肉味美。——又可理解为：素食者不知道好肉的味道。

I saw the man with the binoculars.

我用双筒望远镜看见了那个人。——又可理解为：我看见了那个带双筒望远镜的人。

但这里存在一个问题。计算机句法剖析器总是太过谨慎，以致弄巧成拙。它们往往会发现一些从语法上说虽然存在歧义，但在普通人看来完全没有问题的模棱之处。哈佛大学于 20 世纪 60 年代开发了世界上最早的一个计算机剖析程序，它闹了一个著名的笑话。"Time flies like an arrow"（光阴似箭）本来是一个语意明确的句子（请暂且忽略字面意和比喻意之间的区别，这与句法无关），但出乎程序设计者意料的是，明察秋毫的计算机竟然发现它包含了五个不同的树形图！

Time proceeds as quickly as an arrow proceeds.

时间像箭一样快速行进。——句子本意

Measure the speed of flies in the same way that you measure the speed of an arrow.

测量苍蝇的速度和测量箭的速度采用的是同样的方法。

Measure the speed of flies in the same way that an arrow measures the speed of flies.

测量苍蝇的速度和箭测量苍蝇的速度采用的是同样的方法。

Measure the speed of flies that resemble an arrow.

测量像箭一样的苍蝇的速度。

Flies of a particular kind, time-flies, are fond of an arrow.

一种特别的苍蝇"时蝇"喜欢箭。

依据这一发现，计算机科学家们总结出一条格言："Time flies like an arrow; fruit flies like a banana."（时蝇喜欢箭，果蝇喜欢香蕉。）我们还可以再以儿歌歌词"Mary had a little lamb"（玛丽有只小羊羔）为例，它的意思是明确的吗？如果它后面跟的是"With mint sauce"（沾着薄荷酱），它的意思就变成了"玛丽有一块羔羊肉"，如果它后面跟的是"And the doctors were surprised"（医生对此惊讶不已），它的意思就变成了"玛丽生了一只小羊羔"；如果它的后面跟的是"The tramp"，它的意思又会发生改变。此外，即便是一些看起来荒唐可笑的句子也存在一定的结构。例如我的学生安妮·森加斯所设计的这个形同呓语却符合语法的句子：

> Buffalo buffalo Buffalo buffalo buffalo buffalo Buffalo buffalo.

美洲野牛又被称作"buffalo"，因此一只来自纽约州布法罗市（Buffalo）的美洲野牛可以被称为"Buffalo buffalo"（布法罗美洲野牛）。此外，"buffalo"还可以作动词，表示"压倒、恫吓"。我们可以想象一下布法罗的美洲野牛相互恫吓的场景："（The）Buffalo buffalo（that）Buffalo buffalo（often）buffalo（in turn）buffalo（other）Buffalo buffalo."（时常被布法罗美洲野牛恫吓的布法罗美洲野牛会反过来恫吓其他的布法罗美洲野牛。）心理语言学家、哲学家杰瑞·福多尔（Jerry Fodor）曾经注意到耶鲁大学橄榄球队的战斗口号：

> Bulldogs Bulldogs Bulldogs Fight Fight Fight!

这是一个合乎语法的句子，只不过包含了三层嵌套。

人们是如何锁定句子的合理意思，而不会被其他所有的合乎语法但荒诞可笑的解释所迷惑的呢？其中有两种可能。第一，我们的大脑就像计算机句法剖析器一样，计算出树形图的每个分枝所隐含的各种意义，然后在它们呈现于意识之前过滤掉其中可能性不大的选项。第二，人类句法剖析器在做出每一步选择时都是采用类似于赌博的方式，选择一个可能性最大的解释，然后以这个解释为基础尽可能地向前推进。计算机科学家将这两种方法分别称为"宽度优先搜索"（breadth-first search）和"深度优先搜索"（depth-first search）。

THE **LANGUAGE** INSTINCT　**语言认知实验室**

从单词的层面上看，大脑似乎采用的是宽度优先搜索。它会粗略地考虑一个多义词的各种含义，甚至包括那些不太可能的含义。心理语言学家大卫·斯温尼（David Swinney）设计了一个巧妙的实验，他让被试通过耳机听取下面这段文字：

Rumor had it that, for years, the government building had been plagued with problems. The man was not surprised when he found several spiders, roaches, and other bugs in the corner of his room.

　　据传闻说，多年以来，政府大楼受到各种问题的困扰。即便在房间的角落里发现几只蜘蛛、蟑螂或者其他一些虫子，也不是什么值得奇怪的事情。

　　你是否注意到，这段话最后一句中的"bug"其实是个多义词，它可以指"虫子"，也可以指"窃听器"。当然，你很可能不会想到这一点，因为第二个含义根本不符合语境。但心理语言学家感兴趣的是短短几毫秒的心理活动，他们需要借助比问卷调查更为精密的技术手段来得出确切的结果。在实验中，当磁带播放到"bug"一词时，计算机屏幕上会同时闪过另一个单词，当被试识别出这个单词的意思后，必须尽快地按下一个按钮（如果屏幕上出现的是"blick"这样的非英语单词，就按下另一个按钮）。众所周知，当某人听到一个单词时，他可以更加容易地识别出另一个与之相关的单词，这就好像我们的心理词典是一部同义词库，只要找到一个单词，其他意思接近的单词也能轻松找到。实验结果也证明了这一点，当被试看到"ant"（蚂蚁）这个与"bug"相关的单词时，他的按钮速度就更快一些；而看到"sew"（缝合）这个无关的单词时，按钮速度就慢上一拍。不过，令人感到奇怪的是，被试识别"spy"（间谍）的速度也一样快。虽然它的意思与"bug"的第二个含义"窃听器"相关，但并不符合语境。这表明，大脑是下意识地将"bug"的两个词条一同调出的，即便它可以事先排除其中一个词条。不过，这个无关的词条不会保存太久，如果实验中的测试单词不是立刻出现在"bug"之后，而是延迟三个音节的时间，那么只有"ant"的识别速度会更快一些，而"spy"的识别速度则和"sew"是一样的。这也许就是人们事后会否认自己考虑过不恰当的词义的原因。

　　心理学家马克·赛登伯格（Mark Seidenberg）和迈克尔·唐纳豪斯（Michael Tanenhaus）也揭示出相同的现象。他们的研究对象是拥有不同词性的单词，例如我们曾经提到过的新闻标题"Stud Tires Out"中的"Tires"。结果显示，无论这个单词是出现在名词位置（例如 The tires）还是动词位置（例如 He tires），都会提高"wheels"（车轮）和"fatigue"（疲劳）这两个单词的识别速度，其

中 "wheels" 与 "tires" 的名词含义相关，而 "fatigue" 则与 "tires" 的动词含义相关。可见，心理词典的检索功能虽然快速、彻底，但并不太聪明。它会把一些必须淘汰剔除的无关词条也一并检索出来。

　　然而，到了由众多单词构成的短语和句子的层级，人们就不会去计算每个可能的树形结构了。这里有两个原因让我们得出这样的判断。一是许多明显的歧义并没有被大脑识别出来。否则我们该如何解释报纸上的那些被编辑忽略的歧义文字？为什么直到它们刊登之后才被编辑发现，并悔之不迭？我们不妨再来看一些例子：

> The judge sentenced the killer to die in the electric chair for the second time.
>
> 　　法官第二次判处凶手接受电椅死刑。——又可理解为：法官判处凶手接受第二次电椅死刑。
>
> Dr. Tackett Gives Talk on Moon.
>
> 　　塔克特博士发表有关月球的演讲。——又可理解为：塔克特博士在月球上发表演讲。
>
> No one was injured in the blast, which was attributed to the buildup of gas by one town official.
>
> 　　这次因为镇政府天然气泄漏而引发的爆炸没有造成人员伤亡。——又可理解为：这次爆炸没有造成人员伤亡，这归功于镇政府的天然气泄漏。
>
> The summary of information contains totals of the number of students broken down by sex, marital status, and age.
>
> 　　信息概要中包含的是按性别、婚姻状况和年龄划分的各类学生总数。——又可理解为：信息概要中包含的是不同性别、婚姻状况和年龄的学生总数。

　　我曾经读到一本书的书皮上说 "the author lived with her husband, an architect and an amateur musician in Cheshire, Connecticut"（作者和她的丈夫，一位建筑师和一位业余音乐家，生活在康涅狄格州的柴郡）。我一下子没反应过来，还以为这是一个 "三角家庭"。

　　人们不但很难发现一个句子所拥有的几个树形图，有时甚至连唯一的树形图都找不到。请看下面的例子：

> The horse raced past the barn fell.
>
>> 跑过谷仓的马摔倒了。
>
> The man who hunts ducks out on weekends.
>
>> 打猎的人周末休息。
>
> The cotton clothing is usually made of grows in Mississippi.
>
>> 通常用来做衣服的棉花产自密西西比。
>
> The prime number few.
>
>> 精英的数量很少。
>
> Fat people eat accumulates.
>
>> 人们食用的脂肪会堆积起来。
>
> The tycoon sold the offshore oil tracts for a lot of money wanted to kill JR.
>
>> 重金卖掉近海油田的大亨想要杀死小尤因。

　　面对这些句子，大多数人都是按照自己的想法一路读过去，直到在某一点上突然受阻，然后再急忙回头看前面的文字，以确定到底是哪里出了错。这种努力往往以失败告终，因此人们就会认为这些句子要么是多了一个单词，要么是两个句子串在了一起。事实上，以上每个句子都合乎语法，我们不妨把它们放到特定的语境中去：

> The horse that was walked past the fence proceeded steadily, but the horse raced past the barn fell.
>
>> 走过栅栏的马稳步行进，但跑过谷仓的马摔倒了。
>
> The man who fishes goes into work seven days a week, but the man who hunts ducks out on weekends.
>
>> 打鱼的人每周工作七天，打猎的人则周末休息。
>
> The cotton that sheets are usually made of grows in Egypt, but the cotton clothing is usually made of grows in Mississippi.
>
>> 通常用来做床单的棉花产自埃及，而用来做衣服的棉花则产自密西西比。
>
> The mediocre are numerous, but the prime number few.
>
>> 庸才量多，精英量少。

Carbohydrates that people eat are quickly broken down, but fat people eat accumulates.

人们食用的碳水化合物会迅速分解，但脂肪却会堆积起来。

JR Ewing had swindled one tycoon too many into buying useless properties. The tycoon sold the offshore oil tracts for a lot of money wanted to kill JR.

小尤因曾经欺骗一位大亨花大价钱购买无用资产，以至于这位重金卖掉近海油田的大亨想要杀死小尤因。

这些句子被称为"花园小径句"（garden path sentence），因为从句子的第一个单词开始，听者就被引向了一条错误的分析路径。这种现象表明，人与电脑不同，他们不会在解读句子的过程中建立起所有可能的树形图。假如他们这样做了，就能够从中发现正确的树形图。相反，人们主要采用的是"深度优先搜索"策略，直接挑选一个看似行得通的分析路径，然后一路直走。如果他们中途碰到了一个不符合树形图的单词，就立刻原路折回，换一个树形图重新开始。当然，有时人们也可以同时储存两个树形图，尤其是那些拥有良好记忆的人，但绝大多数的树形图都不会出现在人脑中。深度优先搜索就是一种冒险：如果一个树形图能够处理已经出现的单词，它就有可能继续处理将要出现的单词。这样做的好处就是只需记住一个树形图，从而节省记忆空间，而其代价就是一旦判断失误，就必须从头再来。

顺便一提的是，花园小径句往往是拙劣文笔的代表。这些句子的每个分枝都缺乏明确的路标，导致读者无法胸有成竹地从句首读到句尾；相反，读者不得不在死胡同中反复瞎撞，一次次地绕回起点。下面是我从报纸杂志上收集到的一些例句：

Delays Dog Deaf-Mute Murder Trial.

延迟对聋哑屠狗者的审判。

British Banks Soldier On.

英国银行苦苦支撑。

The musicians are master mimics of the formulas they dress up with irony.

音乐家是模仿大师，他们通过讽刺的手法来模拟那些音乐套路。

The movie is Tom Wolfe's dreary vision of a past that never was set against a comic view of the modern hype-bound world.

这部电影是汤姆·沃尔夫对过去世界的沉闷的视觉反映，而并非以喧嚣骚动的现代世界为对照。

That Johnny Most didn't need to apologize to Chick Kearn, Bill King, or anyone else when it came to describing the action [Johnny Most when he was in his prime].

在这个事件的解说上，约翰尼·莫斯特无须向奇克·赫恩、比尔·金或其他任何人道歉——黄金时期的约翰尼·莫斯特。

Family Leave Law a Landmark Not Only for Newborn's Parents.

家庭休假法不仅仅对新生儿父母具有里程碑意义。

Condom Improving Sensation to be Sold.

提高性生活感觉的避孕套即将出售。

相比之下，像萧伯纳这样伟大的作家可以让读者畅通无阻地从句首走到句尾，即便这个句子长达 110 个单词。

不产生歧义的句子，才是好句子

深度优先的句法剖析器必须借用一些标准来挑选一个（或少数几个）树形图，并将其运行下去——这也是最有可能正确的树形图。有一种可能的解释是，人类的整体智能都被用来解决这个问题，帮助大脑自上而下地分析这个句子。根据这种观点，如果人们可以预先猜出某一分枝的意思与语境不符，就不必费心去构建树形图的任何部分。这是不是人类句法剖析器所采用的最为明智的工作方法，心理语言学家对此还有许多争论。从某种程度上说，如果听者的智力能够准确地预测出说话者的意图，这种自上而下的设计就能够引导句法剖析器做出正确的分析。但是，人类的整体智能包含着多种智慧，如果要一次性地同时使用这些智慧，恐怕在时间上会有所延迟，无法满足句法剖析器对口头言语实时分析的要求。福多尔曾经引用哈姆雷特的话，假如让知识和语境来指导句法剖析，那么"决心的赤热光彩将被审慎的思维涂上一层灰色"。他认为，人类句法剖析器是一个密封组件，它只能在心理语法和心理词典中查找信息，而不能动用心理百科全书。

显然，这个问题最终只能通过实验的方法寻找答案。人类句法剖析器似乎至少会使用一点儿与真实世界相关的知识。

THE **LANGUAGE** | **语言认知实验室**
INSTINCT

在心理学家约翰·查斯威尔（John Trueswell）、迈克尔·唐纳豪斯和苏珊·甘西（Susan Garnsey）所做的实验中，研究人员要求被试在头部固定不动的情况下阅读计算机屏幕上的句子，并记录下他们的眼球运动。这些句子都具有花园小径的特点，例如：

The defendant examined by the lawyer turned out to be unreliable.
经律师调查，这位被告被证明是不可取信的。

这个句子中的"by"很可能会绊你一脚，因为在这个单词出现以前，你可能一直以为这个句子说的是"defendant"（被告）对某物进行调查，而不是被他人检查。的确，与控制组的语意明确的句子相比，被试的目光在单词"by"上会停留片刻，并很可能原路返回，重新解读句子。再看下面这个句子：

The evidence examined by the lawyer turned out to be unreliable.
经过律师审核，这份证据被证明是不可取信的。

假如常识性知识能够避免花园小径的问题，这个句子读起来就应该容易得多。"evidence"（证据）与"defendant"（被告）不同，它不能对其他事物进行检查，因此就可以避免"证据检查某物"这样不正确的树形图。实验也证明了这一点：在阅读这个句子的过程中，被试的目光很少停顿或者倒退。当然，这里用到的知识是非常粗浅的（被告可以检查某物，而证据则不能），而且包含其中的树形图也是比较容易发现的，尤其是相对于计算机所能找到的几十种树形图而言。因此，还没有人知道在句子的实时理解上，一个人的综合智慧到底能够派上多少用场。这正是目前实验研究的一个热门领域。

此外，单词本身也提供了一些指引。我们曾经说过，每个动词都能对动词短语中的其他部分提出要求。比如说，你不能只是"devour"，而必须"devour something"；相反，你不能"dine something"，而只能"dine"。一个动词的常用词条似乎会对心理句法剖析器施加影响，使之主动搜寻这个动词所需扮演的角色。查斯威尔和唐纳豪斯让被试阅读下面这个句子，并对他们的眼球运动进行了检测。

> The student forgot the solution was in the back of the book.
> 学生忘记了答案就在书的背后。

当读到"was"一词时，被试的目光出现了停留，然后跳回到句子开头，因为被试将这个句子误解为是"学生忘记了答案"，并在此画上句号。由此可以推断，在被试的头脑中，单词"forget"告诉句法剖析器说："快给我找一个宾语！"再看下面这个句子：

> The student hoped the solution was in the back of the book.
> 学生希望书背后有答案。

被试在阅读这个句子时没有出现任何问题，因为"hope"一词的指示是"快给我找一个句子！"，而接下来出现的正好是一个句子。

单词还能提供另一种帮助，它可以告诉句法剖析器某个特定的短语中会出现哪些单词。尽管逐字跃迁的概率不足以让我们读懂一个句子（详见第 3 章），但它们仍然有一定的作用。在面对两个合乎语法且看上去都能成立的树形图时，一个具有良好统计能力的句法剖析器会选择最有可能被人们说到的那一个。人类句法剖析器似乎对"词对"（word pair）更为敏感，许多花园小径句之所以特别具有迷惑性，就是因为其中包含了"cotton clothing""fat people""prime number"等常见的词对。无论人类大脑是否得益于语言上的统计数据，计算机在这一点上却是肯定的。在美国电话电报公司和 IBM 公司的实验室里，工程师曾利用计算机对《华尔街日报》和美联社等机构的新闻稿件中的数百万单词进行列表统计。他们的想法是，如果计算机句法剖析器能够掌握每个单词的使用频率，以及这个单词与其他单词共同出现的频率，它就能更为聪明地解决歧义问题。

最后，人们会依据自己所偏好的树形图来解读句子，这个树形图往往经过一定的心理剪裁，具有某种特定的形状。其中的一个原则是惯性：人们喜欢将新出现的单词装进距离最近的悬垂短语之中，而不是先把这个悬垂短语关闭起来，再将新出现的单词添加到上一层的悬垂短语中去。这种"迟关闭原则"（late closure）或许可以解释我们为什么会被下面这个花园小径句所迷惑。

> Flip said that Squeaky will do the work yesterday.
> 菲利普昨天说史奎基将做这项工作。

这是个语法正确、合情合理的句子，但我们却需要看上两遍（甚至三遍）才能读懂它的意思。之所以会误入歧途，是因为我们习惯性地将副词"yesterday"并入离它最近的动词短语"do the work"中，而不是先关闭这个动词短语，再将副词"yesterday"向上挂靠，并入动词短语"Flip said"之中。顺带一提的是，我们对日常合理性的知识判断，例如"will"与"yesterday"无法兼容的事实，并不能让我们避免花园小径的困扰。这表明，常识对解读句子的指导作用是有限的。下面是另一个例子，不过这次的主角是语言学家安妮·森加斯，有一天，她脱口而出地说道："The woman sitting next to Steven Pinker's pants are like mine."森加斯的意思是，坐在旁边的女人穿的裤子和她的很像。

第二个原则是节俭：人们总是尽量用最少的分枝将短语挂靠到树形图中。这就是我们会在下面这个花园小径中迷路的原因。

> Sherlock Holmes didn't suspect the very beautiful young countess was a fraud.
> 夏洛克·福尔摩斯并不怀疑年轻漂亮的伯爵夫人是个冒牌货。

只需要一个分枝，"countess"一词就可以挂靠到动词短语"Sherlock suspected"之中，但是要通过两个分枝，它才能挂靠到这个动词短语所附带的从句中：

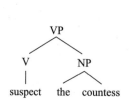
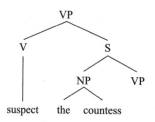

心理句法剖析器似乎倾向于最少的分枝，尽管后面出现的句子否定了这种结构。

由于大多数句子都存在歧义，而法律文件和商业合同又必须用句子来表述，因此句法剖析器的操作原则会对人们的日常生活产生很大影响。劳伦斯·索兰在他的新书中讨论了许多类似的例子，请看以下三段文字，第一段出自一份保险合同，第二段出自某条法规，第三段出自某位法官对陪审团的指示：

> Such insurance as is provided by this policy applies to the use of a non-owned vehicle by the named insured and any person responsible for use by the named insured provided such use is with the permission of the owner.
>
> 依据本保单的协议，该份保险适用于指定被保险人以及受指定被保险人委托的任何人所使用的非其自有的车辆，前提是车辆的使用获得车主的许可。
>
> Every person who sells any controlled substance which is specified in subdivision（4）shall be punished...（4）Any material, compound, mixture, or preparation which contains any quantity of the following substances having a potential for abuse associated with a stimulant effect on the central nervous system: Amphetamine; Methamphetamine ...
>
> 任何出售第 4 条款所规定的管制药物的人将受到处罚……（4）任何含有以下任意量的，且具有成瘾倾向，并对中枢神经系统产生刺激作用的物质的原料、化合物、混合物或制剂：安非他命、甲基苯丙胺……
>
> The jurors must not be swayed by mere sentiment, conjecture, sympathy, passion, prejudice, public opinion or public feeling.
>
> 陪审团不得受纯粹的情绪、猜测、同情、好恶、偏见、公众舆论或公众情感等因素的影响。

在第一个案例中，一名女子因为男友把她一人留在餐厅而气愤不已，然后错将别人的凯迪拉克当作男友的车（已保全险）开走了，并且发生了碰撞，现在她想向保险公司索赔车子的修理费用。她是否可以获得赔偿呢？加利福尼亚州上诉法院做出了肯定的裁决。法院指出，这份保单的内容本身具有歧义，因为虽然这位女子不符合"获得车主许可"（with the permission of the owner）的条件，但这个条件可以解读为仅限于"受指定被保险人委托的任何人"（any person responsible for use by the named insured），而并非"指定被保险人以及受指定被保险人委托的任何人"（the named insured and any person responsible for use by the named insured），也就是说，并不包括她本人。

在第二个案例中，一名毒贩试图欺骗他的客户，卖给他一袋只含有微量甲基苯丙胺的惰性粉末。结果不幸的是，这名客户是一位乔装的缉毒刑警。从法律上说，虽然他所出售的"物质"（substance）具有成瘾倾向，但"物质的数量"（the quantity of the substance）却不具有成瘾倾向，那他到底有没有罪？上诉法庭的裁决是有罪。

在第三个案例中，某位被告因为强奸并杀害一名 15 岁少女而被陪审团判处死刑。根据美国宪法，法官不得向陪审团做出指示，以剥夺被告提供相关证据、争取陪审团同情的权利。在这个案例中，包括被告的心理问题，以及恶劣的家庭环境等。那么，这条指示是否违背了宪法，剥夺了被告争取同情的权利；还是仅仅拒绝了无关紧要的"纯粹的同情"？美国最高法院以 5：4 的结果裁定被告被拒绝的仅仅是"纯粹的同情"，法官的指示没有违背宪法。

索兰指出，法院通常是依靠法律文献中的"解释规则"来处理这些案件的，这与我上文提到的剖析原则非常类似。例如，法院在处理前两个案件时所运用的"就近修饰原则"（Last Antecedent Rule），其实就是我们在"福尔摩斯"例句中所看到的"最少分枝挂靠"原则。因此，心理剖析的原则的确是生死攸关的大事。但是，心理语言学家没有必要担心自己的下一个实验或许会把某人送上绞刑架。索兰强调说，法官并不是语言学家，如果他们发现最为自然的解释有违他们心中的正义，就会寻找另一种解释来代替它。

语迹，理解语言的必要心理活动

我一直都在讨论"树"，但句子毕竟不是树。自从 20 世纪 60 年代初乔姆斯基提出深层结构向表层结构的转换规则开始，心理学家就已经采取了各种实验手段，希望能侦测出这一转换过程的心理表现。但是在几番无果的实验之后，人们放弃了这方面的努力。几十年来，心理学教材都将"转换"拒之门外，认为它缺乏"心理现实性"（psychological reality）。但是，随着实验技术的进步，侦测人类心智和大脑中的转换活动已经成为心理语言学的一个研究热点。

请看下面这个句子：

The policeman saw the boy <u>that the crowd at the party accused（语迹）</u> of the crime.
　　警察看见大会上被人们指控有罪的男孩。

谁被指控有罪？当然是那个男孩（boy），即便他并没有出现在"accused"（指控）一词的后面。根据乔姆斯基的观点，这是因为在深层结构中，短语"the boy"确实跟在"accused"的后面，只是因为转换规则才被移动到"that"的位置上，因而留下一个无形的语迹。如果要理解这个句子，人们就必须撤销转换的结果，在心理上将这个短语复制到语迹的位置。要做到这一点，读者必须首先注意到，在这个句子的开头部分有一个移动过的短语"the boy"，这个短语需要一个归宿。因此，读者必须将这个短语储存在短期记忆中，直到他发现一个空当，这个空当中本该有一个短语，却空在那里。在这个句子中，缝隙出现在"accused"的后面，因为"accused"需要一个宾语，但是没有。读者由此推断这道缝隙中包含一个语迹，然后再将短语"the boy"从短期记忆中调取出来，放到语迹的位置上。直到此时，人们才能弄清"the boy"在整个事件中所扮演的角色，即被指控的对象。

值得注意的是，我们可以测量出以上每一段心理过程。例如，当人们阅读到短语"the boy"和语迹之间的文字（即下划线部分）时，他必须一直将"the boy"记在心中。如果想要证明这种记忆负担的存在，我们可以让被试同时执行其他一些心理任务，以观察他们的表现。结果显示，当被试阅读到下划线部分时，他们发现外来信号（例如屏幕上闪过的雪花点）的速度会变得更慢一些，而且也很难记住其他一些单词，甚至连他们的脑电图也反映出这种记忆负担的存在。

接下来，当被试已经发现语迹，并可以将记忆内容全部清空时，这个被转储的短语会在心理层面留下自己的印记，而我们也可以通过各种手段侦测到它。例如，如果研究人员此时通过计算机屏幕闪出该短语中的某个单词（例如"boy"），被试可以极其迅速地辨识出它，而且，被试也可以更为快速地辨识出与这个短语相关的单词，比如说"girl"（女孩）。这种效应非常明显，以至于我们可以在脑电波中观察到它。当被试发现语迹的含义与整句的意思无法相容时，脑电波就会显示出迟疑的反应。

比如下面这个句子：

> Which food did the children read（语迹）in class?
> 孩子们在课堂上阅读哪些食物？

短语与语迹的连接是一种复杂的计算操作。句法剖析器不但要将短语记在心中，还必须对无形无声的语迹进行持续追踪。我们无法预测语迹会出现在句中的什么位置，有时它要到最后才会露面：

> The girl wondered who <u>John believed that Mary claimed that the baby saw</u>（语迹）.
> 这个女孩想知道约翰认为玛丽说那个婴儿看到了谁。

在语迹被找到之前，它的语义角色都是不确定的，特别是在"who/whom"的用法区别已经不复存在的今天。例如：

> I wonder who（语迹）introduced John to Marsha.（who 指代介绍人）
> 我想知道是谁将约翰介绍给玛莎的。
> I wonder who <u>Bruce introduced</u>（语迹）to Marsha.（who 指代被介绍者）
> 我想知道布鲁斯将谁介绍给了玛莎。
> I wonder who <u>Bruce introduced John to</u>（语迹）.（who 指代介绍的对象）
> 我想知道布鲁斯向约翰介绍了谁。

这是个无比繁难的问题，因此优秀的写作者，甚至包括语法本身，都不得不采取简化措施。句子写作的一个原则就是尽量减少中间句（即划线部分）的长度，以确保被移动的短语不必长时间地记在心中。英语中的被动句式能够很好地解决这个问题（尽管计算机的语法检查系统难以正确地识别被动句式）。例如就下面两个句子而言，被动句式显然更容易理解，因为它通过缩短中间句的方法避免了繁重的记忆工作。

Reverse the clamp <u>that the stainless steel hex-head bolt extending upward from the seatpost yoke holds</u>（语迹）in place.

反向扭转座杆架上端延伸的不锈钢六角螺栓所固定的夹钳反扭。

Reverse the clamp <u>that</u>（语迹）is held in place by the stainless steel hex-head bolt extending upward from the seatpost yoke.

而且一般说来，语法会对短语的移动跨度进行限制。例如，我们可以说出这样的句子：

That's the guy <u>that you heard the rumor about</u>（语迹）.

他就是你所听到的谣言中的那个家伙。

但下面这个句子就显得不伦不类了：

That's the guy <u>that you heard the rumor that Mary likes</u>（语迹）.

他就是你所听到的谣言中玛丽所喜欢的那个家伙。

语言会通过边界限制的手段，将 "the rumor that Mary likes him" 这样的复杂名词短语牢牢捆住，使其中的每个单词都无法脱身。这对听者来说是一种福利，因为句法剖析器知道说话者无法移动这个短语中的任何单词，所以它就可以轻松地跳过这个短语，而不必在其中寻找语迹。但是，听者的福利变成了说话者的负担，因为他们不得不为此添加一个多余的代词，例如 "That's the guy that you heard the rumor that Mary likes him"。

虽然句法剖析非常重要，但它仅仅是理解句子的第一步。我们不妨试着剖析一下这段真实的对话：

P: The grand jury thing has its, uh, uh, uh—view of this they might, uh. Suppose we have a grand jury proceeding. Would that, would that, what would that do to the Ervin thing? Would it go right ahead anyway?

总统：大陪审团在这个事情上有……呃……他们可能的看法，假如我们让大陪审团启动调查程序。它会不会、会不会对欧文的事有所影响？它会不会一直继续下去？

D: Probably.

迪恩：有可能。

P: But then on that score, though, we have—let me just, uh, run by that, that—You do that on a grand jury, we could then have a much better cause in terms of saying, "Look, this is a grand jury, in which, uh, the prosecutor—" How about a special prosecutor? We could use Petersen, or use another one. You see he is probably suspect. Would you call in another prosecutor?

总统：不过在这一点上，尽管我们——让我这样说——让你对大陪审团这样做，但我们可以有更好的理由这样说："看，这是大陪审团，呃，在里面，检察官——"一个特别检察官怎么样？我们可以用彼得森，或者其他人。你知道的，他也许不可靠。你会不会找其他的检察官？

D: I'd like to have Petersen on our side, advising us [laughs] frankly.

迪恩：我倒想让彼得森站在我们这边，坦诚地给我们点意见（笑声）。

P: Frankly. Well, Petersen is honest. Is anybody about to be question him, are they?

总统：坦率地说，呃，彼得森是可靠的。会有人质询他吗？

D: No, no, but he'll get a barrage when, uh, these Watergate hearings start.

迪恩：不会、不会，但他将受到言论的轰炸，呃，在水门事件听证会开始之后。

P: Yes, but he can go up and say that he's, he's been told to go further in the Grand Jury and go in to this and that and the other thing. Call everybody in the White House. I want them to come, I want the, uh, uh, to go to the Grand Jury.

总统：是的，但是他可以顶住，说是别人要他进入大陪审团，参与这样那样的事。给白宫的每个人打电话，我希望他们过来。我希望那个，呃……去大陪审团。

D: This may result—This may happen even without our calling for it when, uh, when these, uh—

迪恩：这可能导致——这可能会发生，即便我们不这样要求，呃，当这些，呃——

P: Vesco?

总统：像维斯柯那样？

D: No. Well, that's one possibility. But also when these people go back before the Grand Jury here, they are going to pull all these criminal defendants back in before the Grand Jury and immunize them.

迪恩： 不。嗯，这是一种可能。但也可能当这些人在大陪审团到来之前回去时，他们打算把所有刑事被告人都带回大陪审团面前，并豁免他们。

P: And immunize them: Why? Who? Are you going to—On what?
总统： 豁免他们？为什么？谁？你打算——做什么？

D: Uh, the U.S. Attorney's Office will.
迪恩： 呃，检察官办公室。

P: To do what?
总统： 做什么？

D: To talk about anything further they want to talk about.
迪恩： 说出他们想说的事情。

P: Yeah. What do they gain out of it?
总统： 是的。这对他们有什么好处？

D: Nothing.
迪恩： 没有。

P: To hell with them.
总统： 让他们见鬼去吧。

D: They, they're going to stonewall it, uh, as it now stands. Except for Hunt. That's why, that's the leverage in his threat.
迪恩： 他们打算从中作梗，呃，就目前的情形来看。除了亨特之外。所以说，这就是他的威胁手段。

H: This is Hunt's opportunity.
哈特曼： 这正是亨特的好机会。

P: That's why, that's why,
总统： 所以说，所以说。

H: God, if he can lay this—
哈特曼： 老天，如果他这样做——

P: That's why your, for your immediate thing you've got no choice with Hunt but the hundred and twenty or whatever it is, right?
总统： 这就是为什么你的当务之急就是给亨特 12 万美元或者别的什么，你没有选择，不是吗？

D: That's right.

迪恩：没错。

P: Would you agree that that's a buy time thing, you better damn well get that done, but fast?

总统：你知道这是一件紧急的事情，你他妈的最好给我搞定它，要快！

D: I think he ought to be given some signal, anyway, to, to—

迪恩：我想我们应该给他一点信号，不管怎么说——

P: [expletive deleted], get it, in a, in a way that, uh—Who's going to talk to him? Colson? He's the one who's supposed to know him.

总统：（此处省略若干不雅文辞）把它搞定，用某种、某种方法，呃——谁去和他谈？科尔森吗？他应该知道他。

D: Well, Colson doesn't have any money though. That's the thing. That's been our, one of the real problems. They have, uh, been unable to raise any money. A million dollars in cash, or, or the like, has been just a very difficult problem as we've discussed before. Apparently, Mitchell talked to Pappas, and I called him last—John asked me to call him last night after our discussion and after you'd met with John to see where that was. And I, I said, "Have you talked to, to Pappas?" He was at home, and Martha picked up the phone so it was all in code. "Did you talk to the Greek?" And he said, uh, "Yes, I have." And I said, "Is the Greek bearing gifts?" He said, "Well, I want to call you tomorrow on that."

迪恩：好的，但科尔森没钱。这是一个麻烦。这一直是我们面临的真正难题。他们，呃，筹集不到任何资金。正如我们以前讨论过的，一百万现金是个大难题。很明显，米切尔和帕帕斯谈过，我昨天晚上给他打了电话——昨晚我们谈完之后，你和约翰见面谈过事态的发展，此后约翰叫我打电话给他，我说："你和帕帕斯谈过吗？"他当时在家，玛莎接的电话，所以我们用的是暗语："你和希腊人谈过吗？"呃，他说："是的，谈过。"我于是说："希腊人带了礼物吗？"他说："好吧，我明天打电话告诉你。"

P: Well, look, uh, what is it that you need on that, uh, when, uh, uh? Now look [unintelligible] I am, uh, unfamiliar with the money situation.

总统：嗯，看看，呃，你需要的究竟是什么，呃，如果，呃……？现在看来（无法理解）我是，呃，不太懂钱的事。

这是 1973 年 3 月 17 日尼克松总统和他的律师约翰·迪恩三世（John W. Dean 3rd）、白宫办公厅主任 H. R. 哈特曼（H. R. Haldeman）之间的一段谈话。1972 年 6 月，为尼克松连任竞选活动工作的霍华德·亨特（Howard Hunt）派人潜入位于水门大厦的民主党总部，企图在民主党主席和其他员工的电话上安装窃听器。经过几番调查之后，事件的焦点逐渐集中在这次窃听行动是否出自白宫的授意、幕后主使是哈特曼还是司法部部长约翰·米切尔（John Mitchell）的问题上。这三个人所讨论的问题是：是否要给亨特 12 万美元的"封口费"，让他在大陪审团面前做伪证？我们之所以会有这段谈话的逐字记录，是因为尼克松当年在自己的办公室安装了窃听器，暗中录下了自己和他人的所有谈话（尼克松自称此举是为将来的历史学家着想）。1974 年 2 月，美国众议院司法委员会要求尼克松交出这些录音带，以帮助他们做出是否弹劾尼克松的决定。以上这段对话就是摘自他们的录音记录，也正是依据这段对话，委员会最终建议国会弹劾总统。1974 年 8 月，尼克松被迫辞职。

水门事件的录音带是目前公布于世的最著名，也最丰富的真实对话录音。在它公布之际，美国人感到极度震惊，不过震惊的理由各不相同。有少部分人对尼克松参与妨碍司法公正的阴谋备感吃惊，有些人则十分诧异这位自由世界的领袖竟像码头工人一样粗话连篇。但是，有一件事让所有人都难以置信，这就是如果将我们日常谈话的内容逐字记录下来，它竟然是这样一副模样。这些脱离具体语境的谈话内容简直不知所云。

造成这一问题的部分原因来自记录环境：我们说话时用来划分短语的语调、节奏都在记录过程中完全遗失。而且，除非来自高保真的录音磁带，否则所有记录都是不可靠的。事实上，相对于这份效果不佳的录音记录，白宫的誊写本就有所不同，许多令人费解的内容变得合理可解，例如 "I want the, uh, uh, to go" 一语被记录为 "I want them, uh, uh, to go"。

但是，即便是一丝不差的谈话记录，也同样令人费解。人们的口语常常是片段式的，喜欢在说到一半的时候插入一些句子，以重整想法或改变话题。我们常常弄不清到底是在说谁、说什么事，因为说话者大量地使用一些代词（him、them、 this、that、we、they、it、one），种类词（do、happen、the thing、the situation、that score、these people、whatever）和省略句（The U.S. Attorney's Office will、That's why），说话者的意图常常是间接地表达出来的。根据这段谈话，尼克松到底是应该继续他的总统任期，还是应该作为一名罪犯接受质询，关键取决于"get it"的含义，以及"What is it that you need？"这句话究竟是在询问对方，还是暗示自己将向对方提供资助。

当然，并不是每个人都会对谈话记录的晦涩难懂感到吃惊，新闻记者对此就并不陌生，在将他人言论和采访记录发表出来之前，新闻记者要做大量的编辑工作，这已成为业界行规。多年以来，喜怒无常的波士顿红袜队投手罗杰·克莱门斯（Roger Clemens）都在抱怨媒体错误地引用他说的话，而《波士顿先驱报》（*The Boston Herald*）对此的回应是干脆在新闻报道中一字不差地刊登他的赛后评论，他们心里明白这是一种非常残忍的报复手段。

1983 年，新闻记者对谈话内容的加工整理突然变成了一个法律问题。当时，作家珍妮特·马尔科姆（Janet Malcolm）在《纽约客》上连载了一篇关于精神分析学家杰弗里·马森（Jeffrey Masson）的文章。马森曾经在一本书中指责弗洛伊德口是心非和懦弱胆小，因为弗洛伊德曾经发现神经官能症是源自童年时期所遭受的性虐待，但他后来收回了自己的观点。马森因为这本书而被解除了伦敦弗洛伊德档案馆馆长之职。根据马尔科姆的描述，马森在采访中称自己为"学术舞男"和"弗洛伊德之后最伟大的精神分析师"，并打算在安娜·弗洛伊德（Anna Freud）死后将她的房子变成"性爱、女人和娱乐之地"。马森为此将马尔科姆和《纽约客》告上法庭，要求 1 000 万美元的赔偿，他坚称自己从未说过这些话，而其他一些引语也被动过手脚，目的是让他出丑。虽然马尔科姆无法用采访录音和笔记来证实这些引言的真实性，但她仍然否认自己有造假行为，她的律师表示，即便她做过改动，那也是对马森所说内容的"合理阐释"。他们宣称，对引语进行修饰是新闻行业的一个惯例，它不同于明知虚假而故意刊登或不顾真伪而贸然发表，后者才符合诽谤的定义。

各级法院依据"第一修正案"驳回了这一诉讼请求，但到了 1991 年 6 月，美国最高法院一致决定受理这个案件。在一份备受关注的意见书里，占到多数的法官为记者的引语处理划出了一片安全地带（其中甚至没有谈到记者必须逐字引述原话），代表多数意见的肯尼迪法官写道："故意更改原告的言辞，并不等于明知虚假而故意发表。""如果一位作者改变了说话者的言辞，但没有影响其实际的意义，说话者的名誉并不会因此受到损害。我们反对任何针对引言真实性的特殊侦测，包括针对更改语法和句法的侦测。"如果最高法院咨询我的看法，我会站在法官怀特（White）和斯卡利亚（Scalia）一边，要求这种改动必须有一个限度。和许多语言学家一样，我并不认为我们可以更改说话者的言辞（包括语法和句法）而不改变它的实际意思。

这些事实说明，现实生活中的语言远比"The dog likes ice cream"这样的句子复杂得多，要了解一个句子的含义，仅靠句法剖析是远远不够的。对于解读者而言，树形图反映出的语义信息仅仅是针对说话者意图的复杂推理中的一个前提。为什么会这样？为什么即便是无比诚实之人也很少将所有事实和盘托出？

第一个原因是谈话的直播性。以尼克松等人的谈话为例：在谈到"水门事件"的调查情况时，如果谈话者每次都要将"美国参议院'水门事件'特别调查委员会"这个概念完整地表述出来，这场谈话根本就无法继续下去。一旦前面的谈话中提到过这个机构，后面只要用"欧文的事"（the Ervin thing）或者"它"（it）来代称就可以了。出于同样的原因，如果要将整个谈话的逻辑链条全部用语言表述出来，显然也会浪费许多时间。

> 亨特知道是谁下令让他派人潜入水门大厦的。
>
> 下令者可能来自我们政府内部。
>
> 如果他的确来自政府内部，而他的身份又被曝光的话，整个政府将面临灾难。
>
> 亨特打算说出下令者是谁，因为这可能会减轻他的刑期。
>
> 世界上有些人会为了金钱而冒险。
>
> 因此亨特可能会为了金钱而隐瞒幕后老板的身份。
>
> 有理由相信，12万美元对亨特来说是一笔不菲的数目，足以让他隐瞒下令者的身份。

> 亨特现在会接受这笔钱，但他将来很可能继续敲诈我们。
>
> 不过，只要能让他短期内保持安静就行，因为几个月后，媒体和公众可能会对"水门事件"失去关注的兴趣。如果他到那时再说出下令者的身份，对我们政府造成的负面影响就不会太大。
>
> 因此，从自身利益的角度考虑，我们应该付给亨特一笔重金，让他保持沉默，直到公众对"水门事件"的关注逐渐减退。

相比之下，"你的当务之急就是给亨特 12 万美元或者别的什么"这句话就显得更有效率了。

不过，这种效率取决于谈话者之间所共享的背景知识以及对人类行为心理的了解。只有借助这种知识，他们才能对谈话中的各种名称、代词以及简单描述进行前后参照，以理顺各个句子之间的逻辑关联。如果缺乏共同的背景知识，比如说谈话的一方来自不同的文化，或者患有精神分裂症，或者是一台机器设备，那么即便是最好的句法剖析器，也无法解读出句子的全部含义。一些计算机科学家试图为计算机制定一些拥有固定模式的"谈话脚本"，比如说餐厅用餐或者生日聚会用语，希望能帮助计算机填补谈话中所缺失的内容，以达到理解的目的。另一组研究人员则试图教会计算机理解人类的一些基本常识，他们认为这些基本常识是由上千万个事实构成的。你只要看看下面这组简短对话，想一想其中包含了多少有关人类行为的背景信息，就可以知道这是多么艰巨的一项任务了：

> 女：我要离开你。
>
> 男：他是谁？

所以说，要理解一个句子，就必须将从句中搜集到的所有信息碎片整合起来，形成一组庞大的心理数据。为了做到这一点，说话者不能仅仅将事实一个接一个地送进听者的耳朵。人类知识并不是一张纵向排列的事实清单，而是一个复杂的网络系统。因此当说话者准备用语言来表达一连串事实时，他必须用特定的方式来组织语言，以确保听者可以将每个事实纳入已有的知识框架中。因此在组织句子的过程中，我们必须首先将已知信息和谈话主题表述出来（通常充当句子的主语），而将新鲜的内容、问题的焦点以及发表的意见放在最后。被动句的另一个功能就是将主题置于句子之首。威廉姆斯在《风格：清晰、优雅地写作》一书中指出，如果句子讨论的主题与动词的逻辑宾语有角色上的关联，我们就可以完全不顾"避免使用被动句"的写作建议。我们来看下面这个由两个句子构成的一段话：

> Some astonishing questions about the nature of the universe have been raised by scientists studying the nature of black holes in space. The collapse of a dead star into a point perhaps no larger than a marble creates a black hole.
>
> 研究宇宙黑洞的科学家对宇宙的本质提出了一些惊人的质疑。死亡的恒星因为引力坍塌而缩小到弹珠大小，由此形成黑洞。

第二句话看上去与第一句话似乎并无关联，但如果用被动句来表述的话就通顺得多了：

> Some astonishing questions about the nature of the universe have been raised by scientists studying the nature of black holes in space. A black hole is created by the collapse of a dead star into a point perhaps no larger than a marble.
>
> 研究宇宙黑洞的科学家对宇宙的本质提出了一些惊人的质疑。黑洞是死亡的恒星因为引力坍塌而缩小到弹珠大小所形成的。

在这段话中，第二句与第一句的关系就显得更为连贯了，因为它的主语"黑洞"是句子的主题，而其谓语则为这个主题增添了新的信息。在长篇的谈话和文章中，出色的作家和演说者会将上一个句子的焦点作为下一个句子的主题，以此确保思路的清晰连贯。

如何将句子组织成一段话，并依据上下文的关系对其进行解读，对这方面的研究（有时被称为语用学）得出了一个有趣的发现。最早揭示这个发现的是哲学家保罗·格莱斯（Paul Grice），近年来它又得到了人类学家丹·斯珀伯（Dan Sperber）和语言学家迪尔德丽·威尔逊（Deirdre Wilson）的修正和完善。人类的沟通行为依靠的是说话者和听者相互之间的通力合作。说话者需要占用听者宝贵的注意力，以确保听者接收到的都是重要信息，例如一些未知的事件和与听者所思所想密切相关的内容，以便听者可以轻松地得出新的论断。因此，听者心中期待着说话者提供丰富可靠、明确简洁、条理清楚的信息。这种期待可以帮助听者剔除歧义句中的干扰信息，将片段式的语句进行整合，绕过说话者所犯的口误，猜测代词和描述语的指代对象，以及填补对话中缺失的环节。然而，如果听者不愿合作，甚至心存敌意，这些缺失的信息就必须清楚明白地表述出来。正是由于这个原因，我们才会在法定合同上看到繁复冗长的文字，例如 "party of the first part"（合同的甲方）、"all rights under said copyright and all renewals thereof subject to the terms of this Agreement"（基于上述版权及由此产生的所有续展权利都以本协议各项条款为准）。

然而，上面所说的有趣发现是：这些沟通原则常常会被人为打破。说话者往往会刻意说一些与主题毫不相关的话，以便让听者品出弦外之音。下面这封推荐信就是一个最常见的例子：

亲爱的平克教授：

　　我很高兴能向您推荐欧文·史密斯。史密斯先生是一名模范学生。他穿着得体，非常守时。我认识史密斯先生已有三年了，从各方面来说，我都觉得他是一个最具合作精神的人。他的妻子也极其迷人。

约翰·琼斯教授

尽管这封信里满是客观、积极的评价，但它却完全毁掉了史密斯先生获得职位的机会。这封推荐信并未包含收信人想要知道的内容，因此违背了说话者必须提供信息的原则。然而依据惯例，收信人会假定对方的沟通目的一定与主题相关，即使信件内容并没有表现出来。因此他会根据这封信的内容做出这样的推断：写信的人其实并不认为史密斯先生具有足够的资格。但是，为什么写信者需要这样拐弯抹角，而不直接说"别理会史密斯，他笨得像头猪"呢？收信人也可以做出进一步的推断：写信者心地善良，并不想伤害那些求他帮忙的人。

可见，人们懂得利用成功交流所必需的心理期待，将自己的真正意图埋藏在表面意思之下。人类的交流与传真机之间的信息互传并不一样，人是一种社会性的动物，他生性敏感，诡计多端，而且喜欢揣摩对方的心理，这使得人类的交流变成了一场心智的互动表演。当我们将话语送入他人耳中时，我们的真实目的是影响他人的看法，揭示自己的意图。无论这个意图是好是坏，可是表面看起来却似乎是在为他人着想。最能说明这一点的莫过于每个社会都拥有的"礼貌用语"，在这些礼貌用语中，真实的意图都是用曲折委婉的方式表达出来的，而非直言不讳。例如这句话"I was wondering if you would be able to drive me to the airport"（我想知道你是否能够开车带我去机场），从字面上看，这是一句毫不相干的废话。你为什么要告诉我你在想什么？你为什么要猜测我是否有能力送你去机场？是什么样的情形让你做出这种猜测？当然，这句话的真实意图就是"送我去机场"，这一点儿不难推断，但是你并没有把它直接说出来，所以我有推脱的余地，这也就避免了直接发号施令所可能导致的尴尬局面。此外，有意违反语言交流的潜在规则，也催生出了反语、幽默、比喻、讽刺、反诘、虚饰、劝说和诗歌等丰富多彩的"非直义语言"（nonliteral language）。

最后，我们可以用比喻和幽默的方式来分别概括解读句意时的两种心智表现。我们多数时候都是用"管道传递"来比喻日常的语言交流，它揭示的是句法剖析的过程。在这个比喻中，思想是物体，句子是容器，而交流则是传递过程。我们将思想收集起来，装入句子之中，然后再将它邮递到听者手中；听者则可以将句子打开，拿出里面的东西。但是，我们已经看到，这个比喻具有一定的误导性，解读语言的整个过程其实更像下面这个笑话；两个精神分析学家在路上巧遇，一个说："早上好。"另一个则在想："他说这句话到底是什么意思？"

The Language Instinct

How
the Mind Creates
Language

07

为什么地球上会存在
那么多不同的语言

目前，世界上仍有 5 000 多种不同的语言存在。从单词和语素的排列次序角度看，这些语言至少有 45 个共同点。无论哪一种语言，我们都能轻松找出几十个独特的地方。遗传、变异、隔离是导致语言差异的 3 大原因。在不远的将来，人类大多数语言都将彻底消失。

语言的共性与差异

1957 年，语言学家马丁·朱斯（Martin Joos）对过去 30 年的语言学研究进行了回顾。《圣经·创世记》中说上帝的初衷只是为了让天下的语言互不相通，但朱斯宣称各种语言之间的差异大到无边，而且难以预测。然而就在同一年，乔姆斯基的著作《句法结构》（*Syntactic Structures*）问世，标志着"乔姆斯基革命"的到来。根据乔姆斯基的说法，如果一位来自火星的语言学家造访地球，他必然会得出这样的结论：地球上的人所说的其实是同一种语言，只不过是在词语上互不相同而已。

即使按照神学的标准来看，这种解释也是惊人之论。乔姆斯基为什么会得出这个结论呢？地球上存在着 4 000~6 000 种语言，无论是和英语进行比较，还是相互之间进行比较，它们看起来都是如此不同。我们可以将英语作为比照对象，说明语言之间几个最为明显的差异：

1. 英语是一种"孤立"语，它是通过改变单词的排列次序来建构句子的，而单词本身缺少形式变化，例如"Dog bites man"和"Man bites dog"。而其他一些语言则通过名词的格变化，或者动词的词缀变化（与扮演角色在数量、性别以及人称上保持一致）来表示"谁对谁做了什么"。这种语言的一个典型例子是拉丁语，它是一种"屈折"语，每个词缀都包含好几种信息。而另一个例子是奇温久语，它是一种"黏着"语，每个词缀表示一种信息，而许多词缀常常串联在一起，就像我们在第 4 章所看到的黏着在动词上的 8 个词缀。

2. 英语是一种"词序固定"的语言，每个短语都有固定的位置，而"词序自由"的语言则允许改变短语的顺序。澳大利亚原住民的瓦勒皮里族语就是一个极端的例子，这门语言中不同短语里的单词可以随意地组合在一起："This man speared a kangaroo"（这个人刺死了一只袋鼠）这句话可以用"Man this kangaroo speared""Man kangaroo speared this"，以及其他四种排列方式来表示，意思完全相同。

3. 英语是一种"宾格"语言。在英语中，不及物动词的主语与及物动词的主语形式相同，但与及物动词的宾语形式不同，例如"She ran"（她跑）中的"she"与"She kissed Larry"（她吻了拉里）中的"she"是一样的，但与"Larry kissed her"（拉里吻了她）中的"her"不同。但在一些"作格"语言中，例如巴斯克语和澳大利亚的许多原住民语言，这种分界被彻底打破了。不及物动词的主语与及物动词的宾语形式相同，而及物动词的主语则是另一种形式，就好比用"Ran her"来表示"She ran"的意思。

4. 英语是一种"主语突出"的语言，所有句子都必须拥有一个主语，即便这个主语没有任何意义，例如"It is raining"（下雨了）和"There is a unicorn in the garden"（花园里有一只独角兽）。然而，在日语等"主题突出"的语言中，当前的谈话主题在句中占有一个专门的位置，例如他们会说"This place, planting wheat is good"（这个地方，种植小麦好）或者"California, climate is good"（加州，气候好）。

5. 英语是一种"主动宾"语言，它的句子结构是"主语 – 动词 – 宾语"（"Dog bites man"）。而日语是"主宾动"结构（"Dog man bites"），现代爱尔兰语（盖尔语）是"动主宾"结构（"Bites dog man"）。

6. 在英语中，名词可以表示任意形式、数量的物体："a banana"（一根香蕉）、"two bananas"（两根香蕉）、"any banana"（任何的香蕉）、"all the bananas"（所有的香蕉）。然而在"量词型"语言中，名词被分为不同的类别，例如人类、动物、无生命的物体、一维、二维、群体、工具、食物，等等。在许多语言中，人们使用的是类别的名称，而非名词本身，例如将"three hammers"（三把锤子）说成"three tools, to wit hammer"（三个用来锤东西的工具）。

当然，无论看哪一种语言，我们都能轻松地找出几十个甚至上百个独特之处。

然而另一方面，我们也可以从这些五花八门的语言中发现异常显著的共性。1963 年，语言学家约瑟夫·格林伯格（Joseph Greenberg）对分布于五大洲的相隔遥远的 30 种语言进行了比对，其中包括塞尔维亚语、意大利语、巴斯克语、芬兰语、斯瓦希里语、柏柏尔语、土耳其语、马萨语、希伯来语、印度语、日语、缅甸语、马来语、毛利语、玛雅语、盖丘亚语（印加语的支脉）。格林伯格并非乔姆斯基学派的学者，他只是想看看这些语言是否拥有一些共同的语法特征。他第一次比对的重点是单词和语素的排列次序，结果发现了至少 45 个共同点。

此后，学者们开展了许多类似研究，涉及的语言来自世界各个角落，并由此发现了几百个共同点。其中一些共性是绝对的。例如，没有一种语言是通过将整个句子颠倒过来的方式来构成问句的，例如："Built Jack that house the this is?"而有些共性则是依据统计的结果，例如几乎在所有语言中，主语都在宾语的前面，而动词则往往和它的宾语连在一起。因此，绝大多数语言都是"主动宾"或"主宾动"结构，少数语言是"动主宾"结构，"动宾主"和"宾动主"结构的语言极为稀少（小于 1%），而"宾主动"结构几乎是不存在的（有几种语言被认为是"宾主动"结构，但学界对此还存在争论）。大多数语言的共性表现出"蕴涵"（implication）关系：如果一种语言有 X，它也将有 Y。我们在第 3 章中就介绍过这样一个典型的例子：如果一种语言的次序结构是"主宾动"，它的疑问词通常就出现在句尾，即后置；如果是"主动宾"结构，疑问词就出现在句首，即前置。这种普遍的蕴涵关系在语言的各个方面都有表现，无论是语音（如果一种语言有鼻元音，它必然有非鼻元音）还是语义（如果一种语言有"紫色"一词，它必然也有"红色"一词；同理，如果有"腿脚"，也必然有"胳膊"）。

如果这些共性说明语言的差异并非随意生成的，那是否意味着语言的形式受到大脑结构的约束呢？我们并不能直接推导出这个结论。首先，我们必须排除其他两种可能的解释。

第一种解释是，人类拥有一个共同的"祖语"（proto-language），现存所有的语言都是它的后代，因此都保留了它的一些特征。这些特征在各种语言中都有相似的表现，就像希伯来语、希腊语、罗马语和斯拉夫语有着相似的字母顺序一样。这种字母顺序并无特别之处，它只是迦南人的发明创造，而西方的所有字母体系都源自它。然而，没有语言学家会接受这种解释。首先，语言在传习过程中往往会出现断层，最极端的例子就是克里奥尔化现象，但语言的共性却适用于所有语言，包括克里奥尔语在内。其次，简单的逻辑表明，普遍的蕴涵关系，例如"如果一种语言是'主动宾'结构，它就拥有前置词；如果是'主宾动'结构，它就拥有后置词"，并非像单词的认读一样是由父母传授给孩子的。就其本身的逻辑而言，蕴涵关系并不是一种英语知识。通过一定的学习，孩子们能够知道英语是"主动宾"结构，也知道它拥有前置词，但无法了解"如果一种语言是'主动宾'结构，它就必须拥有前置词"这个事实。普遍的蕴涵关系涉及所有语言的知识，只有从比较语言学的角度才能被揭示出来。如果一种语言在发展过程中从"主宾动"结构变成了"主动宾"结构，它的后置词也转变为前置词，那么我们就必须对此做出解释：到底是什么原因使得这两种变化保持相同的步调。

此外，假如语言的共性只是世代相传的结果，那么各种语言之间的重要区别就应当与语言谱系的分支流脉形成对应关系，就像两种文化之间的差异通常与它们各自脱离母体文化的时间相关一样。根据这种假设，当人类的祖语随着时间推移而不断分化演进时，一些分支可能变成"主宾动"结构，而另一些分支则变成"主动宾"结构；而在每一类分支中，一些语言会发展为黏着语，另一些语言则会发展为孤立语。但事实并非如此。从超过 1 000 年的时间跨度来看，语言的发展历史和语言的类型特征并不能完全对应。语言可以在相对较短的时间里从一种语法类型转变为另一种语法类型，并且可以在几种类型之间来回变换。除了词语之外，语言之间的差异并不会日复一日地扩大下去。例如，在不到 1 000 年的时间里，英语已经从一种词序自由、高度屈折、主题突出的语言（就像其姐妹语：现代德语）转变为一种词序固定、较少屈折、主语突出的语言。就某些方面而言，许多语系都包含了世界上近乎所有不同形态的语法特征。一种语言的语法特征与它在语言谱系中所处的位置缺乏明确的对应关系，这一事实表明，语言的共性并不是传说中的祖语所恰巧遗留下来的种种特征。

在将语言的共性归因于人类普遍的语言本能之前，我们还要排除第二个可能的解释：语言的共性反映的是人类思想或心智活动的共性，而并非专门的语言特征。正如我们在第 2 章所见，颜色词的普遍性很可能源自人类色觉的共性。主语之所以必须位于宾语前，可能是因为主语代表动作的实施者（例如"Dog bites man"），因此将主语放在前面反映的是先因后果的逻辑关系。而短语结构中的中心语前置或后置原则之所以适用于所有语言，也许是为了确保短语树形图分枝方向的一致性，无论是向左还是向右，以避免出现难以理解的"洋葱结构"。例如，日语是一种"主宾动"结构的语言，它的修饰语位于中心语的左侧，因此它的结构是"修饰语 - 主宾动"，修饰语位于短语之外，而非"主 - 修饰语 - 宾动"，修饰语嵌在短语内部。

但是，这种功能性的解释很难自圆其说，因为它根本无法阐明语言上的诸多共性。例如，格林伯格注意到，如果一种语言既有派生后缀（在旧词的基础上产生新词），又有屈折后缀（通过改变单词形态来满足句法要求），那么派生后缀总是比屈折后缀更接近词干。我们在第 4 章中曾经见识了这一原则，即合乎语法的"Darwinisms"和不合语法的"Darwinsism"。我们很难说这一原则是源自人类思想或记忆的普遍性：为什么一个达尔文提出的两种学说是可以理解的，而两个达尔文（查尔斯·达尔文和伊拉斯谟斯·达尔文）提出的一个学说却是无法理解的？除非我们根据这种语言上的表现，宣称人类心智认为"-ism"形式在认知层面上比复数形式更为基础，但这只不过是一种循环论证。又比如，在彼得·戈登的实验中，孩子们只会说"mice-eater"，而从不说"rats-eater"，尽管"rats"和"mice"的意义相同，并且这两个复合词都不会出现在大人的言谈当中。戈登的结果证明，语言的这一共性是源自大脑中词法规则的运作方式：屈折词缀可以添加到派生词上，但派生词缀却不能添加到屈折词上。

总的来说，如果要追溯巴别塔建造之前就已经存在的、源自大脑神经的普遍语法，格林伯格的比较研究并不是一个最好的方法。我们应该将语法结构作为一个整体进行考虑，而不是将它分解为一个个具体的现象。单纯地探讨一些具体现象的原因，比如"主动宾"结构，其实是只见树木不见森林。在语言共性的问题上，最值得我们关注的现象是：无论我们挑选哪一种语言作为研究对象，都可以从中找出被称为"主语""宾语"和"动词"的东西。毕竟，如果让我们在乐谱、计算机语言、莫尔斯电码或者数学公式中寻找"主动宾"的结构顺序，我们会觉得这是荒唐之举，这就好像是将世界各地代表性的文化形态汇总起来，以调查他们的冰球队队服的颜色，或者切腹自杀的仪式。然而让我们最为惊讶的是，我们居然能够去探讨语法的普遍性！

当语言学家声称自己在各个语言中发现了相同的语言部件时，这不是因为他们事先就预料到每个语言都拥有主语，因此将其他语言中类似英语主语的这类短语也都称为"主语"；相反，当一位语言学家第一次调查某种语言时，如果他依据英语主语的某个标准（例如动作动词的施事者）将一个短语称为"主语"，他很快就会发现，其他的一些标准也同样适用于这个短语，比如它与动词在人称和数量上保持一致、位于宾语之前等。正是各种语言之间所表现出来的这些相互对应的特征，使得有关不同语言的主语、宾语、名词、动词、助动词、屈折变化的讨论具有了科学上的意义，而不是将字母表中所谓的"第 2783 词"和"第 1491 词"进行比较。

乔姆斯基表示，从火星人的角度来看，地球人说的是同一种语言。他之所以这样说，是因为他发现世界上的语言使用的都是一套相同的符号处理系统，没有任何例外。语言学家很早就知道，所有的语言都拥有一些基本的设计特征。1960年，非乔姆斯基学派的语言学家 C.F. 霍基特（C.F. Hockett）对人类语言和动物交流系统进行了比较，由此总结出人类语言的许多基本特征。例如：语言是以口、耳为渠道，只要使用者没有听力方面的问题（当然，对聋哑人来说，手势和表情成为一种替代渠道）。语言拥有一个通用的语法系统，它对于说话和理解同样有效，这使得说话者传达的信息都能被人理解，同时，他也能理解别人传达的信息。每个单词都有固定的含义，而单词与含义的关系是约定俗成的。语音是一组间断发出的声音。如果一个单词的读音介于"bat"和"pat"之间，这并不意味着它的意义也介于"bat"和"pat"之间。语言能够传达与说话者所处环境并无关联的抽象意义。语言的形态具有无限性，因为它们是离散组合系统的产物。所有的语言都具有"模式二重性"：一组规则规范语素中的音素，这组规则与意义无关；另一组规则规范单词和短语中的语素，并由此生成具体的意义。

乔姆斯基的语言理论，加上格林伯格的调查结果，使我们能够在这些基本特征之外发现更多的内容。可以肯定地说，我们在第 3 章~第 5 章中所分析的英语语法机制其实适用于世界上的所有语言。世界上的语言虽然都拥有成千上万的词语，但它们都可以被划分为名词、动词等不同的词性。所有单词都是依据 X- 杠系统组合成短语的（即名词包含在 N- 杠之中，而 N- 杠又包含在名词短语之中），短语结构的较高层级包含助动词，以表示时态、情态、体和否定。名词拥有格标记，并由心理词典中的动词或其他谓语条目分派语义角色。短语可以借助依赖于结构的移动规则，离开它在深层结构中所处的位置，从而留下一个缺口或者说语迹，由此形成问句、关系从句、被动句和其他各式各样的结构。新的单词可以依靠派生和屈折的方式来进行创造或者修饰。屈折规则主要标记名词的格和数，标记动词的时态、体、语气、语态、否定，以及与主语和宾语在数量、性别、人称上的一致性。语音的形成取决于韵律和音节的结构，以及清浊、语调、发音方式和部位等相互独立的发音特征，并最终由井然有序的音位规则进行调整。虽然从某种意义上说，这些语言上的安排大都有实际的用处，并存在于所有的人类语言之中，但无法在计算机语言、乐谱等人工系统中被看到，这不禁留给我们一个深刻的印象：在人类的语言本能之下，存在着一种无法从历史或认知的角度进行解释的普遍语法。

人类的语言无须费太多的工夫就可以改变。除了词语的差异外（例如用不同的单词来表示"老鼠"的意思），语言中还存在一些未被普遍语法所规定的语言特征。这些特征就像参数一样，可以随意改变。例如，每种语言都可以自行选择"中心语前置"或"中心语后置"的短语结构（"eat sushi""to Chicago"或"sushi eat""Chicago to"）；也可以自行选择主语是否必须出现，还是可以将它伺机省略。此外，某个具体的语法部件也许在某种语言中扮演着重要角色，但在另一种语言中却显得无足轻重，被弃置一旁。总体来说，普遍语法就像某一门类下所有动物的原型构造图。例如，所有的两栖类、爬行类、鸟类和哺乳类动物都拥有相同的身体结构：分段的脊椎、关节灵活的四肢、尾巴、颅骨，等等。不过，其中许多部分也许已经完全变形，或者彻底退化。蝙蝠的前肢变成了翅膀，马的中趾变成了马蹄，鲸鱼的前肢变成了鳍，后肢已经完全退化，而哺乳动物中耳内的三块小骨（锤骨、砧骨和镫骨）则是由爬行动物的下颚部分进化而来。但是，无论是蝾螈还是大象，它们都有着类似的解剖学构造，例如胫骨与腿骨相连，腿骨又与髋骨相连，而它们之所以会出现诸多差异，则是因为在胚胎发育期间，它们身体的各个部分在生长时机和生长速度上存在着一些细微的区别。语言之间的差异也是如此，所有的语言似乎都有着基本相同的句法、词法和音位规则，同时也拥有一些可供选择的参数变量。一旦选定了某个参数，语言的外在形态就会随之发生极大的改变。

如果世界上的所有语言都出自同一份设计蓝图，那么任何属于某一种语言的基本特征也应该可以在其他语言中被找到。让我们重新审视本章开篇提到的6项"非英语"的语言特征。通过仔细观察，你可以发现它们在英语中其实都有表现，而那些所谓的英语特征也可以在其他语言中找到。

1. 英语虽然被认为与屈折语不同，但它同样拥有一个主谓一致的格标记，即动词的第三人称单数形式"-s"，例如"He walks"。它的代词也有格的区别，例如"he"与"him"。此外，英语和黏着语一样，也拥有一套构词规则，可以将多个部件黏合起来形成一个较长的单词，例如可以通过派生规则和添加词缀的方法创造出"sensationalization"和"Darwinianisms"。和英语比较起来，汉语是一种更为典型的孤立语，但它也拥有一套用来创建复合词和派生词的构词规则。

2. 英语与"词序自由"的语言也有相同之处，它的介词短语可以自由地变换词序，每个介词都像格标记一样，标记着它的名词短语的语义角色。例如"The package was sent from Chicago to Boston by Mary""The package was sent by Mary to Boston from Chicago""The package was sent to Boston from Chicago by Mary"等。相反地，在那些所谓的"置乱性"语言中，词序的安排从来就没有绝对的自由。例如在瓦勒皮里族语中，助动词必须排在句子的第二个位置，这和英语倒非常相似。

3. 英语和"作格"语言一样，及物动词的宾语和不及物动词的主语有着相同的形式。试比较"John broke the glass"（"glass"是宾语）和"The glass broke"（"glass"是不及物动词的主语），或者比较"Three men arrived"和"There arrived three men"。

4. 英语和"主题突出"的语言一样，也为主题成分留下了一定的位置。例如："As for fish, I eat salmon"（鱼的话，我吃大马哈鱼）和"John I never really liked"（约翰，我真的非常不喜欢）。

5. 直到不久以前，英语还在使用"主宾动"的结构，因此在一些古式英语中，"主宾动"结构仍然清晰可见。例如"Till death do us part"和"With this ring I thee wed"。

6. 和"量词型"语言一样，英语中的许多名词也必须与量词进行搭配。例如"一张纸"不能说成"a paper"，而必须是"a sheet of paper"。同样还有"a piece of fruit"（一个水果），"a blade of grass"（一片草叶），"a stick of wood"（一根木材），"fifty head of cattle"（50头牛），等等。

导致语言差异的 3 大原因（遗传、变异、隔离）

如果火星上的科学家认定人类说的都是同一种语言，那么他不免会感到好奇，为什么地球上又会出现成千上万种互不相通的方言？如果语言的基本设计是先天固有的，并超越种族的界限，那它为什么不是铁板一块呢？为什么会有中心语前置或后置的参数？为什么颜色词的数量会有多有少？为什么会有所谓的波士顿口音？

地球上的科学家还没有找到最后的答案。理论物理学家弗里曼·戴森（Freeman Dyson）曾对语言多样性的原因进行了解释："这是大自然促使我们快速进化的方式。"大自然将不同的族群隔离开来，以确保其生理和文化上的纯粹性，使之可以更为迅速地进化。但是，戴森的进化理论存在一定的缺陷。种族进化是缺乏远见的，它所考虑的是如何适应眼前所处的环境，而不会为了应对一万年后的生存环境而发生改变。戴森不是第一个将语言的多样性归因于某种目的的人。曾经有位语言学家询问一个生活于哥伦比亚的印第安人："为什么世界上会有那么多的语言？"这位印第安人来自一个实行族外婚的部落，他的回答是："如果大家都说图卡诺语的话，我们要到哪里去找老婆呢？"

作为一个土生土长的魁北克人，我可以充分证明，其实是语言的不同导致了种族身份的区别。这种影响非常普遍，结果也有好有坏，但戴森和那位印第安人的观点却将因果倒置。显然，包括中心语前置在内的一切语言参数，无疑是用来区分不同种族、划分民族界限的一种过于有效的工具，即便它真的满足了进化的需要。人类具有独特的才能，能够嗅出种族之间的细微差异，并由此确定自己厌恶的对象。例如欧裔美国人肤色浅，非裔美国人肤色深；苏斯博士（Dr. Seuss）在故事中写道："星肚史尼奇的肚皮上有颗星，光肚史尼奇的肚皮上没有星。"只要世界上拥有不止一种语言，种族中心主义就会随之产生。而我们需要解释的是：为什么世界上会拥有不止一种语言？

达尔文对此有过一番重要的论断：

> 不同语言的形成和不同物种的形成，以及两者的发展都是一个逐渐的过程，其证据是异常相似的。……我们发现，不同的语言不仅由于共同的起源而彼此一致，还因为相似的形成过程而彼此类似。……语言有如生物，也可以逐类划分；既可以按照本源进行自然分类，也可以按照其他特性进行人为分类。占有优势的语言和方言广为传播，并且导致其他语言的逐渐灭绝。一种语言有如一个物种，一旦灭绝就永不会再生。

这就是说，英语与德语相似但不相同，就像狐狸和狼相似而不相同一样：英语和德语都是一种古老语言的变体，狐狸和狼也都是一个古老物种的变体。事实上，达尔文曾说自己从当时的语言学中获得了一些有关生物进化的灵感。关于这一点，我们将在本章的后面部分予以讨论。

语言的差异就像物种的差异一样，是三种演化过程长期作用的结果。第一种是"变异"，这在生物学上叫作"突变"，在语言学上叫作"革新"。第二种是

"遗传"，从生物学上说，所有的物种都保留下了其祖先的变异结果，也就是基因遗传；从语言学上说，这表现为学习的能力。第三种是"隔离"，这在生物学上表现为地理因素、繁殖季节或者生殖器的解剖结构，在语言学上表现为人群的迁移或社会的分隔。对于语言和物种来说，相互隔离的群体会逐渐累积不同的变异结果，时间一长，就会出现分化。因此，要了解世界上为什么会有不止一种语言，就必须明确革新、学习和人口迁移对语言的影响。

首先让我们从学习能力说起，我希望你明白，"学习"其实并非我们所想的那样简单。许多社会学家认为，学习是人类进化的顶峰，它使得人类能够摆脱原始本能的束缚，因此学习能力是一种高级智慧的表现。但生物学的观点却有所不同，即使是细菌这样简单的生物，也拥有学习能力，正如威廉·詹姆斯和乔姆斯基指出的，人类之所以拥有智慧，很可能是因为我们拥有更多的先天本能，而不是更少。学习是一种选择，例如动物的保护色或犄角。当生物所处的环境存在着某些无法预测的因素，导致预设的应对方案难以奏效时，自然就会赋予生物一些所需的能力。例如，在悬崖上筑巢的鸟类分辨不出它们的后代，因为它们无须掌握这项技能，凡是出现在它们巢里的大小、形状相当的东西肯定就是它们的后代。然而，大规模群居的鸟类却进化出一种能力，即它们可以辨认出自己的宝宝，以避免邻居的孩子偷偷钻入自己巢中。

即便某种特征最初是学习的结果，它也未必永远如此。进化论认为，当生存环境渐趋稳定之后，在选择性压力的作用下，一些后天获得的能力会逐渐变成先天的本能，这一观点已经得到计算机模拟实验的支持。如果某种能力是与生俱来的，它就可以在生物的早期阶段发展起来，以降低因为来不及学习而错失的概率。

那么，为什么孩子还需要学习语言的部分内容，而不让他们的大脑天生就装备所有的语言知识呢？从词语的角度来说，这样做是非常划算的。对于只有5~10万个基因的人类基因组来说，要进化、储存并维持6万个单词显然力不从心。而且，在人的一生当中，还有大量有关植物、动物、工具和人名的新单词会不断涌现。但是，人类为什么必须学习不同的语法呢？这样做有什么好处？没有人能给出答案，但存在着一些合理的推断。

也许我们所必须学习的那部分语言知识是一些通过简单的机制就能轻松掌握的内容，而这些机制形成于语法进化之前。例如，一种简单的学习回路就足以记录下哪些元素在前，哪些元素在后，只要我们事先通过其他一些认知模块对这些元素进行界定和识别。如果普遍语法界定了中心语和扮演角色，它们的相对顺序（中心语前置或后置）就很容易掌握。如果真是这样的话，这说明进化只是将语言的基本计算单位转化为先天的本能，它认为没有必要将所有学到的内容都改装成先天配件。计算机对进化的模拟结果显示，随着越来越多的学习性神经连接转换为先天性神经连接，二者之间的转换压力逐渐减小，因为错失学习机会的可能性越来越小。

我们必须学习部分语言的部分内容的第二个原因是，语言本身包含了一套与他人共享的代码。一个独属于个人的先天语法是毫无用处的。它就像探戈舞一样，必须两人合跳，孤掌则难鸣。但是，在繁衍后代的过程中，他人的基因组会发生突变、漂变和重组。因此，如果进化给每个人提供一套完全天生的语法系统，它很快就会与其他所有人的语法系统龃龉不合，因此还不如提供给孩子们一种学习各种语法部件的能力，使他们可以将自己的语法和外部环境所使用的语法协调起来。

造成语言差异的第二个原因是革新。它的过程一般是这样的：最初，某些地方的某些人在语言上开始和他们的邻居区别开来，随后，这种语言上的变化像传染病一样广泛传播，并流行起来，直到它变成一种时尚，从而代代相传。造成这种改变的因素很多，例如单词的新造、借用或淘汰，以及原有词义的引申。一些新兴的术语或说话方式首先是在亚文化中流行起来，然后再渗透到主流文化之中。流行语爱好者对于单词借用的具体实例非常痴迷，谈及这一点的书籍和文章也多如牛毛，不过这引不起我个人的兴趣。即便我们知道英语从日语中借用了"kimono"（和服），从西班牙语中借用了"banana"（香蕉），从美国印第安语中借用了"moccasin"（软帮鞋），这又有什么可惊讶的呢？

只有从语言本能的角度，我们才能发现语言革新的真正魅力：语言传播链中的每个节点都是人脑，它配备了一套普遍语法，总是伺机寻找语言环境中各种语言规则的例证。由于人们的口语往往含混不清，而单词和句子又存在许多歧义，所以有时人们会选择对听到的内容进行"重新分析"（reanalyze），他们会依据心理词典中另一个词条或规则来进行解释，从而偏离说话者的实际用法。

一个简单的例子是单词"orange"（橙子）。它最初的形式是"norange"，源自西班牙语的"naranja"。但是，不知在什么时候，某个颇有创意的人将"a norange"理解成了"an orange"。虽然说话者和听者的分析都是基于"anorange"这个相同的音，但是，一旦听者创造性地将自己认定的语法规则继续使用下去，这种变化就非常明显了，例如"those oranges"而不是"those noranges"。在英语中，这类变化十分常见。例如，莎士比亚就将"nuncle"一词作为"叔叔"的昵称，从而将"mine Uncle"变成了"my nuncle"。"Ned"（内德）成为"Edward"（爱德华）的昵称也是出于同样的原因。如今，许多人都会把"a whole another thing"说成"a whole nother thing"（完全两回事）。我认识一个孩子，他喜欢吃"ectarines"（nectarines，油桃）。另外还有一个名叫"Nalice"（Alice，爱丽丝）的成人，她把自己不喜欢的人都称作"nidiots"（idiots，傻瓜）。

重新分析是语言本能离散组合的创造性特点的产物，它在一定程度上既破坏了语言变化之间的相似性，也破坏了生物进化和文化进化之间的相似性。语言的诸多革新不同于基因的突变、漂变、侵蚀或借取，它们更像民间传说或者笑话，在每一次复述的过程中都得到润色、改进和重新加工。这就是为什么历史上的语法虽然变化很快，却从不退化的原因，重新分析是语法结构取之不尽、用之不竭的源泉。同时，语法之间的差异也不一定会逐渐扩大，因为人类大脑所共有的普遍语法为语法的发展设置了既定轨道。此外，语言中的某个变化可能打破原有的平衡，引发一系列其他变化，就像多米诺骨牌一样。语言的任何部分都可以发生改变：

- 许多音位规则的出现，最初是源于某一社区的听者对快速、协同发音的口语所作的重新分析。让我们假设有这样一种方言，它缺少将"utter"中的 [t] 音闪化为 [d] 音的音位规则。一般来说，它的使用者会将 [t] 音发成 [t] 音，但是在快速说话或者有意"偷懒"的情况下，许多人都不会这样发音。结果，听者很可能会用闪音规则来解释这一现象，这导致他们（或者他们的孩子）

即便在正式的场合下也会将 [t] 音进行闪音处理。进一步说，即便是低层级的音素，也可能被重新分析。其中一个例子就是字母"v"的来源。古英语中并没有字母"v"，单词"starve"最初写作"steorfan"。但是，依据一条与近代闪音规则相类似的原则，两个元音之间的 [f] 音必须浊化，因此"ofer"被读作"over"。最终，听者将 [v] 音认定为一个独立的音素，而非 [f] 音的一种变体。因此我们现在就有了"over"这个单词，[v] 音和 [f] 音也成了各自独立的音素。例如，现在我们能够区分单词"waver"和"wafer"，但是国王埃塞尔巴德（King Ethelbuld）却无法做到这一点。

● 反过来，支配单词发音的音位规则也可以被重新分析为构词规则，以规范单词的构造。例如，像古英语这样的日耳曼语有一条曲音（umlaut）规则，根据这条规则，如果一个后元音所紧邻的音节中包含一个前高元音，那么这个后元音也要相应地转变为前元音。例如"foot"一词的复数形式"foti"，其中的后元音 [o] 就变成了 [e]，从而与前元音 [i] 协调一致。然而到后来，词尾的这个"i"不再发音，这条音位规则也就无法再引发语音上的变化，英语使用者便开始对这种"o–e"变化进行重新分析，将它作为一种表示复数形式的变化规则。例如"foot-feet""mouse-mice""goose-geese""tooth-teeth""louse-lice"。

● 重新分析还可以将一个单词的两种变体（其中一个是另一个的词形变化）界定为两个独立的单词。以前的人们也许已经注意到，"oo-ee"变化规则并不适用于所有单词，而只适用于少部分单词，例如虽然"tooth"可以变成"teeth"，但"booth"却不能变成"beeth"。因此"teeth"被看成是一个独立的、与"tooth"相关联的不规则词，而并非规则变化的结果。如今，元音的变化已经不再是一条规则，这也是莱德勒的幽默故事《鸡舍狐狸》会让人发笑的原因。英语中其他一些有着远亲关系的单词也是因此产生的，例如"brother-brethren""half-halve""teeth-teethe""to fall-to fell""to rise-to raise"，甚至连"wrought"都曾被用作"work"的过去式。

● 此外，有些通常伴随其他单词一同出现的单词会逐渐残损变形，并附着于其他单词之上，从而形成一些新的构词规则。例如，时态标记很可能是从助动词发展而来的，就像我曾经提到的，英语中的后缀"-ed"可能是由"did"进化而来，例如"hammer-did"变为"hammered"。格标记可能源自发音含混的介词，或者由特定的动词序列变化而来。例如，假设某种语言允许"take nail hit it"这样的结构存在，那么其中的"take"可能会变形为宾格格标记"ta-"。此外，一致性标记可能是由代词转变而来的，在"John, he kissed her"这个句子中，"he"和"her"也许最终会演变为一致性词缀黏着于动词之上。

● 句法结构的出现，有可能是源于一些人们所偏爱的词序被重新分析为强制性的规则。例如，当英语中出现了格标记时，"give him a book"（给他一本书）和"give a book him"这两种句式都是可以成立的，但前者更为常见。然而在非正式的谈话中，格标记往往会被省略，这样一来，如果我们依然随意改变句子的词序，许多句子就会产生歧义。因此，更为常见的词序就被确立为句法规则。此外，另一些句法结构则可能是源于多重的重新分析。例如，"I had written a book"（我已写了一本书）这个句子最初是由"I had a book written"（我有一本写好的书）变化而来。由于英语中存在"主宾动"结构，这为重新分析提供了机会。过去分词"written"可以被重新分析成句子的主动词，而"had"则可以被重新分析成主动词的助动词，并利用相关词义建立起一个新的结构。

语言分化的第三个原因是人群的阻隔，这使得成功的语言革新无法传遍整个世界，而只能在不同的族群中累积、沉淀。虽然人们世世代代都在改造自己的语言，但改变的程度其实微不足道。绝大多数语音都原封不动地被保留了下来，发生突变的语音只占少数。多数的语法结构接受的是正确分析，而不是重新分析。由于这种整体的保守性，词语、语音以及语法方面的某些构造模式一直延续了千年之久，它们就像化石一样，揭示出早期人类大规模迁移的种种轨迹。沿着这些线索，我们可以了解人类是如何散布于世界各地并最终形成今天的格局的。

以本书所使用的语言——现代美式英语为例，我们可以将其历史追溯到多远以前呢？答案是出人意料地远，也许是 5 000 年，甚至有可能是 9 000 年。戴夫·巴里笔下的"语言先生"曾经说道："英语是一张由希腊语、拉丁语、盎格鲁语、克拉森语、凯尔特语以及其他许多古老民族的语言所共同编织的精美挂毯，只是这些古老的民族都有酗酒的毛病。"不过，我们对美式英语来源问题的了解比这要精确得多。下面让我们略作回顾。

王尔德①曾说过一句经典的话："英国和美国是被同一种语言所分离的两个国家。"当来自英国的殖民者和移民越过大西洋，脱离了英式英语的语言环境时，

---

① 应该是萧伯纳，疑原书误。——译者注

这种分离就开始出现了。第一批殖民者离开英国时，英语已经出现了"巴别塔式"的分化，开始充斥着各种地方方言和阶级方言，而英国东南部中下阶层所说的英语则成为标准美式英语的种子。到18世纪，美国口音已经形成，而美国南方的口音又特别受到北爱尔兰移民的影响。在西部扩张的过程中，东部沿海所形成的方言差异也被保留了下来，但是随着拓荒者越走越远，他们的方言也逐渐混杂在一起，特别是在加利福尼亚州，因为在到达那里之前拓荒者必须跨越一大片内陆沙漠。在外来移民、人口流动、语文教育以及大众媒体等因素的作用下，尽管美式英语存在着为数不少的地区性差异，但和世界上其他同等大小的地域上所流行的语言相比，它已经能够统一了。这个过程被称为"反向巴别塔"（Babel in reverse）。人们常说欧扎克和阿巴拉契亚山区的方言是残存的伊丽莎白时代的英语，但这只是一种离奇而有趣的说法，这种说法其实是将语言误认为文化的产物。我们常常被古老的歌谣、手缝的棉被以及橡木桶中的陈年威士忌酒所欺骗，错误地相信在被时间遗忘的山区，人们依然说着代代相传的传统语言。但是，语言并不是这样的。无论何时，无论何地，语言都在发生变化，只不过同一种语言在不同地区会以不同的方式发生变化，而且变化的内容也各不相同。因此，我们在这些方言中的确可以看到一些其他地区所罕见的英语形态，例如"afeared""yourn"和"hisn"，以及"et""holp"和"clome"（三者分别为"eat""help"和"climb"的过去式）。但是，美式英语的其他方言也是如此，包括标准的美式英语在内。实际上，所谓的"美语特征"（Americanisms）都是从英国传入的，只是后来在英国本土反倒逐渐消失了，例如，过去分词"gotten"的使用，"a"在"path"和"bath"中发作前元音 [a] 而非后元音 [ah]，以及"mad"表示"生气"的意思、"fall"表示"秋天"的意思、"sick"表示"生病"的意思等。在英国人的耳朵里，它们都是令人头痛的美国腔，但它们却无一例外地源自北美殖民时代不列颠群岛上所流行的英语。

大西洋两岸的英语都发生了变化，而且远在"五月花"号扬帆起航之前就已经开始。现在所谓的标准现代英语其实是由伦敦一地的方言发展而来的，因为在17世纪，伦敦已成为英国政治和经济的中心。在接下来的几个世纪里，英语发生了一系列重大的变化，我们可以从下面几则不同版本的主祷文中看出端倪：

【现代英语】

Our Father, who is in heaven, may your name be kept holy. May your kingdom come into being. May your will be followed on earth, just as it is in heaven. Give us this day our food for the day. And forgive us our offenses, just as we forgive those who have offended us. And do not bring us to the test. But free us from evil. For the kingdom, the power, and the glory are yours forever. Amen.

【早期现代英语（17 世纪）】

Our father which are in heaven, hallowed be thy Name. Thy kingdom come. Thy will be done, on earth, as it is in heaven. Give us this day our daily bread. And forgive us our trespasses, as we forgive those who trespass against us. And lead us not into temptation, but deliver us from evil. For thine is the kingdom, and the power, and the glory, for ever, amen.

【中古英语（15 世纪）】

Oure fadir that art in heuenes halowid be thi name, thi kyngdom come to, be thi wille don in erthe es in heuene, yeue to us this day oure bread ouir other substance, & foryeue to us oure dettis, as we forgeuen to oure dettouris, & lede us not in to temptacion: but delyuer us from yuel, amen.

【古英语（11 世纪）】

Faeder ure thu the eart on heofonum, si thin nama gehalgod. Tobecume thin rice. Gewurthe in willa on eorthan swa swa on heofonum. Urne gedaeghwamlican hlaf syle us to daeg. And forgyf us ure gyltas, swa swa we forgyfath urum gyltedum. And ne gelaed thu us on contnungen ac alys us of yfele. Sothlice.

英语的发源地在靠近丹麦的北日耳曼地区，在公元后的最初几个世纪，那里生活着一批信仰异教的部族，例如盎格鲁人、撒克逊人和朱特人。公元 5 世纪，罗马帝国土崩瓦解，罗马军团也撤离了不列颠群岛，这些部族便乘虚而入，占领了现在被称为英格兰（即 "Angle-land"，盎格鲁人的领地）的地区，将原本生活在那里的凯尔特人赶到了苏格兰、爱尔兰、威尔士以及康沃尔。从语言上来说，凯尔特人输得十分彻底，英语中已经找不到任何凯尔特语的痕迹。在公元 9~11

世纪之间，维京人不断入侵英格兰，但维京人的语言——古斯堪的纳维亚语，和盎格鲁－撒克逊语十分相似，因此除了单词的借用外，古英语没有发生太大的变化。

1066 年，征服者威廉（William the Conqueror）入侵英格兰，并将诺曼法语带到了英格兰，它逐渐成为统治阶级所使用的语言。1200 年后不久，随着盎格鲁－诺曼王国的约翰王（King John）失去了对诺曼底的控制，英语被重新确立为英格兰的专用语言。但是，法语对英语产生的影响至今仍清晰可见，它留下了成百上千个单词以及各式各样的语法规则。例如，在英语中，像"donate"（捐赠）、"vibrate"（振动）、"desist"（终止）这样的"拉丁衍生词"有着更为严格的句法规范。你可以说"give the museum a painting"（给博物馆一幅画），但不能说"donate the museum a painting"；你可以说"shake it up"（把它摇匀），但不能说"vibrate it up"。此外，这些单词也有自己的发音模式，拉丁衍生词大多是多音节词，重音在第二个音节上。例如"desist"（停止）、"construct"（建造）和"transmit"（传送），相比之下，它们在盎格鲁－撒克逊语中的同义词"stop""build"和"send"都是单音节词。拉丁衍生词也会引发许多音变，导致英语在构词和拼写上自成一派。例如"electric-electricity"和"nation-national"。拉丁衍生词普遍较长，而且当时更多地运用于诺曼征服者的政府、教堂和学校之中，因此也显得十分正式。如果使用过度，就会导致行文冗长堆砌、为人诟病。例如，"The adolescents who had effectuated forcible entry into the domicile were apprehended"（那些实施非法入侵民宅行为的青少年被逮捕了）可以写成"We caught the kids who broke into the house"（我们抓住了闯入民宅的孩子）。奥威尔曾经将《圣经·传道书》中的一段文字翻成现代"官腔"，以展示拉丁化英语的拖沓无力：

> 【圣经原文】
> I returned and saw under the sun, that the race is not to the swift, nor the battle to the strong, neither yet bread to the wise, nor yet riches to men of understanding, nor yet favour to men of skill; but time and chance happeneth to them all.

【奥威尔译文】

Objective consideration of contemporary phenomena compels the conclusion that success or failure in competitive activities exhibits no tendency to be commensurate with innate capacity, but that a considerable element of the unpredictable must invariably be taken into account.

在中古英语时期（1100—1450 年），英语发生了显著变化，而这正是乔叟（Chaucer）生活的时代。起初，单词中的所有音节必须清楚地发音，包括现在拼写习惯上的"哑字母"（silent letter）。例如"make"一词原本读成两个音节。但是，位于词尾的音节逐渐弱化为央元音，就像"allow"中"a"的发音一样，并且在许多时候被完全省略了。由于词尾音节往往包含格标记，所以英语中的格也开始消失，而为了避免由此造成的歧义，英语的词序逐渐固定了下来。出于相同的原因，"of""do""will"和"have"等介词和助动词也脱离了其原始词义，担负起重要的语法功能。因此，在现代英语中，许多句法的产生都源于一个发音上的简单变化所导致的连锁反应。

早期现代英语是指 1450—1700 年使用的英语，它也是莎士比亚和英王钦定版《圣经》所使用的语言。它的开端是 15 世纪中期的元音大转移，这是一场长元音的革命，它的具体起因至今仍然是一个谜。它或许是因为在当时渐趋流行的单音节词中，长元音的发音与短元音没有太多的区别，所以才出现这样一种补救措施；也可能是因为上流社会想要和下层百姓在语言上有所区别，因为此时诺曼法语已经被废弃不用。在元音大转移之前，"mouse"读作"mooce"，此后，这个古老的"oo"转变成了双元音，它留下的空位被一个类似于"oh"但舌位更高的音所填补。此外，"goose"一词在元音大转移之前读作"goce"，其中的空位也被元音"o"所填补。这个"o"音类似于"hot"中的"o"，只是发音更长一些。同理，"broken"的读音由原来的"brocken"变成了现在的样子。依据同样的演变规律，元音"ee"也转变成了双元音。例如"like"一词本来读作"leek"，后来通过引入元音"eh"的方法改变了读音。又如"geese"一词以前读作"gace"，后来加入了一个拉长并高化的"ah"音，这也使得"name"的读音由原来的"nahma"转变为现在的样子。不过，这些单词的拼写并没有随着读音的变化而变化，这就是字母"a"在"cam"中是一种读法，在"came"中又是另一种读法的原因。其实在元音大转移之前，这两个"a"的读法完全相同，只不过后者的发音更长一些罢了。同理，这也解释了为什么在英语拼写体系中，许多元音都可以用不同的字母来表示，而其他的欧洲语言或"音位拼写"体系则相对更简单一些。

语言的源头

顺带一提，15 世纪的英国人并不是某天早上醒来之后突然改变了元音的发音，就像将时钟拨到夏令时一样。在当时，元音大转移给人的感觉就像是目前芝加哥地区的居民普遍将"hot"念成"hat"，或者像在一些渐趋流行的新潮俚语中将"dude"发成"diiihhhoooood"一样。

如果我们再进一步地向上追溯，又是怎样的一番景象呢？盎格鲁人和撒克逊人的语言并非凭空而来，它们的源头是原始日耳曼语。在公元前的几个世纪里，有一个部族占据着欧洲北部的大部分领土，他们使用的语言就是原始日耳曼语。原始日耳曼语的西部分支后来分化出好几种语言，除了盎格鲁 - 撒克逊语之外，还有德语和荷兰语，以及由德语衍生的意第绪语和由荷兰语衍生出的南非荷兰语。它的北部分支则出现在斯堪的纳维亚半岛，发展出瑞典语、丹麦语、挪威语以及冰岛语。这些语言在词语上的相似性可谓一目了然，它们的语法也非常接近，比如都用后缀"-ed"表示过去时态。

这群原始日耳曼人没有在历史文献或考古遗迹中留下任何明确的印记，但是，他们却在自己所到之处留下了一个独特的记号。1786 年，派驻印度的英国法官威廉·琼斯爵士（Sir William Jones）首次发现了这个记号，这实在是学术史上最伟大的发现之一。琼斯爵士当时正着手研究梵文，一种早已不再使用的语言。他这样写道：

> 梵语不管多么古老，它的结构都是令人惊叹的。梵语比希腊语更完美，比拉丁语更丰富，比二者更精练，但是与它们在动词词根方面和语法形式方

面都有很显著的相似性。这种相似性如此显著，不可能是偶然出现的。没有一个考察这三种语言的语言学家会不相信它们同出一源，尽管这个源头可能已不复存在。同样有理由（虽然这理由的说服力不是特别强）认为，哥特语（日耳曼语）和凯尔特语尽管夹杂了迥异的方法，但还是与梵语同源。假如这里有篇幅讨论与波斯历史有关的问题，或许能把古波斯语加入同一语系。

正是下面这些亲缘关系让琼斯爵士印象深刻：

英语：	brother	mead	is	thou bearest	he bears
希腊语：	phrater	methu	esti	phereis	pherei
拉丁语：	frater		est	fers	fert
古斯拉夫语：	bratre	mid	yeste	berasi	beretu
古爱尔兰语：	brathir	mith	is		beri
梵文：	bhrater	medhu	asti	bharasi	bharati

在众多现代语言中，我们都可以找到这类词语和语法上的相似性。其中包括：日耳曼语族、希腊语族、罗曼语族（法语、西班牙语、意大利语、葡萄牙语、罗马尼亚语）、斯拉夫语族（俄语、捷克语、波兰语、保加利亚语、塞尔维亚－克罗地亚语）、凯尔特语族（盖尔语、爱尔兰语、威尔士语、布列塔尼语），以及印度－伊朗语族（波斯语、阿富汗语、库尔德语、梵文、北印度语、孟加拉语、吉卜赛人所说的罗姆语）。后来的学者又加上了安纳托利亚语族（曾经流行于土耳其境内的一些消亡的语言，包括赫梯语）、亚美尼亚语族、波罗的海语族（立陶宛语和拉脱维亚语），以及吐火罗语族（中国境内两种已经消亡的语言）。由于这些语言有着非常多的相似之处，语言学家推测它们都源自一个相同的祖语：原始印欧语。语言学家还重构了这个古老语言的语法和词语及其后代语言的演变规则。例如雅各布·格林（Jacob Grimm，《格林童话》的编纂者之一）就发现了这样一条规则：原始印欧语中的"p"和"t"在日耳曼语族中变成了"f"和"th"，比如"父亲"一词在拉丁语中是"pater"，梵文中是"piter"，而英语中则是"father"。

有关原始印欧语的推测隐含着一个令人难以置信的结论：某个古老的部族一定占领过包括大部分欧洲、土耳其、伊朗、阿富汗、巴基斯坦、印度北部、俄罗斯西部以及中国一隅在内的广阔土地。在 100 多年的时间里，这一想法使得无数语言学家和考古学家兴奋不已，但是迄今还无人知道这群原始印欧人的来龙去脉。通过重构词语的方法，学者们对此做了许多猜测。例如有关金属、轮式车辆、农具、家畜和植物的单词表明，印欧人生活在新石器时代晚期。而根据原始印欧语中涉及的各种自然名物的地理分布，例如有榆树和柳树等单词而没有橄榄油或棕榈树等单词，我们可以推测印欧人最初生活的领地大致是北欧内陆至俄罗斯南部。再加上一些有关族长、堡垒、马匹和武器的单词，我们眼前很自然地会浮现出这样一幅景象：一个马背上的强悍民族从自己祖先的领地出发，一路所向披靡，征服了欧洲和亚洲的广袤土地。到 19 世纪中期，雅利安人这个词成为印欧人的代称，德国纳粹就曾将雅利安人视为自己的祖先。然而基于更合理的考虑，考古学家将印欧人与公元前 3 500 年俄罗斯南部草原上的"库尔干文化"（Kurgan culture）联系了起来，库尔干族是一个最早在战争中使用马鞍的部落。

最近，考古学家科林·伦弗鲁（Colin Renfrew）提出了一个观点：印欧人的胜利依靠的不是战车，而是摇篮。根据这个极富争议的理论，印欧人在公元前 7 000 年左右生活于安纳托利亚（Anatolia，现在的土耳其境内），这个地方正好位于"新月沃地"（Fertile Cresent region）的边缘。在那里，印欧人成为世界上第一批农夫。农业对人口的增长有着极大的促进作用，因为土地可以养活更多的人。而这些人的子女又需要更多的土地，即便他们迁移到离父母只有几千米的地方，他们也会很快吞没掉附近相对落后的狩猎部落。考古学家认为，大约在公元前 8 500 年，土耳其境内就出现了农业生产，并在公元前 2 500 年左右扩展到爱尔兰和斯堪的纳维亚半岛。遗传学家最近发现，有一组基因特别集中于现代土耳其人身上，然而随着由巴尔干半岛向欧洲北部延伸，这组基因也在逐渐稀释。这一发现支持了人类遗传学家卢卡·卡瓦利－斯福扎（Luca Cavalli-Sforza）所提出的一个理论：农业生产的推广依靠的是农夫的迁移，而不是农业技术的传播。也就是说，狩猎部落是因为与农耕部落联姻而改行种地，而不是因为一时兴起而拿起锄头。这批人是不是印欧人，以及他们是否以相同的方式迁移到了伊朗、印度和中国，我们目前还无法回答，但这有很大的可能性。当我们每一次用到"brother"这样的单词，或者使用"break-broke""drink-drank"之类的不规则变化时，我们使用的都是世界上最早的农夫所留下的语言形态，正是他们引发了人类历史上最重要的事件：农业的传播。

我们同样可以对世界上的其他许多语言进行分类，把它们分为古代农耕者、掠夺者、迁徙者或游牧者的后裔所使用的语言。不过，并非所有欧洲的语言都属于印欧语系，例如芬兰语、匈牙利语和爱沙尼亚语就属于乌拉尔语系，它们和拉普兰语、萨莫耶德语以及其他一些语言一样，都源自大约 7 000 年前生活于俄罗斯中部的一个庞大民族所使用的语言。阿尔泰语系一般包括土耳其的主要语言、蒙古语，以及中亚和西伯利亚的大部分语言。人们还确定不了这些语言的始祖，但它们的近祖包括 6 世纪的某个帝国、成吉思汗建立的蒙古帝国以及后来的清朝所使用的语言。巴斯克语是语言学上的孤儿，它可能是源自一群成功抵制住印欧语扩张浪潮的岛居欧洲人所使用的语言。

亚非语系（又称闪含语系）包括阿拉伯语、希伯来语、马耳他语、柏柏尔语以及埃塞俄比亚和埃及的许多语言，其分布范围为撒哈拉非洲以及中东大部分地区。非洲其他地区的语言分为三类：克瓦桑语系包含昆申语和其他语族（以前被称为霍屯督语和布须曼语），其祖先一度统治了撒哈拉以南的大部分非洲地区；尼日尔 - 刚果语系包含班图语族，这是西非的农夫所使用的语言，这些农夫将科伊桑人赶到了他们现今居住的位于非洲南部和东南部的小块飞地；尼罗 - 撒哈拉语系则统治了撒哈拉南部的三块广袤土地。

在亚洲，包括泰米尔语在内的达罗毗荼语系占据着印度南部以及北部的小块地区。因此，达罗毗荼语的使用者必定是印欧人入侵之前统治印度次大陆的部族后代。在黑海和里海之间，大约有 40 种语言属于高加索语系 ①。汉藏语系包括汉语、缅甸语和藏语。南岛语系 ② 包括马达加斯加岛、印度尼西亚、马来西亚、菲

---

① 注意不要将它与"高加索人"相混淆。"高加索人"是对欧亚大陆所生活的典型白种人的非正式称呼。

② 南岛语系（Austronesian）与澳大利亚（Australia）没有丝毫关系，这里的"Austr"是"南部"的意思。

律宾、新西兰（毛利）、密克罗尼西亚、美拉尼西亚、波利尼西亚以及夏威夷的语言。这些岛屿上的居民在远行和航海方面有着非凡的技艺。越南语和高棉语（柬埔寨的语言）则属于南亚语系。澳大利亚的 200 种原住民语言构成了一个独立的语系，新几内亚的 800 种语言也同样自成一家，属于一个或者少数几个语系。日语和韩语看起来像语言世界里的孤儿，不过有少数语言学家将它们归属于阿尔泰语系。

美洲又是怎样的情形呢？格林伯格，也就是上文提到的那位语言共性研究的开创者，也曾对语言进行过划分。在将 1 500 种非洲语言划分为四类的问题上，格林伯格起到了重要的作用。最近他又宣称，美洲大陆上的 200 种原住民语言可以分成三类，其中每一类语言都分别源自 12 000 年前的一支移民，他们从亚洲出发，越过白令海峡来到美洲。因纽特人和阿留申人是最晚的一批移民，在他们之前是纳德内人，这批人占领了阿拉斯加和加拿大西北部的大部分土地，他们的语言包含了美国西南部的一些印第安语，例如纳瓦霍语和阿帕切语。这些观点已经被人们普遍接受，但格林伯格还认为，从哈得孙湾到火地岛之间的所有其他语言都属于同一语系——印第安语系。美洲只存在三支移民的观点最近得到了卡瓦利－斯福扎和其他学者的支持，他们研究了现代美洲原住民的基因和齿模，结果显示它们和上述三种语系形成大致的对应关系。

在这里，我们进入了一个充满争议但也充满收获的领域。格林伯格的观点受到另外一些美洲原住民语言学家的强烈批评。比较语言学是一门精益求精的学科，学者必须跟踪各种亲属语言在几百年甚至一千年间所表现出的基本差异，才能一步步地追溯出它们共同的祖先。格林伯格只是依据词语上的某些相似性，就将几十种语言归为一类，而没有仔细检查语音变化，并重建它们的原始语言。这种异端的做法让传统语言学家深感不安。作为一位实验心理语言学家，我已经习惯了反应时间和言语错误的干扰数据，因此，我并不认为格林伯格这种简单对应的做法有什么问题，尽管其数据的确包含一些随机误差。不过，令我无法接受的是，格林伯格对词语相似性的判断完全来自直觉，而不是通过统计的方法、计算出对应关系的出现概率。一个不那么挑剔的观察者总能在不同语言的词语表中找到一些相似的地方，但这并不意味着这些语言都源自一个共同的祖先。这也许只是一种巧合，比如希腊语用单词"pneu"来表示"吹"的意思，而克拉马斯语（美国俄勒冈州的一种印第安语）用"pniw"来表示这个意思；又比如在澳大利亚原住民语姆巴巴姆语中，表示"狗"的单词正好是"dog"。此外，格林伯格的批评者还指出了一个严重问题，语言之间的相似性也可能是源自横向的借用，而并不一定是纵向的遗传，例如像"her negligées""le weekend"这样的借用语。

　　针对语言的系属分类和史前人类的大陆分布问题，格林伯格等人还提出了一系列更为宏大、更为刺激，同时也更富争议的假说，但由于统计方法的缺失，这些假说也往往陷入窘境。例如，格林伯格和他的助手梅里特·鲁伦（Merritt Ruhlen）与俄罗斯语言学家谢尔盖·斯塔罗斯金（Sergei Starostin）、阿哈龙·多戈帕尔斯基（Aharon Dogopolsky）、维塔利·谢沃罗辛基（Vitaly Shevoroshkin）、弗拉迪斯拉夫·伊力奇－斯维特奇（Vladislav Illich-Svitych）一道，将各种语言分门别类，力图寻找出每一组语言的共同祖语。他们发现了各种原始语言之间的相似之处，包括印欧语、亚非语、达罗毗荼语、阿尔泰语、乌拉尔语、因纽特－阿留申语，还包括日语、韩语等"孤儿"以及其他一些混合语种，这表明它们都出自同一个祖先，格林伯格等人将这个"原始的原始语言"（proto-proto-language）称为"诺斯特拉语"（Nostratic）。例如，在重建的原始印欧语中，"mor"（桑葚）一词与原始阿尔泰语中的"müf"（浆果）、原始乌拉尔语中的"marja"（浆果），以及原始卡特维利语（格鲁吉亚语）中的"marcaw"（草莓）非常相似。支持诺斯特拉语假说的学者认为它们都是从诺斯特拉语词根"marja"发展而来。同样，原始印欧语中的"melg"（挤奶）一词与原始乌拉尔语中的"malge"（乳房）以及阿拉伯语中的"mlg"（吮吸）非常类似。诺斯特拉语的使用者应当是以狩猎、采摘为生，因为在语言学家所重建的 1 600 个单词中，没有一个是家禽、家畜或农作物的名称。在 15 000 年前，这个以狩猎、采摘为生的部族应该占据了欧洲、北非、北亚、东北亚、西亚以及南亚，它的发源地在中东地区。

　　这一学派的其他学者提出了更为大胆的"超级语系"和"超超级语系"。有的语系包含了印第安语系和诺斯特拉语，有的语系，例如汉－高语系，则包含了汉藏语系、高加索语系，或许还加上巴斯克语和纳德内语。在此基础上，斯塔罗斯金进一步将汉－高语系和印第安－诺斯特拉语系联系了起来，由此得出了一个"原始的原始的原始语言"（proto-proto-proto language），名为"SCAN 语系"，它覆盖了整个欧亚大陆和美洲。南方语系则包括了南岛语系、南亚语系，以及中、泰两国的各种少数民族语言。在非洲，人们发现尼日尔－刚果语系和尼罗－撒哈拉语系存在许多共同点，由此反推出刚果－撒哈拉语系的存在。如果我们愿意接受这些语系的合并（当然，其中有些合并只是学者的一厢情愿），那么世界上的所有语言都可以归属于六大超级语系：亚欧大陆、美洲以及北非的 SCAN 语系，非洲撒哈拉沙漠以南地区的克瓦桑语系和刚果－撒哈拉语系，东南亚、印度以及太平洋地区的南方语系，澳大利亚语系以及新几内亚语系。

从理论上说，原始语言的地理分布应当与世界范围的人种分布形成对应关系，而卡瓦利－斯福扎和鲁伦的研究恰好印证了这一点。卡瓦利－斯福扎选取了几百名来自各个种族的实验对象，对他们基因中的微小差异进行了逐一检查。最后他宣称，通过将含有相似基因的不同种族逐级合并，就可以构建出整个人类基因的树形族谱。这个族谱的第一个分叉将撒哈拉沙漠以南地区的非洲人和世界上的其他人区分开来。后者又分为两支：一支是欧洲人、东北亚人（包括日本人和韩国人）、美洲印第安人；另一支则又分为两支，一支是东南亚人和太平洋岛民，另一支是澳大利亚原住民和新几内亚人。这个基因族谱与学者所假设的超级语系形成十分明确的对应关系，尽管并不是完全一致。其中颇为有趣的一点是，人们通常是依据外在的面部特征和皮肤颜色来认定蒙古人种或东方人种，但这并不符合生物学上的事实。在卡瓦利－斯福扎的基因族谱中，西伯利亚人、日本人和韩国人等东北亚人与欧洲人更为接近，而与中国人、泰国人等东南亚人有较大的差异。令人惊讶的是，这种人种上的隐性分类正好符合语言上的隐性分类：日语、韩语和阿尔泰语与诺斯特拉语系中的印欧语系分在一起，而与汉语所属的汉藏语系界限分明。

通过这个假设的"基因/语言"谱系，我们可以描绘出晚期智人的发展历史。晚期智人最初起源于非洲大陆，即 20 万年前的"线粒体夏娃"。大约在 10 万年前，他们开始走出非洲，经由中东来到欧洲和亚洲，并在 5 万年前抵达澳大利亚、印度洋和太平洋诸岛以及美洲。遗憾的是，和语言谱系一样，这个基因族谱以及早期人类的迁徙路线图也充满争议。不过在接下来的几年里，学者们将会解开这个有趣的故事中所包含的全部谜团。

值得一提的是，虽然语言谱系和基因族谱之间存在一定的关联，但这并不表示拥有某种基因使得某些人能够更为容易地掌握某种语言。这种说法在民间流传甚广，例如一些法国人说，只有拥有高卢血统的人才能真正掌握法语名词的性别特征；又如我的希伯来文老师坚持认为，在希伯来语的学习上，班上的犹太学生天生就比非犹太学生要强。然而就语言本能而言，基因和语言的关联纯粹是一个巧合。人们将自己的基因储存于生殖腺中，并通过生殖器遗传给他们的后代；他们将语法储存在大脑之中，通过口耳相传的方式传递给自己的孩子。生殖腺和大脑都附着于同一个身体之上，因此当身体移动的时候，基因和语法也随之一起移动。根据遗传学家的发现，这是基因和语言存在关联性的唯一原因。但是我们知道，这种关联其实是非常脆弱的，因为在人口迁移或民族征服的过程中，移民的后代往往从外邦人的大脑中获得语法。毫无疑问的是，这些移民的后代在学习一种语言时，即便这种语言与他们父母的语言完全出自不同的源头，他们也不会比祖祖辈辈都使用这种语言的同龄人要差。因此，基因和语言的关联是非常粗糙的，只有在超级语系和原始人种的层面才能看出这一点。在过去的几个世纪里，殖民运动和人口迁移完全打破了超级语系和各洲居民之间的关联性，其中最鲜明的例子就是英语。如今，以英语为母语的人包含了地球上的所有次级人种。而在此之前，欧洲人就早已和他们的邻居相互通婚，相互征战，因此欧洲人的基因和语言之间已经几乎没有关联，只有非印欧语系的拉普语、马耳他语和巴斯克语留下了一些基因印记。出于同样的原因，在某些被普遍认可的语系中会出现来自不同种族的语言，例如埃塞俄比亚的黑人和阿拉伯的白人所用的语言都属于亚非语系，北欧的拉普人和东方的萨莫耶德人所用的语言都属于乌拉尔语系。

谢沃罗辛基、鲁伦和其他学者将这种大胆推测发挥到了极致，他们一直试图重构这六大超级语系的单词词源，即"非洲夏娃"所使用的"原世界语"（Proto-

World）的词语。鲁伦推断出了 31 个词根，例如表示"一"的"tik"，它后来进化成原始印欧语中的"deik"（指向）、拉丁语中的"digit"（手指）、尼罗－撒哈拉语系中的"dik"（一）、因纽特语中的"tik"（食指）、克德语中的"tong"（手臂）、原始亚非语中的"tak"（一），以及南亚语系中的"ktig"（手或手臂）。即便缺乏充分的统计数据，我依然愿意抽出一个空闲的下午来了解有关诺斯拉特语和其他语系的假设，但是，对于"原世界语"的假设，我抱着十分怀疑的态度，比较语言学家对此更是不屑一顾。这并不是说我怀疑人类语言起源于一时一地，这是我们寻找终极祖语的理论假设之一。我所怀疑的是，我们对单词的追溯到底有没有上限。这就好比一个人宣称自己出售的是林肯使用过的斧头，只不过多年以来这把斧头的斧面换过两次，斧柄换过三次。大多数语言学家认为，经过一万年的发展演变之后，一种语言已经不可能在它的后代中留下任何痕迹。因此，当一个人宣称自己发现了所有现代语言的近祖所留下的明确痕迹，而这个近祖又保留了20 万年前人类终极祖语的痕迹，这不能不说是极其可疑的事情。

令人担忧的未来：大多数语言都将消失

我不得不以一个令人痛心的紧急呼吁来为本章画上句号。语言是通过孩子的学习而代代相传的，当语言学家发现一种语言只有成年人在说、在用时，他们知道这种语言已经步入末路。出于这个原因，他们对人类即将面临的一个历史悲剧提出了警告。根据语言学家迈克尔·克劳斯（Michael Krauss）的预测，目前有150 种北美印第安语濒临消亡，这个数字占到现存北美印第安语的 80%。而其他地区的形势也同样严峻：阿拉斯加和北西伯利亚的濒危语言有 40 种（占现存量的 90%），中美洲和南美洲有 160 种（占现存量的 23%），俄罗斯有 45 种（占现存量的 70%），澳大利亚有 225 种（占现存量的 90%），全球大约有 3 000 种（占现存量的 50%）。目前只有大约 600 种语言因为使用人数较多（10 万人以上）而显得相对安全，但这也无法保证它们就一定能够存活很久。即便是乐观的估计，也将有 3 600～5 400 种语言（占全世界语言的 90%）在下个世纪里濒临灭绝。

　　语言的大规模灭绝让人不禁联想到当前大范围的动植物灭绝，尽管动植物的生存危机还没有语言那么严重。这两种现象背后有一些共同的原因。语言的消亡是因为使用者的栖息环境遭到破坏，同样也因为种族灭绝政策、强制性的同化教育、外来人口的大量涌入以及电子媒体的轰炸（克劳斯将电子媒体称作"文化神经毒气"）。要防止某些原住民语言的灭绝，我们除了要遏止导致文化消亡的社会因素和政治因素之外，还可以用这些语言来编纂教材、创作文学作品和制作电视节目。此外，我们还可以通过档案整理和延教设课的方式，保存下某些濒危语言的语法、词语、文献和声音记录。有时候，通过坚持不懈地使用，再加上大量的文献资料，足以使一种濒临消亡的语言重获生命，比如说复活于20世纪的希伯来语。

　　当然，就像我们不能奢望地球上的所有物种都能存活一样，我们也不能，或许也不该奢望每种语言都被保存下来。这里牵涉到十分复杂的道德问题和现实问题。语言的差异会给社会的统一造成致命的伤害。如果整整一代人都转而投身于社会的主流语言，以便谋求更好的经济条件和社会地位，我们这些局外人是否有权强迫他们不要这样做，而理由仅仅是我们觉得保留下这些古老语言是件有意思的事情？但是撇开这些复杂因素不谈，在面对世界上这3 000多种行将消亡的语言时，我们至少可以确信一点：其中许多消亡是毫无必要的，也是完全可以避免的。

　　人们为什么要关注濒临灭绝的语言呢？首先，对于语言学以及包含语言学在内的脑与认知科学而言，语言的多样性向我们展示了语言本能的范围和限度。想想看，如果我们的研究对象只有英语一种语言的话，我们得出的结论将会多么偏颇。其次，对于人类学和人类进化生物学而言，语言可以帮助我们追溯不同种族的历史发展和地理分布。一种语言的消亡（比如说日本原住民阿伊努人所说的阿伊努语），就像是一座珍贵的历史档案馆毁于大火，或者像地球上的某个物种灭绝于世。不过，语言的保存并不只有科学上的意义。正如克劳斯所说："任何一种语言都是人类集体智慧独一无二的结晶，它和生命一样，神圣、无穷又神秘。"再次，语言是文化的载体，是文学和诗歌存在的基础。随着多种语言濒临消亡，我们面临着失去诸多文化遗产的危险。例如在意第绪语中，用来描述"笨蛋"的单词比因纽特人用来描述"雪"的单词还多；又比如澳大利亚拉尔地尔语的变体达明语，它一共只有 200 个单词，你完全可以在一天之内把它们学会，但这些单词却能够表达日常对话中的所有概念。正如语言学家肯·黑尔（Ken Hale）所说："失去一种语言给世界造成的损失不仅仅是其本身的消亡，更重要的是，它损害了世界的多样性。"

The Language Instinct

How
the Mind Creates
Language

08

孩子天生会说话

　　所有的婴儿都是带着语言能力来到这个世界的，他们3～4岁就能自如运用语言。声音环境、母亲式语型、父母的回应与自我实践，是儿童学会语言的3大要素。人的语言能力与大脑发育是直接相关的。婴儿大脑的代谢能力，在4岁左右达到峰值。6岁之前，是学习语言的最佳年龄。

1985 年 5 月 21 日的《太阳报》（*The Sun*）上醒目地刊登着下面这则吸引眼球的新闻标题：

> BABY BORN TALKING——DESCRIBES HEAVEN
>
> **Incredible proof of reincarnation**
>
> 生下来就会说话的婴儿——描绘天堂之美
> 轮回真的存在，太不可思议了！

这个标题让我眼前一亮，它似乎是"先天语言说"的完美证明。这则新闻写道：

"天堂的生活奇妙无比。"一个刚出生的婴儿这样说道，令助产医生目瞪口呆。毫不夸张地说，这位名叫娜奥米·蒙特福斯科（Naomi Montefusco）的婴儿是唱着天堂颂歌降临人间的。这一神迹震惊了整个产房，一位护士被吓得高声尖叫，夺路而逃。"天堂是一个美丽的地方，温暖、宁静，"娜奥米说，"你们为什么要把我带到这儿来呢？"婴儿的母亲，18 岁的特雷莎·蒙特福斯科（Theresa Montefusco）见证了这一切，她当时只接受了局部麻醉……"我清楚地听见她描绘天堂的情景，说那里的人不用工作，不用吃饭，也不用操心穿什么衣服，他们除了称颂主名，什么也不用做。我极力想爬下产床，跪地祷告，但护士不让我这样做。"

当然，科学家不会轻信这样的报道，任何重要的科学发现都必须得到反复验证。

1989 年 10 月 31 日，《太阳报》又登载了一个类似的"科西嘉奇迹"，不过这一次发生在意大利的塔兰托（Taranto），标题为《生下来就会说话的婴儿——描绘天堂之美：婴儿的话证明了轮回的存在》（*BABY BORN TALKING-DESCRIBES HEAVEN Infant's words prove reincarnation exists*）。另一个"证据"来自 1990 年 5 月 29 日的报道：《婴儿开口说话：我是纳塔莉·伍德的转世化身》（*BABY SPEAKS AND SAYS: I'M THE REINCARNATION OF NATALIE WOOD*）。1992 年 9 月 29 日，《太阳报》再次刊登了相似的报道，内容和前几则大同小异。1993 年 6 月 8 日，《太阳报》又找到了一个关键"证据"：《神奇的双头婴儿证明轮回的存在：一个脑袋说英语，另一个脑袋说古拉丁语》（*AMAZING 2-HEADED BABY IS PROOF OF REINCARNATION: ONE HEAD SPEAKS ENGLTSH-THE OTHER ANCIENT LATIN*）。

为什么娜奥米的故事只能出现在杜撰的新闻里，而绝不可能在现实中发生呢？这是因为绝大多数孩子都要等到 1 岁之后才能开口学话，到 1 岁半时才懂得将单词组合起来，而直到 2~3 岁才能流利地说出合乎语法的句子。在这段时间里究竟发生了什么？我们是否应该追问一下，孩子们为什么要花费如此长的时间才能学会说话？当一个 3 岁的孩子用语言描绘他所身处的世界时，他的表现是否和那些"生而能言"的婴儿一样，是一个奇迹？

儿童是学习语言的天才

所有的婴儿都是带着语言能力降生于世的，我们可以通过精巧的实验（详见第 2 章）来证明这一点。前面说过，实验人员向婴儿反复发送某种信号，直到婴儿产生厌倦，然后再改变发送的信号，如果婴儿重新兴奋起来，这就说明他能够发现其中的差别。

THE LANGUAGE INSTINCT　语言认知实验室

由于耳朵不能像眼球一样随意转动，心理学家彼得·艾玛斯（Peter Eimas）

和彼得·朱斯科（Peter Jusczyk）设计了另一个方法，以考察一个月大的婴儿的听觉兴趣。他们让婴儿吮吸一个特制的奶嘴，奶嘴里安装了一个与录音机相连的开关，因此婴儿每吸一下奶嘴，录音机就会播放一个"ba"音。随着婴儿的不断吮吸，录音机开始机械而单调地发出"ba、ba、ba、ba…"的声音，婴儿逐渐变得厌倦起来，吮吸频率也变得越来越慢。但如果音节忽然换成"pa"，婴儿的吮吸就会变得更加急促，以便听到更多的音节。而且，婴儿动用的是语音知觉这个第六感，而不是仅仅将这些音节理解为纯物理的声音。比如说，两个不同音质的"ba"并不会改变婴儿的听觉兴趣。此外，婴儿也能从听到的整体音节中还原出不同的音素，比如"ba"中的 [b] 音。和大人一样，当一个音出现在短音节中时，婴儿会将它听成 [b] 音；但如果出现在长音节中，则会将它听成 [w] 音。

婴儿天生就具备这种能力，而不是从父母那里学来的。肯尼亚基库尤族和西班牙的婴儿能够区分英语中的"ba"和"pa"，而他们的父母却不行，因为基库尤语和西班牙语中并没有这两个音。不到 6 个月的英国婴儿可以分辨捷克语、印地语和因斯列坎普语（一种美洲原住民语言）中的特有音素，但成年英国人即便接受 500 次的语音训练或者学习一年多的大学课程，也做不到这一点。如果将音节中的辅音分离出来单独呈现，成人的耳朵是可以分辨的，但他们无法将其作为音素区分开来。

《太阳报》的报道在细节上语焉不详，但我们可以推测的是，既然娜奥米的话可以被身边的人听懂，那么她说的一定是意大利语，而非原世界语或者古拉丁语。其他的婴儿在降临人间时也携带着一定的母语知识。心理学家雅克·梅勒尔（Jacques Mehler）和朱斯科的一个实验显示，4 天大的法国婴儿在听到法语时比听到俄语时吮吸得更为有力，而且，当录音机播放的声音从俄语转为法语时，他们的吮吸兴趣会得到更大的激发，但如果是从法语转为俄语，吮吸的兴趣则没有这么大。不过，这并不能证明轮回的存在。在怀孕期间，孕妇说话时的音调能够透过身体传到子宫。如果对播放的语音进行电子处理，将其中的辅音和元音遮蔽，只保留原有的音调，婴儿还是更偏爱法语。但是，如果保留语句中的元音和某些辅音，但破坏其原有的音调，婴儿对法语和俄语的区别态度就不复存在了。这个实验同样也不能证明法语的"先天美感"，因为不以法语为母语的婴儿对法语没有感觉，而以法语为母语的婴儿也不能区分意大利语和英语。这些婴儿一定是在子宫里或者出生伊始就掌握了一定的法语韵律（即法语的音调、重音和节奏）。

在降生的第一年里，婴儿继续进行着母语语音的学习。到 6 个月时，他们开始将母语中认定为一个音素的不同的音合为一类，同时将母语中认定为不同音素的音区分开来。到 10 个月时，他们不再是普世主义的"音韵学家"，而是变得和父母一样，只有捷克或因斯列坎普的婴儿才能分辨捷克语或因斯列坎普语的音素。婴儿的这种转变发生在他们说出或者理解第一个单词之前，因此，他们的学习并非依靠语音和语义的关联。也就是说，婴儿之所以能够区分"bit"和"beet"这两个音，不可能是因为他明白二者代表不同的意思，因为他还不懂得任何单词。婴儿一定是对声音进行了直接分类，通过校正自己的语音分析模块来对应母语中的音素，而这个模块正是单词和语法系统的学习端口。

在出生的第一年里，婴儿也开始启动自身的言语生成系统。首先，根据生物学上的胚胎重演律，生物在个体发育过程中会重演其祖先在进化过程中的各个发育阶段，因此新生儿的声道看上去更像哺乳动物的声道，而与人类不同。他们的喉头位置较高，就像潜望镜一样向上延伸，与鼻腔通道相连，这使得婴儿在吞咽食物时可以通过鼻子呼吸。3 个月后，喉头下降到咽喉的位置，舌头后部的空腔（即咽部）因此增大，这使得舌头可以向前、向后自由移动，从而可以像成人一样制造出各式各样的元音。

在婴儿出生的头两个月，没有什么值得语言学家关注的事情发生。这个时期的婴儿在呼吸、进食或者烦躁的时候会发出哭声、咕哝声、出气声或者吧嗒吧嗒的声响。即便长到 3 个月大，这种情况也没有太大改观，只是多了一些咯咯的笑声。到 5~7 个月大的时候，婴儿开始以发出各种声音为乐，而不仅仅用它们来表达自己身体或情绪上的状态。他们逐渐发出各种吸气音、蜂音、滑音、颤音、咝音和爆破音，听起来就像元音和辅音。等到 7~8 个月大时，婴儿突然开始发出真正的音节，例如"ba-ba-ba""neh-neh-neh""dee-dee-dee"。这些声音在所有语言中都是一样的，而且构成这些声音的音素和音节模式也都一样。到 1 岁的时候，婴儿已经可以进行音节的变换，例如"neh-nee""da-dee""meh-neh"，并且能够咿咿呀呀地乱说一气，听起来就像真正的句子。

近年来，儿科医生通过气管插管的方法救活了许多呼吸异常的婴儿（这些儿科医生通常是在猫身上做试验，因为猫的气管与人类非常相似），他们也会通过手术的方法在婴儿喉头之下的气管部位打开一个口子。结果，这些接受治疗的婴儿在牙牙学语阶段无法发出浊音。等到第二年气管恢复正常之后，这些孩子在语言发展上会落后很多，不过他们最终会赶上同伴，不会留下终身缺陷。失聪儿童的牙牙学语阶段开始得更晚，也更为简单。不过，如果他们的父母使用的是手语，他们便会"牙牙学手"，而开始的时间和正常儿童没有两样。

为什么牙牙学语如此重要呢？婴儿学习说话，就像是一个成年人面对着一台复杂精密的音频设备，上面满是没有标明功能的旋钮和开关，而且又没有使用说明书。在这种情况下，这个人只能使用黑客所谓的"frob"手段，即漫无目的地上下移动按钮，看看会发生什么。婴儿天生就拥有一套给定的神经指令，可以前后左右地移动发音部位，以制造千差万别的声音效果。通过聆听自己的咿呀之声，婴儿实际上是在为自己撰写发音说明书。他们必须掌握的是，如果要产生语音上的某种变化，应该移动哪一块肌肉，应该怎样移动这块肌肉，以及应该移动多大的距离。这是他们模仿父母语言的先决条件。受到婴儿的启发，不少计算机科学家认为，一台合格的机器人应该懂得观察自己的咿呀乱语所引起的效果，从而了解自身发音组件的内部软件模型。

1岁，理解并说出单词

在快到一岁的时候，婴儿开始理解单词。大概在满一岁的时候，他们开始说出单词。这些单词通常都是一个一个孤立地说出的，这种"独词句阶段"（the one-word stage）大概会持续两个月到一年的时间。近一个世纪以来，世界各地的科学家都在记录婴儿说出的第一个单词。他们记录的结果都大同小异，其中一半的单词都与物体有关，包括食物（果汁、饼干）、身体部位（眼睛、鼻子）、衣物（尿布、袜子）、交通工具（汽车、船）、玩具（娃娃、积木）、家庭用品（瓶子、电灯）、动物（狗、猫）、人物（爸爸、宝宝，以及我侄子说出的第一个单词"蝙蝠侠"）。此外还有一些表示行为动作以及日常起居的单词，比如"up"（起来）、"off"（走开）、"open"（打开）、"peekaboo"（躲猫猫）、"eat"（吃）和"go"（走），以及一些修饰语，比如"hot"（热）、"cold"（冷）、"dirty"（脏）、"more"（更多）、"allgone"（都没了）。最后是社会交往中的常用词，比如"yes"（是的）、"no"（不是）、"want"（想要）、"bye-bye"（再见）和"hi"（嗨）。其中有少数口语虽然是由好几个单词组成，却是以"句素"（记忆模块）的形式出现的，例如"look at that"（看那个）、"what is that"（那是什么），而不是像成人一样将它们理解为词法规则的产物或者句法构造的元素。在独词句阶段，有些孩子最先说出的是物体的名称，有些孩子最先说出的是社会交往用语，其中有很大的差异。心理学家耗费了许多精力来探究这些差异背后的原因，他们将性别、年龄、出生次序、社会经济地位等因素都纳入调查范围。但我认为，最为合理的解释是婴儿也是人，虽然他们才一点点大，但是总有一些人对物体感兴趣，而另一些人则喜欢社交。

虽然不存在物理意义上的界限，但婴儿可以准确地区分出一个个单词，这不能不说是一件神奇的事情。婴儿的表现就像漫画家加里·拉森（Gary Larson）笔下那条被人训斥的狗：

> 我们的训斥："好了，阿黄！我受够了！你离垃圾远点儿！明白吗，阿黄？离垃圾远点儿，要不然让你好看！"

> 狗的理解："吧啦，吧啦，阿黄，吧啦吧啦，吧啦吧啦吧啦，吧啦，吧啦，吧啦，阿黄，吧啦吧啦，吧啦吧啦吧啦。"

孩子很可能是记下了父母单独使用的一些单词，或者句子尾部的重音部分，比如"Look-at-the BOTTLE"（看这个<u>瓶子</u>）。在听到一段较长的话语时，他们会搜寻与这些单词相匹配的音，然后再过滤掉这些匹配部分，以便提炼出其他单词。有时他们会弄巧成拙，给家庭生活增添许多笑料。例如：

I don't want to go to your ami.（将"Miami"听成"my ami"）

I am heyv!（将"Behave"听成"Be have"）

Daddy, when you go tinkle you're an eight, and when I go tinkle I'm an eight, right?（将"urinate"听成"you're an eight"）

I know I sound like Larry, but who's Gitis?（将"laryngitis"听成"Larry Gitis"）

Daddy, why do you call your character Sam Alone?（将"Sam Malone"听成"Sam Alone"。）

The ants are my friends, they're blowing in the wind.（将 "The answer, my friend, is blowing in the wind" 听成 "The ants, my friend is blowing in the wind"）

但是，这些错误少得出奇，而且即便是成年人，也会犯这种错误，比如我们在第 5 章提到的 "Pullet Surprise"（Pulitzer Prize）和 "doggy-dog"（dog-eat-dog）。在电视剧《希尔街的布鲁斯》（*Hill Street Blues*）里，警探 JD·拉鲁（JD Larue）准备和一位漂亮的女高中生调情，他的搭档尼尔·华盛顿（Neal Washington）说道："JD，对你我只想说三个词——Statue（雕塑）、Tory（保守党）、Rape（强奸）。" ①

1 岁半，语言能力飞跃

当婴儿长到 18 个月左右时，语言能力开始突飞猛进。他们的词语量获得快速增长，平均每两个小时就学习一个新的单词，而且这种速度一直保持到青春期。同时，他们也开始了语法的学习，将两个单词进行组合，构成最简单的句子。下面是一些例子：

All dry.	All messy.	All wet.
I sit.	I shut.	No bed.
No pee.	See baby.	See pretty.
More cereal.	More hot.	Hi Calico.
Other pocket.	Boot off.	Siren by.
Mail come.	Airplane allgone.	Bye-bye car.
Our car.	Papa away.	Dry pants.

世界上不同语言、不同文化的儿童说出的双词句在意义上都十分相似，就仿佛是彼此互译的结果。他们会描述物体的出现、消失和移动，指明物体的特性和所有者，讲出谁在做什么、谁看到了什么。他们会对某些事物提出要求或者表示拒绝。他们还会提出各种问题，比如谁、干什么、在哪里。这些微型句子的出现，反映出儿童已经掌握了语言。在所有的双词句中，词序正确的句子达到了 95%。

---

① 三个词合在一起就是 "statutory rape"，即法定强奸罪，特指与未成年人发生性关系。——译者注

此外，孩子们头脑中的语言要比他们说出的语言丰富得多。在说出双词句之前，他们就已经能够利用句法来理解句子。例如在一个实验中，研究人员让还处于独词句阶段的婴儿面对两个电视屏幕，每个屏幕里出现的都是儿童剧《芝麻街》(*Sesame Street*)中的两个角色：饼干怪兽和大鸟，其中一个播放的是饼干怪兽给大鸟挠痒，另一个播放的是大鸟给饼干怪兽挠痒。同时，一个画外音说道："快看，大鸟正在给饼干怪兽挠痒！快找找看，大鸟正在给饼干怪兽挠痒的画面！"（或者颠倒过来。）结果显示，孩子们能够理解主谓宾排列顺序的意义，因为他们大都会去看与画外音相符的画面。

然而，当儿童将单词组合成句子时，这些单词在输出阶段似乎遇到了一个瓶颈。孩子们说出的双词句或者三词句听起来就像是某个潜在长句的浓缩版本，而这个长句表达的意思则更为完整、复杂。例如，心理学家罗杰·布朗注意到，虽然他研究的儿童说不出 "Mother gave John lunch in the kitchen"（妈妈在厨房里给约翰做午饭）这样复杂的句子，但在他们说出的话语中已经涵盖了这句话中的所有部件，而且词序正确。

行为者	行为	接受者	行为对象	地点
Mother	gave	John	lunch	in the kitchen
Mommy	fix.			
Mommy			pumpkin.	
Baby			table.	
Give		doggie.		
	Put		light.	
	Put			floor.
I	ride		horsie.	
Tractor	go			floor.
	Give	doggie	paper.	
	Put		truck	window.
Adam	put		it	box.

3~4 岁，应用自如

如果我们将语言发展粗略地划分成不同的阶段，比如音节阶段、咿呀乱语阶段、独词句阶段、双词句阶段等，那么接下来这个阶段就是"滔滔不绝"阶段。在 2 岁末至 3 岁半之间，儿童突然可以讲出合乎语法的流利语言，这个转变如此之快，让每个研究者都惊叹不已。到目前为止，还没有人能够洞悉其中的奥秘。孩子们说出的句子越来越长，再加上语法的离散组合特点，他们用到的句法类型开始呈几何级增长，平均每个月增加一倍，在 3 周岁前就可以达到上千个。你可以从一个化名亚当的男孩一年之内的口语变化中感受到这种爆炸式的发展。这一变化从 2 岁 3 个月的单词组合阶段开始。

2 岁 3 个月：Play checkers. 玩跳棋。Big drum. 大鼓。I got horn. 我有喇叭。A bunny-rabbit walk. 小兔子走路。

2 岁 4 个月：See marching bear go? 看见行走的熊走吗？ Screw part machine. 拧动零件机器。That busy bulldozer truck. 那辆很忙的推土机卡车。

2 岁 5 个月：Now put boots on. 现在把鞋子穿上。Where wrench go? 扳手去哪了？ Mommy talking about lady. 妈妈谈到女士。What that paper clip doing? 那个回形针在做什么？

2 岁 6 个月：Write a piece a paper. 写一张纸。What that egg doing? 那个蛋在做什么？ I lost a shoe. 我丢了一只鞋。No, I don't want to sit seat. 不，我不想坐座位。

2 岁 7 个月：Where piece a paper go? 一张纸到哪里去了？ Ursula has a boot on. 厄休拉穿了一只靴子。Going to see kitten. 去看小猫。Put the cigarette down. 把香烟放下。Dropped a rubber band. 掉了橡皮筋。Shadow has hat just like that. 影子有和那一样的帽子。Rintintin don't fly, Mommy. 神犬不飞了，妈妈。

2 岁 8 个月：Let me get down with the boots on. 让我穿着靴子下来。Don't be afraid a horses. 不要怕马。How tiger be so healthy and fly like kite? 老虎怎么能这么强壮，而且像风筝一样飞？ Joshua throw like a penguin. 约书亚扔球的样子像只企鹅。

2 岁 9 个月：Where Mommy keep her pocket book? 妈妈把她的笔记本放在哪儿？ Show you something funny. 给你看一些好玩的东西。Just like turtle make mud pie. 就像乌龟用泥团做的。

2 岁 10 个月： Look at that train Ursula brought. 看看厄休拉带来的那辆火车。I simply don't want put in chair. 我只是不想放在椅子上。You don't have paper. 你没有纸。Do you want little bit, Cromer? 你想要一点点吗，克罗默？I can't wear it tomorrow. 我明天无法穿它。

2 岁 11 个月： Do want some pie on your face? 想把蛋糕涂在你脸上吗？Why you mixing baby chocolate? 你为什么把宝贝巧克力混在一起？I finish drinking all up down my throat. 我把所有的都喝到我喉咙下面了。I said why not you coming in? 我说为什么你不进来？Look at that piece a paper and tell it. 看着那张纸，把它说出来。Do you want me tie that round? 你想让我打个圆结？We going turn light on so you can't see. 我们打算开灯，这样你就看不见。

3 岁： I going come in fourteen minutes. 我打算 14 分钟后来。I going wear that to wedding. 我打算穿着那个结婚。I see what happens. 我看见发生了什么。I have to save them now. 我现在必须救他们。Those are not strong mens. 那些人不是男子汉们。They are going sleep in wintertime. 他们在冬天会睡觉。You dress me up like a baby elephant. 你把我打扮得像个象宝宝。

3 岁 1 个月： I like to play with something else. 我想玩别的东西。You know how to put it back together. 你知道怎么把它装回去。I gon' make it like a rocket to blast off with. 我准备把它做成像火箭一样飞上天。I put another one on the floor. 我放了另一个在地板上。You went to Boston University? 你去了波士顿大学？You want to give me some carrots and some beans? 你想给我一些胡萝卜和豆子吗？Press the button and catch it, sir. 按这个按钮并抓住它，先生。I want some other peanuts. 我想要另一些花生。Why you put the pacifier in his mouth? 你为什么把奶嘴放到他的嘴里？Doggies like to climb up. 狗狗喜欢爬上去。

3 岁 2 个月： So it can't be cleaned? 所以它弄不干净？I broke my racing car. 我弄坏了我的赛车。Do you know the light wents off? 你知道这个灯坏掉了吗？What happened to the bridge? 这个大桥怎么了？When it's got a flat tire it's need a go to the station. 当它的轮胎漏气了就需要去维修站。I dream sometimes. 我有时做梦。I'm going to mail this so the letter can't come off. 我要去把它寄了，这样这封信就不会漏掉了。I want to have some espresso. 我想要一些浓缩咖啡。The sun is not too bright. 太阳不太亮。Can I have some sugar? 我能要些糖吗？Can I put my head in the mailbox so the mailman can know where I are and put me in the mailbox? 我能把头放到邮箱去吗？这样邮递员就能知道我在那，

就可以把我放进邮箱。Can I keep the screwdriver just like a carpenter keep the screwdriver? 我能拥有这把螺丝刀吗，就像木匠拥有这把螺丝刀一样？

正常儿童在语言发展的进度上可能会相差一年以上，但无论进度快慢，他们经历的阶段都大体相同。我之所以拿亚当作例子，是因为相对于布朗研究的其他孩子来说，他的语言发展是相对较慢的。布朗的另一个化名夏娃的研究对象在 2 岁之前就说出了下面这些句子：

> I got peanut butter on the paddle.
> 　　我把花生酱弄到了铲子上。
> I sit in my high chair yesterday.
> 　　我昨天坐在我的高椅子上。
> Fraser, the doll's not in your briefcase.
> 　　弗雷泽，娃娃不在你的公文包里。
> Fix it with the scissor.
> 　　用剪刀修理它。
> Sue making more coffee for Fraser.
> 　　苏给弗雷泽做了更多的咖啡。

夏娃的语言发展在短短几个月内就完成了。

在这段爆炸期内，发生了许多神奇的事情。孩子们说出的句子不仅越来越长，而且也越来越复杂。句子的树形图变得盘根错节、枝繁叶茂，因为他们已经可以将一个成分嵌入另一个成分之中。虽然他们之前已经能够说出拥有三个分枝的动词短语 "Give doggie paper"（给狗狗纸）和拥有两个分枝的名词短语 "Big doggie（大狗狗），但现在他们却能将两个分枝的名词短语嵌入三个分枝的动词短语中，说出 "Give big doggie paper"（给大狗狗纸）这样的句子。他们早先说出的句子就像是在发电报，缺少 "of""the""on""does" 等弱读虚词，也没有 "-ed""-ing""-s" 等词形变化。到 3 岁时，儿童开始更多地使用这些虚词，而且不会忽略它们，在需要虚词的句子中，90% 以上的句子都加上了虚词。所有的句式都开始出现，包括含有 "who""what" 和 "where" 的问句、关系从句、比较句、否定句、补足语、连句和被动句。

虽然 3 岁的孩子说出的句子或多或少都存在一些问题，但我们不应该轻易地否定他们，因为一个单句中容易犯错的地方实在是太多了。当研究者选取某条语法规则作为调查对象，以统计孩子们遵循或违反这条规则的次数时，结果是令人吃惊的：无论你选取哪条规则，3 岁的孩子在大多数时候都能正确运用。正如前文所说，孩子们很少弄错词序。到 3 岁的时候，他们会在绝大多数需要的句子中使用词形变化和虚词。虽然在听到 "mens" "wents" "Can you broke those?" "What he can ride in?" "That's a furniture" "Button me the rest" "Going to see kitten" 等词句时我们会发现其中的错误，但他们的错误率只有 0.1%~8%。在超过 90% 的情况下，孩子们说出的都是正确的句子。心理学家卡琳·斯特朗斯沃尔德（Karin Stromswold）对 13 名学龄前儿童所说的含有助动词的句子进行了分析。英语的助动词系统错综复杂（包括 "can" "should" "must" "be" "have" 和 "do"），饱受语法学家诟病。从逻辑上说，英语的助动词有 240 万亿种组合方式（例如 "He have might eat" "He did be eating"），而其中只有 100 种组合是合乎语法的（例如 "He might have eaten" "He has been eating"）。斯特朗斯沃尔德想知道的是，孩子们是否会犯下几十种极具迷惑性的错误，而这些错误都可以从父母所说的句子中很自然地推导出来：

成人的英语句式	儿童可能会犯的错误
He seems happy.→ Does he seem happy?	He is smiling. → Does he be smiling?
	She could go. → Does she could go?
He did eat. → He didn't eat.	He did a few things. → He didn't a few things.
He did eat. → Did he eat?	He did a few things. → Did he a few things?
I like going. → He likes going.	I can go. → He cans go.
	I am going. → He ams（或 be's）going.
They want to sleep. → They wanted to sleep.	They are sleeping. → They are'd（或 be'd）sleeping.

> He is happy. → He is not happy.　　He ate something. → He ate not something.
>
> He is happy. →Is he happy?　　He ate something. → Ate he something?

结果，她在 66 000 个可能犯错的句子中没有发现一例错误。

3 岁儿童对语言的正确运用不仅表现在数量上，也表现在质量上。在前面的章节里，我们了解到儿童依据结构依存性原则来移动句中的单词（例如 "Ask Jabba if the boy who is unhappy is watching *Mickey Mouse*"），以及按照 "词根－词干－词形变化" 的层级来构造单词（例如 "This monster likes to eat rats; what do you call him?"）。其他国家的孩子似乎对自己面临的巴别塔式的语言环境也有充分的准备。他们能够迅速地掌握自由词序、"主宾动" 和 "动主宾" 结构、丰富的格和一致性原则、成串的黏着后缀、作格标记以及母语中的其他任何规则，一点儿也不逊色于以英语为母语的同龄人。在贝立兹语言学校的学生眼中，像法语、德语这样讲究 "性别" 的语言简直就是噩梦一场。马克·吐温曾在《可怕的德语》（*The Horrors of the German Language*）一文中说："树是公的，树芽是母的，树叶是中性的；马是中性的，狗是公的，猫是母的，当然公猫也是母的。"他还将某本德语教材中的一段对话翻译成了英文：

> Gretchen: "Wilhelm, where is the turnip?"
>
> 　格蕾琴："威廉，萝卜在哪儿？"
>
> Wilhelm: "She has gone to the kitchen."
>
> 　威廉："她在厨房呢。"
>
> Gretchen: "Where is the accomplished and beautiful English maiden?"
>
> 　格蕾琴："那位才华横溢、美丽大方的英国女子在哪儿？"
>
> Wilhelm: "It has gone to the opera."
>
> 　威廉："它去听歌剧了。"

但是，儿童在学习德语（或其他 "性别" 语言）时并不会感到害怕，他们能迅速掌握性属标记，很少犯错，而且从来不会被日常生活中的性别特征所误导。

可以肯定地说，除了只有在书中才会出现的一些冷僻的语法结构，或者连成人都难以读懂的复杂句型（例如 "The horse that the elephant tickled kissed the pig"），所有儿童在 4 岁之前都已经能够自如地运用所学的语言。

当然，孩子的确会犯下一些语法错误，但它们很少是无厘头的错误。这些错误往往都是依据语法逻辑推导而来，这种推导看上去十分合理，因此让我们感到奇怪的不是孩子们为什么会犯这些错误，而是成人为什么会把它们当作错误。以下是我曾经详细研究过的两个例子。

在儿童所犯的错误中，最为常见的或许就是"过度概化"（overgeneralize），孩子们会给不规则名词和动词添加规则后缀 "-s" 或 "-ed"，以表示复数或过去时态，他们的口中常常会出现 "tooths" "mouses" 这样的名词复数，也会出现下面这些动词过去式：

> My teacher holded the baby rabbits and we patted them.
>
> 　　我的老师抱着兔宝宝，我们轻轻地拍它们。
>
> Hey, Horton heared a Who.
>
> 　　嗨，霍顿听说了一个无名氏。
>
> I finded Renée.
>
> 　　我找到了勒妮。
>
> I love cut-upped egg.
>
> 　　我喜欢吃剁碎的鸡蛋。
>
> Once upon a time a alligator was eating a dinosaur and the dinosaur was eating the alligator and the dinosaur was eaten by the alligator and the alligator goed kerplunk.
>
> 　　从前，有一只鳄鱼在吃一只恐龙，而这只恐龙也正在吃这条鳄鱼，最后这只恐龙被这只鳄鱼吃掉了，这只鳄鱼于是拉屁屁去了。

我们知道这些过去式是不对的，因为英语中包含了大约 180 个不规则动词，例如 "held" "heard" "cut" 和 "went"，其中大多数都是原始印欧语留下的遗产。这些动词的过去式不能依据规则变化推导出来，必须死记硬背。根据词法原则，如果一个动词在心理词典中拥有一个特殊的过去式，那么通用的 "-ed" 规则就不再适用于它。"goed"之所以不合语法，就是因为"went"的存在。而在其他情况下，"-ed"规则是可以自由运用的。

那么，儿童为什么会犯这种错误呢？一个简单的解释是，不规则形式依靠死记硬背，而记忆总是容易犯错。当孩子们要在包含不规则动词的句子中使用过去时态，但又想不起这个动词的过去式时，通用规则就会被用来救急。例如，如果一个孩子要用到"hold"的过去式，却想不起"held"，通用规则就会将其默认为"holded"。之所以说记忆问题是导致犯错的原因，是因为孩子们最容易弄错的不规则形式，都是家长很少在他们面前用到的，比如说"drank"和"knew"。至于那些常见的不规则动词，孩子们在大部分情况下都能正确运用。这种情况对成人也一样。对现代美国人来说，一些冷僻的，或者不太好记的不规则形式显得过于古怪，比如"trod""strove""dwelt""rent""slew""smote"，它们正逐渐被"treaded""strived""dwelled""rended""slayed"和"smited"所取代。然而，由于是我们成年人自己忘记了这些不规则形式，所以我们干脆宣布这些"-ed"形式并没有错。的确，在过去的几百年间，有许多不规则动词就这样永远地变成了规则动词。古英语和中古英语里的不规则动词是现代英语的两倍多，如果乔叟活到今天，他会告诉你"chide""geld""abide""cleave"的过去式分别是"chid""gelt""abode"和"clove"。随着时间的推移，一些动词会逐渐变得生僻起来。我们不难想象有这样一天：随着"geld"（阉割）一词逐渐退出人们的生活，大部分成年人很少见过它的过去式"gelt"，因此在必须用到这个词的过去式时，他们很可能会选择"gelded"。于是，这个动词在他们手里就变成了规则动词，而且被他们的后代一直沿用。这个心理过程就像一个小孩在他短暂的生命里很少听到"build"的过去式"built"，于是生造出"builded"一样。二者唯一的区别是：这个小孩身边的大人仍然在用"built"。随着年龄的增长，这个小孩听到了越来越多的"built"，在他的心理词典中，词条"built"变得越来越清晰，因而也更容易浮现于他的脑海中，而"-ed"规则就不会再越俎代庖。

下面是儿童语法逻辑的另一个可爱的证据，它的发现者是心理学家梅丽莎·鲍尔曼（Melissa Bowerman）：

Go me to the bathroom before you go to bed.

　　你在睡觉之前带我上厕所。

The tiger will come and eat David and then he will be died and I won't have a

little brother any more.

　　老虎会来吃掉大卫，他就会死掉，我就再也没有小弟弟了。

I want you to take me a camel ride over your shoulders into my room.

　　我想骑着你的肩膀去我的房间。

Be a hand up your nose.

　　把一只手举过你的鼻子。

Don't giggle me!

　　不要取笑我！

Yawny Baby—you can push her mouth open to drink her.

　　爱打哈欠的宝宝——你可以打开她的嘴巴喂她喝水。

　　这些例子源自英语和其他许多语言中的"使役规则"，它可以将表示"做什么"的不及物动词转变为及物动词，表示"使……做什么"。

The butter melted. → Sally melted the butter.

　　黄油融化了。→萨莉融化了黄油。

The ball bounced. → Hiram bounced the ball.

　　球弹起来了。→ 海勒姆拍球。

The horse raced past the barn. → The jockey raced the horse past the barn.

　　马跑过了谷仓。→骑师骑马跑过了谷仓。

　　使役规则只适用于部分动词，孩子们有时却会将它无限扩大。但是，为什么皮球既能"bounce"也能被"bounced"，马既能"race"也能被"raced"，而兄弟却只能"die"而不能被"died"，女孩只能"giggle"而不能被"giggled"？即便是语言学家，也很难解释这一点。在英语中，只有少数几类动词可以套用这个规则：一是表示物理状态的变化，例如"melt"（融化）和"break"（打破）；二是描述某种运动方式，例如"bounce"（弹跳）和"slide"（滑落）；三是一些需要和对方配合的运动，例如"race"（赛马）和"dance"（跳舞）。而其他动词，比如"go"（走）和"die"（死亡），在英语中是不能变成使役动词的。此外，几乎在所有语言中，涉及某种自愿行为的动词都不能变成使役动词（儿童也很少犯这类错误），例如 "cook"（做饭）和 "play"（玩）。事实上，说英语的孩子所犯的错误在其他语言中大多都属于合法的表达，而以英语为母语的成年人有时也会滥用这条规则，就像小孩一样。

> In 1976 the Parti Québecois began to deteriorate the health care system.
>
> 　　1976 年，魁北克人党开始恶化医疗卫生制度。
>
> Sparkle your table with Cape Cod classic glass-ware.
>
> 　　请用科德角半岛古典玻璃器皿闪亮你的桌子。
>
> Well, that decided me.
>
> 　　嗯，这使我做出了决定。
>
> This new golf ball could obsolete many golf courses.
>
> 　　这个新的高尔夫球可能会让许多高尔夫球场显得陈旧过时。
>
> If she subscribes us up, she'll get a bonus.
>
> 　　如果她签字支持我们，她将会得到一笔奖金。
>
> Sunbeam whips out the holes where staling air can hide.
>
> 　　阳光顿时照亮了充满浑浊空气的洞穴。

可见，儿童和成人都会对语言进行一些改造，以表达事件的因果关系，只不过成人在动词的选择上稍微谨慎一些而已。

儿童学会语言的 3 大要素

所以说，3 岁的孩子已经算得上是语法天才。他们精通大部分语法结构，在绝大多数情况下都能遵守语法规则。他们尊重语言的共性，即便犯错也和大人一样，往往事出有因，而很少犯下无谓的错误。他们是如何做到这一点的呢？这个年龄段的孩子几乎干不成什么事。我们不会让他们开车、投票或者去学校念书，他们连把玻璃球按大小分类这样毫不费脑的任务都难以完成，也搞不清楚一个不在房间里的人是否能够意识到房间里所发生的事情，或者当一种液体从低而宽的容器倒入高而细长的容器时它的体积是否发生了变化。因此，他们对语言的精通并非源于整体智力的发展。此外，他们也不是在纯粹模仿自己所听到的语言，否则他们就不会说出"goed"或者"Don't giggle me"这样的词句。合理的解释是，语法的基本结构是先天存在于儿童的大脑中的，不过，他们还必须依据英语、奇温久语或阿伊努语的实际参数来进行重组。那么后天经验是如何与先天设置相互配合，使得一个 3 岁大的孩子能够掌握一门特定语言的呢？

要素 1：声音环境

我们知道，这种经验至少包括一个方面：这个孩子所处的语言环境。几千年来，思想家们都极力想弄清一个问题：假如一个婴儿从小就被剥夺了接触语言的机会，他最终会变成什么样子？根据历史学家希罗多德（Herodotus）的记载，公元前 7 世纪，埃及法老普萨姆提克一世（King Psamtik I）曾将两个刚出生的婴儿从母亲身边抱走，转交给一位牧羊人抚养，并刻意不让他们接触到任何语言。据说，这位法老对语言起源的好奇心在两年之后得到了满足，因为牧羊人听见这两个孩子吐出了一个弗里吉亚语单词，这是小亚细亚地区所流行的一种印欧语。在接下来的世纪里，许多地方都流传着关于"野孩"的故事，这些孩子从小就与人类隔绝，在野生的环境中长大成人，其中包括罗马城的最终建立者罗慕路斯（Romulus）和雷穆斯（Remus），以及英国作家吉卜林（Kipling）笔下的"狼孩"莫戈里（Mowgli）。有时我们也会看到一些真实的案例，比如说法国阿韦龙（Aveyron）地区的野孩维克多（Victor，弗朗索瓦·特吕弗曾以他为原型拍摄了一部好看的电影），以及 20 世纪在印度发现的卡玛拉（Kamala）、阿玛拉（Amala）和拉姆（Ramu）。据说这些孩子都是由熊或狼抚养长大，至于到底是熊还是狼，这取决于在当地神话中哪种动物与人类的关系更为紧密。在我们的教科书里，这样的故事被一再重复，但我对此持怀疑态度。在弱肉强食的动物王国里，当一头熊发现自己的洞穴边躺着一个婴儿时，最可能的反应就是把他当作一顿美餐，而不是将他抚养成人，除非它真的是一只"大笨熊"！虽然有些动物会错把他人的后代认作自己的儿女，比如说杜鹃鸟就会犯这样的迷糊，但熊和狼都是猎食者，专门捕杀幼小的哺乳动物，它们不可能轻易上当。在极少数情况下，一些现代儿童也会在类似野生的环境中长大，他们被狠心的父母关在暗无天日的屋子或阁楼里，完全接触不到任何语言。无论哪种情况，结果都是一样：孩子变成了哑巴，而且通常终生如此。由此可见，先天的语法能力过于简单、粗略，单凭它是无法生成语音、单词和语法结构的。

从某种意义上说，野孩子的"失语"证明了在语言发展过程中，后天学习比先天能力更为重要。但是，如果我们能够跳开二元对立的思维方式，换一个角度来看这个问题，或许会有更多的发现。假如维克多或者卡玛拉操着流利的弗里吉亚语或原世界语跑出森林，谁又能听懂他们的话呢？我在前一章已经指出，即便人类的基因已经规定了语法的基本设计，它也必须将语言的具体特征储存于环境之中，以确保每个人的语言都能与其他人的语言协调一致，而不会被自身的遗传独特性所限制。就此而言，语言更像另一种典型的社交活动。詹姆斯·瑟伯（James Thurber）和 E.B. 怀特（E. B. White）曾经写道：

> 我们可以很好地解释为什么近来人们对性欲的关注远比对食欲的关注要多得多。原因就是：食欲只是个人的事情，它只与饥饿的人（即德语中的"der hungrige Mensch"）有关，而不会牵涉到其他人。但性欲，就其本质而言，必定要牵涉到另一个人。正是这"另一个人"导致了所有的麻烦。

要素 2：母亲式语型

虽然言语输入是语言发展的必要条件，但只有声音是不够的。有人曾建议聋哑父母多让自己听力正常的孩子观看电视，但是，没有一个孩子能够通过这种方式学会英语。面对只会自说自话、铁疙瘩一样的电视机，除非孩子已经懂得这门语言，否则他根本猜不出其中的角色在说些什么。现实生活中的大人都是在孩子面前谈论眼前发生的事情，孩子的表现则更像是一个"读心者"，他能够猜出大人的意思，特别是在掌握了许多实词的情况下。的确，如果让你听一段家长对孩子的谈话，即便他所说的语言你一窍不通，但只要将其中的实词都翻译出来，你就能轻易地推测出家长的意思。如果孩子能够推测父母的意思，他就不是一台纯粹的解码机，仅仅依靠接收的信息来破解代码。他们更像是面对罗塞塔石碑（Rosetta Stone）①的考古学家，可以将未知语言的一段内容与已知语言进行对比。对孩子来说，这门未知的语言是英语（或者日语、因斯列坎普语和阿拉伯

---

① 罗塞塔石碑：1799 年在埃及尼罗河口罗塞塔发现的一块石板，由上至下共刻有同一段诏书的三种语言版本，分别是埃及象形文、埃及草书与古希腊文。其中埃及象形文和埃及草书已经失传的语言，而古希腊文则是现代人可以阅读的语言。——译者注

语），而已知的语言就是心语。

电视原声为什么教不会孩子说话呢？这里面还有另外一个原因，因为它们说的不是母亲式语型。与成人之间的交谈不同，父母在和孩子说话时会把语速放慢，语调也更为夸张，他们说话的内容主要涉及眼前的事情，语法也更为严谨（正确率可以达到99.44%）。无疑，这些特点使得母亲式语型更容易被孩子听懂，而不像水门事件的录音记录那样晦涩、零乱。不过，我们在第1章也提到，母亲式语型并非语言学习的必修课。在有些文化中，家长一直要等到孩子表现出一定的理解能力之后才会和他说话（尽管其他孩子也许会陪他说话）。此外，母亲式语型在语法上并不简单，虽然它看似如此，但这其实是一种错觉。我们对语法有着本能的理解，因此只有当我们深入语法结构、试着弄清其背后的规则时，才能真正了解它有多么复杂。母亲式语型中经常出现包含"who""what""where"的问句，在英语中，这些其实都是最为复杂的语法结构。我们不妨以一个"简单"问句为例：

> What did he eat?
> 他吃了什么？

这个问句是由"He ate what"演变而来。要完成这一变化，我们必须将"what"一词移到句首，从而在原地留下一个语迹，用以代表"所食之物"的语义角色。此外，我们还必须添加一个无意义的助动词"do"，并要确保这个"do"与句中的动词在时态上保持一致，也就是要将"do"转变成"did"。然后，我们还需要将句子的动词还原成"eat"，再将陈述句的"he did"形式改成疑问句的"did he"。没有哪位老师会把这种句型作为语法学习的第一课教给学生，但每位母亲都会对孩子说出类似的句子。

在动物界，不少动物会通过叫声来与幼崽交流，这和人类母亲与幼儿的交流有着相似的一面。母亲的话有着可以理解的丰富旋律：抑扬起伏的语调表示赞许，尖锐急促的声音表示禁止，音调变高是为了引起注意，低声慢语是用来安慰别人。心理学家安妮·弗纳德（Anne Fernald）的研究显示，这种现象普遍存在于各个语言社群之中。母亲的语调能够吸引孩子的注意，他们能够将这种声音识别为语言，而将其与肚子的咕咕声或者其他噪音区别开来。他们也能借助语调来区分陈述句、疑问句和祈使句，勾勒语句的边界，以及识别新的单词。在可以选择的情况下，婴儿更喜欢听母亲式语型，而不是成人间的交谈。

要素3：父母的回应与自我实践

奇怪的是，虽然日常操练对说话能力的培养有着重要意义，但在语法学习方面，它却显得有点儿多余。有些孩子因为神经方面的疾病而无法说话，但他们的父母却发现他们拥有良好的理解能力。卡琳·斯特朗斯沃尔德最近测试过一个4岁的男孩。虽然他不能说话，却懂得语法上的微妙差异。他能够区分 "The dog was bitten by the cat"（狗被猫咬了）和 "The cat was bitten by the dog"（猫被狗咬了）的图片，也可以区分 "The dogs chase the rabbit"（这些狗在追兔子）的图片和 "The dog chases the rabbit"（这只狗在追兔子）的图片。当斯特朗斯沃尔德向他提出一系列要求时，例如 "Show me your room"（给我看你的房间）、"Show me your sister's room"（给我看你妹妹的房间）、"Show me your sister's old room"（给我看你妹妹的旧房间）、"Show me your old room"（给我看你的旧房间）、"Show me your new room"（给我看你的新房间）、"Show me your sister's new room"（给我看你妹妹的新房间），他都能够做出正确的回应。

这其实并不奇怪，语法的发展并不依赖于刻意的练习，因为开口说话不同于侧耳倾听，侧耳倾听本身并不能提供有关所学语言的任何信息。孩子在说话时所获得的语法信息只能来自父母的回应，根据父母的回应，孩子可以知道自己说出的语句是否合乎语法，意义明确。如果一个孩子会因为说出不合语法的句子而受到惩罚、纠正，或者令父母产生误解，那么从理论上说，这个孩子应该会逐渐明白自己在语法的运用上还存在问题。然而实际情况是，父母并不十分在意孩子的语法问题，他们更关心的是孩子的诚实品格和良好行为。在一项研究中，罗杰·布朗将三个小孩（化名为亚当、夏娃和萨拉）所说的句子分成两类，一类是合乎语法的句子，一类是不合语法的句子，然后观察他们的父母在听到孩子说出这些句子时会做出怎样的回答。结果发现，无论句子是否合乎语法，父母的回答都是一样的。这表明，父母的回应并没有给孩子提供必要的语法信息。例如下面这两段对话：

孩子：Mamma isn't boy, he a girl.

母亲：That's right.

孩子：And Walt Disney comes on Tuesday.

母亲：No, he does not.

布朗还考察了另一个问题，即孩子能否依据自己的话是否被人理解，来判断自己的语法是否正确。他观察孩子们说出的各种问句，有的合乎语法，有的存在错误，然后再看孩子的父母在听到这些问句时是否会有不同的反应。结果又一次证明，语法的对错和语意的理解之间没有必然的联系。即使听到错误的问句，父母还是会给出正确的回应。的确，像"What you can do"这样的句子虽然不合语法，但它的意思却很容易理解。

事实上，当要求严格的父母或者爱管闲事的研究者对孩子的语法错误进行干预时，孩子根本就不会理睬。心理语言学家马丁·布雷恩（Martin Braine）花了好几个星期的时间来纠正他女儿的一个语法错误。以下是他努力的结果：

女儿：Want other one spoon, Daddy.

父亲：You mean, you want THE OTHER SPOON.

女儿：Yes, I want other one spoon, please, Daddy.

父亲：Can you say "the other spoon"?

女儿：Other…one…spoon.

父亲：Say "other".

女儿：Other.

父亲："Spoon."

女儿：Spoon.

父亲："Other…Spoon."

女儿：Other…spoon. Now give me other one spoon?

布雷恩写道："由于女儿的强烈抗议，再加上我妻子对她的大力声援，我不得不放弃我的努力。"

在语法学习上，儿童更像是一个自然研究者而不是实验研究者，他们被动地观察别人的语言，而不是进行各种操作，然后记录下最终的结果。儿童的这个特点有着深远的意义，因为"童年有涯，语言却无涯"。要真正掌握语言，儿童不能光靠记忆，他必须纵身跃入语言的未知海域，归纳出这片无限可能的语言世界背后的一般规律。但是，语言的大海里处处都潜伏着诱人的陷阱。例如：

mind → minded（对）

find → finded（错）

The ice melted. → He melted the ice.（对）

David died. → He died David.（错）

She seems to be asleep. → She seems asleep.（对）

She seems to be sleeping. → She seems sleeping.（错）

Sheila saw Mary with her best friend's husband.

→ Who did Sheila see Mary with?（对）

Sheila saw Mary and her best friend's husband.

→ Who did Sheila see Mary and?（错）

假如孩子的语法错误能够得到父母的纠正，那么他们就可以进行大胆的尝试。但是，他们的父母对语法问题并不关心，这使得他们必须谨慎行事，因为如果他们不小心说出不合语法的句子，而又没有人指出其中的错误，他们就有可能一辈子都改不过来。换言之，语言中对错误句型的约束规则无法代代相传。对于学习系统的设计而言，任何一种缺乏反馈的环境都是一个极大的挑战，这也是研究学习机制的数学家、心理学家和工程师密切关注的一个问题。

儿童是怎样掌握语法的

孩子是如何拥有解决这一问题的能力的呢？首先是因为他天生就配备了一套基本的语法构式，这使得他的所有尝试都脱离不了人类语言的某些既定模式。在所有语言中，像"Who did Sheila see Mary and？"这样混乱不堪的句子都是不合语法的，因此它也不会出现在任何一个孩子的口中。而且，据我们所知，也没有一个小孩或者大人尝试过这样的句子。不过，仅仅这样还不够，因为孩子还必须弄清楚所学语言的一些具体规则，因为不同的语言之间存在着很大的差异。有些语言的词序比较自由，有些则比较固定；有些语言可以将使役规则广泛运用，有些则只能用于少数动词。因此一般说来，在面对几种可能的语法结构时，一个拥有"先天装备"的孩子会做出审慎的选择：他会从最保险的假设（与父母一致的方式）开始，然后再依据相关证据进行推广。研究证明，这的确是儿童学习语法的基本方法。例如，学习英语的孩子不会贸然地将英语当成词序自由的语言，说出"give doggie paper""give paper doggie""paper doggie give""doggie paper give"等各种词序的句子。然而从逻辑上说，他们本可以认为自己听到的是词序自由的语言（就像韩语、俄语或瑞典语），因为他们可以假定自己的父母不善言辞，说话时只喜欢使用其中的一种词序。而学习韩语、俄语或瑞典语的孩子有时却会过度谨慎，只选用一种允许的词序，以等待更多的证据来证明其他词序的正确。

此外，在发现自己的语法错误后，孩子会逐渐将它改正过来，这说明他们先天的语法结构拥有一套制衡机制。当他们听到某一类型的句子时，这套机制能够自动地将另一类型的句子排除于语法之外。例如，依据词法原则，心理词典所标注的不规则变化会阻碍规则变化的运用，因此只要孩子们多听几遍"held"，就可以将"holded"扫地出门。

这些结论听上去十分有趣，但是，假如我们能描绘出儿童的心理过程，看看他们是如何从听到的语言中提炼出语法规则的，那就能更好地理解这些结论。如果能更为仔细地观察，我们就会发现，语法规则的学习其实比我们之前所想的还要困难。假设一个孩子试图从下面的句子中提炼出某种规则，但他又缺乏人类语法机制的先天引导：

　　　　Jane eats chicken.
　　　　　　简吃鸡肉。
　　　　Jane eats fish.
　　　　　　简吃鱼肉。
　　　　Jane likes fish.
　　　　　　简喜欢鱼肉。

乍看之下，规则显而易见。孩子会得出结论：这些句子都由 3 个单词组成，其中位列第一的单词必须是 "Jane"，位列第二的要么是 "eats" 要么是 "likes"，位列第三的要么是 "chicken" 要么是 "fish"。根据这条微型语法，孩子可以创造出一个全新的句子 "Jane likes chicken"（简喜欢鸡肉）。就此看来，这条规则是可行的，但我们再来看下面两个句子：

> Jane eats slowly.
> 　　简吃得很慢。
> Jane might fish.
> 　　简可能在钓鱼。

从这两个句子来看，单词 "might" 可以添加到 "位列第二" 的列表中，"slowly" 可以添加到 "位列第三" 的列表中。但我们看看这种归纳会得出怎样的结果：

> Jane might slowly.
> Jane likes slowly.
> Jane might chicken.

麻烦出现了，那些让成人晕头转向的歧义问题同样影响着儿童的语言习得。这说明，儿童一定是借助词性来建构规则的，例如名词、动词或助动词，而不是一个个实际的单词。这样一来，名词 "fish"（鱼）就可以和动词 "fish"（钓鱼）区别开来。儿童不会将名词规则套用到动词身上，或者将动词规则套用到名词身上。

那么，儿童是如何将单词区分为名词或动词的呢？显然，他们会寻求词义的帮助。在所有语言中，表示物体和人的单词都是名词，而表示动作和变化的单词都是动词。反之则未必成立，我们在第 3 章看到，许多名词并不表示物体或人，例如 "destruction"，许多动词也不表示动作或变化，例如 "interest"。同样，表示途径或方位的单词属于介词，表示性质的单词属于形容词。我们前面说过，儿童说出的第一个单词往往都与物体、动作、方位或性质有关，因此事情就变得简单了。只要幼儿能够推断出表示物体的词是名词，表示动作的词是动词，他们在语法学习上就会如鱼得水。

但是，仅有单词是不够的，它们还必须按序排列。假设一个孩子想要弄清哪一类单词可以放在动词 "bother" 的前面，但这实际上是不可能的事情：

That dog bothers me.（dog：名词）

那条狗令我很不安。

What she wears bothers me.（wears：动词）

她的衣着让我难受。

Music that is too loud bothers me.（loud：形容词）

太吵的音乐令我烦心。

Cheering too loudly bothers me.（loudly：副词）

太过响亮的欢呼声吵到我了。

The guy she hangs out with bothers me.（with：介词）

和她一起厮混的家伙让我心烦。

问题显而易见：的确有一种东西必须放在"bother"之前，但它不是某类单词，而是一种短语，即名词短语。名词短语必定包含一个中心名词，但这个名词可以附带各种成分。因此，希望通过逐词分析的方法来学习语言是行不通的，孩子必须"搜寻短语"。

什么叫"搜寻短语"？短语就是一组单词，如果一个句子由 4 个单词构成，那么它就有 8 种可能的方法来划分短语：（That）（dog bothers me）；（That dog）（bothers me）；（That）（dog bothers）（me）；等等。如果是 5 个单词，就有 16 种分法，6 个单词就是 32 种。总之，如果有 n 个单词，就有 2^{n-1} 种分法。如果一个句子单词较多，这个数字就会非常庞大。当然，其中大多数分法都没有意义，孩子无法用它们来构成新的句子，例如（wears bothers）或（cheering too）。但孩子对此并不知情，因为他们无法从父母那里得到反馈。事实再一次证明，孩子不能像无头苍蝇一样误打误撞地学习语言，他们需要一定的引导。

这种引导可能来自两个方面。第一，孩子可以推断父母的语言符合人类短语结构的基本设计，例如短语包含中心语、扮演角色和中心语组成次级短语 X- 杠、X- 杠与它的修饰语组成 X- 短语（名词短语、动词短语等）、X- 短语可以拥有一个主语，等等。简单点儿说，短语结构的 X- 杠理论很可能是一套先天装备。第二，孩子通常可以结合具体的情景猜测出父母所表达的意思，他们也可以利用这一点来帮助自己确立正确的短语结构。假设某位家长对孩子说"The big dog ate ice cream"（这只大狗吃了冰激凌），如果这个孩子已经懂得 "big" "dog" "ate" "ice cream" 的意思，他或许就能猜出这些单词的词性，并由此画出短语结构树的第一排细枝：

```
         A     N     V      N
         |     |     |      |
   the  big   dog   ate  ice cream
```

接下来，名词和动词必须归属于名词短语和动词短语，所以孩子就可以动手寻找与这两个短语相关的单词。如果此时正好有一只大狗在身边，孩子就可以猜出 "the" 和 "big" 是用来修饰 "dog" 的，从而将它们正确地联结成一个名词短语：

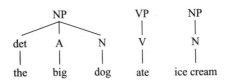

如果孩子知道正是这只狗刚刚吃了冰激凌，他也可以猜出 "ice cream" 和 "dog" 是动词 "eat" 的扮演角色，其中 "dog" 是一个特殊的角色，因为它是行为的施因者，也是句子的主题，因此它很可能是句子的主语，由此便可以依附到 "S" 之下。句子的树形图也就此完成：

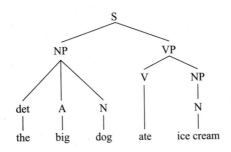

我们可以将其中涉及的语法规则和词典条目分解如下：

S → NP VP

NP → (det) (A) N

VP → V (NP)

dog：N

ice cream：N

ate：V；eater ＝主语, thing eaten ＝宾语

the：det

big：A

通过对儿童心智过程的慢速放映，我们可以看到，在拥有"先天装备"的条件下，一个孩子是如何从一个现实的句子中学到 3 条规则和 5 个单词的。

词性、X-杠结构以及根据情境猜测意思是异常强大的工具，不过，现实中的孩子要想迅速掌握语言，就必须拥有这些神奇的能力，尤其是在缺乏父母反馈的情况下。利用与生俱来的词性分类（例如名词、动词等）来组织语言，能够带来许多好处。无论是主语短语还是宾语短语，都可以统称为名词短语，而不必用"1 号短语"和"2 号短语"来加以区别，因此儿童可以将自己从主语名词上所学到的知识自动地运用到宾语名词上，反之亦然。

例如上面那个孩子显然知道"dog"还可以用作宾语，即便他从来没有听大人这样说过。而且他也明白，无论一个名词是充当主语还是宾语，形容词都必须放在它的前面，这同样是不言自明的道理。他还知道，如果主语"dog"的复数形式是"dogs"，那么宾语"dog"的复数形式一定也是"dogs"。根据我的保守估计，在英语中，名词短语的中心名词与其他成分有 8 种可能的搭配方式，例如"John's dog""dogs in the park""big dogs""dogs that I like"等。同样，在一个句子中，名词短语也可以出现在 8 个不同的位置，例如"Dog bites man""Man bites dog""A dog's life""Give the boy a dog""Talk to the dog"等。而每个名词又有三种词形变化："dog""dogs""dog's"。一般来说，当一个孩子读到高中的时候，他大概已经掌握了 20 000 个名词。假如孩子不得不分别学习每一种组合方式，他必须听过 1.4 亿个句子才行，即便他每 10 秒钟听一个句子、一天听 10 个小时，那也要 100 年才能全部听完。但是，如果他在潜意识里将所有名词标记为 N，所有名词短语都标记为 NP，那么他只要了解 25 种不同类型的名词短语，然后将名

词——学会，就可以自动生成几百万种组合方式。

　　的确，儿童只是搜寻为数不多的几种短语类型，他们就能自动获得创造无穷句子的能力，这是人类学习语法的一个典型特征。以短语"the tree in the park"（公园里的树）为例，如果孩子在心中将"the park"和"the tree in the park"都标记为 NP，那么他就可以生成这样一个规则：NP 可以包含在 PP 之中，而 PP 又可以包含在 NP 之中。这是一个永无止境的循环，例如"the tree near the ledge by the lake in the park in the city in the east of the state"（国家东部城市的公园的湖边的岩石旁边的树）。反过来说，如果一个孩子随意地将"in the park"标记为一种短语，将"the tree in the park"标记为另一种短语，他就不可能察觉同类短语可以相互包含的特点，因此他只能照搬这个短语结构。在语法学习上，心智的灵活束缚了孩子的手脚，先天的约束却让他们获得自由。

　　一旦建立了一套简略但基本准确的句法分析原则后，剩下的问题就迎刃而解了。对于那些表示抽象概念的单词，例如不涉及具体物体和人物的名词，儿童可以通过它在句中所处的位置来判断它的词性。比如"The situation justifies drastic measures"（目前形势证明了采取严厉措施的必要性）中的"situation"（形势）包含于短语"The situation"中，而这个短语又处于名词短语的位置，因此它一定是个名词。如果某种语言允许短语在句子中自由变换位置，就像拉丁语和瓦尔皮里语，孩子也能发现这种特点。当他碰到某个单词只能通过交叉分枝才能联结到结构树时，他就能明白这是一种词序自由的语言。

　　在普遍语法的制约下，儿童在面对格和一致性的问题时能够找准关注的对象：名词的词形变化有可能取决于它是位于主语位置还是宾语位置，动词的变化则可能取决于时态、体，以及主语或宾语的数量、人称和性别。假如可能的选项不只限于这少数几个原则，那么词形变化的学习就会变成一场噩梦。从逻辑上说，词形变化可以取决于数以亿计的因素：句中的第三个单词指代的是红色物体还是蓝色物体；句子的最后一个单词是长是短；句子是在屋子里说的还是在屋外说的；等等。如果儿童不受普遍语法的制约，他就不得不对这些可能性逐一进行检查。

语言能力与大脑发育

现在我们可以回到本章开头的谜团了：为什么婴儿生下来不会说话呢？我们知道其中的部分答案：婴儿只有听到自己的声音才能学会使用发音部位，也只有在聆听大人的说话中才能学会母语的音素、单词以及短语次序。有些知识的掌握取决于其他知识的获得，这使得语言的发展总是依次进行：首先是音素，然后是单词，最后才是句子。但是，既然我们的心智能够学会这些东西，那么它也应该可以在几星期或几个月内就全部学会，那为什么要花上 3 年的时间呢？它不能更快一些吗？

恐怕不能，因为复杂的设备需要较长的时间才能组装完毕。在大脑尚未充分发育之前，婴儿就被母亲的子宫挤出了体外。毕竟，人是一个顶着硕大脑袋的动物，而女性的骨盆却只有那么大。如果以其他灵长类动物的怀孕时间推算，人类婴儿本应该在 18 个月大的时候才出生，而这正是婴儿开始组词造句的年龄。从这个角度来说，婴儿的确是一生下来就会说话的！

我们知道，婴儿的大脑在出生后会发生许多变化。在婴儿出生之前，几乎所有的神经元（神经细胞）都已经形成，它们被分配到大脑的合适部位，但是头围、脑重以及大脑皮质（即脑灰质，负责心智运算的神经突触所在的区域）的厚度却在出生后的一年内急速增长。长距离的神经连接（脑白质）要等到出生后的第 9 个月才能发育完成，而且在整个童年时期，它们都在不断生长并成为传导速度更快、且具有绝缘作用的髓鞘。

神经突触也在不断增长，并在 9 个月到 2 岁之间达到峰值（依据大脑区域的不同而略有差异），在此期间，儿童的神经突触比成人多 50%。在 9~10 个月大的时候，婴儿大脑的代谢活动达到了成人的水平，而且很快就会超过这个水平，最终在 4 岁达到峰值。大脑的塑造不仅包括神经物质的增加，还包括神经物质的死亡。大量的神经元在子宫里就已经死亡，这种趋势一直持续到 2 岁左右，然后在 7 岁时逐渐稳定下来。婴儿的神经突触从 2 岁开始逐渐减少，并一直持续到青春期，此时孩子大脑的代谢率已经降到成人水平。因此，语言的发展就像牙齿的生长，有一个成熟的过程。也许只有等到脑容量、长距离连接以及特殊的突触（尤其是大脑语言区的突触，我们在下一章将做详细讨论）发展到一定水平时，孩子才能咿呀乱语、说出单词和掌握语法。

可见，一旦孩子的大脑具备了处理语言的能力，语言就迫不及待地发展起来了。为什么要如此着急呢？为什么语言的发展如此迅速，而心智的其他部分却可以不紧不慢？在《儿童的语言进化》（*Children's Language in Evolution*，此书被认为是继达尔文之后最为重要的进化论著作）中，生物学家乔治·威廉姆斯（George Williams）推测道：

> 我们可以假设有两个小孩，一个叫汉斯，另一个叫弗里茨。星期一，大人告诉他们"不要去水边"，但是两个人都跑去玩水，结果都挨了一顿打。星期二，大人说"不要在火边玩"，但他们还是不听，结果又一次遭受体罚。星期三，大人又说"不要去惹剑齿虎"，这一次汉斯听懂了大人的话，并且牢牢记住了违抗的后果，于是他小心地躲开了剑齿虎，因此免去了皮肉之苦。而可怜的弗里茨虽然也免了一顿打，却是由于一个完全不同的原因。
>
> 即使到了今天，意外死亡也是儿童早夭的一个重要原因。当父母看到自己的小孩在玩电线或者冲到大街上捡球时，即便他们平时很少管教小孩，此时也会忍不住要打他一顿。但是，如果幼儿能够理解并记住大人的教导，并能够有效地将语言符号转化为生活经验，那么许多意外事故其实是可以避免的。这在原始社会也是一样。

幼儿大概在15个月左右就能在无人看护的情况下自己走路，而此时也正是词语激增、语法出现的阶段，这或许并非巧合。

6 岁之前，学习语言的最佳年龄

现在，让我们完成对语言生命周期的探讨。所有人都知道，成年人在学习第二语言时比童年时期习得母语要困难得多。大多数成年人都无法掌握一门外语，尤其是语音部分，因此才会有无所不在的外国口音。他们所犯的错误常常"固化"

为某种永久误差，这不是教导或者纠正可以解决的问题。当然，这里面还存在着个体差异，涉及学习者的努力程度、学习态度、接触机会、教学质量以及智力水平。但是，即便集所有条件于一身，成年人也无法完全掌握一门外语。女影星梅丽尔·斯特里普（Meryl Streep）在美国已是家喻户晓，因为她善于模仿各地的口音，但有人告诉我，她在电影《谁可相依》（Plenty）中的英国口音其实非常糟糕，在《黑暗中的呼号》（A Cry in the Dark）中的澳大利亚口音也不过尔尔。

对于儿童在语言学习上的优势，学者提出了许多解释：儿童经历了母亲式语型的阶段，他们不会为自己所犯的错误感到害羞；他们更喜欢和他人交流，愿意遵从他人的指导；他们不排外，不会固执己见，而且没有第一语言的干扰。但是，根据我们对语言习得机制的了解，这些解释都不正确。例如，即便不经历母亲式语型的阶段，儿童也能掌握语言，他们很少犯错，也没有大人对他们的错误做出纠正。总之，最近的研究结果对这些社会性和动机性解释提出了质疑。在其他因素保持不变的前提下，一个关键的因素凸显了出来——年龄。

我们可以在青春期之后才移民他国的人中找到令人信服的证据，即便是一些所谓的成功案例也不例外。某些智力超群、一心好学的人的确可以掌握外语的大部分语法，但无法驾驭它的语音。亨利·基辛格（Henry Kissinger）是在十几岁的时候移民美国的，他的英语保留了十分明显的德国口音；而他的弟弟虽然只小他几岁，却没有德国口音。出生于乌克兰的约瑟夫·康拉德（Joseph Conrad）的母语是波兰语，虽然他被公认为本世纪最优秀的英文作家之一，但他的口音却重得连朋友都无法听懂。即便一个成人成功地掌握了第二外语的语法，他也必须时刻小心才不会犯错，而儿童的语言习得却毫不费力。另一位杰出的英文作家弗拉基米尔·纳博科夫（Vladimir Nabokov）从不愿意在没有准备的情况下发表演讲或接受采访，他坚持把自己要说的每个字都事先写下来，并找来词典和语法书进行核对。他曾经谦虚地解释说："我思考起来像个天才，写作起来像个巨匠，但说起话来却像个小孩。"要知道，他小时候还曾经有过一位英国奶妈。

更为系统的证据来自心理学家艾丽莎·纽波特和她的同事的研究。他们对伊利诺伊大学的出生于中、韩两国的学生和教师进行了考察，这些人至少都在美国待了 10 年。研究者给这些移民一份包含 276 个简单句子的列表，其中有一半的句子存在语法错误，例如 "The farmer bought two pig" 和 "The little boy is speak to a policeman"。这些错误是相对于口语而言的，而非正式的书面文体，研究者要求他们进行改正。结果显示，3~7 岁移民美国的被试在得分上与在美国出生的人不相上下，8~15 岁移民美国的被试则随着抵达时间越晚而得分越低，17~39 岁移民美国的被试表现最差。这表明，语言的差异与成年之后抵达美国的年龄已经没有关系。

那么成人的母语习得情况如何呢？当然，直到青春期还没有学过一门语言的案例非常稀少，但这仅有的几个案例都指向一个相同的结论。我们在第 1 章看到，在手语的使用上，直到成年后才接触手语的聋哑人永远比不上从小就学习手语的人。在那些被人们发现的狼孩，以及被精神不正常的父母囚禁家中、直到青春期才重见天日的受害者中，有些人可以学会一些单词，有些人则可以发展出一些不成熟的、类似皮钦语的句子，例如 1970 年在洛杉矶郊区被解救出来的 13 岁半大的女孩吉妮（Genie）：

> Mike paint.
> 　　迈克画。
>
> Applesauce buy store.
> 　　苹果酱买商店。
>
> Neal come happy; Neal not come sad.
> 　　尼尔来高兴，尼尔不来难过。
>
> Genie have Momma have baby grow up.
> 　　吉妮有妈妈有宝宝长大。
>
> I like elephant eat peanut.
> 　　我喜欢大象吃花生。

但是，他们永远无法掌握完整的语法。相比之下，另一位女孩伊莎贝尔（Isabelle）就成功得多。她在 6 岁半的时候与智障的哑母逃离了外祖父的囚禁，仅仅一年半之后，她就已经掌握了 1 500~2 000 个单词，而且能够说出下面这些语法复杂的句子：

Why does the paste come out if one upsets the jar?

为什么弄翻罐子的话这些酱就会跑出来？

What did Miss Mason say when you told her I cleaned my classroom?

当你告诉梅森小姐我打扫了教室后她说了什么？

Do you go to Miss Mason's school at the university?

你会去大学听梅森小姐的课吗？

显然，她和正常人一样顺利地掌握了英语，而在较小的年龄开始学习则是她成功的关键。

有人不免怀疑，像吉妮这样的人之所以无法成功，是因为可怕的囚禁生涯给他们造成了严重的感觉剥夺和精神创伤，这在某种程度上损害了他们的学习能力。但最近出现的一个引人关注的案例否定了这种怀疑，它揭示了一个精神正常的成年人在母语习得上的困难。切尔西（Chelsea）出生于北加利福尼亚的一个偏远小镇，她天生耳聋，但所有的医生和治疗师都把她误诊为智力障碍或者情绪障碍，而没有发现她的耳聋（这是过去许多聋哑儿童的普遍遭遇）。长大后，切尔西变成了一个性格腼腆、依赖性强的人，而且也不会说话。但她的精神十分正常，因为她的家人从来不相信她是智障，并且给予她很多的关爱。在 31 岁时，切尔西终于遇到了一位高明的神经科医生。他给切尔西配了一副助听器，使她的听力达到了正常水平。同时，一个康复小组对切尔西进行了密集治疗，使她的智力水平上升到 10 岁儿童的程度。切尔西学会了 2 000 个单词，并在一个兽医诊所找到了工作。她能读能写，可以和别人交流，从而变成了一个合群的、能够独立生活的人。但还是有一个问题，只要她一开口，你就可以感觉到，看下面的句子。

The small a the hat.

这个小一个帽子。

Richard eat peppers hot.

理查德吃辣椒辣。

Orange Tim car in.

橙色的蒂姆的车进来了。

Banana the eat.

香蕉吃。

I Wanda be drive come.
　　我旺达开车来。

The boat sits water on.
　　船坐在水上。

Breakfast eating girl.
　　早餐吃的女孩。

Combing hair the boy.
　　梳头发男孩。

The woman is bus the going.
　　这个女人公共汽车走。

The girl is cone the ice cream shopping buying the man.
　　女孩冰激凌蛋卷购物买男人。

　　尽管切尔西接受了大量训练，并且在其他方面都取得了显著进步，但她的语法仍然错得离谱。

　　总之，在 6 岁以前，儿童能成功地掌握一门语言；从 6 岁开始，儿童学习语言的能力就开始逐渐衰退，这种衰退一直持续到青春期结束；此后就很难再成功地学会一门语言。大脑在走向成熟的过程中会发生一系列变化，例如在学龄初期，大脑的代谢率会逐渐下降，神经元的数量也开始减少；进入青春期后，神经突触的数量和大脑的代谢率都会降到最低点。这些变化可能都是影响语言学习的因素。我们知道，在童年时期，负责语言学习的大脑回路更具可塑性。即便左脑受伤或者被手术切除，儿童也能学会一门语言或者恢复原有的语言，虽然未必能达到正常水平。但是，如果一个成人遭受同样的损害，等待他的通常只能是永久性失语。

　　在动物王国里，这种针对学习特定内容的"关键期"其实非常普遍。例如，小鸭子学会跟随大的、移动的物体，小猫的视觉神经元对直线、横线和斜线的适应，以及白顶雀重复父辈的鸣声，它们都要经历一个类似的关键期。但是，这种学习能力为什么会逐渐衰退呢？为什么我们要扔掉这样一个有用的技能呢？

　　关键期看上去似乎是一个矛盾的现象，但这只不过是因为我们大多数人对生物体的进化历史有着错误的理解。我们常常把基因想象成工厂里的设计图，把生物体想象成工厂生产出来的产品。根据我们的想象，一旦生物体成型，它的各个部件就被固定下来，并终生携带。无论是小孩、青少年、成人还是老人，他们都有双手、双脚和一颗心脏，这些都是婴儿与生俱来的装备。而当某个部件平白无故地消失时，我们不免会感到疑惑。

现在，让我们换一个角度去思考生命的周期。我们不要把基因控制想象成一个制造产品的工厂，而是把它想象成一家精打细算的演出公司，这家公司会将各种道具、布景以及其他物品定期回收、拆卸，然后重新组装，以供下一次演出使用。无论何时，这家公司都必须根据当前的需要，制造出不同的道具。我们可以在生物学上找到一个最明显的例证，这就是"蜕变"。基因首先将昆虫打造成一个进食机器，让它逐渐长大，然后再把它包裹在一个叫作蛹的容器中，将它融化为一摊营养液，最后再重新回收，使之成为一个繁殖机器。人类其实也是一样，从吸吮反射的消失，到恒牙的生长，再到第二性特征的出现，都是迈向成熟的一个个必然环节。现在让我们来一点儿逆向思维：我们不应把蜕变或成熟当作例外，而应该把它看成一种规则。我们的基因是由自然选择所塑造的，它自始至终都控制着我们的身体。它的所有设计一定要等到能够派上用场的时候才会显露出来，不会早也不会晚。我们之所以到了 60 岁还拥有双手，不是因为它们一出生时就已经固定在那儿，而是因为这双手对 60 岁的老人和刚出生的婴儿同样有用。

这种逆向思维虽然有点儿突兀，却很有帮助，它将关键期的问题完全翻转了过来。我们的问题不再是"为什么学习能力会消失"，而是"什么时候需要这种学习能力"。我们前面已提到了这个问题的答案：越早越好。这样，人们在有生之年就可以尽可能多地享受语言带来的好处。现在请注意一点，学习一门语言与使用一门语言正好相反，它是一种一辈子只需使用一次的技能。一旦儿童从大人口中提取到足够多的语言信息，进一步的学习能力（除了词语以外）就变得多余了。这就好比你用借来的软盘驱动器给自己的电脑装载软件，或者用别人的转录机将自己收藏的唱片转录成磁带，一旦事情做完，你就可以将它们还给别人。同理，一旦儿童掌握了语言，语言习得系统就变得多余了。如果维持这套系统需要耗费不小的成本，那就应该将它完全卸载。事实上，维持这套系统的成本确实很高。从新陈代谢的角度来说，大脑就像是一头猪，它要消耗身体 1/5 的氧气，以及同等比例的热量和磷脂质。养尊处优但又毫无用处的神经组织是最应该被扔进回收站里的。全球唯一的计算机进化语言学家詹姆斯·赫福德（James Hurford）曾经将这一假设输入模拟人类进化的计算机程序，结果发现幼儿的语言习得关键期的消失是一个必然结果。

即便语言习得关键期会给成人学习第二门语言带来一定的好处，但它的消失可能已经进化成一个不可更改的事实，而它的背后是一个更大的事实：随着年龄的增长，生物体会变得越来越虚弱，生物学家将其称之为"衰老"。常识告诉我们，人体就像机器一样，总有一天会磨损报废，但这其实又是产品的比喻所导致的误解。生物体是一个可以自动补偿、自身修复的系统。从生理上看，我们的身体没有理由不长生不老，就像实验室里用来进行研究的癌细胞一样。但是，这并不代表我们就真的可以永远活着。我们每一天都有可能遭遇各种不幸：坠落悬崖、身染恶疾、意外触电或者被人谋杀。迟早有一天，一道闪电、一颗子弹或者别的什么会夺走你的生命。关键的问题是，在这场"死亡抽奖"的游戏中，我们的"中奖"概率每天都一样，还是我们玩得越久，概率就越高？衰老现象告诉我们：这个概率是会变的。老年人可能会因为一次摔跤或者流感而送命，但他的孙子却可以轻松地存活下来。现代进化生物学探究的一个重要问题就是为什么会这样。既然自然选择在生物体的每个生命阶段都会发挥作用，为什么还会出现衰老现象呢？为什么我们的身体不能每一天都保持同样的活力，那样我们就能无止境地重塑自己了？

乔治·威廉姆斯和 P.B. 梅达沃（P. B. Medawar）给出了巧妙的回答。在设计生物体的过程中，大自然一定面临着无数次取舍，它必须权衡每种特征在不同的生命阶段所存在的不同利弊。某些材料既坚固又轻便，但磨损得很快；另一些材料虽然比较重，但经久耐用。某些生化过程可以提供极为有用的物质，但会在体内留下越来越多的污染。当生物体进入消耗和磨损日益加剧的晚年时，一套代谢能力旺盛的细胞修复机制也许最能派上用场。在面对这些两难问题时，大自然会做出怎样的选择呢？通常而言，它会偏向于对年轻生物体更为有利的选项，而不会选择将利弊平均分配给生命的各个阶段。这种选择的偏向源自死亡本身的不对称性。如果一个人在 40 岁时死于雷击，那么大自然也就没有必要担心他 50 岁或 60 岁的生活，却要考虑他 20 岁或 30 岁的人生。因此，任何一种为 40 岁之后而设计（以 40 岁之前的利益为代价）的身体特征都将是一种浪费。这个道理适用于任何年龄阶段的意外死亡。一个残酷的数学事实摆在我们面前：在其他条件相同的情况下，年轻人总是比老年人有更大的存活概率。因此，那些有利于年轻生物体而有损于老年生物体的基因就会获得青睐，并会在进化过程中逐渐积累。无论拥有怎样的身体系统，最终的结果都是整体的衰老。

因此，语言习得或许也和其他身体机能一样。异国旅游者和留学生在外语上的笨拙表现，很可能就是我们婴儿时期的语言天赋所付出的代价，这就像晚年的衰老正是早年的活力所付出的代价一样。

The Language Instinct

Instinct

How
the Mind Creates
Language

09

语言器官和语法基因

　　神经科学家在左脑发现了语言运作的痕迹。
在所有由脑损伤引发的语言障碍中，损伤部位
位于左侧大脑外侧裂周区的病例占到 98%，因
此，我们可以称这一区域是人类的"语言器官"。
有些基因似乎会对处理语法的神经回路产生特
定影响，这为语法基因的存在提供了间接证据。

真的存在"语法基因"吗

"研究者认为，学习语法的能力是由基因决定的。"——这并不是刊登在某份花边小报上的新闻，而是美联社在 1992 年发布的一则消息。消息的依据是美国最大的科学联合会的一份年会报告，那份报告概述了特定型语言障碍的家族性特征，它的主要证据就是我们在第 1 章提到的遗传特征异常明显的 K 氏家族。不过，专栏作家詹姆斯·基尔帕特里克（James J. Kilpatrick）和艾尔玛·邦贝克（Erma Bombeck）对此深表怀疑。基尔帕特里克的文章是这样开头的：

要想语法好，基因少不了

几天前，研究人员在美国科学促进会的年会上发布了一个令人震惊的消息。你准备好了吗？我可要说了哟：遗传生物学家已经发现了语法基因！

是的！有报道称，麻省理工学院的史蒂芬·平克和麦吉尔大学的默娜·高普尼克已经解决了一个困扰英语教师多年的问题。有些学生虽然不太愿学，但仍然能掌握语法；而有些学生尽管接受相同的教育，却只能说出 "Susie invited her and I to the party" 这样的句子。这其实都是遗传在作怪，而我们完全能够解决这个问题。

生物学家相信，某个显性基因控制着语法学习的能力。如果一个孩子说出 "them marbles is mine" 这样的句子，他并不一定是个笨蛋。他的头脑其实完全正常，只是染色体有些缺陷而已。

　　这真是难以置信！过不了多久，研究者或许就会分离出控制拼写的基因、讲究卫生的基因、阅读书本的基因、调小音量的基因、关掉电视的基因、讲求礼貌的基因、料理家务的基因、完成作业的基因……

邦贝克写道：

语法很差？都怪基因

　　有报道称，有的小孩学不会语法，是因为他们缺少一个显性基因。对此，我觉得不必大惊小怪……我先生曾经在高中教过英语，他班上就有37名缺乏"语法基因"的学生。你想想这个比例有多高。他们对语法一窍不通，把逗号当作一幅岩画，把主语补足语当作对朋友靓丽发型的赞美之辞，把悬垂分词看成与他们无关的事情……

　　你也许会问：班上的这些年轻人今天都去哪里了呢？他们都成了著名的体育明星、摇滚歌星和电视名嘴。这些人个个身家百万，但嘴里吐出的都是"郁闷""极端"和"了不起"等单词，而他们还觉得这就是完整的句子。

　　这次年会之后，紧随而来的专栏文章、三手报道、评论漫画以及电台节目让我很快明白了一个道理：在截稿期限的压力下，新闻记者是如何将一个科学上的发现生吞活剥，使之成为一场闹剧的。在这里我要澄清以下事实：这个具有先天语言障碍的家族是高普尼克发现的，新闻记者将本属于高普尼克的功劳慷慨地分给了我一半。但事实上我只是年会的主持人，我所做的工作只是把高普尼克介绍给听众。此外，高普尼克并没有发现语法基因，而只是根据家族成员所表现的共同症状，推测他们的某个基因可能存在缺陷。也许这个基因会干扰语法的学习，但这并不代表它能够控制语法的学习。这就像拆掉汽车打火线，汽车就不能发动，但并不代表汽车是受打火线操控一样。而且，患者受到干扰的只是日常的语言交流能力，而非学习书面文字的能力。

　　不过，即便记者了解事实真相，许多人还是会像两位专栏作家一样持怀疑态度。真的会有一个牵涉到语法能力的基因吗？这个观点动摇了人们根深蒂固的认识：大脑是一个通用的学习设备，在接触外界环境之前，它是一块白板，空无一物。如果语法基因真的存在，它会做些什么呢？难道真的会像乔姆斯基所暗示的那样，创造出一个语法器官吗？在大多数人看来，这同样荒唐可笑。

可是，如果语言是一种本能，它就必定会体现于大脑的某个部位。在基因的设计下，相关的大脑回路必须做好充分的准备，以承担其所需扮演的角色。我们是否有证据证明基因真的建造了专门控制语法的大脑区域呢？在这一点上，遗传学家和神经生物学家的大部分研究手段都派不上用场，因为大多数人都不希望自己的大脑被插入电极或注射化学物质，也不希望对自己做手术，或者被弄下一块儿大脑组织用来切片和染色。伍迪·艾伦曾说："大脑是我第二喜欢的器官。"因此，我们对语言的生物属性仍然知之甚少。但是，借助大自然的某些意外事故和一些设计巧妙的间接手段，心理语言学家还是得到了不少惊人的发现。现在让我们开始寻找传说中的语法基因，我们首先对大脑做一番鸟瞰，然后再一步步地缩小搜寻范围。

我们都在用左脑说话

我们的搜寻工作可以从半个大脑开始，将另一半先搁置起来。1861 年，法国医生保罗·布洛卡（Paul Broca）解剖了一位失语症患者的大脑。这名患者被医院的工作人员戏称为"塔恩"（Tan），因为这是他唯一能发出的音节。布洛卡在塔恩的左脑发现了一个巨大囊肿，此后布洛卡又检查了其他 8 位失语症患者的大脑，发现他们的左脑同样发生了病变。这足以说明，左脑损伤与失语症存在着某种必然的联系。因此布洛卡得出结论：人类用左脑说话。

在此后的 130 年里，布洛卡的结论被反复证实。其中部分证据来自一个极为常见的现象：左脑控制右侧身体的运动、感知，而右脑则控制左侧身体的运动、感知。许多失语症患者的右侧身体会出现无力或瘫痪等症状，包括前面提到的塔恩，以及第 1 章中那位康复的失语症患者，那名患者一早醒来发现自己的右手不能动弹，他还以为是睡觉时压住了右手。

相对于左视野而言，正常人能够更加准确地辨认出投射于右视野的单词，即便这个单词是从右至左书写的希伯来文。当左耳和右耳分别听到不同的单词时，人们往往能更好地识别出右边的单词。对一些无法用药物治愈的癫痫病人，医生会通过手术的方法切断连接左脑与右脑的胼胝体，以阻断两个半脑之间的联系。患者在术后完全可以过上正常的生活，但神经学家迈克尔·加扎尼加（Michael Gazzaniga）发现，他们与正常人有一些细微的差别。当头部固定不动时，这些患者可以描述出发生于自己右视野的事情，说出自己右手所拿物品的名称，但无法说出左视野发生的事情，或者左手拿着什么东西。这是因为，他们的左侧世界与大脑语言中心的联系被切断了。不过，他们可以通过手势、比画等非语言方式来表达自己对左侧世界的感知。

当神经科学家利用各种技术直接观察大脑时，他们可以在左脑中看到语言运作的迹象。从解剖学上看，左脑与右脑的褶皱突起并非完全对称，这种差异在与语言相关的区域表现得尤为明显，甚至肉眼就可以分辨。借助 CT 扫描与核磁共振技术，我们可以用计算机重建活体大脑的断层图像，而失语症患者的左脑几乎都呈现出一定程度的损伤。通过向颈动脉注射阿米妥钠的方法，神经学家可以暂时麻痹病人的某侧大脑，结果显示，病人在右脑麻痹后还可以说话，但左脑麻痹后就无法言语了。由于大脑没有疼痛感受器，所以在进行脑部手术时，医生有时只会给病人实施局部麻醉，病人因此可以保持清醒的意识。

THE LANGUAGE INSTINCT　**语言认知实验室**

神经外科医生怀尔德·彭菲尔德（Wilder Penfield）发现，如果对左脑的特定部位予以轻微电击，就会导致病人突然语塞。神经外科医生这样做并不是为了满足自己的好奇心，而是想确保他们所切除的大脑癌变部位并非重要的脑功能区。在针对正常人的研究中，实验人员会在被试的头皮上贴满电极，然后记录下被试在阅读或听到单词时的脑电图。当每个单词出现的时候，实验人员检测到脑电信号的明显波动，而头颅左侧电极接收到的信号要比右侧更为强烈。不过，这一现象解释起来比较困难，因为源自大脑深处某个部位的电信号同样可以由大脑的其他部位发送出来。

一种新的技术叫作正电子放射断层造影术（PET）。志愿者需要事先注射含有微量放射性成分的葡萄糖或水，或者吸入一定的放射性气体，剂量大致相当于接受一次胸透检查，然后实验人员再用伽马射线探测器扫描他的头部。一般来说，比较活跃的大脑区域会消耗更多的葡萄糖，也会有更多的含氧血液输送到这个部位，因此在计算机的协助下，我们可以依据大脑不同区域的放射量勾画出大脑的工作部位。大脑每个部位的代谢状态都可以由计算机生成实际影像：代谢活跃的区域呈现明亮的红色和黄色，相对平静的区域呈现较深的蓝色。如果将被试阅读、说话时的大脑影像与观看无意义的符号或听到无意义的声音时的大脑影像进行对比，我们就可以找出大脑在进行语言操作时的"发亮"部位。正如我们所料，这些亮点都在左脑。

左脑究竟在做些什么呢？它负责的不仅仅是类似语音的声音、类似单词的符号，或者嘴部的各种动作，它处理的是抽象的语言。大部分失语症患者都可以吹灭蜡烛或者用吸管吸水，就像第 1 章中的福特先生一样，但他们的书写能力和说话能力都出现了障碍，这表明失语症患者丧失的不是对嘴部的控制能力，而是单纯的语言能力。某些失语症患者可以唱出美妙的歌曲，而且很多患者可以流畅地赌誓、咒骂。我们早已知道，单就听觉而言，与右脑联系紧密的左耳对声调的辨析更为敏锐，但这种情况只有在声调被当作乐音来聆听时才会出现。对中国人或泰国人来说，声调是构成音素的基本特征之一，因此他们辨析声调的优势就转到了右耳和左脑，因为左脑是处理语言的地方。

如果让某人一边跟读别人的讲话，一边用左手或右手手指轻敲桌面，他会觉得右手手指使用起来更加费力，这是因为右手手指在和语言争夺左脑的资源。令人惊讶的是，心理学家厄休拉·贝露姬和她的同事发现，同样的情形也发生在聋哑人身上。当聋哑人一边"跟读"美国手语中的单手词语，一边用右手手指或左手手指轻敲桌面时，他们的右手也不像左手那样灵活。这说明聋哑人的手势也与左脑紧密联系。之所以存在这种联系，是因为这些手势不是单纯的手势，而是手语手势。如果让一个人（无论是聋哑人还是正常人）跟着别人做出挥手、跷大拇指或者其他无意义的手势，此时左右手指的差别就不复存在了。

聋哑人中的失语症患者也是一样。研究表明，如果聋哑手语者的左脑受到损伤，他也会出现和正常人类似的失语现象。比如说，与福特先生有同样遭遇的聋哑人可以正常地执行和手语无关的各种任务，即便这些任务同样要用到眼睛和双手，例如比画物体、表演哑剧、识别面孔和依样画图。而对右脑的伤害则会产生相反的结果，他们的手语完全不受影响，但难以完成涉及视觉空间的任务，这和听力正常的右脑受损者完全一样。这个发现着实令人惊叹。学者一般认为，右脑专门掌管人们的知觉空间能力，所以像手语这样依靠视觉空间的行为也应该是由右脑负责，然而贝露姬的研究证明，只要是语言，无论它是"口-耳"相传还是"手-眼"互通，全都由左脑控制。因此，左脑一定是负责处理语言背后的抽象规则、树形结构、心理语法、心理词典和构词法则的，而不仅仅是外在的声音和嘴型。

19%！只有少数"左撇子"用右脑控制语言

为什么语言功能会偏居大脑一侧呢？或者我们更应问的是：为什么人体的其他部分都如此对称呢？对称是一种无法随意生成的现象，如果让你随意地给一个棋盘大小、8×8的正方形涂满颜色，那么图案两边均匀对称的概率还不到十亿分之一。在自然界中，生物分子就是不对称的，大多数植物和不少动物也是不对称的。制造出一个左右对称的身体是一件极其困难之事，而且代价高昂。对称是一种异常苛刻的设计，对那些身体对称的动物而言，任何一种疾病或者缺陷都可能破坏其外表的对称性。因此无论是蝾螈、燕子还是人类，都无一例外地将对称视为一种性感（它表明对方是适合交配的对象），而将不对称看成一种畸形。在动物的生命形态中，一定有某种原因使得对称的设计"物有所值"。动物生命形态的一个重要特征就是移动性，两侧对称的身体设计有助于动物更好地直线行进。其中的道理非常简单：身体不对称的生物只能绕着圈子打转，感觉器官不对称的动物只能注意到身体一侧的信息，即便身体的另一侧也有值得关注的事情发生。不过，虽然直线行进的动物拥有左右对称的身体，但它们前后却不对称（除了电影《怪医杜立德》中的那只双头瞪羚）。就物体的前进而言，单一方向的施力显然效果最佳，因此建造一个朝着单一方向前进并可以自由转向的运载工具，比建造一个正反向（或者各个方向）都可前行的运载工具要容易得多。此外，生物体也没有上下对称的形式，这是受地心引力影响的结果。

感觉与运动器官的对称性也反映在大脑中，因为大脑的大部分区域（至少对人类以外的动物而言）都是专门用来处理感觉信息和设定运动程序的。大脑的视觉区、听觉区和运动区对称地分布于大脑两侧，这实际上就是对外部空间结构的重现。如果提取动物的少量大脑组织，你会在其中发现与这个动物所感知的外部世界相对应的神经元。因此，无论是对称的身体，还是对称的知觉世界，都是由本身也近乎对称的大脑所控制的。

但是，没有生物学家能够解释清楚为什么左脑控制右侧的空间知觉，而右脑控制左侧的空间知觉，只有心理语言学家马塞尔·金斯波兰尼（Marcel Kinsbourne）提出了一个看似毫不可信的假说。在自然界中，所有两侧对称的无脊索动物（例如蠕虫、昆虫等）都是同侧控制的，即中枢神经系统的左侧控制左边的身体，右侧控制右边的身体。由此推断，那些曾经是脊索动物祖先的无脊索动物也应该如此（脊索动物指脊髓由脊柱保护的动物，如鱼类、两栖类、爬行类、鸟类和哺乳类）。但是，所有的脊索动物都是对侧控制的：右脑控制左侧的身体，左脑控制右侧的身体。是什么原因导致了这种身体上的改造呢？金斯波兰尼是这样解释的：你可以把自己想象成一个同侧控制的生物，然后把你的脑袋像猫头鹰那样向后转动180°（转到180°就可以了，不要像电影《驱魔人》里的小女孩那样继续往下转）。现在，假设你的脑袋被卡在了这个位置，你的大脑由此被扭转了半周。这样一来，你的左脑就控制着你的右侧身体，而右脑则控制左侧身体。

当然，金斯波兰尼并不是说真的有某个原始生物曾经卡住了自己的脑袋。他认为，一定是某个遗传指令导致这个生物在胚胎时期发生了头部旋转。实际上，我们可以在蜗牛和某些蝇类的胚胎期观察到这种旋转现象。就生物体的构建而言，这似乎是一种违反常理的做法，但它其实是进化的惯用手段，因为进化无法将一切推倒重来，而只能对原有的设计进行修补、改装。例如人类的 S 形脊柱，它就是在四足动物拱形脊柱的基础上改造而成的。还有双眼同在身体一侧的比目鱼，这种鱼选择紧贴海底生活，它的头也随之发生扭转，这可以避免它的一只眼睛常年盯着海底的沙子而毫无用处。由于金斯波兰尼所假设的这种生物大概在 5 亿年前就已经灭绝，而且没有留下任何化石，因此没有人知道它的脑袋为什么要这样扭转。或许它的某个祖先在此之前已经发生了 90° 的扭转，就像比目鱼一样，而它只不过是将其摆正。进化总是缺乏远见的，为了将头部和身体对齐，这种生物也许并不是将头部往回扭，而是让它朝着相同的方向再旋转 90°。然而这并不要紧，金斯波兰尼只是认为这种旋转一定发生过，而并没有说自己能够解释它发生的原因。不过，科学界对蜗牛的旋转倒是比较了解。蜗牛是以身体的扭曲来实现旋转的，就像扭结的椒盐卷饼一样。我当年的生物学课本是这样解释的："在头和脚保持不动的情况下，它的内脏自下而上地旋转 180°，这使得它的肛门朝上，位于头顶……对于一种住在壳中、只有一个开口的动物来说，这种安排的好处不言而喻。"

为了支持自己的理论，金斯波兰尼强调：无脊索动物的主要神经束位于腹部，心脏位于背部；而脊索动物的神经束位于背部，心脏位于胸腔。假如我们把无脊索动物的头部扭转 180°，就正好符合脊索动物的身体构造，反之亦然。金斯波兰尼的理论认为，随着头部的旋转，神经束和心脏的位置也相对地发生了旋转，因此我们才找不出一个神经束在腹部、心脏在背部的脊索动物。身体构造的重大变化会影响动物的总体设计，而且很难回到过去。我们都是这种"反扭"生物的后代，这导致了 5 亿年后的今天，我们在左脑中风时感到疼痛的是右手，而不是左手。

面对分布均衡的外部环境，两侧对称的身体设计有利于我们的感知和运动。至于那些与外界环境没有直接关系的身体系统，对称的设计就显得过于奢侈了。在这一点上，心、肝、胃等内脏是最好的例子，它们与外部世界的空间分布没有任何关系，因此也不必讲求对称。同理，大脑神经回路也出现了类似的情况。

让我们想象一下用手摆弄物体的动作。这种动作与外部环境没有太大的关系，操作者可以按照自己的想法把物体摆放在任何位置。因此，生物体的前肢，以及控制前肢的大脑区域并不需要对称。哪一种结构最有利于执行这个动作，它们就采用哪一种结构。对于摆弄物体而言，双手分工合作是一种非常有效的方法：一只手抓住物体，另一只手进行操作。因此龙虾的螯足就是一大一小，极不对称，而控制各个物种的前爪或手臂的大脑区域也不对称。在动物王国里，人类是最熟练的操作者，也是在左、右手区分上最为明显且最为一致的物种。无论哪个国家，哪个历史时期，90%的人都偏好用右手。不少学者认为，其中大部分人都拥有一个或者两个决定右手（左脑）偏好的显性基因副本。但是，如果该基因的两个副本为隐性，这个人就没有很强的右手偏好了，他可以是"右撇子"，可以是"左撇子"，也可以是"双撇子"。

在处理以时间（而非空间）为维度的信息时，对称也派不上任何用场。假设有一定数量的神经组织专门负责这个任务，那么最为合理的安排就是把它们集中起来，放在一起，以缩短通信距离，而不是把它们平分到两个半脑，通过缓慢、嘈杂的"越洋电话"来进行交流。因此，多数鸟类的鸣叫控制区明显地偏向大脑左半球，猴子、海豚和老鼠的各种叫声的产生以及对声音的识别也都是由大脑的一侧所控制的。

出于同样的原因，人类的语言中枢也集中于某一个半球，其所应对的是时间流程而非空间环境。单词组成的语句虽然秩序井然，但不涉及空间上的方位。或许这个半球本就拥有一套精于计算的微型电路，专门控制细微、精密和时序性的操作，而这也就使它成为语言处理的最佳场所，因为语言需要的就是时序控制。就人类的进化结果来看，这个半球恰巧就是左脑。许多认知心理学家认为，各种涉及时序配合和部件整合的心智活动都发生于左脑，例如辨别或想象一个由多个部分组合的物体，或者进行一步步的逻辑推理。加扎尼加曾经对一位接受过裂脑手术的患者进行了测试，他发现，分离之后的左脑所表现出的智商与分离之前整个大脑的智商竟然是一致的！

　　从大脑语言区的位置来看，大多数"左撇子"并不是"右撇子"的反像。左脑控制所有"右撇子"的语言（97%），而右脑只控制少数"左撇子"的语言（19%），绝大多数"左撇子"的语言能力由左脑控制（68%）或由左右脑同时控制。在所有"左撇子"中，语言区分布于左右脑之间的比例要高于分布在右脑的比例，因此他们在某侧大脑中风后不太会遭受失语的困扰。有证据显示，虽然"左撇子"在数学、空间方位和艺术上有更好的表现，但比较容易患上语言障碍、难语症或者口吃。即便是有"左撇子"亲戚的"右撇子"（这些人可能只拥有一个决定右手偏好的显性基因副本），在语句的理解上也与纯粹的"右撇子"有着细微的差别。

人类的"语言器官"：左侧大脑外侧裂周区

　　当然，语言并没有占用整个左脑。布洛卡发现，塔恩的大脑损伤正好位于大脑外侧裂的上方，大脑外侧裂是一条将人类独特的颞叶与大脑其他部分隔离开来的深沟。如今，人们将塔恩的发病部位称为布洛卡区（Broca's area）。如果这个区域和大脑外侧裂两侧的其他一些部位受损，就会对患者的语言能力产生影响。图9-1的阴影部分就是这些区域的位置。在所有由脑损伤引发的语言问题中，损伤部位位于左侧大脑外侧裂两边的病例占到98%。彭菲尔德发现，那些予以轻微电击便可造成语塞的大脑点位也分布于这一区域。虽然大脑语言区看上去被一道鸿沟分成两半，但这其实是一种错觉。大脑皮质（灰质）就像是一张为了强行塞入脑壳而被揉成一团的报纸，从外表上看，这张报纸上的图片和文字都被扭曲打乱，不相干的内容被挤在了一起，而相关的内容却被分离开来，但事实并非如此。加扎尼加的同事曾经利用核磁共振对大脑进行切片成像，由此重构出大脑皮质的平展画面，就像是将揉皱的报纸重新展开。结果发现，所有涉及语言的区域都是连在一起的，构成了一个整体。大脑皮质的这片区域，也就是左侧大脑的外侧裂周区，可以被看成是人类的"语言器官"。

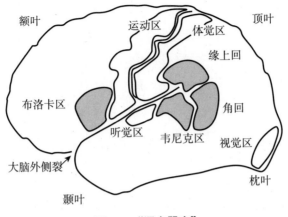

图 9-1 "语言器官"

现在让我们近距离观察这片区域。塔恩与福特先生的脑损伤部位都在布洛卡区，他们说起话来迟钝、吃力且不合语法，这种症状被称为布洛卡氏失语症。下面这两段话出自另一位患者，他名叫彼得·霍根（Peter Hogan）。在前一段话中，他讲述的是自己入院的原因，在后一段话中，他谈到了自己以前在造纸厂的工作：

Yes …ah …Monday …ah …Dad and Peter Hogan, and Dad …ah …hospital… and ah …Wednesday …Wednesday nine o'clock and ah Thursday …ten o'clock ah doctors …two …two ... an doctors and …ah …teeth …yah …And a doctor an girl …and gums, an I.

是的……啊……星期一……啊……爸爸和彼得·霍根，和爸爸……啊……医院……啊……星期三……星期三9点钟和星期四……10点钟医生……两个……两个……一个医生和……啊……牙齿……呀……一个医生一个女孩……牙龈，一个我。

Lower Falls …Maine …Paper. Four hundred tons a day! And ah …sulphur machines, and ah …wood …Two weeks and eight hours. Eight hours ... no! Twelve hours, fifteen hours …workin …workin ... workin! Yes, and ah …sulphur. Sulphur and …Ah wood. Ah …handlin! And ah sick, four years ago.

下瀑布……缅因州……纸。一天400吨！啊……硫化机……和……木头……两星期和8个小时。8个小时……不！12小时，15小时……工作……工作……工作！是的……啊……硫黄。硫黄和……木头。啊……操作！啊生病……4年前。

　　布洛卡区与大脑运动区中专门负责下颚、嘴唇和舌头的部分相连。人们一度认为，布洛卡区影响的是语言表达（这里显然不是专指说话，因为患者的书写或手语也同样遭到破坏），但这个区域牵涉的似乎是一般性的语法能力。一个人的语法缺陷最容易在语言输出时露出马脚，因为任何一点儿失误都会导致整个句子不伦不类。相比之下，在语言输入时，语法缺陷却表现得较为隐蔽，因为可以利用语言的羡余性来合理猜测句意，而无须借助句法剖析。例如，一个人只要知道"狗咬人""小孩吃苹果""苹果是红色的"这些生活逻辑，就可以理解"The dog hit the man"（这条狗咬了这个人）和"The apple that the boy is eating is red"（这个小男孩吃的苹果是红色的）。即便是像"The car pushes the truck"（汽车推卡车）这样的句子，一个人也能猜出到底是"谁推谁"，因为施动者通常出现在受动者之前。在一个世纪的时间里，布洛卡氏失语症患者正是借助这种手段骗过了神经学家的眼睛，直到心理语言学家出现，这场骗局才被拆穿。心理语言学家让患者阅读只有依靠句法剖析才能理解的句子，例如"The car is pushed by the truck"（汽车被卡车推着走）、"The girl whom the boy is pushing is tall"（男孩推着的女孩个子很高），然后要求患者依据句子的意思进行现场表演，结果正确率只有一半，这说明他们显然是在瞎猜。

　　还有其他理由让我们相信，大脑外侧裂周区的前部，也就是布洛卡区所在的区域，牵涉到语法的处理。当一个人阅读句子时，我们可以将电极贴在他左脑前部的头皮上，以监测他的脑电活动。结果显示，当被试读到不合语法的句子时，电极会监测到异常的脑电活动。当被试需要把句中的一个短语记在心里，直到语迹出现时，例如"What did you say（语迹）to John？"（你对约翰说了什么？），电极也会监测到脑电活动的变化。在一些实验中，研究人员利用正电子放射断层造影术等技术测量被试的脑血量，结果发现，当被试聆听别人说话、讲述一个故事或者理解复杂句子的时候，这片区域都会发亮。通过对实验组和控制组所获数据的统计比较，我们已经可以确信，这片区域负责的是处理句子的结构，而不仅仅是思考句子的内容。最近，神经学家卡琳·斯特朗斯沃尔德、大卫·凯布兰（David Caplan）和纳特·阿尔珀特（Nat Alpert）设计了一个精密实验，这个实验捕捉到了更为精确的画面：对某一特定句子结构的处理会导致布洛卡区的岛盖部发亮。

语言器官能否进一步细分

那么，布洛卡区就是语法器官吗？这也未必。如果只是布洛卡区受损的话，通常并不会造成持久性的重度失语。只有当它的周边区域以及底部的白质（它负责将布洛卡区与大脑其他区域联结起来）一并受损时，才会引发严重的症状。有时，由中风或者帕金森症导致的基底核受损也会引发布洛卡氏失语症。基底核是深埋于额叶之下的一组复杂的神经核团，它所负责的是需要技能的运动。布洛卡氏失语症患者说话吃力的现象和他们的语法困难或许是两回事，这说明遭受损伤的可能不是布洛卡区，而是它附近的大脑皮质的深处部位。此外，最出人意料的是，有些语法能力不会因为布洛卡区的病变而受到影响。在区分句子正误的测试中，一些布洛卡氏失语症患者可以察觉出极其细微的句法错误，例如：

John was finally kissed Louise.
John was finally kissed by Louise.
　　约翰终于被路易丝亲到了。
I want you will go to the store now.
I want you to go to the store now.
　　我要你现在去商店。
Did the old man enjoying the view?
Did the old man enjoy the view?
　　这位老人欣赏风景了吗？

不过，失语症患者并不能识别所有的语法错误，而且，也不是所有的患者都可以识别语法错误。因此，布洛卡区在语言方面究竟扮演着什么样的角色，还是一个尚未明了的问题。这个区域也许是专门负责将心语所携带的信息转换成语法结构，或将语法结构转换成心语。在执行这一语法任务时，它需要通过基底核与前额叶进行沟通，这有利于抽象推理与知识的运用。

布洛卡区也通过一束神经纤维与第二个语言器官相连，它就是韦尼克区（Wernicke's area）。这块区域如果受损，就会引发一种完全不同的失语症。以下是霍华德·加德纳的一段记录，内容是他和一位名叫戈尔甘（Gorgan）的患者的对话。

"你为什么会住院？"我问这位 72 岁的老屠夫，他在 4 个星期前住进了医院。

"孩子，我在出汗，我非常紧张。你知道，有一次我被抓了起来，我不能提及那个'tarripoi'，一个月以前，只有一点点，我很好地完成了很多事情，我强加了很多，然而，在另一方面，你知道我的意思，我不得不逃来逃去，仔细检查，'trebbin'和其他类似的材料。"

我好几次想打断他的话，但都没有成功，因为他一开口就滔滔不绝，语速极快。最后我只好把手举起，按在他的肩膀上，这样才让他暂停下来。

"谢谢，戈尔甘先生。我想问你一些——"

"哦，当然，问吧，想问什么尽管问。如果我能我就会。哦，我说错话了，这里所有的理发师不管什么时候打断你说话，它就会绕来绕去，如果你懂我的意思，就是一次次给'repucer'打结，'repuceration'。好吧，我们正在尽我们所能，而下一次是用那边的床做同样的事情。"

从某些方面来说，韦尼克氏失语症与布洛卡氏失语症正好形成互补。患者能够流利地吐出一串串合乎语法的短语，但他们的谈话内容却没有任何意义，里面充斥着大量的"新词"和替代语。与许多布洛卡氏失语症患者不同，韦尼克氏失语症患者难以说出物体的名称，他们只能用一些相关的单词来进行替代，或者歪曲原有单词的正确读音。例如：

table（桌子）→"chair"

elbow（手肘）→"knee"

clip（夹子）→"plick"

butter（黄油）→"tubber"

ceiling（天花板）→"leasing"

ankle（脚踝）→"ankley" "no mankle" "no kankle"

comb（梳子）→"close" "saw it" "cit it" "cut" "the comb" "the came"

paper（纸）→"piece of handkerchief" "pauper" "hand pepper" "piece of hand paper"

fork（叉子）→"tonsil" "teller" "tongue" "fung"

韦尼克氏失语症的一个突出症状是，患者几乎无法理解他人的语言。如果韦尼克区与布洛卡区之间的联结受损，则会引发第三种失语症，这种类型的患者无法复述听到的语言。此外，还有第四种失语症，患者的布洛卡区、韦尼克区以及二者之间的联结都完好无损，但它们却像孤岛一样与大脑皮质的其他区域中断了联系，这类患者虽然无法听懂语言，但可以复述甚至跟读他人说话。基于上述原因，再加上韦尼克区与大脑皮质的听觉中枢相邻，人们一度认为这块区域专门负责理解语言，但这难以解释为什么韦尼克氏失语症患者会像精神病人一样胡言乱语。韦尼克区的工作似乎是收集单词，然后将它们输送到其他部门（主要是布洛卡区），再由这些部门对单词进行组装和分析。当韦尼克区受损时，原本由它提供的特定信息和单词就无法传递到布洛卡区，这迫使忠于职守的布洛卡区不得不开足马力，凭空造出大量短语，这或许就是韦尼克氏失语症的产生原因。不过坦率地说，没有人真正知道布洛卡区或韦尼克区究竟是用来做什么的。

韦尼克区，连同它附近的两块阴影区（即图 9-1 中的角回、缘上回），都位于三个脑叶的交汇点。因此，它自然地成为整合视觉、听觉、体觉和空间位置等各种信息的理想场所，同时它也成为将单词的读音与其所指代的物体的外貌、形状联系起来的逻辑位置。的确，如果这片区域遭受损伤，会引发一种叫作"忘名症"（anomia）的语言障碍，即无法说出物体或人的名称。神经心理学家凯瑟琳·贝恩斯（Kathleen Baynes）曾经研究过一位化名"HW"的患者，他是一位商业人士，头脑聪明，表达流利，能说会道，但无法从心理词典中调取要说的名词，即便他明白这些名词的含义。贝恩斯曾要求他讲述一张图片的内容，图片画的是：一个站在凳子上的男孩伸手去拿架子上的罐子，并把一块饼干递给他的妹妹，结果从凳子上摔了下来。下面是 HW 先生的描述：

> First of all this is falling down, just about, and is gonna fall down and they're both getting something to eat … but the trouble is this is gonna let go and they're both gonna fall down … I can't see well enough but I believe that either she or will have some food that's not good for you and she's to get some for her, too … and that you get it there because they shouldn't go up there and get it unless you tell them that they could have it. And so this is falling down and for sure there's one they're going to have for food and, and this didn't come out right, the, uh, the stuff that's uh, good for, it's not good for you but it, but you love, um mum mum [smacks lips] … and that so they've … see that, I can't

see whether it's in there or not... I think she's saying, I want two or three, I want one, I think, I think so, and so, so she's gonna get this one for sure it's gonna fall down there or whatever, she's gonna get that one and, and there, he's gonna get one himself or more, it all depends with this when they fall down ... and when it falls down there's no problem, all they got to do is fix it and go right back up and get some more.

首先是摔倒，差不多就要摔下来了，他们两个想拿东西吃……但麻烦的是快要站不稳了，他们都要倒了……我看不太清楚，不过我相信她或者想要一些对你没什么好处的食物，她也需要给她拿一些。你把它放在那里是因为他们不应该爬上去拿它，除非你告诉他们可以拿。所以要摔下来，他们显然就要拿到一个来吃，但进展得不顺利，嗯，这东西虽然不错，但对你没有好处，但它是你所喜欢的，嗯、嗯、嗯（咂嘴的声音）……所以他们……看那，我看不出它在不在那里，我觉得她在说：我想要两个或者三个，我想要一个，我想，我想是这样的，所以，所以她准备去拿这一个，很明显它就要掉下来了，她准备去拿那一个，在那里，他准备给自己拿一个或者几个，这取决于他们什么时候摔下来，不过摔下来也没问题，他们只要把它摆好，就可以再爬上去拿更多的。

HW 先生可以正确地使用名词短语，但无法将名词调取出来，放到短语中去。他只能借助代词、动名词（例如 falling down）和一些通用名词（例如 food、stuff）来拐弯抹角地指代特定的对象。忘名症患者较少出现动词方面的问题，但布洛卡氏失语症患者却时常被动词折磨，这或许是因为动词与句法有着密切的联系。

THE LANGUAGE INSTINCT　语言认知实验室

其他迹象表明，大脑外侧裂的后部区域牵涉到单词的储存与调取。当一个人在阅读语法正确的句子时，如果他遇到句中的某个单词在意义上讲不通，例如 "The boys heard Joe's orange about Africa" 中的 "orange"，贴在他脑后的电极就会监测到脑电波的变化（不过正如前文所说，我们只能推断这些信号是来自电极下方的位置）。如果用正电子放射断层造影术来扫描某个人的大脑，当这个人听到某个单词（或"伪词"，比如 tweal）时，大脑的这片区域就会发亮。此外，如果让一个人观看屏幕上的一组单词，并要求他判断这些单词是否押韵（这使得他必须默念这些单词的读音），这片区域也会发亮。

我们可以大体绘制出位于大脑外侧裂周区的语言器官的功能结构图：外侧裂周区前部（包括布洛卡区）负责处理语法；外侧裂周区后部（包括韦尼克区和三个脑叶的连接区）负责单词（特别是名词）的读音和某些方面的词义。我们是否可以将镜头拉近，分离出执行具体语法任务的更小区域呢？答案是既"不可以"又"可以"。说它"不可以"，是因为我们无法在大脑中划出更小的"语言模块区"——至少目前还不能；说它"可以"，是因为一定存在着执行具体任务的皮质区，因为大脑损伤会导致各种不同类型的语言缺陷。这是一个有趣的悖论。

举例而言，虽然左脑外侧裂周区的大部分区域遭受损伤都可能导致语音知觉障碍（在正电子放射断层造影术研究中，语音知觉会点亮外侧裂周区的几个不同部位），但还是存在一种特殊的语音综合征：纯词聋（Pure Word Deafness）。顾名思义，这类患者能读会写，能够辨别周围环境的各种声音，例如音乐、关门声或动物的叫声，但就是听不懂单词。对他们来说，这些单词听起来就像是外语。在存在语法问题的患者中，有些人可以非常流利地说出一大段不合语法的句子，而布洛卡氏失语症患者却吐字艰难，说话迟钝。有些患者习惯性地遗漏动词、词形变化和虚词，另一些患者却总是错用这类词语。有些患者无法理解带有语迹的复合句，例如"The man who the woman kissed（语迹）hugged the child"（女人亲吻的男人抱着小孩），却能读懂含有反身代词的复合句，例如"The girl said that the woman washed herself"（女孩说这个女人自己洗的澡），而另一些患者却恰恰相反。有些意大利患者总是乱用意大利语中的屈折后缀（就像英语中的"-ing""-s"和"-ed"），却可以近乎完美地使用派生后缀（就像英语中的"-able""-ness"和"-er"）。

这种现象在心理词典上表现得尤为突出，我们几乎可以依据不同的词类划分出不同的症状：在忘名症患者中，不同的人害怕不同的名词。有些人能够使用具体名词，却无法使用抽象名词，有些人则正好相反。有些人可以说出"无生命的"名词，但难以说出"有生命的"名词，有些人则正好相反。有些人可以叫出动物、蔬菜的名称，却说不出食物、身体部位、服装、交通工具或者家具的名字。此外，有些患者只能说出动物的名称，有些患者无法表达身体的部位，有些患者对常见于室内的东西束手无策，有些患者看见了颜色却说不出口，还有些患者无法说出专有名词。曾经有一位患者无法叫出水果或蔬菜的名字，他可以说出"算盘"和"狮身人面像"，却说不出"苹果"和"梨"。心理学家埃德加·苏黎夫（Edgar Zurif）曾经嘲笑神经科医生喜欢给每种症状都取一个花哨的名字，因此他建议把这位患者的症状叫作"忘香蕉症"（banananomia）。

大脑里是不是真的有一个蔬菜瓜果区呢？从来没人找到过。同样，也没有人发现过屈折变化、语迹或语音的处理中心。我们几乎不能给大脑的心智功能进行分区定位。我们常常碰到这样的现象：两位病人的病变区域完全相同，但由此引发的语言障碍却不一样，或者两位病人患有同样的语言障碍，但大脑的病变区域却不相同。有时，一些非常具体的语言障碍，比如无法说出动物的名称，反倒是源于大面积病变、弥漫性脑萎缩或者脑部的撞击。此外，在韦尼克区受损的患者中，大约有 10% 的人会出现类似于布洛卡氏失语症的症状。同样，布洛卡区受损的患者也可能出现类似于韦尼克氏失语症的症状。

为什么画一张大脑的语言功能结构图要比登天还难呢？曾经有一派学者认为，大脑其实没有这样的分工，大脑就像一个烘肉卷，所有原料都搅拌在一起。除了感觉和运动之外，所有心智过程都表现为整个大脑的全方位、分散式的神经活动。但是，"烘肉卷理论"很难解释众多脑损伤患者所表现出的特定语言缺陷。随着"大脑的十年"①（decade of the brain）的到来，这种理论已经落后于神经科学的发展脚步。以前的教科书曾经把不能划分为单一功能区的大脑区域称为"联合皮质区"（association cortex），现如今，借助于日新月异的研究工具，神经生物学家已经开始对这片区域进行测绘制图，并界定出几十个拥有独立功能的区域。例如，就视觉而言，就有专门负责物体形状、空间布局、颜色、立体影像、简单动作或复杂动作的不同区域。

我们现在知道，大脑可能真的存在负责名词短语或韵律等具体功能的专门区

---

① 美国神经科学家将 20 世纪 90 年代（1990—1999 年）称为"大脑的十年"（decade of the brain），在这 10 年中，神经科学得到了极大的发展。——译者注

域，但目前针对人类大脑的研究手段还过于简陋，因此我们还无法找到它们。也许这些区域看上去就像是一些斑点、条纹，星星点点地分布于大脑的语言区。它们的形状可能很不规则，位置或许也因人而异，错落地分布于凹凸不平的大脑表面。我们在更为了解的大脑功能系统中已经发现了类似的特点，例如前面提到的视觉系统。如果真是如此，那么各种各样的脑部病变，以及正电子放射断层造影术等技术手段，都无法帮助我们发现这些功能区域。

已经有一些证据表明，大脑语言区域的布局很可能是斗折蛇行、犬牙交错的。神经外科医生乔治·奥杰曼（George Ojemann）沿用彭菲尔德的方法，对患者大脑的不同部位予以轻微电击。结果发现，如果电击某个毫米见方的微小区域，会对某一特定的语言功能造成障碍，例如无法重复或说完一个句子，无法叫出某个物体的名称，或者无法读出一个单词。但是，这些点位分散在大脑的各个部位（虽然主要在外侧裂周区，但并非绝对），而且分布的位置也因人而异。

你不必为这种犬牙交错、分散分布的设计感到惊讶，因为这种设计符合大脑的工作特点。大脑是一个特殊的器官，一个专门负责计算的器官。它不同于臀部、心脏等需要与外部世界进行物质交换的器官，因此也不需要将自己的功能部件都聚在一起。只要神经回路能够保持连通，大脑就可以将各个功能部件安放在不同的位置，这并不会对它的工作造成影响。打个比方，这就像电子设备的连接线可以被塞到任何角落，只要它的连接不中断就行；或者说一家公司的总部可以设在任何地方，只要它能与工厂、仓库保持及时有效的联系即可。这一点对单词而言似乎最为适用，大脑的许多区域如果发生病变遭受电击，都可能导致命名障碍。一个单词其实就是一束不同类型的信息，或许每个单词就像一个多端口的集线器，它可以处于某个区间的任何位置，只要其接线可以连接到大脑的其他部位即可，而这些部位存储着这个单词的读音、用法、逻辑，以及相关实物的外貌特征等信息。

正是利用这种脱离实体的特点，尚未发育成熟的大脑可以较为灵活地设定语言回路的位置。假定大脑的各个区域都有发展出语言回路的潜力，但人类的"出厂设置"若将它固定在大脑的某个特定位置，那么其他位置则受到压制。然而，如果初选位置在某个关键时期遭受损伤，语言回路就可以迁移到别处发展。许多神经学家相信，这就是不少人的语言中枢会跑到意想不到的位置上去的原因。对人类来说，出生是一种创伤经历，这不仅是指人们所熟知的心理创伤，还包括肉体的损伤。在分娩过程中，母亲的产道会像挤柠檬一样挤压婴儿的脑袋，新生儿往往会遭受轻度中风或者其他脑部损伤。因此，语言区位置异常的成人很可能在出生时遭受过脑部创伤，只不过后来康复了而已。现在，核磁共振仪已经是脑科学研究中心的常见设备，不少前往参观的新闻记者和哲学家都喜欢将自己的大脑影像图带回去留作纪念。有时，这些影像图上会显示一个核桃大小的凹陷，但这个凹陷除了成为朋友的笑料之外，并没有对本人造成任何不良的影响。

还有其他原因可以解释我们为何很难锁定语言功能的具体区域。某一类型的语言知识很可能拥有多个副本，它们的质量有高有低，分别存储在大脑的不同位置。当中风患者恢复到可以接受系统的语言测试时，他的某些语言能力（在推理能力的帮助下）也往往已经恢复。神经学家无法像电子技术人员那样将探针插入设备的输入、输出线路，以分离出它的独特功能。他们只能通过患者的眼、耳、口、手来了解患者的整体反应。在这种"刺激－反应"的过程中，患者的心智活动要经历多次中转。例如，如果要叫出一个物体的名字，患者必须首先认出这个物体，然后在心理词典中搜寻它的条目，调取它的读音，最后再把它说出来。或许在说出的时候还要对其进行监听，以确定自己的读音是否正确。如果其中任何一个步骤出现问题，都有可能导致命名障碍。

随着大脑成像技术的快速发展，我们对心智活动的位置或许会有更为清晰的了解。功能性核磁共振（Functional MRI）就是一个例子，它比正电子放射断层造影术更为准确，可以测量出大脑的不同部位在执行不同的心智任务时的工作强度。另外一个技术就是脑磁图（Magneto-Encephalography），它和脑电图比较类似，却可以精确定位大脑电磁信号的来源部位。

语法基因存在的间接证据

如果我们只关注大脑上一个个邮票大小的区域，我们恐怕永远都无法理解语言器官和语法基因。心智的计算处理是以错综复杂的神经网络为基础的，这些神经网络构成了我们的大脑皮质。数百万计的神经元分布于这些网络之中，每个神经元都和数千个神经元相连，并在千分之一秒的时间内传递着各种信息。如果我们能将显微镜伸进大脑，近距离观察语言区域的神经回路，我们将会看到怎样的景象呢？没有人知道答案，但我可以给出一个合理的猜测。具有讽刺意味的是，这是语言本能最为重要的方面，因为它是语言表达和理解能力的真正源头，但同时它也正是我们最不了解的一个方面。接下来，我将要从神经元的视角，为你展现语法信息的处理过程。你不必对其中的细节过于较真，我只想让你明白，语言本能其实与物理世界的因果定律合辙同轨，而不是一种披着生物学外衣的神秘论调。

神经网络模型的设计基于一个简化抽象的神经元。这个神经元能做的事情不多，它有时活跃，有时不活跃。在活跃时，它会沿着轴突（输出线路）向与它相连的其他神经元发出信号，各神经元之间的连接点被称作突触。突触可以分为兴奋性突触和抑制性突触，它们拥有的传递强度也各不相同。位于接收端的神经元会将来自兴奋性突触的所有信号相加，再减去来自抑制性突触的信号，如果差数超过了某个阈值，它就会变得活跃起来。

如果这个简化的神经网络足够庞大，它就可以成为一台计算机，从而计算出任何具体问题的答案。这就像我们在第 2 章所看到的图灵机一样——通过在纸上来回穿梭，它可以得出"苏格拉底会死"的结论。之所以这样说，是因为我们可以用一些简单的方式将这些模拟神经元连接起来，使之成为一个个的"逻辑门"（logic gate），以执行"与""或""非"等逻辑运算。逻辑"与"是指：若 A 为真，且 B 也为真，则"A 与 B"为真。因此，当所有的输入端都打开时，"与门"就会自行打开。假设模拟神经元的阈值为 0.5，而两个输入突触的权重分别都小于0.5，但总和却大于 0.5（假设分别为 0.4），这便是"与门"，如图 9-2 左图所示。

0.4 0.5	0.6 0.5	−0.1
0.4	0.6	
与	或	非

图 9-2 "与""或""非"

逻辑"或"是指：若 A 为真，或 B 为真，则"A 或 B"为真。因此，只要有一个输入端打开，"或门"就可以打开。为了实现这一点，每个突触的权重都必须大于这个神经元的阈值，比如说 0.6，就像图 9-2 中间图所示。逻辑"非"是指：若 A 为假，则"非 A"为真，反之亦然。因此，当输入端打开时，"非门"就关闭，当输入端关闭时，"非门"就打开，这一任务由抑制性突触来完成，如图 9-2 右图所示，这个抑制性突触的负值权重必须大到能关闭神经元的输出。

下面来看一下神经网络是如何计算一个适度复杂的语法规则的。在英语中，"Bill walks"中的屈折后缀"-s"的适用条件为：主语为第三人称、单数，且动词为现在时态，并表示习惯性动作（这就是语言学中的"体"），但动词不能是"do""have""say""be"等不规则动词（例如可以说"Bill is"，但不能说"Bill be's"）。一个由逻辑门构成的神经网络可以用图 9-3 的方式解决这一组逻辑关系。

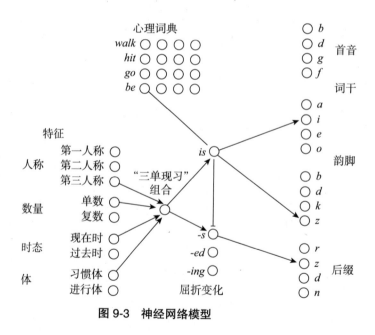

图 9-3　神经网络模型

首先，图 9-3 左下方有一组神经元代表屈折变化的各种特征，其中相关特征通过"与门"和一个代表"第三人称、单数、现在时、习惯体"（简称"三单现习"）

的神经元相连。这个神经元会刺激屈折变形 "-s" 所对应的神经元，进而刺激代表音素 [z] 的神经元。如果句子使用的是规则动词，所有与后缀 "-s" 有关的计算就到此为止，例如 "hit" 的变化就是 "hit+s"，"wug" 的变化就是 "wug+s"。至于词干的发音，则可以依据心理词典中的具体说明，通过相应的连接逐一复制到词干神经元中，只不过我并未在图中把这些连接画出来。但是，如果碰到像 "be" 这样的不规则动词，整个计算过程就必须被阻断，否则这个神经网络就会产生出 "be's" 这样的错误形式，"三单现习" 神经元也会向 "is"（be 的不规则形式）神经元发出信号。如果这个人一定要用动词 "be"，那么代表 "be" 的神经元就会活跃起来，它也会向神经元 "is" 发出信号。由于和 "is" 相连的两个输入端是一个 "与门"，所以只有当两个输入端同时打开时，"is" 才会被激活。这就是说，当且仅当一个人想用 "be"，同时又符合 "三单现习" 的条件时，"is" 神经元才会被激活。"is" 神经元通过一个 "非门" 抑制了 "-s" 变化，阻止了 "ises" 或 "be's" 的产生，同时，它又分别激活了代表元音 [i] 和辅音 [z] 的神经元。当然，在描述过程中，我省略了大脑其他部分的许多神经元和神经连接。

这是我搭建的一个神经网络模型，但它是专为英语设计的，而一个真正的大脑必须通过学习才能掌握所需知识。现在让我们继续展开联想，将这个神经网络想象成一个婴儿的大脑，假设其中各组神经元都是与生俱来的。不过和图 9-3 不同的是，每个神经元向外伸出的箭头不止一个，而是有多个，这些箭头将它与另一组神经元中的任何一个连接起来。也就是说，这个婴儿天生就能 "预料" 到有与人称、数量、时态和体有关的后缀的存在，以及可能存在的不规则动词，但他并不清楚某一门特定语言的组合、后缀或者不规则动词。然而，通过不断强化箭头指向的某些突触（就像我在图 9-3 所画的那些箭头），并忽视其他的突触，婴儿就可以学到相应的语法知识。这个学习过程可以描述如下：当婴儿听到某个单词以 [z] 音作为后缀时，图 9-3 右下角的 [z] 音神经元就被激活，同时，当婴儿想到 "三单现习" 时，图 9-3 左下角的 4 个相关神经元也被激活。如果这种刺激不但会向前传导，也会向后传导，而且如果每个突触在被激活时都会得到强化，同时它的输出神经也被激活，那么所有将 "第三人称" "单数" "现在时" "习惯体" 连接起来的突触都会得到强化，而 [z] 音神经元也会得到强化。如果这个经验重复多次，婴儿的神经网络就会逐渐发展为成人模式，就像图 9-3 所画的一样。

让我们把画面再拉近一些。神经元和它们之间的潜在连接到底是如何铺设的呢？这是当今神经科学界的研究热点，而且我们已经对大脑的串联方式有了一些了解，当然，这里指的不是人类的语言区，而是果蝇的眼球、雪貂的丘脑，以及猫和猴子的视觉皮质。在出生时，神经元就已经在脑室的周壁排列妥当（脑室位于大脑半球的中心，是一个充满液体的空腔），它们一个个整装待发，即将奔赴大脑的不同区域。接下来，这些神经元开始沿着由胶质细胞构成的索道向外延伸（胶质细胞是一种支持细胞，它和神经元一起，构成了大脑的主体部分），它们朝着脑壳的方向前进，一直延伸到它们在大脑皮质的栖息地。大脑皮质不同区域的神经元之所以会形成连接，常常是因为目标区域所释放的某种化学物质。一旦"嗅到"这种化学物质的气味，神经元的轴突就会循着气味的方向生长开来，而且气味越浓，它就越往那里去，就像植物的根部会被水分和肥料吸引一样。轴突也对胶质细胞表面的某些特殊分子十分敏感，这些分子可以引导轴突的延伸方向，就像格林童话《糖果屋》（Hansel and Gretel）里面的汉斯和格莱泰跟随面包屑的指引一样。一旦轴突抵达目标区附近，就会生出更为精细的突触连接，因为延伸而来的轴突与目标神经元表面的某些分子可以严丝合缝地对接，就像钥匙和锁头一样。当然，最初的连接常常是非常随意的，因为神经元总是迫不及待地伸出轴突，而这可能会把它导向各种不合适的目标区。这些连接会相继死亡，这可能是因为目标区无法提供必要的化学物质供其存活，也可能是因为当胚胎大脑正式启动之后，这些连接没有得到足够的使用。

请随我继续神经奥秘的探索之旅，我们已经离"语法基因"不远了。对神经元起着引导、连接和保护作用的分子叫蛋白质，蛋白质又受基因的指导。所谓基因，就是染色体内部 DNA 的碱基序列。启动基因的是"转录因子"和其他调节分子，这些配件依附于 DNA 碱基序列的某个位置，并解压一个邻近区段，使得这个基因转录为 RNA，然后再翻译成蛋白质。一般情况下，这些调节因子本身就是蛋白质，因此生物体的建构过程就是一个错综复杂的连锁反应：DNA 制造蛋白质，其中一些蛋白质又与其他 DNA 相互作用，产生更多的蛋白质。某一蛋白质在制造时间或制造数量上的微小差异，都会对生物体的建构产生重大影响。

可见，单个基因很少对生物体的某一具体部件做出规定。相反，它指导的是蛋白质的释放。这些蛋白质是构成某种复杂配方的原料，能够对各类部件的塑造产生特定的作用，而这些部件同时又受到其他基因的影响，特别是大脑的连接回路，它与负责神经布线的基因有着非常复杂的关系。一个表面分子也许并不是用在某个单一的回路之中，而是为许多回路所共用，每个回路都是依据特定方式组合而成的。举例而言，假设细胞膜上有 X、Y、Z 三种蛋白质，某个轴突可能会连接到 X、Y 所在的表面上，而另一个轴突则可能连接到 Y、Z 所在的表面上。神经学家估计，用来构建大脑和神经系统的基因大约有 3 万个，这占到人类基因组的绝大部分。

而这一切都源自一个细胞，即受精卵。受精卵中包含了两个染色体的副本，其中一个来自母亲，另一个来自父亲。每个染色体都是在父母的生殖腺中，通过随机拼接的方式，将源自祖父母（外祖父母）的部分染色体组合而成的。

现在我们已经可以给语法基因下一个定义了：语法基因就是 DNA 的一个区段，它可以在特定的时间、特定的大脑部位为蛋白质的合成指定遗传密码，或者启动蛋白质的转录，从而指导、吸引或者黏合神经元构成一个网络。这个网络与经过学习而不断强化的突触相互配合，成为解决语法问题（例如选择词缀或单词）必不可少的计算工具。

那么语法基因是真实存在的吗？或许它只是一个绕来绕去的说法而已？布莱恩·达菲（Brian Duffy）在 1990 年创作了一幅漫画。一头直立行走的猪问农夫："今天的晚餐是什么？不会是我吧？"农夫转头对朋友说道："这就是那头移植了人类基因的猪。"然而，这个场景是否真的会发生呢？

目前，我们还无法直接验证人类身上的语法基因。但是，与生物学上的许多案例一样，如果某个基因与特定的个体差异（通常为病理差异）形成了对应关系，我们就能很容易地将其识别出来。

我们确切地知道，在精子和卵子中存在着某种物质，它会影响胎儿日后的语言能力，例如口吃、难语症（一种阅读障碍，患者往往无法在心中将音节拆分为音素），特定型语言障碍也具有家族性特点。当然，家族性并不一定代表着遗传性（比如饮食口味和资产财富也同样具有家族性特点），但上述三种病症却很可能与遗传有关，因为我们找不出任何环境因素来合理地解释为什么家族中有的人会患病，而有的人却完全正常。而且，同卵双胞胎的共同发病率要远远高于异卵双胞胎，前者拥有相同的生长环境和完全相同的 DNA，后者也拥有相同的生长环境，但只有一半的 DNA 相同。例如，一对 4 岁大的同卵双胞胎读错同一个单词的概率要高于异卵双胞胎。此外，如果一个孩子患有特定型语言障碍，他的同卵双胞胎兄弟患上此种疾病的可能性高达 80%；但如果是异卵双胞胎，可能性则只有 35%。那么，从小就被收养的孩子在语言能力上是否与自己的亲生父母更为相似呢？这是一个有趣的问题，因为他们身上有着父母的 DNA，却与父母不在一起生活。我还没有见到有关特定型语言障碍或难语症的收养研究，但根据一项研究结果显示，婴儿出生一年之内的语言能力（如词语量、口头模仿、词语搭配、含混表达以及单词理解等）与其生母的一般认知能力和记忆力有关，而与养父母无关。

英国的 K 氏家庭接连三代都出现特定型语言障碍，它的某些家族成员只能说出 "Carol is cry in the church" 这样的病句，或者不知该如何处理 "wug" 的复数形式。到目前为止，这个家族是最能表明语法障碍具有遗传性的活证据，即语法能力的缺陷与"单基因常染色体显性遗传"有关。这个引起广泛关注的观点是以孟德尔的遗传定律为依据的，我们找不到合理的环境因素来解释为什么家族中的某些成员会患上此种疾病，而同龄的其他成员却不受影响。例如，这个家族中有一对异卵双胞胎，其中一个是患者，另一个却完全正常。而且，这个家族中有 53% 的人患有此种疾病，而全社会的患病率大约只有 3%。当然，从理论上说，你也可以认为是这个家族运气不好，因为他们毕竟不是从总人口中随机抽取出来的，而是因为高发病率才受到遗传学家的关注，但这种辩解显然是吹毛求疵。之所以说这种疾病是由单一基因造成的，是因为如果它涉及几个基因，而且每个基因都对语言能力具有某种程度的影响的话，那么家族成员的语法障碍应该会有轻重缓急之别，因为他们所继承的有害基因肯定有多有少。但是这个家族的语法障碍表现出"全有或全无"的特点。无论是学校的人还是家里人，大家对谁存在缺陷、谁一切正常有一致的看法。而且在高普尼克的大多数测试中，家族患病成员的分数全都集中在量表的最低端，而正常成员的分数则集中在最高端，二者没有重叠的部分。那为什么说这个基因是位于常染色体（而非 X 染色体）之上，而且属于显性基因呢？这是因为在这个家族中，男性和女性的发病率是一样的。而且，在所有病例中，患者的父母之中都有一方是正常人。如果这个基因是常染色体隐性基因，那么只有在父母双方都患病的情况下，孩子才会发病。如果它是 X 染色体隐性基因，那么只有男性才会发病，女性只是携带者。如果它是 X 染色体显性基因，那么患病的父亲会将它传给女儿，而不会传给儿子，因为儿子的 X 染色体来自母亲，而女儿则有两条 X 染色体，一条来自母亲，一条来自父亲。但在这个家族中，有一位父亲虽然患病，但他的一个女儿却是正常的。

但是，与美联社、基尔帕特里克的说法正好相反，这个单一基因并不是负责整个语法回路的运行。我们前面说过，虽然一台复杂的机器需要许多部件才能正常运行，但只要一个部件出现问题，整个机器都可能瘫痪。事实上，也许这个基因根本没有参与语法回路的构建，只不过当它存在缺陷时，会制造出一种特殊的蛋白质，这种蛋白质会对某种化学过程产生阻碍作用，而这种化学过程恰巧是构建语法回路的必要条件。也许这个基因会导致大脑的某个区域过度生长，以至越过自己的领地，挤掉预留给语言的地盘。

不过，这个发现仍然值得关注。在 K 氏家族中，大部分语言受损的成员在智力上都处于中等水平，而在其他家族中，有些患者的智力还更高一些。高普尼克曾经研究过一个男孩，他的数学成绩在班上数一数二。因此，这种特定型语言障碍表明，在大脑发育过程中，一定存在某种受基因指导的生理活动，它专门负责搭建语言计算的神经回路，当这种生理活动遭到破坏时，就会引起语言障碍。这一生理活动影响的范围很广，不仅包括语音的发音区和听觉区，还牵涉语法处理所必需的神经机制。虽然语言受损的家庭成员在儿时都会出现发音问题，学会说话的时间也比正常人晚，但他们最终能够摆脱语音的问题，但语法问题却会相伴终生。例如，这个家族中的患者虽然常常漏掉后缀 "-ed" 或 "-s"，但这并不是因为他们无法听懂或发出这个音，他们完全可以区分 "car" 和 "card"，也从来不会将 "nose" 读成 "no"。换句话说，他们是将一个单词的固定部分和根据语法而添加的部分区别对待，即便这两个部分拥有相同的发音。

同样有趣的是，这种语言障碍并不会摧毁全部的语法能力，也不会对语法的所有部分产生同等的影响。虽然语言受损的家族成员在变化时态、添加后缀等问题上存在困难，但他们并非无可救药，而只是比家族中的其他人更差一些而已。他们最常出现的毛病主要集中在词法和词形变化上，例如时态、人称和数量，其他方面则很少受到影响。举例而言，患者能够发现动词短语的错误，比如说"The nice girl gives"或"The girl eats a cookie to the boy"，他们也能听懂复杂的句子，并根据句子内容进行表演。我们已经知道基因是如何工作的，因此，如果单个基因与某种特定功能之间不存在对应关系，我们也不会感到奇怪。

到目前为止，我们已经找到了语法基因存在的间接证据，因为有些基因似乎会对处理语法的神经回路产生特定的影响。我们还不知道这个基因位于染色体的哪个位置，也不知道它会对大脑结构产生怎样的影响。不过，研究者已经开始对这个家族进行血液抽样，准备进行专门的遗传分析。此外，有人对另一些特定型语言障碍患者的大脑进行了扫描，结果发现，患者大脑的外侧裂周区缺乏正常人的不对称性。其他一些学者则开始对患者的语法能力和家族史进行更为仔细的检查，其中一些人觉得高普尼克的观点令人振奋，另一些人则将信将疑。他们试图弄清特定型语言障碍的遗传普遍性，以及这种疾病到底会引发哪些不同的症状。不出意外的话，你将在未来几年里看到不少来自神经学和遗传学的有趣发现。

语言的遗传与变异

在现代生物学中，只要谈到基因，就不得不说到变异。除了同卵双胞胎外，世界上没有两个人（准确地说，是两个有性生殖的人）拥有完全相同的基因。如果不是这样，所谓的进化就不可能发生。如果我们的身体里真的有语言基因，那么普通人的语言能力是不是存在天生的差异？真是这样的吗？在讨论语言发展的问题时，我是不是应该对所有内容都做出严格的限定，因为世界上没有任何人拥有相同的语言本能？

我们很容易因为遗传学家的发现而变得亢奋。的确，我们身上的许多基因都是独一无二的，就像指纹一样，但是，如果你翻开《格氏解剖学》（Grey's Anatomy）中的任何一页，你会发现，其实每个正常人的器官组织及其部件构成都是一样的，例如我们每个人都有一个含有四个空腔的心脏、一个肝脏，等等。面对这种看似矛盾的现象，生物人类学家约翰·图比和认知心理学家勒达·科斯米德斯提出了合理的解释。

图比和科斯米德斯认为，人与人之间的差异只是量的差异，而不能是质的不同，其原因就是两性繁殖。假如两个人的身体结构（无论是肺部结构这种生理设计还是神经系统这种认知回路）出自完全不同的设计方案，结果会是怎样呢？我们知道，人体这台复杂的机器需要许多精密的部件来构成，而这些部件的构造又依赖于大量的基因，但是，在生殖细胞的形成过程中，染色体是随机地剪裁、拼接和组合的，然后在受精过程中与另一个嵌合体进行配对。如果父母双方拥有完全不同的设计构造，那么他们各自遗传给后代的基因蓝图就根本无法配对，这就好像为了造出一辆新车而将任意两辆汽车的设计图进行裁剪、拼贴一样。如果这两辆汽车的设计图完全不同，比如说一辆是法拉利，一辆是吉普车，那么即便你可以把它们拼凑起来，这辆车也根本开不动。只有出于相同设计的机器才能进行拆装、组合，构成一台新的设备。

正因如此，遗传学家所说的变异其实只是一种微量的差异，这种差异被严格地限制在自然选择所允许的范围之内，即蛋白质分子序列的不同，而这些蛋白质的整体形状和功能都是基本一致的。此外，这种差异有着明确的目的：在每一代都将基因重排一遍，从而使种族的延续能够比病菌的进化更快一步，因为这些致病的微生物总是在不断地调整自己，企图更好地侵入宿主的化学环境。但是，如果我们不以病菌的眼光来看待这种差异，而是以解剖学家或心理学家的身份，从机体功能的宏观角度来考察这种差异，那么结论只有一个：人与人之间只存在量的小幅差异。正是拜自然选择所赐，我们每个正常人才没有质的区别。

但是，这并不是说个体差异就没有研究意义。遗传变异可以让我们了解心智的结构方式和精细程度。假如基因只是给心智配备了几台普通的信息处理设备，例如一个短期记忆装置和一台相关的侦测器，那么有些人可能会拥有比别人更好的记忆，或者在不经意间学到更多东西，但除此之外，人与人之间就没有什么区别了。然而，如果基因给心智装配了大量的精密部件，用以执行各式各样的具体任务，那么在"基因之手"的塑造下，我们每个人都会拥有一套与生俱来、独一无二的认知模式。

请看下面这段描述，它出自《科学》杂志刊载的一篇文章：

当奥斯卡·施托尔（Oskar Stöhr）和杰克·郁夫（Jack Yufe）来到明尼苏达大学，参加心理学家托马斯·布沙尔（Thomas J. Bouchard）的研究项目时，他们都穿着饰有肩章的蓝色双排扣衬衫，留着胡须，戴着金边眼镜。布沙尔的研究对象是分开抚养的同卵双胞胎，而奥斯卡和杰克就是这样一对兄弟，他们40多岁，大约在20年前曾经见过一面。奥斯卡在德国长大，是一位天主教徒，杰克则由他们的犹太父亲在特立尼达岛抚养长大。然而，这两个人的品味、性情却非常相似，他们的性子都很急，而且喜欢恶搞（都喜欢在电梯里打喷嚏来吓别人一跳）。

此外，他们在如厕前与如厕后都要冲一次马桶，喜欢在手腕上套橡皮筋，并且用黄油面包蘸咖啡。

许多人对这种奇闻逸事都表示怀疑。这只是一种巧合吗？是不是只要对任何两个人的生活习性进行足够细致的考察，我们都会发现一些相似的地方？显然不是。布沙尔和遗传学家 D. 莱肯（D. Lykken）、M. 麦基（M. McGue）、A. 特勒根（A. Tellegen）一次次地被分开抚养的同卵双胞胎身上的相似性所震惊，而这种相似性却从来不会出现在分开抚养的异卵双胞胎身上。例如，一对同卵双胞胎在初次见面时发现双方使用的都是"卫齿美康"（Vademecum）牌牙膏、"独木舟"（Canoe）牌刮胡水、"维坦丽思"（Vitalis）牌发油，以及"好彩"（Lucky Strike）牌香烟。见面之后，他们互寄给对方的生日礼物竟然也是相同的。还有一对同卵双胞胎姐妹都喜欢戴 7 个戒指，一对双胞胎兄弟正确地指出布沙尔的汽车应该换一个轴承。通过量化研究，学者已经发现了上百种类似案例，不但像智商、外向性、神经质这种一般特征具有一定的遗传性，就连一些特殊的倾向也是如此，例如宗教情怀、职业兴趣，以及对死刑、裁军或计算机音乐的看法。

　　难道真的有一个让人故意在电梯里打喷嚏的基因吗？恐怕没有，但也不需要有。同卵双胞胎拥有完全相同的基因，而不是只有一个基因相同。因此，是 5 万个基因的共同作用，才使一个人喜欢在电梯里打喷嚏吓人。同样，也是在 5 万个基因的共同作用下，一个人才会爱穿蓝色双排扣衬衫、使用"独木舟"牌刮胡水、戴 7 个戒指。为什么这样说呢？这是因为特定的基因与特定的心理特征之间并不存在直接关系。首先，一个基因无法构成一个单一的大脑模块。大脑就像是层层叠叠的蛋奶酥，每份基因产物都是其中的原料，它会对许多回路的各种性能产生复杂的影响。其次，单一的大脑模块无法产生某个特定的行为特征。大多数引人注意的行为特征，都是许多模块以独特的方式组合而成的结果。打个比方说，如果想成为一名篮球明星，一个人必须具备各项身体条件，如身高手大、善于瞄准、拥有良好的视野、肌肉爆发力强、肺活量大、肌腱富有弹性等。不过，虽然这些特征很可能都由遗传决定，但我们并不需要用一个篮球基因来解释这一切。虽然 NBA 赛场上飞奔的都是些在遗传上得天独厚之人，但绝大多数身材高大的人都在从事其他行业，他们虽然身形高大，却笨手笨脚。毋庸置疑，所有让人觉得有趣的行为特征都是如此，就像喜欢在电梯里打喷嚏一样，它不会比举起一个球往篮子里投的行为更加古怪。也许的确是某个基因复合体导致了"电梯里打喷嚏"的行为，但这个复合体很可能只是负责将以下 4 个回路正确地串联起来：大脑的"幽默"模块、对密闭空间的心理反应、对他人精神状态（焦虑或无聊）的敏感度，以及喷嚏反射。

　　到目前为止，还没有人研究过语言的遗传性差异，但我认为这种差异不会太大。我相信，对所有人来说，语言的基本设计——如 X- 杠规则、音位规则和词语结构——都是一致的，否则儿童如何学会说话，成人又如何理解对方？但是，语言回路的复杂性为量变提供了充分的空间，从而造就了一个个独一无二的语言特征。某些语言模块可能会发育不全，或者过度生长，某些通常不被察觉的语音、语义或者语法结构的表征可能更接近大脑的其他部位。此外，语言回路与智商或情绪的连接速度也可能有快有慢。

　　在这个世界上，有的人喜欢聊天，有的人善于说笑，有的人出口成诗，有的人油嘴滑舌，有的人言辞机警，有的人语言乏味，有的人文思泉涌，有的人口吐莲花，还有人像经常口误的斯普纳教授（Reverend Spooner）[①]、用词滑稽的马勒普太太（Mrs. Malaprop）[②]、大话连篇的国务卿亚历山大·黑格。我曾经测试过一位妇女和她十几岁的儿子，他们都能够从后往前倒着说话，而在每一个语言学课堂上，总有一名坐在后排的学生认为"Who do you believe the claim that John saw？"没有什么不对。我认为，在这些人背后，都有一个独一无二的基因组合。在1988—1992年，许多美国人觉得总统乔治·布什（George Bush）和副总统丹·奎尔（Dan Quayle）说起话来总是少一根筋。

> I am less interested in what the definition is. You might argue technically, are we in a recession or not. But when there's this kind of sluggishness and concern—definitions, heck with it.
>
> 　　我对定义不感兴趣。你可能会从理论层面来争论我们是不是在衰退。但如果已经出现了萧条和担忧，那就让定义见鬼去吧。
>
> I'm all for Lawrence Welk. Lawrence Welk is a wonderful man. He used to be, or was, or—wherever he is now, bless him.
>
> 　　我完全支持劳伦斯·威尔克。劳伦斯·威尔克非常优秀。他过去是，或者是，或者——无论他在哪儿，愿上帝保佑他。
>
> 　　　　　　　　　　　　　　　　　　　　　　　　　　——乔治·布什
>
> Hawaii has always been a very pivotal role in the Pacific. It is IN the Pacific. It is a part of the United States that is an island that is right here.
>
> 　　夏威夷在太平洋上的地位一直都非常重要。它在太平洋上。它是美国的一部分，一个就在这里的岛。
>
> [Speaking to the United Negro College Fund, whose motto is"A mind is a terrible thing to waste"]What a terrible thing to have lost one's mind. Or not to have a mind at all. How true that is.

---

① 威廉·阿奇博尔德·斯普纳(William Archibald Spooner, 1844—1930)，曾任牛津新学院院长和学监，他经常将单词首音误换位置，例如将"You have wasted the whole term"（你已经浪费了整个学期）说成"You have tasted the whole worm"（你已经品尝了整条虫子）。后来，这种首音误置现象被称为"斯普纳现象"（Spoonerism）。——译者注
② 爱尔兰剧作家谢里丹（Sheridan）在喜剧《情敌》（*The Rivals*）中所刻画的人物，以误用词语而出名。——译者注

（对黑人学院联合基金会的演讲，该基金会的口号："你的头脑不可浪费。"）失去头脑或者没有头脑真是一件可怕的事情，这真是太对了。

——丹·奎尔

但谁又知道是什么样的基因组合创造出下面这些语言天才的呢？

尤吉·贝拉（Yogi Berra）

如果人们不愿来棒球场看球，没有人会阻止他们。

观察，只需观察，就能洞悉很多。

棒球场上，你一无所知。

没有人再去那里了，因为那里人太多了。

不到最后，不算终结。

每年此时总是很早就变晚。

苏斯博士

我用"NUH"这个字母来拼写"Nutches"，

它们所住的洞穴名叫"Nitches"。

这些"Nutches"麻烦很多，其中有最大的一个，

那就是"Nutches"的数量要远远多过"Nitches"。

每只住在"Nitch"里的"Nutch"都知道另一只"Nutch"非常想跑进它的"Nitch"。

所以每一只住在"Nitch"里的"Nutch"都得看好自己的小"Nitch"，

否则没有"Nitches"的"Nutch"就会偷偷霸占它的"Nitch"。

弗拉基米尔·纳博科夫（Vladimir Nabokov）

洛丽塔，我的生命之光，我的欲念之火。我的罪恶，我的灵魂。洛——丽——塔：舌尖向上，分三步，从上颚往下轻轻落在牙齿上：洛、丽、塔。

马丁·路德·金（Martin Luther King, Jr.）

我梦想有一天，这个国家会站立起来，真正实现其信条的真谛："我们认为真理不言而喻，人人生而平等。"

我梦想有一天，在佐治亚的红山上，昔日奴隶的儿子将能够和昔日奴隶主的儿子坐在一起，共叙兄弟情谊。

我梦想有一天，甚至连密西西比州这个正义匿迹，压迫成风，如同沙漠般的地方，也将变成自由和正义的绿洲。

我梦想有一天，我的四个孩子将在一个不是以他们的肤色，而是以他们的品格优劣来评价他们的国度里生活。

莎士比亚

负载万物的大地，这一座美好的框架，只是一个不毛的荒岬；这个覆盖众生的苍穹，这一顶壮丽的帐幕，这个金黄色的火球点缀着的庄严的屋宇，只是一大堆污浊的瘴气的集合。人类是一件多么了不得的杰作！多么高贵的理性！多么伟大的力量！多么优美的仪表！多么文雅的举动！在行为上多么像一个天使！在智慧上多么像一个天神！宇宙的精华！万物的灵长！可是在我看来，这一个泥土塑成的生命算得了什么？

The Language Instinct

How
the Mind Creates
Language

10

人类语言的起源

人类语言就如同大象的鼻子，是自然界中一个非常独特的存在。黑猩猩是人类的近亲，但他们的语言能力远不及婴儿。语言并非产生于"大爆炸"，这只不过是一种错觉，因为我们那些懂一些语言的祖先都已灭绝了。人类语言已有 400 万年的进化历程，我们的语言能力是自然选择的结果。

大象的鼻子

　　大象的鼻子约有 1.8 米长，0.3 米厚，内含 6 万块肌肉。大象可以用鼻子将树连根拔起，把木材堆成一堆，或者将巨大的原木放到指定位置，以供建造桥梁之用。大象的鼻子可以卷起铅笔，在普通大小的白纸上作画。大象的鼻尖有两块突出的肌肉，可以用来拔掉身上的棘刺、捡起针头或者硬币、打开瓶子的瓶塞，或者抽出门闩、把笼子打开、再把门闩藏到窗台下面。大象也可以用鼻尖牢牢地握住一个杯子，但又不会将它挤碎。除了另一头大象之外，没有谁能够把这个杯子抢走。大象的鼻尖极其敏感，就算蒙上眼睛，大象也能够通过鼻尖的触摸来辨别物体的形状和质地。在野外，大象可以用鼻子将拔起的草团在膝盖上轻磕，以便打落草团上的泥土。它们也会用鼻子将树上的椰子摇落下来，或者将沙土喷洒到自己身上。走路时，它们会用鼻子探测地面，以免落入陷阱。它们也可以用鼻子挖出一口水井。大象可以在深水的河床上行走，或者像潜艇一样在水中潜游好几千米，用它们的鼻子作通气管。大象可以用鼻子发出各种声音——喇叭声、嘶鸣声、咆哮声、汽笛声、呼噜声、隆隆声，以及用鼻子敲打地面时发出的金属扭曲声，这些声音都是大象的交流方式。大象的鼻腔里分布着一些化学感受器，使它可以嗅出藏在草堆里的蟒蛇的气息，或者闻到一千米以外的食物的味道。

在当今自然界中，大象是唯一拥有这个非凡器官的动物。它们在地球上亲缘关系最近的动物是蹄兔，但这种哺乳动物长得一点儿也不像大象，而是和大个的豚鼠非常接近。在读到这段文字之前，你可能从来没有想过大象鼻子的独特性，也没有哪个生物学家会对它进行专门的研究。但是，我们不妨做一个假设：如果这些生物学家是大象，那会发生什么样的事情呢？他们想必会对象鼻的独特性备感兴趣，并追问它是如何进化而来的，因为没有其他任何生物拥有这种鼻子。某一派生物学家可能会设法缩小大象和其他动物之间的距离，他们会说，大象和蹄兔有 90% 的基因是相同的，因此大象并没有那么特别。他们还会表示，大象的鼻子并没有人们所想的那么复杂，它所包含的肌肉也许并没有那么多，只不过是算错了而已。他们还会进一步指出，蹄兔其实也是有"象鼻"的，但被我们忽视了，毕竟蹄兔也有鼻孔。虽然他们试图训练蹄兔用鼻子捡东西的努力归于失败，但有些人却得意地宣称，他们让蹄兔学会了用舌头推动牙签，而这与大象用鼻子堆放木材或在黑板上画画只是在程度上的不同而已。与此对照，另一个学派则会强调象鼻的特殊性，他们坚持认为，大象的祖先原本并没有象鼻，象鼻的出现是某次基因突变的结果。或者他们会说，象鼻是大象进化出硕大头颅的副产品。他们会提出另一个进化上的悖论：象鼻的结构过于复杂，协调性也过于完美，它远远超过了大象始祖的需要。

这些争论可能会让人不可思议，但其中的每个观点都是人类科学家在探讨语言这个为人类所独有的复杂器官时所发表的见解。我们将在本章中看到，乔姆斯基与他的理论死敌只在一个方面存在共识：人类所独有的语言本能似乎与达尔文的进化理论不能兼容。根据达尔文的理论，复杂的生物系统是多个世代的基因突变逐步累积的结果，这些随机发生的基因突变提高了生物体的繁殖成功率。因此，要么不存在语言本能，要么它就是以其他方式进化而来的。虽然我一直都在设法说服你相信语言是一种本能，但如果你选择相信达尔文而不相信我，我也不会见怪。而且，我想让你明白，你其实没有必要做这种选择。虽然我们对语言本能的进化过程知之甚少，但我们没有理由怀疑它与人类其他复杂本能或器官的进化有什么不同，它们都可以用达尔文的自然选择学说来进行解释。

黑猩猩的语言能力为什么远不如婴儿

　　人类语言与其他动物的交流系统有着明显的不同，就像大象的鼻子不同于其他动物的鼻子一样。动物的交流系统往往建立在以下三种设计之上：第一种是内容有限的叫声（例如对捕食者的到来发出警报或对自我领地的宣告）；第二种是连续的模拟信号，可以用来表示事件的状况等级（例如蜜蜂舞动得越起劲，表示蜜源越丰富）；第三种是自由变奏的旋律（例如有些鸟在每次鸣唱的时候都会在旋律上稍作改动，就像查理·帕克①在吹奏萨克斯）。我们前面已经说过，人类的语言有着截然不同的设计，它拥有一套被称为"语法"的离散组合规则，这使得人类语言具有无限性、数位性和构成性的特点。无限性是指任何一门语言所包含的复合词与句子的数量都是无限的；数位性是指语言中的离散元素是依据不同次序、不同方式组合在一起的，并由此实现语言的无限性，而并非像温度计中的水银一样只有单向度的变化；构成性是指语言的每一种组合都能表达特定的意义，而这种意义又可以根据其构成部分的意义以及相关的构成原则推测出来。

　　人类语言区在大脑中所处的位置也很特别。灵长类动物的叫声不是由它们的大脑皮质所控制，而是由脑干和大脑边缘系统中的神经组织所控制的。这些组织是大脑中较为古老的部分，主要负责情绪的发泄。人类非语言的发声行为，例如啜泣、大笑、呻吟或者痛苦地哀号，都是由皮质下中枢所控制的。皮质下的神经组织也控制着我们在被锤子砸到拇指时所发出的咒骂（这种咒骂也是"图雷特综合征"的一种不自主的行为表现），以及布洛卡氏失语症患者所仅有的、可以流利表达的语言。我们在上一章已经了解到，真正的语言区坐落于大脑皮质，主要位于左脑的外侧裂周区。

　　一些心理学家认为，人类在语言上的进化仅仅表现为发声器官的变化，以及制造、感知语音的神经回路的改变。根据这种观点，世界上的所有动物都拥有某些一般性的学习能力，而人类在这方面表现得最为优秀。语言是在某个特定的历史阶段被发明出来的，并得到不断地改进。从那时起，我们就一直在学习语言。

---

① 查理·帕克（Charlie Parker），美国黑人萨克斯演奏家，擅长在复杂的旋律中加入即兴的成分，绰号"大鸟"（Bird）。——译者注

这种观点的意思是：某一物种的特异行为，是源自这一物种的生理构造和一般智力。这就像加里·拉森（Gary Larson）在他的连环漫画《月球背面》（Far Side）中所描绘的一个场景：两头熊躲在一棵大树后面，不远处，一对夫妻躺在毯子上晒太阳。一头熊对它的同伴说："拜托！你看看我们的牙齿，再看看我们的爪子，你觉得我们是只吃蜂蜜和浆果的动物吗？"

根据这种理论，黑猩猩是动物界中仅次于人类的学习者，因此它们也应该能够学会语言，尽管只是简单的语言，而它们所缺的就是一位好老师。在 20 世纪三四十年代，有两对心理学家夫妇曾经收养过小黑猩猩。他们将这些刚出生的黑猩猩当作家庭成员，教会了它们穿衣服、上厕所、刷牙和洗碗。其中一只名叫"古娃"（Gua）的黑猩猩是和一个同龄的男孩一起成长的，但它最终没能学会说话。而另一只黑猩猩"维基"（Viki）接受了艰苦的语言训练，它的主人试图通过矫正它的唇形和舌位来教它说话。经过反复的练习，它终于可以借助自己的双手，模糊地发出"papa"（爸爸）、"mama"（妈妈）和"cup"（杯子）这三个音，不过，一旦它兴奋起来，就很容易把这几个单词弄混。这只黑猩猩也能对一些固定的指令做出回应，例如"Kiss me"（亲我一下）、"Bring me the dog"（把这只狗给我），但如果将这两个指令的内容进行组合，比如说"Kiss the dog"（亲这只狗），它就不知所措了。

不过，和人类的幼儿相比，古娃和维基显得有些吃亏。它们的发音部位并非为人类语言而设，因此它们无法自如地控制发音。从 20 世纪 60 年代末开始，出现了几个著名的研究项目，这些项目的研究人员宣称他们借助更为"猩"化的媒介，教会了小黑猩猩使用语言（研究人员之所以选择小黑猩猩，是因为成年黑猩猩与电视里穿着背带裤、扮演小丑的黑猩猩不同，它们是一种异常凶猛的动物，曾经咬断过好几位知名心理学家的手指）。"莎拉"（Sarah）学会了将塑料图卡在黑板上进行排列，以表达意思。"拉娜"（Lana）和"坎齐"（Kanzi）学会了按动贴有符号的计算机键盘，或者在电子书写板上指出这些符号。据说"瓦苏"（Washoe）和"可可"（Koko，一只大猩猩）掌握了美国手语。据它们的训练者描述，这些猩猩学会了上百个单词，并能够将它们组合成有意义的句子，或者创造出新的短语。例如用"water bird"（水鸟）代表"天鹅"，用"cookie rock"（饼干石头）代表"变质的曲奇饼"。可可的训练者弗朗辛·帕特森（Francine Patterson）宣称："语言已不再为人类所独有。"

这些声明迅速激发了公众的想象力，也成为科普书籍、新闻杂志和电视节目竞相报道的对象。例如《国家地理》（*National Geographic*）、《新星》（*Nova*）、《60分钟》（*Sixty Minutes*）和《20/20》都对此做了专门的介绍。看起来，这些研究不但实现了人类想与动物对话的古老愿望，而且，一张美女和猩猩促膝谈心的照片也足以唤起人们对"美女与野兽"的遐想，这成为大众媒体不可多得的卖点。因此，《人物》（*People*）、《生活》（*Life*）以及《阁楼》（*Penthouse*）等娱乐杂志纷纷将它们作为封面故事，还有人将它们改编成一部低劣的电影《猩猩，情人，我》（*Animal Behavior*），由霍莉·亨特（Holly Hunter）领衔主演。百事可乐公司也曾以此为素材拍摄了一则知名的广告。

许多科学家也变得兴奋起来。他们将这些研究成果看成是消除人类沙文主义的有益良方。我看过不少科普文章，它们将黑猩猩的语言学习标榜为本世纪最重要的科学发现之一。最近，在一本广为征引的书中，卡尔·萨根（Carl Sagan）和安·德鲁扬（Ann Druyan）将猿类动物的语言实验视作一个警告，它足以让我们重新评估人类在大自然中的地位。

如果我们的目的是主宰一切动物，强迫它们为我们工作，穿它们的皮，吃它们的肉，同时又不感到一丝愧疚或者不安，那么我们就必须在人类与动物之间划下一道严格的界线。我们可以心安理得地让任何一个物种走向灭绝——截至目前，地球上每天有100个物种因为人类而灭绝。对我们而言，它们的损失没有任何意义。我们告诉自己：这些生物和我们不一样。可见，正是这道不可逾越的鸿沟使人类的自负心理过度膨胀。但是，像猴子或猩猩这些生灵难道就没有值得骄傲之处吗？难道我们不应该欣然接受自己与"莎拉""拉娜""坎齐"之间所存在的联系？那些猕猴，它们宁愿自己挨饿也不愿通过伤害同伴来获利。如果我们的道德观念能够达到它们的高度，我们对人类的未来还有什么可担心的呢？因此，从这一点来看，我们应该如何评判我们对待猴子和猩猩的态度呢？

这段文字充满善意，但它的推理却完全错误，只有不懂生物学的作家才能写出这样的文章。我们之所以拯救其他物种，如果只是因为我们觉得它们和自己有相似之处，或者只是因为它们看起来像个好人，这难道就是一种"谦逊"的做法吗？那么，面对那些生性凶残、自私自利的动物，那些不会让我们想到自己或自我形象的物种，我们是否就可以二话不说，将它们赶尽杀绝？如果萨根和德鲁扬是因为猩猩能够学会语言，才主张人类应该平等地对待猩猩，那他们就不是猩猩的朋友。和许多作者一样，他们都过于轻信那些训练者的话了。

和动物长期相处的人很容易高估动物的沟通能力，我的祖母贝拉（Bella）就坚持认为她的暹罗猫"鲁斯蒂"（Rusty）能够听懂英语。其实，猩猩训练者的许多说法也科学不到哪里去。大多数训练者接受的都是斯金纳的行为主义学说，对语言研究一窍不通。他们过分看重小黑猩猩和人类幼儿之间的某些相似表现，进而宣称二者的能力也基本相同。过度兴奋的训练者越过科学家的头顶，迫不及待地在《今夜秀》（Tonight Show）、《国家地理》等电视节目上展示他们的惊人成果，尤其是帕特森，她找了各种借口为可可的拙劣表演进行维护，说它喜欢双关语、说笑话、打比方，或者淘气地撒谎。通常，训练者宣称他们的猩猩所具有的能力越强，他们提供给科学家进行验证的资料就越少。大多数训练者都拒绝将自己的原始资料与他人分享，瓦苏的训练者艾伦·加德纳（Alan Gardner）和他的妻子比阿特丽斯（Beatrice）曾经扬言要起诉另一位研究者，因为他在一篇重要的科学论文中使用了他们所拍电影中的几个画面（这是他唯一能够获得的原始资料）。这位研究者名叫赫伯特·特勒斯（Herbert Terrance），他和心理学家劳拉·佩蒂妥、理查德·桑德斯（Richard Sanders）、汤姆·贝弗（Tom Bever）试图让一只与瓦苏有亲戚关系的黑猩猩学会美国手语，并把这只黑猩猩叫作"尼姆·奇姆斯基"（Nim Chimpsky）[①]。他们仔细地记录、分析尼姆的各种手势，佩蒂妥与心理学家马克·赛登伯格（Mark Seidenberg）还考察了有关的录像资料，以及其他"手语"猩猩的相关数据，这些猩猩和尼姆的能力不相上下。最近，乔尔·沃尔曼（Joel Wallman）写了一部书，专门讲述这个研究项目的历史，名叫《猩猩学语》（Aping Language）。他们的调查证明了一个事实：不要相信《今夜

① 借以嘲笑语言学家诺姆·乔姆斯基（Noam Chomsky）。——译者注

秀》上的任何说法。

首先，这些猩猩其实并没有学会美国手语。之所以有人会得出这个荒谬的结论，是因为他们将美国手语错误地理解为一套由手势、比画构成的简单系统。事实上，美国手语是一门完备的语言，它包含复杂的音系、词法和句法。那些猩猩打出的手势根本不是美国手语。在瓦苏的训练团队中，有一位懂得手语的失聪者，他后来向外界坦承：

> 黑猩猩每做一个手势，我们都要在日志中把它记录下来……他们总是抱怨我没有记录下足够多的手势。所有听力正常的人都交出了长长的日志，里面包含了大量手势。他们看到的手势总是比我多……我观察得非常仔细，猩猩的手一直在不停地动。也许我忽略了什么，但我并不这样认为。我的确没有看到任何手势。听力正常的人把黑猩猩的每个动作都当成手势。每当猩猩把手指放进嘴里，他们就说："哦，它做的是'喝'的手势。"于是，他们就给它一些牛奶……当猩猩给自己搔痒的时候，他们就把这个动作当成"搔痒"的手势……当猩猩伸手去抓某个东西的时候，他们就说："哦，太神奇了！你看，这就是美国手语中的'给'。"但这其实不是。

为了让黑猩猩的词语量能够突破 100 个，观察者还会将它伸出手指的动作翻译成"你"，拥抱的动作翻译成"抱"，采摘果实的动作翻译成"摘"，挠痒的动作翻译成"挠"，亲吻的动作翻译成"吻"。很多时候，同一个动作会被翻译成不同的"单词"，因为不同的观察者对这个动作会有不同理解。在黑猩猩与计算机进行互动的实验中，黑猩猩用来启动计算机的按键被翻译成了"请"。佩蒂妥推测，如果用更为严格的标准来衡量，黑猩猩的单词量只有 25 个左右，而不是 125 个。

事实上，黑猩猩的这些动作比训练者所宣扬的要有趣得多。珍·古道尔（Jane Goodall）曾经考察过这个研究项目，她告诉特勒斯和佩蒂妥，尼姆所做的每个"手语"她在野生黑猩猩身上都见到过。这些黑猩猩天生就懂得依靠手势来进行交流，而并非学会了美国手语，掌握了一套固定的手型、动作、位置和方向的语音结构。在动物训练方面，这其实是一种普遍现象。凯勒·布里兰（Keller Breland）和他的妻子玛丽安（Marian）都是斯金纳的学生，这对夫妻非常具有商业头脑，他们将斯金纳针对老鼠和鸽子所采用的行为塑造法运用到马戏团的动物训练上，这为他们带来了可观的收益。布里兰夫妇将自己的经验写成了一篇著名的论文，题目是《有机体的不当行为》（ *The Misbehavior of Organisms* ），以打趣斯金纳的著作《有机体的行为》（ *The Behavior of Organisms* ）。经过他们的训练，动物学会了将筹码塞入自动点唱机或者售货机，以换取食物作为奖励。不过，虽然训练方案完全一样，但不同的动物在摆弄筹码时都会表现出自己的本能行为：小鸡用嘴巴啄，猪用鼻子拱，浣熊则会对筹码进行搓洗。

我们在黑猩猩身上看不到一星半点的语法能力。它们的手势并没有形成像美国手语那样意义明确的动作模式，也没有表现出语体、一致性等方面的屈折变化。这种缺失是不容忽视的，因为屈折变化是美国手语的一个主要方面，它可以传达到底是"谁对谁做了什么"以及其他许多信息。训练者常常宣称自己的黑猩猩懂得句法，因为它们将某几组手势放在一起来做的概率有时要高于随机的概率。而且，有些更加聪明的猩猩能够将 "Would you please carry the cooler to Penny"（你能将这杯冷饮拿给佩妮吗）的意思演示出来。但是，还记得我们说过的"洛伯纳大奖赛"吗？在那个大赛中，设计精巧的计算机可以模拟人类的聊天对象。事实证明，人类很容易遭受愚弄，认为他们的对话者具有和人类一样的语言天赋。即便忽略 "would" "you" "please" "carry" "the" "to" 这些符号，黑猩猩也能明白这个句子的意思，它只要注意 "cooler"（冷饮）和 "Penny"（佩妮）这两个名词的顺序就行了。而且在许多测试中，黑猩猩连这一点都不必做到，因为对黑猩猩来说，将冷饮拿给一个人是更为自然的做法，而非将一个人拿给冷饮。确实，有些黑猩猩在执行命令方面要比两岁的孩子更加优秀，但这更多地是因为秉性，而非语法。这些猩猩接受过大量的训练，而两岁的孩子就只是两岁的孩子。

在自发的语言表达方面，黑猩猩根本不能与幼儿相比。即便经过多年的强化训练，黑猩猩的"句子"长度都不会有什么变化。然而，只要接触到其他说话者，幼儿的句子长度就会像火箭一样直线飙升。我们前面举过一个两岁孩子的例子，他可以说出 "Look at that train Ursula brought" "We going turn light on so you can't see" 这样的句子。但是，接受过语言训练的黑猩猩通常只能表达出下面的句子：

Nim eat Nim eat.

　　尼姆吃尼姆吃。

Drink eat me Nim.

　　喝吃我尼姆。

Me gum me gum.

　　我口香糖我口香糖。

Tickle me Nim play.

　　挠我尼姆玩。

Me eat me eat.

　　我吃我吃。

Me banana you banana me you give.

　　我香蕉你香蕉我你给。

You me banana me banana you.

　　你我香蕉我香蕉你。

Banana me me me eat.

　　香蕉我我我吃。

Give orange me give eat orange me eat orange give me eat orange give me you.

　　给橘子我给吃橘子我吃橘子给我吃橘子给我你。

　　这些杂言乱语与孩子的句子有着天壤之别。当然，如果长时间地观察，我们也能在猩猩的手势中发现某些具有意义的随机组合，例如"water bird"（水鸟）。但是，黑猩猩的这些手势其实非常类似于野生动物的行为表现。动物学家 E.O. 威尔逊（E. O. Wilson）曾经对动物的交流行为进行过总结，他提到动物交流的一个最为显著的特征，即"无谓的重复"。

　　即使将词语、音系、词法和句法等因素抛开，我们也只能从黑猩猩的手势中读出一个显而易见的结果：它们根本不懂语言。黑猩猩知道训练者希望它们做出手势，而且做了手势就能得到奖励。但是，它们骨子里根本不知道什么是语言，以及如何使用语言。它们不会用这些手势进行你来我往的交流，而是随着自己的搭档一起比比画画。它们的手势常常打在身体的一侧，或者打在桌子底下，而非像标准手语那样打在胸前。黑猩猩也喜欢用脚来打手势，但没有人因为它们的生理优势而责怪它们。黑猩猩很少自发地打出手势，它们必须接受强制性的训练。它们打出的许多"句子"，特别是那些表现出某种词序的"句子"，只不过是对训练者所打手语的直接模仿，或者是对已经训练过几千次的手语规则的小小变动。它们甚至不能明白特定的手势代表的是特定的物体。多数时候，黑猩猩打出的"物体"手势往往可以指代与这个物体相关的任何场景、任何方面。例如，"toothbrush"可以指"牙刷""牙膏""刷牙""我想要牙刷"或者"上床时间到了"。"juice"可以指"果汁""放果汁的地方"或者"带我去放果汁的地方"。我们在第4章提到过埃伦·马克曼（Ellen Markman）的实验，在实验中，孩子会使用"主题"联想的方法来对图片进行分类，但在学习单词词义时，他们就会忽略主题。对他们来说，"dax"可以是一只狗或者另一只狗，但绝不可能是一只狗或者一个骨头。此外，黑猩猩很少对有趣的东西或者行为发表评论，几乎所有的手势都是用来表示自己的需求，通常是食物或者挠痒。这让我不由得想起我两岁大的侄女伊娃（Eva），从她身上我们可以看到幼儿与黑猩猩在心智上的明显区别：一天晚上，我们全家坐车在高速公路上行驶，当大人们的聊天逐渐停止时，从后座传来一个稚嫩的声音——"粉红色"。我顺着她的眼光看去，发现在几千米之外的地平线上立着一块粉红色的霓虹灯。她只是对霓虹灯的颜色发表评论而已，并没有其他目的。

在心理学领域，有关"猩猩学语"的闹剧都已成为往事。尼姆的训练者特勒斯已经从一个支持者转变为揭发者。莎拉的训练者大卫·普瑞马克（David Premack）并没有说莎拉学会的是人类语言，他只是以符号系统为工具来探究黑猩猩的认知心理。加德纳夫妇（瓦苏的训练者）和帕特森（可可的训练者）远离学术圈已有十年之久。目前，只有一个研究团队还在宣称猩猩能够学会语言。休·萨维奇-伦堡（Sue Savage-Rumbaugh）和杜安·伦堡（Duane Rumbaugh）曾经承认他们的黑猩猩并没有学到什么东西，但他们现在表示有一种黑猩猩能够学得更好。黑猩猩生活于西非大陆上的6片像孤岛一样相互隔离的森林中，因此，不同片区的黑猩猩在数百万年的进化过程中不断分化，以至于其中的某些群体可以被看成是另一个种类的猩猩。大多数接受训练的是"普通黑猩猩"，而坎齐则是一只"倭黑猩猩"，它学会了在电子书写板上点击视觉符号。萨维奇-伦堡认为，坎齐在符号的学习和口头语言的理解方面表现得非常出色。为什么它会比普通黑猩猩更为优秀，个中原因尚未明了，但与媒体的报道相反的是，倭黑猩猩与人类的亲缘关系并不比普通黑猩猩与人类的关系要近。据说，坎齐是在没有接受专门训练的情况下学会这些图形符号的，不过，在它母亲艰难地学习这些符号时，它曾经跟在身边旁听。此外，他们还宣称坎齐学习符号的目的不只是满足需求，它还有别的目的，不过这种情况并不多，最多占到4%。他们还说坎齐能够使用由3个符号组成的"句子"，但这些"句子"只是缺少内部结构的固定搭配，而且也并没有真正包含3个符号。这些所谓的"句子"只不过是先指出"追"的符号，再指出"藏"的符号，然后再指向要和坎齐玩捉迷藏的那个人。客气地说，坎齐的语言能力只比普通黑猩猩高出那么一丁点儿，仅此而已。

具有讽刺意味的是，这些研究原本是打算将人类从自然顶端的位置拉下几个台阶，但它采取的形式却是强制其他物种模仿我们本能的交流行为，或者模仿我们所发明的其他交流模式，似乎这样就可以衡量出它们在大自然中的地位。黑猩猩无须为它们的抵触和拒绝感到羞愧，如果让人类接受训练，模仿黑猩猩的嘶吼尖叫，结果也不会好到哪里去。这种研究和上述研究一样，都没有多少科学意义。事实上，如果我们认为其他物种需要我们的干预才能表现出某种有用的能力，这才是一种自大的心理，就好比认为鸟儿需要接受人类的教育才能学会飞翔一样。

语言能力"大爆炸"只是一种错觉

所以说，人类语言与动物的交流方式有着天壤之别。可是这有什么关系呢？达尔文不是坚持认为生物的进化是渐进式的吗？因此，有人认为我们根本没有必要对黑猩猩的行为做详细的考察，它们一定拥有某种形式的语言，这是一个原则问题。伊丽莎白·贝茨（Elizabeth Bates）是乔姆斯基语言学的猛烈抨击者，她这样写道：

> 如果语言的基本结构原则不是通过学习而获得的（自下而上），也并非是派生而来的（自上而下），那么对于它的存在，我们只剩下两种可能的解释：如果普遍语法不是造物主亲手所赐，那人类一定经历过一次史无前例的突变，它相当于一次"认知大爆炸"……我们不得不抛弃近30年来以生成语言学为代表的极端主张，即认为语言是间断式进化的结果。我们必

须在自己与其他物种所共享的心智材料中寻找符号和句法的藏身之所。

但事实上，如果人类语言在当今的动物界里真的是独一无二的，那么刻意用达尔文的理论来解释它的进化过程就显得多此一举。现代人类所独有的语言本能，其实就像现代大象所独有的象鼻，这并非不可理喻之物。这里面没有矛盾，没有造物主，也没有大爆炸。现代进化生物学家对一个事实感到既好笑又好气：尽管大多数受过教育的人都宣称自己相信达尔文的进化理论，但他们相信的其实是一个经过改造的神学观点，即"伟大的存在之链"（Great Chain of Being）。这种观点认为，所有物种都是按照自身等级依次排列在一根链条之上的，人类则位于链条的顶端。根据这种观点，达尔文的贡献不过是揭示了这个链条形成的原因，即每个物种都是从位于它下方的物种进化而来的，而不由上帝来分派位置。许多人还依稀记得高中所学的生物知识，即由"原始"到"现代"的进化之旅，因此他们轻易地得出结论：变形虫进化成海绵、海绵进化成水母、水母进化成扁形虫、扁形虫进化成鳟鱼、鳟鱼进化成青蛙、青蛙进化成蜥蜴、蜥蜴进化成恐龙、恐龙进化成食蚁兽、食蚁兽进化成猴子、猴子进化成黑猩猩、黑猩猩进化成人类（见图 10-1，为简短起见，我省略了一些中间环节）。

变形虫
｜
海绵
｜
水母
｜
扁形虫
｜
鳟鱼
｜
青蛙
｜
蜥蜴
｜
恐龙
｜
食蚁兽
｜
猴子
｜
黑猩猩
｜
智人

图 10-1　错误的进化之梯

于是，这里就出现了一个悖论：人类拥有语言，但它的"邻居"却没有任何形式的语言。我们期待的是一个渐变的过程，但看到的却是大爆炸。

但是，进化并不是楼梯，而是一棵大树。我们不是从黑猩猩进化而来的，我们和黑猩猩源自同一个祖先，而这种动物已灭绝于世。同样，人类和黑猩猩的共祖也不是从猴子进化而来的，它和猴子一道，来自一种更为古老的动物，这种动物也已经消亡。由此上溯，我们可以为所有物种找到一个共同的祖先，即某种单细胞生物。古生物学家因此开玩笑说，"大体上说，所有的物种都已经灭绝了（一般估计为 99%）"。生活在我们周围的各种生物并不是我们的祖先，而是我们的远房亲戚。它们只是一棵大树上的细枝末叶，而这棵大树的枝杈和躯干都已不复存在。图 10-2 是这棵大树的简化图。

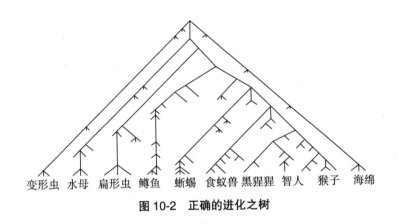

图 10-2　正确的进化之树

如果将人类所在的分支放大，我们会看到黑猩猩其实是位于一个独立的亚分支上，而不是位于我们的上端。

我们也可以看到，语言很可能是在图 10-3 中箭头所指的位置开始出现，也就是说，语言的产生是人类和黑猩猩分道扬镳之后的事情。这导致的结果是，黑猩猩没有语言，而人类却拥有 500 万 ~ 700 万年的时间来逐步进化自己的语言。事实上，我们应该把镜头进一步放大，因为物种与物种不会交配繁衍，产生新的物种。只有生物体才会相互交配，产生后代。物种只不过是谱系树上某段枝杈的代称，而这棵大树实际上是由一个个生物体所组成的，例如某只大猩猩、黑猩猩、南方古猿，或者某个直立人、古代智人、尼安德特人、现代智人。

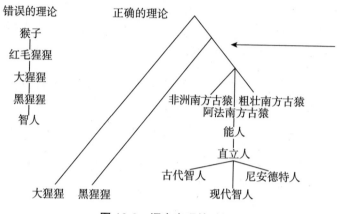

图 10-3　语言出现的时间

　　所以说，如果最早的语言能力是出现在图 10-3 中箭头所指的位置，那么大致经过了 35 万代的世系繁衍，这种能力才成熟到现在的普遍语法的程度。由此可知，即便现存的其他物种（包括我们最近的亲戚黑猩猩）都没有语言，语言的进化也可以是一个逐步发展的过程。地球上曾经存在过大量拥有"中等"语言能力的生物，只不过它们都灭绝了。

　　我们还可以换个角度来思考这个问题。在当今动物界中，黑猩猩是与人类最为接近的物种，因此人们很容易遽下结论，认为它们至少也应该拥有一些原始的语言能力。但是，进化之树是由生物个体的交配繁衍所构成的，而非物种间的分合交替，因此，所谓的"与人类最为接近的物种"没有什么实质性的意义。我们与哪个物种的关系最为接近，完全取决于一个偶然的因素，即物种的灭绝情况。让我们沿着这个思路推导下去：假如人类学家在某个与世隔绝的高地发现了一个现存于世的"能人"群落，那么在当今自然界中，"能人"就是与我们关系最近的亲戚，这样的话，黑猩猩身上背负的压力是不是就能减轻一些呢？它们是否拥有语言能力是不是就变成了一个无关紧要的问题了？反过来说，假如几千年前的一场瘟疫葬送了所有猿类动物的生命，那么我们是不是非要证明猴子也拥有语言，才能避免达尔文的进化学说面临危险？如果你的答案倾向于"是"，那我们不妨再做进一步的假设：假设在过去的某个时期，有一批外星人突然对灵长类动物的皮毛产生了狂热的爱好，于是他们猎杀了所有的灵长类动物，除了无毛的人类。这样一来，是不是像刺猬这样以昆虫为食的动物也必须肩负起"拥有语言"的重担呢？如果这批外星人捕杀了所有的哺乳动物，或者吃掉了所有的脊椎动物，唯独放过了人类（也许是因为他们喜欢观看我们无意中向太空播放的情景喜剧），那么我们是否应该去寻找能够开口说话的海星，或者在与海参所共享的心智材料中寻找句法的藏身之所呢（见图 10-4）?

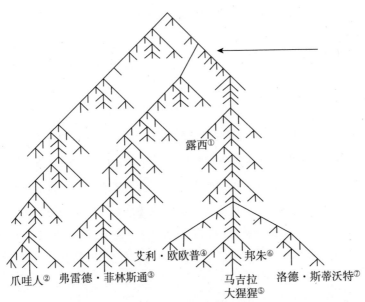

图 10-4　亲缘关系

① 露西（Lucy），1974 年在埃塞俄比亚发现的一具阿法南方古猿的化石。露西生活的年代是 320 万年之前，是目前所知人类的最早祖先。——译者注
② 爪哇人（Java Man），1890—1892 年在中爪哇梭罗河边相继发现的晚期猿人化石，是最早发现的直立人化石。——译者注
③ 弗雷德·菲林斯通（Fred Flintstone），美国动画片《摩登原始人》（*The Flintstones*）中的男主人公。
④ 艾利·欧欧普（Alley Oop），科幻小说《戈勃林禁区》（*The Goblin Reservation*）中的角色，是一个被带到未来的"现在"的尼安德特人。——译者注
⑤ 马吉拉大猩猩（Magilla Gorilla），美国同名经典动画片中的主人公。——译者注
⑥ 邦朱（Bonzo），电影《君子红颜》（*Bedtime for Bonzo*）中的一只黑猩猩。——译者注
⑦ 洛德·斯蒂沃特（Rod Stewart），英国著名摇滚歌手，以独特的形象与嗓音闻名乐坛。——译者注

显然不必，无论是我们的大脑、黑猩猩的大脑，还是食蚁兽的大脑，它们所拥有的能力完全取决于各自的神经回路，这种神经回路不会因为另一个大陆上某个物种的生存或灭绝而发生改变。上面这些假设性推论告诉我们，达尔文强调的渐进式进化针对的是生物个体的世代延续，而非现存物种之间的直线关系。我们下面将要谈到，只会咕哝乱叫的古猿不可能生出懂得英语或者奇温久语的婴儿，但它也不必这样做，因为它可以通过几十万代的世系繁衍来逐步形成这种能力。要确定语言的起源时间，我们必须观察人类、观察动物，并记录下观察结果，而不能抱着物种连续性的观念不放，脱离实际地空想答案。

廓清"进化之树"和"进化之梯"的问题，也可以让我们终止一场既无聊且无果的争论，即什么样的语言才有资格称为真正的语言。争论的一方认为，人类的语言拥有一系列特征，这些特征在其他动物身上完全看不到，如指涉性、符号的相对独立性、创造性、语音知觉的范畴性以及词序的一致性、层级性、无限性和递归性，等等。另一方则极力在动物界中寻找反例（例如虎皮鹦鹉能够区分语音，海豚和鹦鹉在执行命令的时候会留意词序，某些鸟儿可以不重复地唱出无数段旋律），然后得意地宣称人类独特性的藩篱已被打破。但是，独特性阵营并不买账，他们着重强调人类语言的其他特征，或是为人类语言添加新的特征。这种做法让他们的对手恼羞成怒，认为他们是在躲躲藏藏、转移目标。要明白这样的争论是多么愚蠢，你只要想象一场关于扁形虫是否拥有"真正视觉"的争论，或者一场关于苍蝇是否拥有"真正的手"的争论就可以得到结果。难道一定要有虹膜才算眼睛？一定要有睫毛才算眼睛？一定要有指甲才算手？谁在乎这些问题呢？这样的争论是词典编纂家的事，与科学家无关。柏拉图曾经把"人"定义为"没有羽毛的两足动物"，结果第欧根尼（Diogenes）把一只鸡的羽毛拔光，拎给柏拉图看。这两人的争论完全与生物学无关。

这一切问题的根源在于，我们错误地在"进化之梯"的中间画下了一道界线，位于界线之上的物种被认为具有某种值得炫耀的特征，而界线之下的物种则没有这种特征。但是，在生命的谱系树中，眼睛、双手以及语言能力等特征是可以在任何一个分枝上出现的，也可以在不同的时期出现在不同的分枝上，其中一些特征延续到人类身上，另一些特征则没有。这里涉及一个非常重要的科学问题，不过，这个问题关注的不是哪一个物种是否拥有某种真正的特征，也不是这种特征是否是拙劣的模仿或低级的伪造，这个问题关注的是这些特征之间的相互关系。

生物学家对生物器官的两种相似性做了区分。一种是"同功"（analogous），它指的是一些器官虽然具有类似的功能，但分别源自进化之树的不同分枝，因此这些器官从本质上说并非"同一器官"。教科书上经常拿鸟类的翅膀和蜜蜂的翅膀来做例子。它们都是飞行器官，而且在某些方面非常相似，因为任何一种飞行器官都必须采用类似的构造。但是，它们是各自独立进化而来的，除了满足飞行的功能外，没有其他共同之处。而另一种"同源"（homologous）器官则相反，也许它们在功能上有所差别，但都源自一个共同的祖先，因此具有某种共同的结构，以表明它们是"同一器官"。例如蝙蝠的翅膀、马的前腿、海豹的鳍状肢、鼹鼠的爪子以及人类的手，它们虽然功能千差万别，但都是由哺乳动物始祖的前肢进化而来的，因此它们共同拥有一些"非功能性"特征，例如相同的骨骼数量和相同的连接方式。要区分同功与同源，生物学家通常会考察器官的整体结构，并着眼于其中最没有实用价值的特征，因为实用的特征很可能是由不同的分枝进化而来的，分类学家将这种具有迷惑性的现象称为"趋同进化"（convergent evolution）。我们之所以推断蝙蝠的翅膀其实是手，是因为我们可以观察到它的腕部构造，并数出其中的手指关节。而且，如果大自然真的想打造出一对翅膀的话，它完全可以采用其他的方法。

由此便产生了一个有趣的问题：人类语言是否与当今动物界中的某个器官具有"同源性"，即在生物学上属于"同一器官"呢？要明确这一点，仅仅依靠语序排列的相似性是毫无意义的，特别是这种相似性出现于和人类相隔遥远且并无渊源关系的某段分枝上（比如说鸟类）。就关系而言，灵长类动物和我们最为接近，但那些猩猩训练者及其支持者却弄错了规则。假设他们最终实现了梦想，一些黑猩猩真的学会了手语，并可以自发地用它来组词造句、传情达意、描绘事物，这是否能说明人类的语言能力是由猩猩学习手语的能力进化而来的呢？显然不能，这就像海鸥的翅膀并非从蚊子的翅膀进化而来一样。如果黑猩猩的符号系统和人类语言有什么相似之处，那也不是源自某个共同祖先的遗产。黑猩猩的符号系统出自科学家的精心设计，实验中的黑猩猩之所以去学习它，是因为这套系统可以给它们带来眼前的利益。要检验二者的同源性，我们必须找到一些标志性特征，这种特征既出现在猿类的符号系统中，也出现在人类的语言中，而且，这些特征对于交流而言并非不可或缺，因此它可以出现两次，一次出现在人类的进化历程中，一次出现在心理学家训练猩猩的实验室里。我们可以在语言的发展过程中寻找这些特征，看看猿类是否像人类一样有着标准的学习进程，从咿呀学语，到独词句阶段，再到双词句阶段，再到语法爆炸阶段。我们也可以检视语法的发展过程，看看猿类是否会发明或者偏爱词类范畴、屈折变化、X- 杠句法、词根词干、改变句中助动词的位置以形成问句，以及人类普遍语法所拥有的其他特征。这些特征并不抽象，我们很容易就能识别出来。例如，当语言学家第一次接触美国手语或者克里奥尔语时，就能立刻识别出这些特征。此外，我们还可以借助神经解剖学，检查猿类的左脑外侧裂周区的功能部位，看看是否语法位于较前的区域，而词语位于靠后的区域。自 19 世纪以来，这一系列检查都已成为生物学的常规手段，但从来没有人将其应用于黑猩猩的"手语"研究，虽然我们大致也能猜到最终的答案。

从 0 到 1，语言的进化

我们说语言是在人类与黑猩猩分道扬镳之后才开始出现的，这个假说有多少合理性呢？菲利普·利伯曼（Philip Lieberman）认为没有多少。这位科学家坚信，语言的进化只表现为声道构造和语音控制的逐步改良，而非语法模块的生成。他说："达尔文的自然选择理论告诉我们，进化表现为一种小规模的渐进式积累，以加强某个特定模块的现有功能，因此从逻辑上说，'新'模块是不可能进化出来的。"目前看来，这个观点和事实完全不符。人类是从某种单细胞祖先进化而来的，这个单细胞祖先没有手、没有脚、没有心脏、没有眼睛，也没有肝脏。因此从逻辑上说，眼睛和肝脏也是不可能进化出来的。

这个观点的错误在于，虽然自然选择表现为一种以增强功能为目的的渐进式积累，但这种增强并不一定是针对现有模块。它也可以以原有生理结构的某个并不明显的特征为基础，缓慢地建立一个新的模块，或者在现有诸多模块的角落、夹缝中建立一个新的模块，生物学家史蒂芬·杰伊·古尔德（Stephen Jay Gould）和理查德·勒沃汀（Richard Lewontin）将其称之为"拱肩"（spandrel）现象。这原本是一个建筑学术语，指的是两个拱门之间的空间。眼睛就是一个新模块的例子，在动物进化史上，它大约重复出现过 40 多次。它可能始于一个没有眼睛的生物，这个生物的某块皮肤上的细胞对光敏感。这块皮肤可能逐渐凹陷下去，形成一个球形，只在前方留有一个洞口，并长出一层半透明的物质盖住洞口等，这其中的每一步变化都让这个生物能够更好地辨别外界事物。此外还有大象的鼻子，它也是一个原本没有、后来才逐渐产生的模块。象鼻是一个全新的器官，但同源性证据表明，它是从蹄兔和大象的某个已经灭绝的共同祖先进化而来的，这种原始动物的鼻孔和上唇的部分肌肉出现了融合，然后再经过一系列极端的变化与改进，最终形成了我们现在所看到的象鼻。

　　语言也可能是以同样的方式进化而来的，它将灵长类动物原本没有用来口头交流的大脑回路进行翻修改造，并添加了一些新的内容进去。神经解剖学家阿尔·加拉布尔达（Al Galaburda）和泰伦斯·迪肯（Terrence Deacon）在猴子的大脑中发现了某些区域，这些区域在所处位置、神经分布以及细胞成分方面与人类的语言区域非常接近。例如，这些区域中也包含了类似韦尼克区和布洛卡区的结构，而且有一束纤维将它们连在一起，就和人类一样。这些区域并不负责猴子的叫声，也不负责它们的手势。猴子似乎是使用类似韦尼克区的区域以及相邻部位来识别声音序列，并将自己的声音与其他猴子的叫声区别开来。类似布洛卡区的区域负责控制脸部、嘴唇、舌头和喉部的肌肉，而这一类似区域的各个分区则负责接收来自大脑各个部位的信息输入，包括听觉、口舌咽喉的触觉。此外，这些区域也是所有感觉信息的交汇之地。没有人知道猴子（以及猴子和人类的共同祖先）的大脑为什么要这样安排，但是，这种安排却给进化提供了一些可供操作的余地，由此建造出人类的语言回路。或许它正是利用了这些区域的特点，即声音、听觉以及其他信号的交汇之地。

　　这些区域也可能已经形成了全新的回路。神经科学家在利用电极为大脑皮质绘制功能图时，偶尔会发现一些变异的猴子。相比于一般的猴子，这些猴子的大脑中拥有一个额外的视图区。所谓视图区，就是大脑上的一块邮票大小的区域，它有点儿像一个内置的图形缓冲区，将外部世界的轮廓和动作记录在一个扭曲的图片上。一系列的基因变化复制下大脑的某个图式或者回路，重新设定它的输入与输出，并调整、校正其内部连接，就能制造出一个崭新的模块。

只有当控制神经连接的基因发生改变时，大脑才可以重新布线。这就导致了另一个错误的论断，即认为黑猩猩的手势一定类似于人类的语言。这个论断以一个发现为基础：黑猩猩与人类的 DNA 有着 98%~99% 的相似度。这一说法得到了广泛的传播，而且被不断地添油加醋，就像人们认为因纽特人拥有 400 个与雪有关的单词一样，在最近一期连环漫画《Zippy 退魔骚动》中，这个数值上升到 99.9%。这种论断的言下之意就是，我们和黑猩猩一定有着 99% 的相似之处。

然而，遗传学家却被这种推理吓坏了，他们在公布这个研究结果的同时，就已经在着手扑灭这种论调。胚胎的构造有着十分怪异的风格，基因上的微小变化都会对生物体的最终成型带来巨大影响。1% 的差异其实并不小，就 DNA 的信息含量而言，它相当于 10 兆字节的信息。这足以容纳普遍语法，而且还能腾出许多空间装载将人类和黑猩猩区别开来的其他设备。事实上，1% 的 DNA 差异并不是指 1% 的人类基因和 1% 的黑猩猩基因存在不同，从理论上说，它可以指 100% 的人类基因和 100% 的黑猩猩基因存在差异，而每个基因的差异为 1%。DNA 是一套离散组合代码，因此基因中 1% 的 DNA 差异可以被看成是 100% 的差异，就像改变每个字节中的一个字位，或者改变每个单词中的一个字母，都会使原有文本发生 100% 的改变，而非 10% 或 20% 的变化一样。对于 DNA 来说，即便只是替换某个单一氨基酸，都会极大地改变蛋白质的形状，从而使它的功能发生彻底的变化。许多致命的遗传疾病就是这样产生的。遗传相似性的数据可以帮助我们正确绘制出进化的谱系图（例如究竟是大猩猩从人类和黑猩猩的共同祖先中分化出去的，还是人类从黑猩猩和大猩猩的共同祖先中分化出去的），或许我们也可以通过"分子时钟"来确定分化的年代。但是，这些数据无法帮助我们了解生物体的大脑和身体到底在多大程度上相似。

人类语言已有 400 万年的进化史

　　只有在新的回路能够对知觉与行为产生某种影响的条件下，我们祖先的大脑才有可能进行重新布线。人类的语言是如何迈出第一步的，至今还是个谜。不过，这并没有阻止 19 世纪的哲学家做出一些臆想式的推测，例如有人认为语言起源于对动物叫声的模仿，或者用特定的声音来模拟它们所代表的物体，语言学家因此轻蔑地将这两种推测称为"汪汪说"（bow-wow theory）和"叮咚说"（ding-dong theory）。手语常常被人认为是一种中介形式的语言，但随后科学家发现它其实和口语一样复杂。而且，手语似乎也依赖于布洛卡区和韦尼克区，它们分别与大脑皮质的发声区和听觉区靠得很近。负责抽象运算的大脑区域通常都位于处理输入和输出信息的中心地带，就此而言，语言似乎是更为基础的东西。如果一定要让我找出语言的某种中介形式，我可能会考虑多萝西·切尼和罗伯特·赛法思研究的草原猴所发出的警报声。这些警报有着不同的种类：老鹰来了是一种警报，蛇来了是一种警报，豹子来了又是另一种警报。或许像这样"半指示性"的叫声是受到大脑皮质的自主控制，并通过组合的方式制造出来，以应对复杂的情况，而且，针对这些组合叫声的分析能力可以适用于每个叫声的组成部分。不过我必须承认，这个观点和"叮咚说"一样，并没有多少证据，或者和莉莉·汤普琳认为人类说出的第一个句子是"好一个毛茸茸的背！"（What a hairy back！）一样，显得滑稽可笑。

　　我们同样不清楚的是，在黑猩猩与人类的共同祖先的世系表中，原始语言是在哪个阶段进化出来的，以及它是以怎样的速度发展为现代的语言本能。许多考古学家试图根据一些历史遗迹来推测我们已经消失的祖先所具有的语言能力，例如他们所用过的石器或住过的洞穴，但这就像一则笑话所说的：一个醉汉在路灯下寻找钥匙，别人问他原因，他说因为路灯下比较亮。人们普遍认为，精细的工艺反映了复杂的心智，而这必然得益于复杂的语言，而且，工具制作上的地域差异也是文化传递的一个表现，它依赖于一代又一代的沟通交流，而交流的工具或许就是语言。但我对此表示怀疑，因为以人类祖先的历史遗迹作为调查对象，会严重低估语言的产生时间。我们现在还能看到一些以采集狩猎为生的部落，他们拥有复杂的语言和精细的工艺，但他们的篮子、衣服、婴儿背带、飞镖、帐篷、陷阱、弓箭、毒矛都不是用石头做的。当这些部落消亡后，他们的工具很快就会分解腐烂，未来的考古学家也就无从推测出他们的语言能力。

因此，语言的第一缕痕迹很可能在阿法南方古猿（也就是著名的"露西"化石）身上就已经出现了，这是我们目前所知的人类最早祖先，距今大约 400 万年。当然，语言的出现还可能更早一些，只不过我们还没有找到介于人类与黑猩猩的分离时代（500 万 ~700 万年前）和阿法南方古猿时代之间的化石。时代越后，我们用来证明语言已经存在的实物证据就越多。生活在 200 万 ~250 万年前的能人在洞穴里留下了一堆堆石器，这些洞穴很可能是他们集体聚居或屠宰猎物的地方。无论哪种情况，这都表明他们已经具有了一定程度的合作意识和工艺技术。值得庆幸的是，能人也为我们留下了他们的头骨化石，这些头骨化石可以让我们看到大脑褶皱在颅内印下的浅痕。科学家发现，能人的布洛卡区所留下的浅痕大而明显，已经肉眼可及，缘上回和角回的痕迹也是如此（参见结语的大脑语言区域图）。此外，能人左脑位置的这些区域显得更大一些。不过，我们不清楚能人是不是利用这些区域来控制语言的。我们上面说过，即便是猴子的大脑中也拥有类似于布洛卡区的区域。直立人大约是在 50 万 ~150 万年前从非洲迁徙到亚欧大陆的（一直抵达中国和印尼），他们已经懂得用火，而且一路上都在使用造型匀称、做工精良的石斧。我们可以推测，这种成就一定得益于某种形式的语言，虽然我们还无法确证。

现代智人大约出现于 20 万年前，并在 10 万年前走出非洲大陆。他们的头骨已经和我们的非常相似，工具也愈发精致、复杂，并带有显著的地域特征。我们很难相信他们没有语言，因为他们的生理构造与我们完全一致，而所有的现代人都拥有语言。这一基本事实颠覆了大多数杂志文章和课堂教材所给出的数字，它们将语言的起源时间定在 3 万年前，即旧石器晚期的克鲁马努人绘制洞穴壁画、雕刻精美石器的时代。然而，人类的主要分支在此之前就早已分化出去，他们所有的后代都拥有同样的语言能力。因此，语言本能很可能远在石器时代晚期之前就已经形成。其实，考古学家大多对心理语言学一窍不通，他们是用错误的逻辑来推定语言的起源时间，他们希望在艺术、宗教、装饰器具和语言中找到某种统一的"符号"能力。但是，你只要看看第 1 章中的丹妮丝、克里斯蒂尔等低能的语言天才，以及任何一个智力正常的 3 岁小孩的表现，就知道这种方法是行不通的。

我们可以为语言起源找到另一个精巧的物证。新生婴儿的喉头和其他哺乳动物一样，位于较高的位置，与鼻腔的后部相连，这可以使空气直接经由鼻子进入肺部，而不必经过口腔和咽喉。等到 3 个月大的时候，婴儿的喉头会降到咽喉的较低位置，这给了舌头来回移动的空间，从而可以任意改变两个谐振腔的形状，以便发出各种可能的元音。但是，这种变化是要付出代价的。达尔文在《物种起源》一书中指出："我们吞咽的每一粒米和每一滴水都必须经过气管的开口，冒着落入肺部的危险，这不能不说是一件奇怪的事。"在海姆利克氏急救法（Heimlich maneuver）出现之前，食物哽噎一直是美国意外死亡的第六大原因，每年都要夺去 6 000 人的性命。此外，喉头位于咽喉深部，虽然可以使舌头靠后发出各种元音，却会给呼吸和咀嚼带来一定的障碍。可以想见，为了满足沟通的需要，我们必须付出这些生理上的代价。

利伯曼和他的同事试图以头骨化石为基础，推测喉头和相关肌肉的分布位置，以此复原人类祖先的声道构造。他们认为，现代智人之前的所有人种，包括尼安德特人在内，拥有的都是类似一般哺乳动物的呼吸道，它们空间狭小，无法发出太多的元音。利伯曼表示，在现代智人出现之前，语言一定是无比幼稚的。但是，许多学者认为尼安德特人已经拥有比较复杂的语言，因此利伯曼的观点依然存在争议。而且，一种只拥有少量元音的语言也能很好地表达意思，[①]因此我们不能妄下结论，认为发不出太多元音的人类祖先一定缺乏语言。

到目前为止，我们已经讨论了语言本能的进化时间和进化方式，但还没有谈及背后的原因。在《物种起源》中，达尔文花费了整整一章的篇幅，来证明他的

---

① 该句的原文为 "e lengeege weth e smell nember ef vewels cen remeen quete expresseve"，即将 "a language with a small number of vowels can remain quite expressive" 中的所有元音字母都替换为 "e"。——译者注

自然选择理论不但可以解释身体的进化，还可以解释本能的进化。面对世界上各种复杂的生物特性，自然选择是唯一科学合理的解释。因此，如果语言和其他本能一样，那么它的进化就很可能是自然选择的结果。

你也许会认为，如果将带有争议的"语言器官理论"移植到进化论的坚实土壤之上，这对乔姆斯基来说将是有百利而无一害的事情。的确，他在某些文章中也暗示了这种关联。但是，面对达尔文的进化论，乔姆斯基更多的时候是持怀疑态度的：

> 把先天的心智结构发展归结为"自然选择"一点儿都不会错，只要我们认识到这一说法并没有实质内容，无非是相信对这些现象自有自然主义的解释……在研究大脑心智进化时，我们无法猜测：一个符合人类特有的物质肌体条件的生物，除了产生生成语法以外，还有没有可能产生什么别的东西。可以认为根本没有，或者极少可能，在这种情况下谈论语言能力的进化是毫无意义的。

> 这个问题（语言进化）今天能不能获得解决呢？事实上，我们对这些事物的了解还微乎其微。进化论在许多问题上都非常有发言权，但在这类性质的问题上也说不上话。寻找答案的地方也许不是在自然选择理论而是在分子生物学中，在对地球上生物条件下什么种类的物质系统，最终由于物理原理的缘故，能够发展及其原因的研究中。肯定不能认定每种特性都是明确选择的。拿语言这样的系统来说，要想想象出生产它们的选择过程还真不容易。

乔姆斯基到底是什么意思？难道语言器官拥有的是另一种进化方式，而这种方式与我们已知的适应于其他器官的进化方式完全不同？许多心理学家对这种无法自圆其说的观点不以为然，他们对乔姆斯基的这些论断大加挞伐，并讥讽他是一个"隐秘的创造论者"。这些人显然错了，不过我认为乔姆斯基也错了。

要理解这一点，我们必须首先了解达尔文自然选择理论的内在逻辑。进化和自然选择并不是一回事，进化指的是物种种群随着时间的推移而发生变化，变化的原因就是达尔文所说的"有饰变的代传"（descent with modification）。这种观点早在达尔文所处的时代就已经深入人心，只不过当时的人们对进化的方式有着不同的解释，而这些解释现在都被证明是不可靠的。例如，拉马克（Lamarck）认为，生物体后天所获得的性状变化可以遗传给后代，而某些内在的冲动和欲望会迫使生物体朝着日趋复杂的方向发展，直至人类的产生。相对于前人而言，达尔文和阿尔弗雷德·华莱士（Alfred Wallace）的贡献在于发现了进化的独特原因——自然选择。自然选择拥有三大特点——繁殖、变异和遗传，它们可以解释任何生物的进化过程。繁殖是指某个物体可以自我复制，而它的复制品也能自我复制。变异是指这种复制并不完美，时常会出现一些错误。这些错误会让这个物体出现某些性状，导致它的复制速度快于或者慢于其他物体。遗传是指由错误而产生的性状会在此后的复制过程中重复出现，因此这一性状会在世系的传承中一直保存下来。从数学上看，自然选择的一个必然结果是，任何可以增进复制的性状都会在世代的延续中更为广泛地传播开来。因此，这一物体的各种性状看上去似乎都是为了有效繁殖而产生出来的，包括一些确实是由此而生的性状，例如从外界环境中收集能源和物质，并保护它们不被竞争者夺去的能力。这种能够自我复制的物体就是我们所说的"生物"，它们以这种方式逐步积累的可以增进复制的性状被称为"适应"（adaptation）。

看到这里，许多人都会为自己发现了进化论的致命漏洞而沾沾自喜。"瞧！这是一种循环论证。它的逻辑是：因为有些性状可以导致有效的复制，所以这些性状导致了有效的复制。自然选择就是'适者生存'，而所谓的'适者'就是'生存者'。"事实绝非如此！自然选择的理论意义在于，它联结的是两个相互独立、截然不同的概念。第一个概念是"外观设计"，它指的是，面对某种装置，一位工程师能够观察并推测出它的部件结构，以及这种部件结构所能实现的特定功能。例如，让一位光学工程师观察某种未知物种的眼球，这位工程师可以立即告诉你，这个眼球是专为摄取外界图像而设计的。它的结构就像一台照相机，拥有透明的镜头、可收缩的快门等多个部件。而且，这台成像装置并不是一个用来装点门面的古董摆设，而是寻找食物、寻求配偶以及逃避敌人的有效工具。确立了第一个概念之后，自然选择理论再用第二个概念解释这种设计的成因：生物体祖先的繁殖成功率。让我们梳理一下这两个概念：

（1）生物体的某个器官看上去是为了提高繁殖成功率而设计出来的。

（2）和它的竞争者比起来，这种生物体的祖先在繁殖上显得更为成功。

　　请注意，概念（1）和概念（2）在逻辑上是相互独立的，它们涉及的是不同的问题：一个是工程设计，一个是出生与死亡率。它们所谈的也是不同的对象：一个是你所关注的生物体，一个是它的祖先。你可以说一个生物体拥有的良好视力能够帮助它有效地繁殖（1），但并不知道这种生物体（或其他生物体）的实际繁殖情况（2），因为"设计"仅仅意味着有效繁殖的可能性。某个生物体或许拥有一套精良的视觉设计，但它可能根本就没有繁殖的机会，比如说不幸被雷电击毙；相反，它的某个视力低下的亲戚却可能子孙满堂，例如同样一道闪电将这位"近视眼"的捕食者给劈死了。而自然选择理论是说：概念（2）是概念（1）的原因，即生物体祖先的"出生与死亡率"是解释生物体"工程设计"的原因，因此它并不是循环论证。

　　这表明，乔姆斯基对自然选择的排斥显得过于草率。他将自然选择视为一个空洞的理论，认为它只不过是从自然主义的角度对生物性状所做的某种解释。事实上，要证明某个性状是选择的结果并非易事。这个性状必须具有遗传性，它必须提高生物体在类似其祖先所处的环境下的繁殖成功率（相对于缺乏这种性状的生物体而言）。此外，这种生物体的世系传承还必须足够长久。自然选择是一种"短视"的行为，因此一个器官在它进化的每个阶段都必须给它的主人提供一定的繁殖优势。

　　达尔文强调，他的理论具有很强的预测性，而且很容易用反证法进行证明，只要我们能够发现某种性状，这种性状表现出某种设计特征，但出现在世系传承的其他阶段，而非最末端，从而无法用它来帮助繁殖。其中一个例子就是找出某种纯粹"为美丽而美丽"的性状，比如说一只鼹鼠进化出像孔雀一样美丽却笨拙不堪的尾巴，但它的潜在配偶几乎都是瞎子，根本不会对漂亮尾巴产生兴趣。另一个例子是找到某种部分成形却尚无用处的复杂器官，比如长到一半的翅膀，只有等它发展到现有的大小形状之后，才具有实际的用处。第三个例子是找出某种并非由复制产生的生物体，比如某些昆虫像水晶一样，可以在岩石中自发生成。

第四个例子是发现某种对自我有害但对其他生物体有利的性状，比如说让一匹马进化出马鞍。漫画家艾尔·凯普（Al Capp）在《莱尔·阿布纳》（Li'l Abner）中描绘了一种大公无私的动物，名叫"什穆"（shmoos）。这些动物下出的不是蛋，而是巧克力蛋糕，它们也非常乐意烧烤自己，这样人们就可以吃到香酥无骨的烤肉了。一旦我们发现了一只真实的什穆，达尔文的理论就会立刻土崩瓦解。

自然选择不是语言出现的唯一解释

虽然乔姆斯基对自然选择的拒绝显得过于草率，但他的做法也揭示了一个实际问题：除了自然选择外，我们是否还能找到其他解释呢？自达尔文以后，思虑严谨的进化学家一直认为，并不是每一种有利性状都可以用自然选择来解释。当一条飞鱼跃出水面后，它最适应的行为就是重回水中，但我们不需要用自然选择来解释这一现象，只要用地心引力就足以把它解释清楚。而其他一些性状也可以用自然选择之外的原因来解释。有时，某些性状的出现并非其自身适应的结果，而是其他一些适应行为的连带后果。比如，我们的骨骼都是白色的，但这并不表示白色比绿色就有更多好处。不过，坚硬却是骨骼的一种优势，而让骨骼坚硬起来的方法之一就是用钙来建造，而钙恰好是白色的。有些时候，性状也受到它的发展历史的制约，例如我们的 S 形脊柱，它就是我们四肢着地的祖先所留下的遗产。

许多性状之所以无法出现，只不过是因为身体构造的限制，以及基因在构建身体时所采用的方式的限制。生物学家 J. B. S. 霍尔丹（J. B. S. Haldane）曾说，有两个原因使得人类不能成为天使：一个是道德的缺陷，一个是身体的构造，我们的身体无法同时容纳双手和翅膀。有时候，某些性状的产生完全是出于运气。如果某个较小的种群能够延续足够长的时间，那么所有的偶然性特征都可能被保存下来，这一过程被称为"基因漂变"（genetic drift）。例如，假设在某个时代，所有无条纹的生物体都被雷电击毙，没有留下后代。如此一来，有条纹的生物体就会统治地球，无论这种条纹是否对繁殖有利。

古尔德和勒沃汀曾指责生物学家对这些因素视而不见，一味强调自然选择的重要性。他们嘲笑这类解释就像是英国作家吉卜林所写的《原来如此的故事》（*Just-so Stories*），用奇幻的方式讲述各种动物的身体部位是如何形成的。虽然许多人认为古尔德和勒沃汀的批评有失公允，但他们的文章对认知科学产生了相当重要的影响，而乔姆斯基之所以怀疑自然选择无法解释人类语言的起源，也是以他们的批评为切入点的。

但是，古尔德和勒沃汀的抨击文章并没有给我们提供一个有效的模式，用以解释复杂性状的进化原因。他们抨击进化论的目的之一，是抨击那些在他们看来具有右翼色彩的人类行为理论。此外，这些批评也反映出他们日常关注的专业问题。古尔德是一位古生物学家，古生物学家研究的都是已经沦为化石的生物。他们关注的是更为宏大的生命历史，而非某个废弃已久的器官所具有的功能。比如说，当他们发现恐龙灭绝的原因是小行星撞击地球所产生的尘雾时，那些在个体繁殖上所表现出的微弱优势就变得无关紧要了。而勒沃汀是一位遗传学家，遗传学家的着眼点是基因的原代码，以及它们在某个种群中的统计变化，而非这些基因所构造的复器官。对他们来说，"适应"只不过是一个次要因素，这就像让一个人检查某个计算机程序的机器语言，如果他不知道这个程序的具体功能，就很可能会认为这些 1 和 0 的组合完全是杂乱无章的。真正能够代表当代进化生物学主流的是乔治·威廉姆斯（George Williams）、约翰·史密斯（John Maynard Smith）以及恩斯特·梅耶（Ernst Mayr）等生物学家，这些人关注的是生物体的整体构造。他们有这样一个共识：自然选择在进化过程中具有十分特殊的地位，虽然理论上还存在着其他一些替代性的解释，但这并不代表解释者可以根据自己的喜好，对生物性状做出任意的解释。

生物学家理查德·道金斯（Richard Dawkins）在《盲眼钟表匠》（*The Blind Watchmaker*）一书中清楚地说明了这个道理。道金斯指出，对"复杂设计"做出解释，是生物学的基本问题。这个问题早在达尔文之前就已备受关注，例如神学家威廉·佩利（William Paley）曾写道：

> 在穿过一片荒野时，假如我的脚碰到一块石头，有人问我，这石头从
> 何而来。我也许会说，就我所知，它一直就在那儿。要想证明这个回答是

荒谬的，可不是一件轻而易举的事情。但是，假如我在地上发现一块手表，有人问我，这块手表从何而来。我显然不会做出刚才那种回答，据我所知，这块表一直就在那儿。

佩利强调，手表是一种精密的设计，由许多微小的齿轮和弹簧构成，这些零件相互配合，由此实现计时的功能。然而，石头并不会自动地提炼出金属，金属也不会自动地变成齿轮和弹簧，然后相互搭配，构成某种可以记录时间的装置。因此我们不得不推断说，手表的背后一定存在某位钟表匠，他在设计钟表的时候就是以计时为目的的。相比而言，像眼睛这样的器官又比手表更加复杂，目的也更为明确。眼睛拥有一层防护性的透明角膜，一个可以聚焦的晶状体，在晶状体的焦面上有一层感光性的视网膜，眼睛还拥有一层直径根据光亮程度而变化的虹膜，一组协调双眼运动的肌肉，以及一套识别轮廓、颜色、运动和纵深的神经回路。假如不去探究眼睛的设计目的，我们就无法真正理解它的构造方式，这也是眼睛和照相机看上去如此相似的原因所在。如果手表背后有一个钟表匠，照相机背后有一个制作照相机的人，那么眼睛背后也应该有一个设计者，那就是上帝。现代生物学家对佩利的论证过程没有意见，他们不同意的只是最后的结论，而达尔文之所以成为彪炳史册的生物学家，就是因为他回答了这个问题：那些"极其完美和复杂的器官"是如何通过单纯的自然选择进化而来。

这是至关重要的一点，自然选择不仅仅是创造论的一个科学替代品，它是除创造论之外，唯一可以解释像眼睛这样复杂的器官是如何进化而来的理论。为什么这是一个非此即彼的选择呢？要么是自然选择，要么是上帝？这是因为，对于任何一种具有视觉功能的装置（例如眼睛）而言，它的组合成型都是一个低概率事件。如果我们将某些东西随意组合在一起，即便这些东西是一些身体部件，也不可能产生出一个能够聚集图像、调节光线、识别轮廓和纵深边界的装置。构成眼睛的各个部件似乎是依据某种明确目的而组合成型的，这个目的就是"观看"。但是，如果不是上帝的话，这个目的又来自谁呢？除上帝之外，还有谁能为让人拥有良好的视觉而设计出精密的眼睛呢？自然选择的强大之处，就在于它能够解决这个矛盾。我们之所以拥有视力良好的眼睛，是因为我们一代代的祖先都比他们的竞争对手看得更清楚一些，这使得他们能够更为有效地繁殖。这些随机的改良被一点点地保存下来，并经过无数代的组合、提炼，使得我们的眼睛变得越来越好用。无数代的祖先在视力上的微小优势最终进化出了拥有绝佳视力的现代生物。

换句话说，自然选择是唯一能够对生物体的世代传递进行正确引导的进化方式，它可以确保一个没有眼睛的机体经过无比漫长的中间阶段，最终演变成视力清晰的机体。相比之下，自然选择之外的其他方式则只能采取随机的手段。然而，由于基因漂变而导致特定的基因恰巧组建出一双锐眼的概率是极其微小的。虽然地心引力可以让飞鱼落入宽广无垠的大海，但仅靠地心引力是无法让飞鱼胚胎的相关部件落入正确的位置以构建一个眼睛的。当某个器官开始进化时，一些相连的组织或者夹缝部位会顺道搭个便车，例如 S 形的弯曲就是脊柱直立发展的副产品。但是我敢打赌，这些夹缝部位绝不可能碰巧形成一个拥有晶状体、虹膜和视网膜的完美眼睛，这无异于一阵飓风刮过垃圾场，结果掀起的垃圾正好组装成了一架波音 747。出于这些原因，道金斯认为，自然选择不仅是关于地球生命形态的正确解释，也必定是对宇宙间我们愿意称之为"生命"的任何一种存在形式的正确解释。

此外，正是由于适应的复杂性，导致复杂器官的进化过程显得异常缓慢，使其表现为一种渐进式的发展。这并不是说大规模的突变和快速的变化违背了进化的法则，而是因为复杂的工程需要各个精细部件之间的严密配合，如果这个工程是由随机的变化积累而成的，那么这些变化最好是小规模的改变。复杂器官必须以渐进的方式一点一点地进化出来，就像钟表匠不会用大铁锤来装配手表、外科医生不会用菜刀来实施手术一样。

人类语言能力是自然选择的结果

现在我们知道了哪些生物性状是自然选择的结果，哪些性状是其他进化过程的产物，那么语言属于哪一种情况呢？在我看来，答案非常明显，因为本书论及的所有问题都在说明语言本能的适应复杂性。语言本能由多个零件构成：一套名为句法的离散组合系统，专门负责构建短语；一套名为词法的离散组合系统，用以创建单词；一部海量的心理词典；一个经过改良的声道；一系列音位规则和结构；语音知觉、剖析算法和学习机制。在这些零件之下，是一个个结构精密的神经回路，而它们又是由一系列控时精准的基因事件铺设而成的。这些神经回路让我们拥有了一种非凡的天赋：我们可以通过调节呼出的气流，将无数清晰完整的想法从自己的脑中传送到他人脑中。这种天赋显然对繁殖十分有利，我们只要想一想小汉斯和小弗里茨的不同遭遇就能明白这一点了：大人叫他们不要在火边玩，也不要去惹剑齿虎，结果听话的小汉斯活了下来，而不听话的小弗里茨却命丧虎口。如果我们只是随机地将神经网络连在一起，或者胡乱地构建一个声道，我们绝不可能得到一个具备众多功能的系统。和眼睛一样，语言本能也是一个足以引起我们赞叹的、拥有如此完善的构造和相互适应性的器官，因此也被深深地打上了大自然的设计者——自然选择的烙印。

乔姆斯基认为语法是一种复杂的设计，但对产生这种设计的自然选择表示怀疑，那么他心中的选项究竟是什么呢？乔姆斯基反复提到物理规律的作用：就像飞鱼不得不落入水中、由钙构成的骨骼必然是白色一样，人类的大脑也是被迫装有负责普遍语法的神经回路的。他写道：

> 这些技能（比如说学习语法）很可能是大脑结构特性的副产品，而这些特性乃是因为其他原因而发展出来的。这些被进化选中的特性也许包括：较大的体积、更多的皮质面积、大脑半球的功能特化，以及其他一些可以想见的特性。在进化过程中，大脑也完全可能拥有其他各式各样的特性，但最终却未被选中。这并非一个奇迹，而只是进化的正常工作。我们目前还不知道，在人类进化的特定条件下，当多达10亿的神经细胞被放入一个篮球大小的空间里时，物理规律是如何起作用的。

我们的确不知道物理规律是如何作用于大脑的进化的，就像我们不知道当飓风刮过垃圾场时，物理规律会发挥怎样的作用一样。但是，如果说是物理规律导致人类大脑拥有特定的大小和形状，并使之以某种未知的方式发展出负责普遍语法的神经回路，这种可能性却近乎为零，其中的原因有很多。

从微观层面看，有哪一种物理规律能够使得数以百万计的表面分子相互合作，通过引导各自的轴突沿着错综复杂的胶质细胞生长牵连，最终形成一个能够处理语法规则、满足人类语言交际功能的神经回路呢？绝大多数由此形成的大型神经网络只能产生出一些其他的东西，例如蝙蝠的声呐系统、鸟类的筑巢行为、动物的求爱舞蹈，而且更有可能的是一些乱七八糟的神经噪声。

我们再从大脑的层面来说明这个问题。的确，在有关人类进化的文章中（特别是古人类学家所撰写的文章），我们常常可以看到这样一种说法：进化选择了较大的大脑。依据这个前提，人们会很自然地得出结论，认为人类的各种计算能力都是大脑发展的副产品。但是，只要你细想一下，就会立刻发现这个说法其实是因果倒置。为什么进化要选择一个大大的脑袋呢？它不但臃肿累赘，而且耗费巨大。一个大头生物终身都要承受大头给它带来的所有弊端，就像在笤帚杆上顶一个西瓜，或者像穿着羽绒服原地跑步那样难以保持平衡。而且对女性来说，她还必须面对分娩大头婴儿的痛苦。如果能自己选择，任何人都愿意挑一个小脑袋。所以说，对强大计算能力（包括语言、认知、推理等）的选择导致我们顺带拥有了一个大头，而不是相反。

但是，即便我们拥有一个大头，语言能力也不会像飞鱼落水那样从天而降。侏儒症患者就拥有语言能力，虽然他们的脑袋比篮球要小得多。脑积水患者也拥有语言能力，尽管他们的大脑被挤压成各种形状，有时就像一层薄薄的椰子肉，贴在脑壳的内侧，但他们的智力和语言能力却与常人无异。与此相反，那些特定型语言障碍患者的大脑在大小、形状上都十分正常，而且拥有正常的思维能力（就像高普尼克研究的那个小孩，他在数学和计算机方面均表现优异）。所有证据都表明，语言的产生取决于大脑内部微型电路的精确布线，而与大脑的体积、形状以及神经元的堆积方式无关。冷酷无情的物理规律不可能帮我们搭建起这个回路，使我们能够用语言相互交流。

顺带一提的是，虽然我们将语言本能的基本设计归因于自然选择，但这并不表示自然选择就是一道神符，可以用来"解释"所有性状。在《扔石头的玛利亚》（*The Throwing Madonna*）一书中，神经学家威廉·卡尔文（William Calvin）对左脑控制右手，并由此控制语言的特征进行了解释。他认为，雌性原始人常常将婴儿抱在左边，因为母亲的心跳声会让婴儿安静下来，但这也迫使母亲必须用右手投掷石块，捕杀小猎物。长此以往，人类就变成了一种"右手－左脑"型的生物。然而，这个解释完全是一种凭空想象。在所有的狩猎社会中，打猎都是男人的事，与女人无关。而且，根据我儿时的经验，要用石块打中一只猎物并不容易。卡尔文笔下的这位"玛利亚"根本无法打到猎物，这就像让棒球明星罗杰·克莱门斯（Roger Clemens）一手抱着扭来扭去的婴儿，一手投出快球一样。在那本书的第二版中，卡尔文向读者解释说他只是为了开个玩笑。他试图表明，这个故事与适应主义者的其他更为严肃的解释没有本质差别。但是，无论这种说法是善意的嘲讽还是严肃的解释，都没有抓住问题的实质。"扔石头的玛利亚"与适应主义者的正统解释有着本质的不同，因为它不但可以被日常经验和工程理论所证伪，而且在理论上也有一个致命的缺陷：自然选择是对必然现象的解释。即便大脑的确存在偏侧化特征，它偏向左侧的事实也并非一个必然现象，因为它还有50%的概率偏向右侧。我们无须绕一个大弯，用自然选择理论说明左脑的功能特征。只要从概率的角度出发，就可以圆满地解释这一现象。这个例子完美地揭示了自然选择的逻辑是如何将正统的选择理论与那些"想当然的故事"区分开来的。

出于公平起见，我们也必须承认，虽然我们认定语言能力是依靠自然选择而进化出来的，但在论证这一过程中，我们也碰到了不少问题。不过，我和心理学家保罗·布卢姆认为这些问题是可以解决的。正如 P. B. 梅达沃所说，语言的最初形式绝不可能像麦考利勋爵（Lord Macaulay）说出的第一句话那样典雅精练。据说麦考利还是幼儿的时候，有一次被茶水烫伤，结果他对照顾他的人说道："感谢您，夫人，痛苦已经大为减轻。"如果语言是缓慢进化而成的，那么它必然存在一系列的中介形式，而且每种形式都应具有使用价值，但这也引出了以下几个问题：

第一个问题是，如果语言必须要有另一个人的参与才能实现交流，那么第一位语法突变者到哪里去寻找聊天对象呢？一个可能的答案是：由于遗传的作用，在这个人的兄弟姐妹和子女中，有50%的人都拥有这个新的基因。不过，我们还能找到一个更为合理的答案：即便缺少新兴的语言回路，他的邻居也可以依靠自己的综合智商，理解这位突变者所说的部分意思。虽然我们无法对"打滑撞车医院"这样的字串进行语法剖析，但可以大体猜出其所要表达的意思。同样，凭借相似的单词和一定的背景知识，说英语的人也能基本读懂意大利语报纸上所刊载的新闻。如果某位语法突变者表现得过于杰出，别人就算绞尽脑汁也未必能理解他的意思，这就会对别人形成压力，迫使他们进化出一套相应的系统。这套系统可以对语法进行自动剖析，从而缩小与语法突变者之间的差距。正如第 7 章所言，自然选择会将一些经由后天习得的技能强行植入大脑。在每一代人中，那些能言善辩者和善解人言者总是能获得更多好处，而自然选择也正是通过这种方式逐步提升人类的语言能力的。

第二个问题是，中介形式的语法会是什么样子呢？贝茨写道：

> 我们是否可以想象出某条语法规则的原始形态，比如关于在内嵌分句中提取名词短语的相关规定呢？如果我们说某个生物拥有半个符号，或者 3/4 个规则，这究竟意味着什么呢？……单一符号、绝对规则和模块化系统必须以整体的方式来获得，要么全有，要么全无——这个过程只能用创造论来解释。

这个问题问得十分奇怪，因为它完全是从字面意思出发，认为达尔文的说法是一个器官必须由小到大，一部分一部分地（例如 1/2、3/4 等）进化成型。贝茨的反问就像是问一个拥有半个脑袋或者 3/4 个手肘的生物会是什么样子。事实上，达尔文的观点是，器官的进化是由简趋繁，最终产生出更为复杂的结构。而且，一种处于中介阶段的语法形式也是不难想象的，它拥有的符号或许不多，规则的运用或许不太可靠，模块的规则也可能非常有限。德里克·毕克顿在最近出版的一本书中对贝茨的问题做了更为具体的回答。他将黑猩猩的手势、皮钦语、儿童的双词句，以及吉妮和其他错过语言关键期的狼孩所说的零星、破碎的语言统称为"原始语"（protolanguage）。毕克顿认为，直立人所说的就是这种原始语。显然，这种相对粗糙的语言与现代人的语言本能还存在巨大的鸿沟，毕克顿由此做出一个惊人的推断：在某位原始女性（即非洲夏娃）身上曾经发生过一次基因突变，这个突变启动了语法回路，改变了头骨的大小、形状，并重塑了人

类的声道。不过，我们只需在意毕克顿的前一个观点，而不必理睬他的后一个假
设（这个假设就像是说一阵飓风刮出了一架波音 747）。无论是牙牙学语的幼儿、
皮钦语的使用者，还是新移民、观光客、失语症患者，以及电报和新闻标题，他
（它）们的语言形式都证明了这样一个事实：世界上存在着诸多可供使用的语言
形式，这些形式在有效性和表现力上有高有低，从而构成了一个连续统一、不断
发展的庞大体系，而这正符合自然选择理论的要求。

　　第三个问题是，语言本能进化的每个阶段（从头到尾）都必须增强我们的适
应性吗？普瑞马克写道：

> 我将为读者重现原始人的生活情景，以说明语言的递归性特点并不符
> 合"适者生存"的原则。据推测，语言大概是在人类（或类人猿）围猎乳
> 齿象的时代开始出现的……假设我们的某位祖先蹲坐在篝火旁，对他的同
> 伴说出了下面这段话："当心那只被鲍勃打伤了前腿的小猎物，当时鲍勃把
> 自己的长矛忘在了营地，因此他向杰克借了一根不太锋利的长矛，然后从
> 侧面击中了它。"这种长篇大论的能力是否会给他带来极大的好处？
>
> 从进化论的角度看，人类语言是一种尴尬的现象，因为它异常强大，
> 完全超出了适应的必要。在讨论猎捕乳齿象等问题时，一个拥有简单映射
> 规则的语义语言，例如黑猩猩的手语，似乎就已具备所有优势。对这类讨
> 论而言，句法类别序列、结构依存性原则，以及递归性等特点都是过于强
> 大的武器，这未免过于荒谬了。

　　这段话让我想起犹太人的一句话："怎么了？新娘太漂亮了吗？"这种反对
就像是在说明猎豹不必跑那么快，老鹰的眼力不必那么好，或者大象的鼻子实在
是大材小用。不过，我们还是有必要解释这个疑问。

　　首先，我们必须记住，自然选择不需要太大的优势。只要时间足够漫长，即
便是微小的优势，也能带来极大的好处。假设一只老鼠面临着增长个头的选择
压力，这种压力并不算大，它的后代只要增大 1%，就能获得 1% 的繁殖优势。
简单的计算表明，只需经过数千代的繁衍，这只老鼠的后代就会长得和大象一样
大，而这在进化看来不过是转瞬之间的事情。

其次，如果现代的狩猎部落可以作为参照，那么我们的祖先就不是只会咿呀乱语的穴居人，他们讨论的问题也不只限于有哪一只乳齿象需要躲避。这些狩猎者是出色的工匠和优秀的业余生物学家，他们对生活周期、自然生态以及赖以生存的动植物了如指掌。对于这样一种生活模式，语言是非常有用的工具。我们当然可以想象出一个智力超群的物种，这个物种的成员个个独来独往，完全自力更生，无须与他人交流，但这实在是太浪费了！如果能与亲朋好友交换来之不易的生活经验，这必将带来不可估量的好处，而语言正是实现这一目的的主要手段。

可见，为了准确交流信息（例如时间、地点、对象以及谁对谁做了什么）而设计的语法装置并非是在"高射炮打蚊子"，尤其是递归性，它的用处十分明显，完全不像普瑞马克说的那样仅限于制造啰唆的短语。如果没有递归性，你就无法说出"the man's hat"（男人的帽子）或者"I think he left"（我认为他离开了）这样的语句。记得前文说过，所谓的"递归性"，就是一种能够在一个名词短语中嵌入另一个名词短语，或者在一个从句中嵌入另一个从句的能力。它的规则极其简单，例如"NP → det N PP"和"PP → P NP"。有了这种能力，每个说话者都可以根据自己的需要，准确地描绘出所谈的内容。这种能力会对语义产生极大的影响，它能让你明白你是该走"大树前面的小道"（the trail that is in front of the large tree），还是该走"大树后面的小道"（the trail that the large tree is in front of），才能到达某个遥远的地方。它也能让你明白那个地方是有"你可以吃的动物"（animals that you can eat），还是有"可以吃你的动物"（animals that can eat you）。它还能让你了解那个地方的水果是"熟了"（fruit that is ripe）、"熟透了"（fruit that was ripe），还是"要熟了"（fruit that will be ripe），以及你是需要"走三天才能到那里"（you can get there if you walk for three days），还是你"到那里之后还要走三天"（whether you can get there and walk for three days）。

再次，无论在世界的哪个角落，人们都必须依靠合作互助来谋求生存，并通过交流信息、互换承诺来形成联盟，这也使复杂的语法有了用武之地。它可以让你明白我的意思是"如果你给我一些水果，我就给你一些肉"，还是"你应该给我一些水果，因为我给过你一些肉"，还是"如果你不给我水果，我就要讨回我给你的肉"。同样，递归性也并非一个强大到不可理喻的工具，正是在它的帮助下，像"她认为他是在和玛丽调情"这样的闲言碎语才会漫天飞，这可是人类的通病。

但是，信息交流真的能够催生出精致烦琐的复杂语法吗？或许可以。当各位死敌为了生存而展开"军备竞赛"时，进化往往会创造出令人惊叹的能力，例如猎豹和瞪羚之间的竞争。一些人类学家认为，推动人类大脑不断进化的因素主要是与社交对手所展开的智力较量，而不是技术的发展或环境的改善。毕竟，投掷一块石头或者采摘一颗草莓并不需要多少脑力，可是当面对一个与自己智力相当却充满敌意的生物时，要猜透其心思并以智取胜就不太容易了。这迫切要求我们不断提升自己的认知能力，而认知能力的比拼显然会促进语言能力的发展。在所有文化中，社会交往都是依靠劝说和争论来实现的。一个句子的措辞方式在很大程度上决定了人们的选择结果。因此，如果一个人具有较高的语言能力，可以凭借三寸不烂之舌，让对手欣然接受自己提出的条件，或者能够识破他人的花言巧语，并采取巧妙的对策来说服对方，他无疑就会受到进化的青睐。

最后，人类学家指出了一个现象，部族中的首领往往都是天才的演说家，而且也大多妻妾成群，这对于任何一个怀疑语言能力与达尔文学说无关的人来说，都是一个绝好的提醒。我猜想，在史前人类的世界中，语言一定是与政治、经济、科技、家庭、性和友谊等对个体繁殖极为重要的因素交织在一起的。他们和我们一样，无法忍受像"我泰山，你珍妮"这样的粗糙语法。

语言独特性所引起的各种纷扰其实是很可笑的。比如，有人为了抬高动物的地位而强迫它们学习人类的交流方式。又比如，有人一方面极力主张语言具有先天性、复杂性和实用性等特征，但另一方面却否认它是自然选择的产物。为什么语言被我们看得如此重要呢？尽管它使得散布于世界各地的人类肆意地改变着地球的面貌，但是，与堆积起巨大岛屿的珊瑚虫、改变了地球整体土质的蚯蚓，或者在远古时代第一次向大气层释放氧气的细菌比起来，人类的这种能力难道就更加了不起吗？为什么懂得说话的人类就一定比大象、企鹅、海狸、骆驼、响尾蛇、蜂鸟、电鳗、枯叶虫、巨杉、捕蝇草、蝙蝠、深海灯笼鱼更加特别？在这些物种中，有些具有非常独特的性状，有些则没有，而这仅仅取决于它们的近亲是否已经灭绝。达尔文强调了所有生物在谱系上的关联，但进化是一种有饰变的代传，自然选择不断地对身体和大脑进行加工改造，使它们能够适应无数不同的环境。对达尔文来说，这正是"生命景观的壮丽之处"："在这个行星按照万有引力的既定法则循环往复运行的同时，无数最美丽、最奇特的类型从一个如此简单的开端进化而来，而且现在还在继续进化。"

The Language Instinct

Instinct

How
the Mind Creates
Language

11

语言专家

　　每个人说出的话，从语言机制的角度看可能合乎语法，从规定性的角度看又可能不合乎语法，"双重否定"就是最好的例子。对于这一问题，众多的语言专家各有高见。其实，对已经成为社会标准的方言，甚至俚语，我们都应该多学多用。在语言运用方面，最应该改善的是写作的明晰和文体的得当。

规定性规则与描述性规则

假设你正在观看一部自然纪录片，片中展现的是各种野生动物在自然栖息地的多彩生活。然而，影片的解说词却在向你灌输一些无聊的事实：海豚并未按照它们正确的泳姿来游泳；白冠雀在胡乱歌唱；黑顶山雀的巢搭得不伦不类；熊猫拿竹子吃的时候用错了手；座头鲸的歌声犯了众所周知的错误；猴子的叫声显得杂乱无章。而且，这些情况数百年来每况愈下。听到这样的解说，你可能会又笑又恼：什么叫座头鲸的歌声犯了错误？难道座头鲸不是想怎么唱就怎么唱吗？这个解说员到底是谁？

但是，如果换成人类语言，大多数人就会认为解说员的看法不仅中肯，而且发人深省。很多人说不出合乎语法的句子。教育水平一再下降，流行文化铺天盖地，来自新潮人士、体育明星和"山谷女孩"（valley girls）①的不合规范、不知所云的俚语俗话充斥于世，这导致美国逐渐沦为一个半文盲的国度——例如，将"hopefully"乱用，把"lie"和"lay"弄混，将"data"用作单数，让分词空悬，等等。如果我们不回到过去，找回对语言的尊重，英语就将走向末路。

---

① 指 20 世纪 70 年代末至 80 年代初迁居加州圣费尔南多山谷地带的少女，她们说话有一种特别的腔调和一套特别的语汇，喜欢用简单的单词强调句子的语气。——译者注

　　然而，对语言学家或心理语言学家来说，语言就像是座头鲸的歌声。要确定某种句式是否"合乎语法"，就必须找来说出这种句式的人，听听他们的看法。因此，当一个人的语言被指责为"不合语法"或者"违反规则"时，这里的"语法"和"规则"一定具有某种特别的含义。确切地说，所谓"人们不懂得自己的语言"的说法其实是语言研究的一个拦路虎。当语言学家向调查对象询问一些语言问题时，比如说"sneak"的过去式应该是"sneaked"还是"snuck"，调查对象常常避而不答，而直接把球抛回给语言学家："我可不愿冒这个险，你觉得哪个是正确的呢？"

　　在本章中，我将为你解开这个矛盾。前文提到，专栏作家艾尔玛·邦贝克对语法基因的观点表示怀疑，因为在她丈夫所教的高中生里，有 37 个学生将"bummer"当成一个句子来用。你也许会想，如果语言和蜘蛛织网一样是一种本能，如果每个 3 岁的儿童都是语法天才，如果语法设计是源于基因编码，先天存在于我们的大脑，那英语的使用情况为何会如此之糟？为什么普通的美国人说起话来像个傻瓜，拿起笔来像个笨蛋？

　　这个矛盾的根源是：对科学家和普通人来说，"规则"也好，"语法"也罢，它们分别代表不同的含义。人们在学校里学会（或者更有可能是"没有学会"）的语法属于"规定性规则"（prescriptive rule），它规定着一个人"应该"如何说话；而科学家总结出来的语法属于"描述性规则"（descriptive rule），它描述人们如何说话，二者完全不同。而且，科学家之所以看重描述性规则，也是有充足理由的。

　　在科学家看来，人类语言的一个根本特点就是它的不可思议。世界上绝大多数物体，例如湖泊、岩石、树木、蠕虫、牛和汽车，都不会说话。即便在人类所能发出的各种声音中，用于语言的发音也只占到一小部分。通过将一些单词排列组合，我可以让你了解章鱼如何做爱，或者如何去除樱桃汁的污渍。如果将这些单词的顺序稍作调整，你就会得到一个意思完全不同的句子，或者一盘没有任何意义的"单词沙拉"。我们该如何解释这个奇迹呢？我们怎样才能造出一台能够复制人类语言的机器呢？

显然，你需要为这台机器设定某种规则，但设定什么样的规则呢？规定性规则吗？设想一下，如果你希望这台机器能够学会"不要拆分不定式"或"不要用 because 开头"等规则来说话，那么它只会待在那儿一动不动。事实上，我们已经拥有各种"不要拆分不定式"的机器，例如螺丝刀、浴缸和咖啡机。如果没有更为基础的规则来创建句子、定义不定式，或者将"because"和"开头"的意义关联起来，规定性规则就会毫无意义。这些基础的规则就是我们在第 3~4 章中所描述的规则，它们从来不会出现在写作手册或者学校的语法教材中，因为作者无疑都明白，凡能够读懂教材者都必定掌握了这些规则。所有人，包括山谷女孩在内，都自然而然地知道不可以说出"Apples the eat boy""The child seems sleeping""Who did you meet John and"这样的句子，以及其他无限数量的单词组合。所以，如果科学家要设计高度技术化的精神机制，以便将单词组合成普通的句子，规定性规则都是其中无关紧要的小配件。规定性规则必须经由学校灌输才能被学生掌握，这也说明它们并不属于语言的自然机制。也许有人会痴迷于这些规则，但它与人类语言的关系，就像是猫展大赛的评奖规则与哺乳类生物学的关系一样。

因此，每个人说出的话既可能合乎语法（从语言机制的角度来看），又可能不合语法（从规定性的角度来看），这并没有什么矛盾之处，就像一位飙车的出租车司机虽然遵守了物理定律，却违反了马萨诸塞州的交通法规一样。但这也引发了一个问题：一定是某些人，在某种情况下，为其他人定下了这些规则，告诉人们什么才是"正确的英语"。这些人是谁？我们没有所谓的"英语研究院"，不过这未必不是一件幸事。法国的法兰西学院已经成为其他国家记者所取笑的对象，因为它不厌其烦地制定一些语言规范，而法国人对此却避犹不及。在英语确立之初，也没人举行过"英语制宪会议"，成为英语之父。事实上，"正确英语"的立法者，就是由文字编辑、词典编纂家、教材作者、英文教师、散文家、专栏作家和"语言权威"组成的一批人。他们声称自己的权威来自他们在捍卫语言标准方面的一贯奉献，这些标准在过去起到了积极的作用，特别是为伟大作家的创作提供了帮助，这些标准最大限度地提升了英语的明晰性、逻辑性、一致性、简洁性、优美性、连续性、准确性、稳定性、完整性和表现力。有些人还进一步宣称，他们是在捍卫条理清晰的思维能力。毫不奇怪，这种极端的沃尔夫主义在语言权威人士中很有市场，谁不希望自己能够成为理性的捍卫者，而不仅仅是一个教书匠呢？《纽约时报杂志》的《语言漫谈》（*On Language*）专栏撰稿人威廉·萨菲尔（William Safire）将自己称为"language maven"，"maven"这个词来自意第绪语，意思是"专家"，这恰好给他们贴上了一个容易识别的标签。

我对这些人只有一句话：专家？伪专家！他们更像是一些喜欢指手画脚的好事之徒，因为有大量的事实可以证明这一点。语言专家强调的大多数规定性规则其实没有任何意义，它们就像是民间传说，起源于几百年前某个莫名的原因，自那以后就一直流传至今。从这些规则诞生以来，人们就在不断地嘲笑它们，并纷纷发出感慨，认为语言衰败的时代就要来临。英语世界里的所有一流作家，包括莎士比亚和大多数专家本人，都曾公然嘲笑过这些规则。这些规则既不符合逻辑，也不符合传统，如果真的强迫作家遵循它们，只会导致文章笨拙冗长、不知所云，根本无法表达确切的想法。事实上，这些规则所针对的"无知错误"往往拥有完美的逻辑以及对语法结构的敏锐把握，但专家对此却视而不见。

语言专家的恶行开始于 18 世纪。当时，伦敦是英国的政治和金融中心，英国又是一个庞大帝国的中心。一夜之间，伦敦地区的方言变成了一种影响广泛的世界语言。学者们开始对它展开各种批评，就像他们对其他艺术形式或社会制度的攻讦一样，这样做的部分目的是质疑传统，从而挑战政府和贵族的权威。在那个时代，拉丁语依然被视为一种"有教养者的语言"（更不用说它还是一个同样庞大的帝国所使用的语言），它被认为具有完美的精确性和逻辑性，是英语学习的榜样。此外，18 世纪也是一个社会大变动的时代，那些渴求教育和发展，希望脱颖而出的人必须掌握最为优雅的英语。这种趋势为写作手册这类书籍的畅销提供了市场。为了帮助年轻人学会英语，有些写作手册将拉丁语语法套用在英语语法之上。随着竞争日趋激烈，写作手册的编纂者为了战胜对手，不惜将大量生冷怪僻的规则编入书中，而这成为学习者的金科玉律。现代规定性语法中的大多数怪胎，例如"不要拆分不定式""不要把介词放在句末"等，都源自 18 世纪的时髦风尚。

　　显然，仅仅因为拉丁语中没有分裂的不定式，就强迫当今的英语使用者亦步亦趋，不能拆分不定式，这种做法就如同强迫现代英国人像古罗马人一样戴桂冠、穿袍子。在拉丁语中，不定式是一个单词，例如"facere"和"dicere"，是句法的最小单位，因此即便是恺撒大帝，也无法将它拆开。英语则是一种不同的语言，它属于孤立语，通过多个单词的排列变化来建构句子，而不是依靠词尾的屈折变化。在英语中，不定式由两个单词构成，一个是补语化成分"to"，一个是动词，比如说"go"。从定义上说，单词的组合是可以进行变动的，因此我实在不明白，为什么这两个单词中间不能插入一个副词，就像电影《星际迷航》（*Star Trek*）中的那句经典台词：

> Space—the final frontier …These are the voyages of the starship Enterprise. It's five-year mission: to explore strange new worlds, to seek out new life and new civilizations, to boldly go where no man has gone before.
>
> 宇宙，最后的边疆。这是星舰进取号的航程。它的 5 年任务，是去探索这未知的新世界，找寻新的生命与新文明，勇踏前人未至之境。

　　难道这最后一句必须写成"to go boldly where no man has gone before"才算对吗？同样，"不要把介词放在句末"的规则也是如此。由于拉丁语拥有一套丰富的格标记系统，因此它不可能出现介词位于句尾的情况，但对于格标记不多的英语来说，将介词放在句尾又有何不可呢？就像丘吉尔所说："It is a rule up with which we should not put。"（这是我们不应该忍受的规则。）

　　可是，规定性规则一旦引入就很难再将它赶走，无论这条规则显得多么可笑。在教育界和写作界，这些规则之所以延续至今，其背后的动机就是：既然我吃过这个苦，受过这个累，凭什么你就可以轻松躲过？任何敢于挑战规则的人都不免心存顾虑，害怕读者认为他这样做的原因不是为了挑战规则，而是因为不懂规则（我不得不承认，正是出于这种担心，我才没有把一些值得拆开的不定式拆开来用）。更为重要的是，由于规定性规则违背自然、矫揉造作，只有那些有机会接受专门教育的人才能掌握，因此这些规则也就成为一种"暗号"（shibboleth），将精英人士与普通大众区分开来。

"暗号"这个词来自《圣经》，在希伯来语中是"大河"的意思。

规定性语法在 19 世纪的美国大行其道。当时，所有美国人说的都是一种英语方言，其中的一些语法特征可以追溯到 17 世纪的早期现代英语。H.L. 门肯曾将这种方言称为"美国语言"（The American Language）。不幸的是，这种语言没有成为政府和教育界所推崇的标准语言，美国学校的语法课程不遗余力地把它污蔑为一种不合语法、粗俗不堪的口头语。其中一些例子大家应该十分熟悉："aks a question""workin'""ain't""I don't see no birds""he don't""them boys""we was"，以及动词过去式"drug""seen""clumb""drownded"和"growed"。针对早年失学但又渴求深造的成年人，杂志上常常会刊登整版的函授教育广告，这些广告总是将上述例子列举出来，然后打上醒目的标题："你是否会犯下这些令人难堪的错误？"

几个正确的"错误"

语言专家常常宣称，非标准的美国英语不但语法另类，而且不够严谨，缺乏逻辑，但连他们自己也不得不承认，对于"drag-drug"这类非正式的不规则变化，这种指控是很难成立的，而对于非正式的规则变化"feeled"和"growed"，它就更说不通了。莱德勒就嘲笑过"正确"英语："Today we speak, but first we spoke; some faucets leak, but never loke. Today we write, but first we wrote; we bite our tongues, but never bote." 初看之下，语言专家对"He don't""We was"等语法错误的批评似乎更加合理，但是这本来就是标准英语几个世纪以来的发展趋势。我们谁也不会为第二人称单数的动词形式（例如 sayest）的消失感到不安。依据他们的看法，一些不合标准的英语方言才是更好的语言，因为它们还保留了第二人称代词的复数形式，例如"y'all"和"youse"。

双重否定

此时，标准语言的捍卫者可能会抬出臭名昭著的"双重否定"来进行反击，例如滚石乐队主唱贾格尔的金曲《我得不到满足》(*I Can't Get No Satisfaction*)。他们告诉大家，从逻辑上看，双重否定等于肯定，这首歌名的字面意思是说"我能得到满足"，所以它应该改为"I Can't Get Any Satisfaction"。但这个解释并不能令人满意。世界上有几百种语言都要求使用者在否定动词的"管界"(scope)内加入一个否定成分。这种所谓的双重否定绝不是语言的堕落，它曾经是乔叟时代的中古英语的一种规范表达。当代的标准法语也拥有这种否定形式，例如在"Je ne sais pas"(我不知道)中，"ne"和"pas"都是否定词。由此想来，标准英语也是一样。请看下面这些句子中的"any""even"和"at all"，它们是什么意思。

> I didn't buy any lottery tickets.
>> 我一张彩票也没买。
> I didn't eat even a single French fry.
>> 我连一根薯条都没吃。
> I didn't eat fried food at all today.
>> 我今天完全没吃油炸的食物。

很明显，它们并无具体的含义，因为你不能单独使用它们。下面这些句子看起来就十分奇怪：

> I bought any lottery tickets.
> I ate even a single French fry.
> I ate fried food at all today.

这些单词的用途和非标准美式英语中的"no"完全相同，例如"I didn't buy no lottery tickets"。它们都与句子的否定动词保持一致，其中仅有的区别是，非标准英语指派"no"来充当一致性成分，而标准英语指派的是 any。除此之外，它们几乎可以互换。还需指出的一点是，在标准英语中，双重否定也并非简单的负负得正，没有人会平白无故地用"I can't get no satisfaction"来吹嘘自己"很容易获得满足"。在某些情况下，有的人可能会用这种句式来否定前面出现的否定判断，但即便如此，他也必须用重音来强调否定成分。例如，下面这个略显做作的句子：

> As hard as I try not to be smug about the misfortunes of my adversaries, I must admit that I can't get no satisfaction out of his tenure denial.
>
> 虽然我努力不让自己因为对手的不幸而兴高采烈，但我必须承认，面对他的下台，我还是不能不感到些许快意。

因此，认为非标准语法形式会导致逻辑混乱，完全是迂腐之见。

对语言的韵律（重音和语调）充耳不闻，对谈话原则和修辞理论视而不见，这是语言专家的法宝。我们再来看当今年轻人的一句口头禅："I could care less"（我毫不在乎）。语言专家一向视它为洪水猛兽，他们强调，年轻人的意思是为了表达一种不屑，因此应该是"I couldn't care less"才对，如果他们"可以少一点儿在乎"，就说明他们还是比较在乎的，这和他们要表达的意思正好相反。但是，如果这些老爷们能够停止对年轻人的骚扰，认真打量这个句式，他们就会发现自己的观点根本站不住脚。让我们听听这两个句子说出时的不同语气：

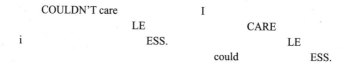

这两句话的语调、重音完全不同，这种不同是有原因的。第二个句子并非没有逻辑，它蕴含着一种讽刺的意味。所谓"讽刺"，就是借用明显的错误或者夸张的语调，达到正话反说的目的。因此这句话的意思可以表述为："Oh yeah, as if there was something in the world that I care less about."（切！就好像这个世上真有我更不在乎的事情一样。）

"Everyone returned to their seats" 对还是错？

有时候，一些所谓的语法"错误"不仅合乎一般的情理，也符合形式逻辑的基本要求。请看下面这些"村言野语"，几乎所有的语言专家都对它们嗤之以鼻：

> Everyone returned to their seats.
> 每个人都回到了他们的座位上。

Anyone who thinks a Yonex racquet has improved their game, raise your hand.

如果有哪个人认为"尤尼克斯"球拍提高了他们的比赛成绩，请举起你们的手。

If anyone calls, tell them I can't come to the phone.

如果有哪个人打电话给我，告诉他们我不能接电话。

Someone dropped by but they didn't say what they wanted.

有人来拜访过，但他们没有说他们想要什么。

No one should have to sell their home to pay for medical care.

没有哪个人会愿意卖掉他们的房子来支付医疗保健。

He's one of those guys who's always patting themself on the back.

他是那些总喜欢沾沾自喜的家伙之一。

——《麦田里的守望者》的主人公霍尔顿·考尔菲德

他们解释说，"everyone"指的是每一个人，因此是单数主语，不能充当复数代词"them"的先行词。他们坚持"Everyone returned to his seat""If anyone calls, tell him I can't come to the phone"才是正确的句子。

如果你正是他们的说教对象，你可能会觉得有点儿不太对劲。"Everyone returned to his seat"听起来就像是人们在幕间休息时突然发现著名歌星布鲁斯·斯普林斯汀（Bruce Springsteen）也坐在观众席中，于是每个人都向他的座位挤去，围着讨要签名。另外，如果打来电话的人是一位女士，那么让自己的室友向"him"转告一些事情不是听起来有点儿怪吗（即便你并不在意性别歧视）？ 因此在这些标准面前，我们完全有理由表示疑虑，它们对严肃的语言学家来说是一种危险信号。如果下回有人企图纠正你的这类错误，你可以请这位自作聪明的人修改下面这个"病句"：

Mary saw everyone before John noticed them.

玛丽看见了每一个人，就在约翰注意到他们之前。

然后，你就可以尽情地欣赏他的窘态，看他把这个句子"修改"成"Mary saw everyone before John noticed him"这样根本不通的句子。

这是包括你和霍尔顿·考尔菲德在内的"每个人"都能明白的逻辑关系，唯独语言专家一头雾水。"everyone"和"they"并不是先行词和代词的关系，它们指的并不是现实中的同一个人，因此他们不必在数量上保持一致。它们一个是"逻辑量词"（quantifier），一个是"约束变项"（bound variable），这是完全不同的逻辑关系。"Everyone returned to their seats"的意思是"对于所有的 X 来说，X 回到 X 的座位"。这个"X"并非特定的某个人或者某群人，它只是一个占位符，负责记录句中的人物在不同条件下所扮演的角色。在这个例子中，"回到座位"的 X 与"拥有这个座位"的 X 是一致的。事实上，句中的"their"不是复数，因为它既不代表某个事物，也不代表某些事物，它根本不代表任何事物。同样，打进电话的人也是如此：可能是一个，可能一个也没有，也可能追求者太多，电话响个不停。但最重要的是，每次只能有一个人打来电话，而如果有人打来电话，他（而非别人）的电话都将被拒接。

因此从逻辑上看，这些变项与我们熟悉的指涉代词并不是一回事。指涉代词必须遵循一致性原则，"he"代表某个特定的人，"they"代表特定的一群人。世界上的有些语言显得更为体贴，它们用不同的单词来分别表示指涉代词和约束变项。英语却十分小气，当说话者要用到某个变项时，指涉代词就不得不无条件地出让自己的位置。既然它们只是徒具指涉代词之形，而非真正的指涉代词，那就不能说方言中所用的"they""their""them"要比专家推荐的"he""him""his"更差一些。事实上，"they"这个单词显得更有优势，因为它既指男性又指女性，可以满足各种具体需要。

名词转动词

古往今来，语言专家都对英语使用者将名词转用成动词的"恶习"痛心疾首，下面这些动词在本世纪里就曾备受责难：

to caveat	to input	to host
to nuance	to access	to chair
to dialogue	to showcase	to progress

to parent	to intrigue	to contact
	to impact	

正如你所见，这里面既有一些较为生硬的用法，也有完全无可挑剔的例子。实际上，几个世纪以来，名词直接转用为动词的现象一直是英语语法的组成部分，这也是英语发展到今天的一个必经过程。据我估计，英语中大约有 1/5 的动词最初都是名词。我们以表示身体部位的名词为例："head a committee"（领导一个委员会）、"eye a babe"（注视婴儿）、"nose around the office"（在办公室打探消息）、"mouth the lyrics"（朗诵诗歌）、"gum the biscuit"（咀嚼饼干）、"begin teething"（开始长牙）、"tongue each note on the flute"（吹奏笛子）、"jaw at the referee"（向裁判抱怨）、"neck in the back seat"（坐在后座亲吻）、"back a candidate"（支持候选人）、"arm the militia"（武装民兵）、"shoulder the burden"（承担责任）、"elbow your way in"（挤进人群）、"hand him a toy"（递给他一个玩具）、"finger the culprit"（指证罪犯）、"knuckle under"（屈服让步）、"thumb a ride"（要求搭车）、"wrist it into the net"（把它抓到网里）、"belly up to the bar"（径直走向酒吧）、"stomach someone's complaints"（忍受某人的抱怨）、"rib your drinking buddies"（搀住喝醉的朋友）、"knee the goalie"（用膝盖顶撞守门员）、"leg it across town"（步行穿过城镇）、"heel on command"（紧随命令）、"foot the bill"（付账）、"toe the line"（听从指挥）。当然，还有其他一些表示身体部位的单词，在这本"老少咸宜"的语言书中就不便列举了。

这有什么问题呢？语言专家似乎认为，头脑混乱的人们正在逐渐模糊名词与动词的界限，但这又一次侮辱了普通民众的智商。我们在第 4 章中曾分析过一个现象：棒球术语 "fly out" 的过去式是 "flied"，而非 "flew"。同样，我们说 "ringed the city"，而不说 "rang the city"；说 "grandstanded"，而不说 "grandstood"。这些动词都是由名词转用而来的，例如 "a pop fly"（内野高飞球）、"a ring around the city"（城市包围圈）和 "a grandstand"（大看台）。说话者内心对这种转用十分敏感。他们之所以避免不规则形式 "flew out"，是因为在心理词典中，棒球术语中的动词"fly"与一般动词"fly"并不相同，一个基于名词词根，一个基于动词词根。只有动词词根的"fly"才拥有不规则的过去式"flew"，因为只有动词词根才有"过去式"这一说。这个现象说明，当人们将名词用作动词时，他们的心理词典会变得更加细致、严谨，而不是更加随意。单词属性不会因为名词与动词的转换而模糊起来，相反，它会更加清晰：哪些是动词、哪些是名词、哪些是基于名词的动词，人们会给它们贴上不同的心理标签，分别储存起来。

最不可思议的是，每个人都会不自觉地尊重这些"跨界动词"的特殊性。我们在第 4 章谈到，假如你将一个名词转用为一个新的动词，比如说某个人的名字，那它一定是规则动词，即便这个新动词与已有的某个不规则动词拼写相同。例如第 4 章的例子："Mae Jemison, the beautiful black female astronaut, out-Sally-Rided（而非 out-Sally-Rode.）Sally Ride."（梅·杰米森，这位美丽的黑人女宇航员比萨利·莱德还萨利·莱德。）我的研究小组对数百人做过测试，其中包括大学生、没有上过大学的成年人（这些人都是通过在通俗小报上刊登广告招募而来的志愿者）、学龄儿童，甚至还包括 4 岁的小孩。我们让这些人对 25 个由名词变来的新动词进行词形变化，结果他们的表现就像是天生的语法学家，对这些动词的处理都与已有的普通动词不同。

是否还有谁不明白这个原则呢？有，那就是语言专家。如若不信，那就看看西奥多·伯恩斯坦（Theodore Bernstein）在《谨慎的作家》（*The Careful Writer*）一书中是如何点评"broadcasted"的吧：

> 如果你认为自己已经正确地预见到近期英语发展的未来，并决心和放任主义者同坐一条船，那么你就会接受"broadcasted"的用法（至少在表示"广播"的意思时），就像有些字典所标明的那样。然而我们的看法是，无论将所有的不规则动词转变为规则动词是一件多么可喜的事情，它也不能靠一纸法令来完成，更不是一朝一夕之事。我们将继续用"broadcast"来充当过去式和过去分词，因为除了一些所谓的类推性、一致性或者逻辑性原因（就连放任主义者自己都时常嘲笑它们），我们找不到使用"broadcasted"的任何理由。这种态度与我们在棒球术语"flied"上采取的立场并不相违，因为我们使用"flied"是有充分理由的。事实就摆在那里，谁也回避不了：

英语中就是有不规则动词。

伯恩斯坦赞同"flied"的"充分理由"是：它是棒球比赛中的一个术语，具有专门的含义。但这却是一个错误的理由。"see a bet""cut a deal"（达成协议）、"take the count"（被判失败）中的"see""cut""take"都有专门的含义，但它们仍然保留了不规则的过去式"saw""cut""took"，而没有切换成"seed""cutted""taked"，可见伯恩斯坦的解释并不正确。我们使用"flied"的真正原因是："fly out"指的是"hit a fly"（打出一个高飞球），其中的"fly"是一个名词。人们采用"broadcasted"的理由也一样，他们不是想一夜之间将所有的不规则动词都转变成规则动词，而是在他们心中将动词"broadcast"解读为"make a broadcast"，因此，这个动词是由更为常用的名词"broadcast"转用而来的（动词"broadcast"最早的意思是"撒种"，现在除了园艺工作者外已经很少有人知道这个意思了）。作为一个由名词转变而来的动词，"broadcast"没有资格继承它原本自带的不规则形式，所以普通民众非常明智地选用了"-ed"规则。

Hopefully

我不得不再举一个例子，那就是广受诟病的"hopefully"。像"Hopefully, the treaty will pass"这样的句子被认为大错特错。副词"hopefully"来自形容词"hopeful"，表示"满怀希望的样子"，因此专家说它只能用来表示句子中的某个人"满怀希望"地做某件事情。如果要表达作者或读者的愿望，就应该说"It is hoped that the treaty will pass"（人们希望这份协议能够通过）、"If hopes are realized, the treaty will pass"（但愿这份协议能够通过）或者"I hope that the treaty will pass"（我希望这份协议能够通过）。

下面是我的看法。

1. 在英语中，副词并非一定是用来表示行为者的行为态度或特征。副词有两种类型：一种是修饰"动词短语"的副词，如"carefully"（仔细地），这种副词的确是描绘行为者的行为；另一种是"句子"副词，如"frankly"（坦率地说），它表达的是说话者的主观态度。这类句子副词有：

accordingly	curiously	oddly
admittedly	generally	parenthetically
alarmingly	happily	predictably
amazingly	honestly	roughly
basically	ideally	seriously
bluntly	incidentally	strikingly
candidly	intriguingly	supposedly
confidentially	mercifully	understandably

请注意，这里的许多副词都来自修饰动词短语的副词，例如"mercifully""honestly"和"happily"，它们的"两面性"并不会在实际语境中产生歧义。根据《牛津英语词典》的释条，至少从 20 世纪 30 年代开始，"hopefully"就已经作为句子副词出现在书面语中，而其出现在口语中的时间就更早了。因此，这是一个完全合理的派生过程。

2. 专家提出的替代方案"It is hoped that""If hopes are realized"囊括了拙劣文笔的四大弊病：被动语态、冗词赘语、语义含糊、官腔十足。

3. 专家的替代方案与"hopefully"所表达的意思并不能完全吻合，如果禁用"hopefully"，我们就无法表达特定的想法。"hopefully"表示一种较有希望的预测，而"I hope that"和"It is hoped that"只表示说话者的主观愿望，因此我们可以说"I hope that the treaty will pass, but it isn't likely"（我希望这份协议能够通过，但可能性不大），但如果说"Hopefully, the treaty will pass, but it isn't likely"（这份协议有希望通过，但可能性不大），就显得有点儿奇怪了。

4. 假如我们只能用"hopefully"来修饰动词短语，那么请看下面这两个句子：

Hopefully, Larry hurled the ball toward the basket with one second left in the game.

> Hopefully, Melvin turned the record over and sat back down on the couch eleven centimeters closer to Ellen.

你说我愚蠢也好，无知也罢，反正这样的句子我是绝对说不出口的。

设想一下，假如有位专家突然宣布我们都犯了一个严重的错误：俄亥俄州的克利夫兰市（Cleveland）的正确名称应该是"辛辛那提"（Cincinnati），而人们称为"辛辛那提"的城市其实是"克利夫兰"。可是，这位专家又给不出任何理由，只是坚称自己是对的，而且要求每个注重语言的人都必须立刻改变"他"对这两座城市的叫法（没错，是"他"，而不是"他们"），无论这样做会造成多大的混乱，付出多大的代价。你肯定会认为这人的脑袋有问题。但是，当某个专栏作家或者报纸编辑在"hopefully"的问题上发表类似的见解，他却会被视为语言规范的捍卫者。

4 类语言专家的高见

我们已经讨论了一般语言专家极力守护的几个"真理"，现在我想考察一下专家本人。这些人虽然都自恃为专家，但他们的目的、水平以及学识各不相同。为公平起见，我们有必要进行分类讨论。

词语观察家

我们最常见到的专家是所谓的"词语观察家"（wordwatcher），这个术语是由生物学家刘易斯·托马斯（Lewis Thomas）创造的，而他本人就是一位词语观察家。和语言学家不同，词语观察家主要关注的是生冷怪僻、来源不明的单词和成语。有的词语观察家本身是另一个领域的学者，他们花了很多时间来撰写有关词源的书籍，比如托马斯和奎因。有的则是负责在"问与答"专栏上回答读者提问的新闻记者。下面是《波士顿环球报》专栏上的一个例子：

问：当我们想去激怒别人时，为什么要说"get his goat"（直译为：偷走他的山羊）呢？

答：俚语专家还没有彻底搞清楚，但有些人认为，这个说法源自赛马场上的一个旧习。当时，人们常常将山羊和容易受惊的良种赛马关在一起，这样可以使赛马保持安静。19世纪的赌马者有时会偷走山羊，让马躁动不安，输掉比赛。因此，才有"get his goat"的说法。

对于这种解释，伍迪·艾伦在《俚语的起源》（*Slang Origins*）中挖苦道：

> 你们中间有多少人想过某些俚语的来源，比如"the cat's pajamas"（不同凡响的人）和"take it on the lam"（溜之大吉）？反正我从没想过。不过，对于那些有兴趣的人，我可以做一个简单的介绍，让大家看看一些有趣的词源。
>
> ……"Take it on the lam"起源于英国。在英国，"lamming"是一种把骰子和一大管药膏当玩具的游戏。每个玩家轮流丢骰子，丢完后就在房间里跳来跳去，直至倒地出血。如果有人丢了"7"点或者比"7"还小的点数，他就要说"quintz"，然后一直发疯般地狂跳。如果点数大于"7"，他就得被迫分给其他玩家一些羽毛，由此得到一个好的"lamming"。如果一个人得到3次"lamming"，他就会被"kwirled"，或者宣布道德上的破产。后来，所有用到羽毛的游戏都被称为"lamming"，而"羽毛"一词就变成了"lam"。所以"take it on the lam"就是"披上羽毛"，后来就变成"溜之大吉"的意思，不过其中的转变过程还不太清楚。

这段文字正好体现了我对词语观察家的态度：我认为他们没有害处，但我从不完全相信，而且多数时候我也毫不关心。几年前，有位专栏作家对"pumpernickel"（黑麦粗面包）的来源做了解释：在征战中欧的过程中，拿破仑在一家客栈逗留。进餐时，店家呈上了一块又黑又酸的粗面包。吃惯了巴黎长棍面包的他揶揄道："这块面包是给Nicole吃的吧。"Nicole是拿破仑的马。当别人对这位专栏作家的解释提出质疑时（字典上说这个词来自德语口语，意思是"放屁的小妖精"），他只好承认，这个解释是他写稿的那天夜晚在酒吧里和朋友一起杜撰的。对我来说，词语观察就像集邮一样，它能给你带来知识上的乐趣，但也会附带产生一定的忧虑，因为你不知道自己收集的邮票中有多少赝品。

先知"耶利米"

与此相反的是像先知"耶利米"（Jeremiah）一样的语言专家，他们一味地宣泄悲观论调，预言世界末日的到来。一位身兼"词典编纂家""语言专栏作家"和"语用专家"的著名人士曾经援引某位诗人的话说：

> 作为诗人，他只有一个政治责任，那就是捍卫语言，使之免于堕落。这在今天显得尤为重要。因为语言正在遭受侵蚀，一旦语言走向堕落，人们就不会再相信自己的耳朵，而这将导致暴力的发生。

语言学家德怀特·博林格（Dwight Bolinger）温柔地提醒这位作家少安毋躁，他说："即便所有人都按照语言规范来说话，也还是会有暴徒从黑夜中跳出来拦路打劫的。"

近年来，声音最大的耶利米要数批评家约翰·西蒙（John Simon）了，他的影评和剧评以恶毒著称，喜欢对女演员的面容发表长篇大论，肆意攻击。下面是他的某篇语言专栏文章的开头，很有代表性：

> 现在的人对待英语，就像当年的奴隶贩子对待运奴船上的黑奴，或者纳粹集中营的看守对待营中的囚徒一样。

顺带一提的是，导致他做出这种无聊对比的原因是美国众议院议长奥尼尔（O'Neill）的语法错误。奥尼尔将其同僚称为"fellow colleagues"，其中的"fellow"是个冗词。西蒙将它斥之为"最低级的语言错误"。西蒙还对美国黑人英语发表了一通意见：

> 我们为什么要照顾那些缺乏教养的亚文化成员对音、义关系的看法？难道有一种语法——无论什么语法——可以描述这种关系？
>
> 至于"I be""you be""he be"这些表述方式，简直会让我们神经衰弱。或许我们可以理解这些语句，但它们违反了所有公认的古典语法和现代语法。它们不是语言历史的产物，而是对语言规则的无知。

这种荒谬恶毒的无知言论根本不值一驳，因为他并不是在真诚地讨论问题。西蒙只是发现了一种行之有效的手段，这种手段也是某些喜剧演员、脱口秀主持人以及朋克乐手的惯用伎俩：一个资质平庸的人可以通过无理的谩骂来吸引媒体的关注——至少可以暂时达到效果。

艺人

第三类语言专家是"艺人"，他们喜欢收集各种回文（palindrome）、双关语（pun）、变位词（anagram）、图形字谜（rebus）、笑词（malapropism）、妙语（Goldwynism）、齐名（eponym）、长字（sesquipedalia）、语误（howler）和洋相（blooper），然后拿到人前卖弄。像威拉德·埃斯皮（Willard Espy）、迪米特里·伯格曼（Dimitri Borgman）、盖尔斯·布兰德雷斯（Gyles Brandreth）和理查德·莱德勒就是这种"艺人"，他们写的书也是以娱乐为题：《单词游戏》（*Words at Play*）、《闲趣语言》（*Language on Vacation*）、《快乐语法》（*The Joy of Lex*）、《不堪的英语》（*Anguished English*）。他们以搞笑的方式展示语言的滑稽可笑，当然会换来读者的哈哈一笑。但在拜读他们的文章时，我有时觉得自己就像是在观看海豚表演的雅克·库斯托①，渴望这些优美的海洋精灵能够摆脱系在身上的草裙，在更具尊严的环境中展现它们更为迷人的自然天赋。下面是莱德勒的一段"卖艺"文字：

> 如果我们花点时间来想想英语的矛盾和荒唐，就会发现"热狗"（hot dog）可以是冷的，"暗室"（darkroom）可以很亮，"家庭作业"（homework）可以在学校完成，"噩梦"（nightmare）可以在白天做，而"害喜"（morning sickness）和"白日梦"（daydreaming）可以在晚上发生……
>
> 有时你不得不认为，所有说英语的人都应该被关进精神病院，因为他们的词语实在是太疯狂了。还有哪一种语言会让人们"在停车道上开车，在公路上停车"（drive in a parkway and park in a driveway）？"在演奏会上朗诵，在戏剧中演奏"？（recite at a play and play at a recital）……为什么一个"苗条的机会"（slim chance）和一个"肥胖的机会"（fat chance）意思相同，而一个"聪明的人"（wise man）和一个"聪明的家伙"（wise guy）却意思相反？还有那所谓的"甜甜洞"（Doughnut hole），这种美味的小点心难道不应该叫"甜甜球"（doughnut ball）？真正的甜甜洞应该是指甜甜圈的空心才对吧。还有"他们从头爱到脚"（They're head over heels in love），这句话的确不错，但我们做其他事情的时候不也是"头上脚下"（head over heels）吗？如果我们真的想要表达两个人爱得神魂颠倒，

---

① 雅克·库斯托（Jacques Cousteau），法国著名海洋探险家和潜水摄影家。——译者注

死去活来，为什么不说"They're heels over head in love"（他们爱得脚上头下）？

我反对！第一，谁都明白复合词与短语是两回事。复合词和其他单词一样，本身拥有一个约定俗成的含义，而短语的意思则取决于它的组成部分及其组合规则。复合词的重音模式与短语不同，例如一个读作"dárkroom"，一个读作"dark róom"。像"hot dog""morning sickness"这些看似"疯狂"的组合其实都是复合词，因此即便是"cold hot dogs"（冷的热狗）、"nighttime morning sickness"（夜间出现的害喜）也并不违背语法逻辑。第二，像"fat chance"（渺茫的机会）和"wise guy"（自作聪明的人）这样的说法明显是一种反讽，这一点有谁看不出来呢？第三，"Donut holes"（甜甜洞）是邓肯唐纳滋公司（Dunkin'Donuts）注册的一个商标，而且是故意取这个古怪的名字，难道有人看不出其中的笑点吗？第四，介词"over"拥有好几个含义，它可以表示一种静止的空间状态，例如著名歌曲《忧郁河上的桥》（Bridge over troubled water）。它也可以表示某个物体的移动轨迹，例如"The quick brown fox jumped over the lazy dog"（灵巧的棕色狐狸从一只懒狗身上跳了过去）。"Head over heels"涉及的是第二种意思，它描述的是情侣的头部动作，而不是头部位置。

同时，我也必须为大学生、救济申请人以及普通劳动者辩护几句，他们的语言常常被那些艺人当作笑料。漫画家和对白作者有一个创作诀窍：如果你想让笔下的人物看起来像个乡巴佬，那就按照"实际"的发音来拼写他所说的单词，而不像通常那样去拼，例如"sez""cum""wimmin""hafta""crooshul"等。莱德勒在《如何听懂美国人的含混口音》中就使用过这种把戏，用以嘲笑英语中十分常见的协同发音现象。例如"coulda"和"could of"（could have）、"forced"（forest）、"granite"（granted）、"neck store"（next door）、"then"（than），然而我们在第 5 章已经说过，除了科幻小说中的机器人外，每个人都是根据自然形成的音位规则来说话的。

莱德勒还罗列了学生学年论文、车险理赔申请和社会救济申请中的各种"洋相"，这些洋相对许多人来说并不陌生，它们都是些老掉牙的笑话，经常出现在大学校园或者政府部门的公告栏里。

> In accordance with your instructions I have given birth to twins in the enclosed envelope.
>
> 根据您的要求，我在随附的信封里生了一对双胞胎。
>
> My husband got his project cut off two weeks ago and I haven't had any relief since.
>
> 我丈夫两个星期前被"去势"了，从此我就没有得到任何"安慰"。
>
> An invisible car came out of nowhere, struck my car, and vanished.
>
> 一辆"隐形"汽车突然出现，撞了我的车，然后消失了。
>
> The pedestrian had no idea which direction to go, so I ran over him.
>
> 这位行人不知道自己要去哪儿，所以我轧过了他。
>
> Artificial insemination is when the farmer does it to the cow instead of the bull.
>
> 人工授精就是农夫来给母牛受精，而不是公牛。
>
> Moses went up on Mount Cyanide to get the ten commandments. He died before he ever reached Canada.
>
> 摩西在"氰化物"山上受了十戒，他在抵达"加拿大"前去世了。

这些洋相的确有些好笑，但是，在你准备吐槽普通百姓的写作能力，认为他们滑稽可笑之前，有一件事你必须了解：大部分洋相很可能是人为编造出来的。

民俗学家简·布鲁范德（Jan Brunvand）曾经搜集了数以百计的"都市传说"（urban legend）。每个人都声称这些耸人听闻的故事千真万确地发生在自己"朋友的朋友"（friend of a friend，简称"FOAF"）身上。而且，这些故事总是不断地从一个城市传播到另一个城市，情节也大体相同，但它们绝对不会是真实的事件。"嬉皮士保姆""下水道鳄鱼""肯德基炸鼠"和"万圣节施虐狂"就是其中的一些著名传说。事实证明，语言洋相也是都市传说的一个亚类，名为"复印传说"（xeroxlore）。把这些洋相广而告之的人都表示这些洋相不是他们亲手收集，而是从别人那里抄来的，而这个"别人"又是从别人那里抄来的，总之，这些洋相的确来自某个部门的某位工作人员所收到的函件或申请。有些几乎完全相同的洋相自第一次世界大战以来就广为流传，而且分别涉及新英格兰、阿拉巴马州、盐湖城等不同地区的部门科室。布鲁范德强调，在这么长的时间里，一些内容相同的语言糗事在各个不同的地方分别发生，这种可能性实在太小。电子邮件的出现加速了这些洋相的制造和传播，我有时也会收到这样的东西，但我能够察觉这只是有意的玩笑（只是还不清楚它们由学生杜撰还是出自教授之手），而非意外的出糗，例如将"adamant"（坚硬的）解释为"pertaining to original sin"（与原罪有关的），将"gubernatorial"（州长的）解释为"having to do with peanuts"（与花生有关的）[①]。

智者

最后一类言语专家是"智者"，其中以萨菲尔和《纽约时报》已故编辑、《谨慎的作家》的作者伯恩斯坦为代表。他们善于采用适度、合理的方法解决语言的使用问题，并由此获得声望。他们对犯错者总是机智、诙谐地打趣一番，而不会口诛笔伐，肆意凌辱。我喜欢读这些智者的文字，萨菲尔曾将某条反色情法令的内容总结为"It isn't the teat, it's the tumidity"（这不是奶头，这只是一个肿块）。对于这样的生花妙笔，我除了敬佩之外无话可说。可惜的是，即便是像萨菲尔这样的智者，这些最为开明的语言专家，也不免会低估普通百姓的语言水平，从而导致自己的许多评论显得无的放矢，隔靴搔痒。为了证明这一点，我将带你一同检阅萨菲尔的一篇专栏文章，它刊登在 1992 年 10 月 4 日的《纽约时报》杂志上。

这篇文章包含了 3 个故事，一共讨论了 6 个有问题的语言案例。第一个故事的主角是 1992 年美国大选中的两位总统候选人，文章毫无党见地分析了他们各自在代词的格上所犯的错误。当时，乔治·布什推出了他的竞选口号："Who do you trust?"（你们信任谁？）这一口号的推出，导致全美国的小学教师对其离心离德。他们指出，"who"是一个"主语代词"（或者说主格），而口号问的是动词"trust"的宾语（也就是宾格），我们通常说"You do trust him"（你信任他），而不会说"You do trust he"。因此，在这个问句中，应该用"whom"，而不是"who"。

[①] 此处拿美国前总统卡特开涮，卡特曾经担任佐治亚州州长，他家世代务农，以种植花生为业。——译者注

这是规定主义者对日常用语的一个典型抱怨，我们可以这样回答："who/whom"区别是英语格系统的一个残留物，这种格系统早在几百年前就被名词抛弃，如今只保留在"he/him"这样的代词中。而且，即便是代词，主格"ye"和宾格"you"之间的区别也已经消失，只剩下身兼二职的"you"，"ye"则完全沦为一种古语。"whom"虽然比"ye"活得长，但也是垂垂老矣，行将就木。在大多数口语情境中，使用"whom"会让人觉得忸怩作态。没有人会真的要求布什把口号改成"Whom do ye trust"，既然我们都已经容忍了"ye"的消失而以"you"代之，而且每个人都在用"who"来兼指主格和宾格，那为什么还要抓住"whom"不放呢？

萨菲尔在这个问题上表现出开明的一面，他提出了一个"两全之策"：

> 萨菲尔的"Who/Whom"规则可以一劳永逸地解决这个令作家和演说家骑虎难下，在迂腐和错误之间摇摆不定的问题。"用'whom'固然不错，但最好重写一个句子取代它。"因此，布什不需要将口号改成"Whom do you trust"，这会让他听起来像一位食古不化的耶鲁学究。他只需将口号改成"Which candidate do you trust"（你信任哪位候选人），就可以重获语言纯正癖者的支持。

萨菲尔的建议有点儿像所罗门式的不可接受的"假折中"（pseudo-compromise）[1]。要求人们回避一个有问题的句式似乎是天经地义之事，但在"who"的宾格问题上，这却要付出无法忍受的代价。在现实生活中，人们经常会问到涉及动词宾语或介词宾语的问题。下面是从父母与孩子的对话录音中选取的几个例子：

> I know, but who did we see at the other store?
> 我知道，但我们在另一家店里看到了谁？
> Who did we see on the way home?
> 我们在回家的路上看到了谁？

---

[1]《圣经·列王记》载：两位妇人各抱着一个婴儿来见所罗门王，其中一个已经死亡。两位妇人都声称活着的婴儿是她所生，所罗门王拿出一把宝剑，要将婴儿劈成两半，一人一半。其中一位妇人立即哭求不要动手，她愿意把孩子让给对方。但另一位则认为很公平。所罗门王于是下令将孩子交还给哭着恳求的妇人。在这个案例中，婴儿是一条命，劈成两半，只是半块尸体，完全不符合折中的需要，因此是一个不可接受的"假折中"。——译者注

Who did you play with outside tonight?

你今晚和谁在外面玩？

Abe, who did you play with today at school?

亚伯，你今天在学校里和谁一起玩？

Who did you sound like?

你的声音听起来像谁？

想想看，如果要把上面的"who"都换成"whom"，听起来会是什么样子！萨菲尔的建议是将这些"who"都换成"which person"（哪个人）或"which child"（哪个小孩），但这种建议显然违背了行文写作的一条金科玉律——去掉多余的文字，它还将迫使人们过多地使用"which"这个被文章学家斥为"最丑陋"的英语单词。此外，它也会破坏语言运用的终极目标：尽可能清晰、准确地表达思想。"Who did we see on the way home"中的"who"可以是一个人、许多人，也可以是包含成人、小孩、婴儿乃至宠物狗在内的各类组合，而替代品"which person"则会将其中的一些可能性排除在外，与提问者的原意不符。例如，萨菲尔的规则究竟该如何运用到下面这句著名的歌词上呢？

Who're you gonna call? GHOSTBUSTERS!

你要给谁打电话？捉鬼敢死队！

因此在这个问题上，做一个极端自由主义者并不是一件坏事。萨菲尔本应根据自己的观察得出合乎逻辑的结论，告诉总统：他完全没有必要改变口号，至少没有语法上的必要。

现在看来，萨菲尔抓住了比尔·克林顿的一个错误，因为他要求选民们"give Al Gore and I a chance to bring America back"（给阿尔·戈尔和我一个重振美国的机会）。在日常生活中，没人会说"give I a break"（让我休息一下），因为动词"give"的间接宾语必须是宾格，因此克林顿的话应改为"give Al Gore and me a chance"。

在所有的"语法错误"中，可能没有哪一个像错用连词短语（用"and"或"or"连接而成的短语）中的代词格那样受到如此多的嘲笑了。有哪个小孩不曾因为说出"Me and Jennifer are going to the mall"这样的句子而被大人纠正？我的一位同事回忆说，在 12 岁的时候，她的妈妈曾经要求她改掉这个毛病，否则就不许她穿耳洞。标准的说法是，宾格代词"me"不能出现在主格位置上，没有人会说"Me is going to the mall"，因此正确的表述是"Jennifer and I"。人们常常把这个提醒错误地记成"如果不知道怎么说，那就说'某某'和'I'，而不说'某某'和'me'"，所以就不假思索地滥用这条规则，从而导致"give Al Gore and I a chance"以及"between you and I"这种更受鄙视的"错误"——语言学家将这一现象称为"矫枉过正"（hypercorrection）。

但是，如果连街头上的普通人都能轻易避免"Me is going"和"Give I a break"这样的错误，而常春藤联盟的大学教授、"罗德奖学金"获得者克林顿却会说出"Me and Jennifer are going"和"Give Al and I a chance"这样的句子，这是否说明真正误解了英语语法的是语言专家，而不是说话者本人呢？这些专家秉持的理由是：如果一个连词短语拥有某种语法特征，比如说主格，那么短语中的每个单词都必须具备相同的特征。但这个理由是错的。

"Jennifer"是单数，我们说"Jennifer is"而不说"Jennifer are"。代词"She"是单数，我们说"She is"而不说"She are"。但连词短语"She and Jennifer"却不是单数，我们说"She and Jennifer are"而不说"She and Jennifer is"。因此，如果连词短语的数可以不同于它内部代词的数（She and Jennifer are），那它为什么必须和自己内部的代词保持相同的格呢（Give Al Gore and I a chance）？答案是不必如此。连词短语是一种典型的无中心语结构。我们前面说过，短语中心语决定着整个短语的意思，在短语"the tall blond man with one black shoe"（穿一只黑鞋的高个金发男子）中，单词"man"是中心语，因为整个短语的属性都取决于这个"man"：这个短语说的是一个人，它是第三人称单数，因为"man"是第三人称单数。可是，连词短语没有中心语，所以它在属性上可以不同于它的任何一个组成部分。如果约翰和玛莎相遇了（John and Marsha met），这并不等于说"约翰相遇了"（John met）和"玛莎相遇了"（Marsha met）。如果选民打算给克林顿和戈尔一个机会，他们也不是说先给戈尔一个机会，再给克林顿一个机会，他们是给这对竞选搭档一个机会。所以说，虽然"Me and Jennifer"是主语，但这并不代表"Me"也是主语，必须以主格形式出现。同样，虽然"Al Gore and I"是宾语，这也不代表"I"也是宾语，要以宾格形式出现。从语法上说，代词可以自由地选择它的格。语言学家约瑟夫·埃蒙德（Joseph Emonds）曾经详细地分析了"Me and Jennifer"和"Between you and I"这两种用法，最后的结论是，语言专家要求我们说的语言非但不是英语，连人话都不是！

在第二个故事里，萨菲尔对一位外交官的问题进行了回复，这位外交官收到了一份政府警告，警告涉及的是"针对外国游客的犯罪行为，主要包括偷盗、抢劫和扒窃（pick-pocketings）"。这位外交官问道：

> 你看，美国国务院用的是"pick-pocketings"。做这种勾当的人不是被叫作"pickpocket"或者"pocket-picker"吗？

萨菲尔回答："这个句子应该写成'偷盗、抢劫和扒窃（pocket-pickings）'，因为只有'人扒口袋'（One picks pockets），没有'口袋扒人'（no one pockets picks）。"

事实上，萨菲尔并没有真正解答这个问题。如果某个罪犯被人们叫作"pocket-picker"（这是英语中最为常见的一种复合构词法），那么他所犯的罪就是"pocket-picking"。但是，这个称呼并没有流行起来，我们都不约而同地把这种罪犯叫作"pickpocket"（扒手）。既然他是"pickpocket"而不是"pocket-picker"，那么根据现有的"名词→动词"转化原则，他的工作自然就是"pick-pocketing"，而非"pocket-picking"，就像我们说"a cook cooks""a chair chairs"和"a host hosts"一样。萨菲尔说没有"口袋扒人"（one pockets picks），这只是一种遁词，谁又会真的把"pick-pocketer"理解为"扒人的口袋"呢？

萨菲尔之所以会陷入困惑，是因为"pickpocket"是一种特殊的复合词，它并没有中心语。我们知道，这个词指的不是一种口袋，而是一种人。不过，虽然它有点儿特殊，但并不孤独，而是有一群兄弟姐妹的。英语的趣味之一就是拥有一批没有中心语的复合词，它们专门用一个人的所作所为或形象特征来代称这个人，例如：

bird-brain（没头脑的人）	four-eyes（四只眼）	lazy-bones（懒骨头）
blockhead（呆子）	goof-off（游手好闲之徒）	loudmouth（多嘴的人）
boot-black（擦鞋匠）	hard-hat（老顽固）	low-life（潦倒汉）
butterfingers（笨手笨脚的人）	heart-throb（万人迷）	ne'er-do-well（饭桶）
cut-throat（刺客）	heavyweight（重要人物）	pip-squeak（无足轻重的人）
dead-eye（神枪手）	high-brow（显贵之人）	redneck（粗人）
egghead（书呆子）	hunchback（驼背）	scarecrow（稻草人）
fathead（傻瓜）	killjoy（煞风景的人）	scofflaw（无法无天的人）
flatfoot（警察）	know-nothing（无知者）	wetback（非法入境的劳工）

这个列表看起来就像是达蒙·鲁尼恩（Damon Runyon）小说中的一份人物名单，它也反映出语言中的所有现象其实都有规律可循，即使那些"特例"也不例外，只要你愿意费心去寻找。

萨菲尔的第三个故事分析了芭芭拉·史翠珊（Barbra Streisand）对网球明星安德烈·阿加西（Andre Agassi）的一段溢美之词：

> He's very, very intelligent; very, very, sensitive, very evolved; more than his linear years…. He plays like a Zen master. It's very in the moment.
>
> 他非常非常聪明，非常非常敏锐，非常"进化"，完全超过了他这个年纪所应有的水平……他打起球来像一位禅师，完全专注于当下。

萨菲尔首先对史翠珊说的"evolved"一词的来源进行了推测："它是从主动语态变成被动语态的，即由'he evolved from the Missing Link'演变成'he is evolved'——这种用法可能是受到了'involved'的影响，用来表示一种恭维。"

语言学界已经详细研究过这类派生现象，但萨菲尔对此显然不甚了解。他似乎认为人们之所以派生出新词，是隐约受到了同韵单词的影响。例如由"involved"联想到"evolved"，属于一种文字误用。但事实上，人们并非那么粗心大意，缺乏想象。我们前面提到的一些派生词，例如"Let me caveat that""They deteriorated the health care system""Boggs flied out to center field"，都与同韵词无关，而是基于一些抽象的规则，这些规则可以改变一个单词的词性及其扮演角色，而且无论是几十个单词还是几百个单词，变化方式都如出一辙。例如，"to deteriorate（及物动词）the health care system" 是由 "the health care system deteriorated（不及物动词）"变化而来的，这与 "to break（及物动词）the glass comes" 是由 "the glass broke（不及物动词）"变化而来一样。现在让我们看看 "evolved" 到底从何而来。

萨菲尔认为这是一种"主动→被动"的转变，转变的依据是同韵单词"involved"。但这个观点根本不能成立。对于 "involved"，我们或许可以认为它是由主动语态派生而来的：

> Raising the child involved John.（主动）→
> John was involved in raising his child.（被动）→
> John is very involved.

但对于 "evolved" 来说，如果要实现相同的派生过程，就需要有一个被动句作为前提，而这个被动句又必须以一个主动句为前提。但这个主动句是不存在的（我用星号做了标记）：

> *Many experiences evolved John.→
> *John was evolved by many experiences.（或者）*John was evolved in many experiences.→
> John is very evolved.

此外，"you're involved" 的意思是说"有些事情涉及你"（"你"是宾语），而 "you're evolved" 的意思是说"你进化了"（"你"是主语）。

问题的症结是，从 "evolved from" 到 "very evolved" 的转变并不是一个动词由主动变为被动，就像 "Andre beat Boris"（安德烈打败鲍里斯）变成 "Boris was beaten by Andre"（鲍里斯被安德烈打败）一样。萨菲尔所引的词源 "evolved from" 在现代英语中是不及物动词，不能直接带宾语。在英语中，如果要将一个动词变为被动，你必须把它的直接宾语变成主语，因此 "is evolved" 只能在"Something evolved Andre"的基础上才能实现。但这样的句子是不存在的。萨菲尔的解释就像是说你可以将"Bill bicycled from Lexington"（比尔骑自行车从列克星敦而来）变成被动句"Bill is bicycled"，然后派生出"Bill is very bicycled"。

这个错误的解释鲜明地暴露了语言专家的一个主要缺陷：他们连最初级的语法分析都不懂，比如说确定单词的词性。萨菲尔谈到了动词的两种形式，一种是主动，一种是被动，但史翠珊是将"evolved"当作动词来用吗？现代生成语法的一个主要发现是：单词的词性（如名词、动词、形容词）并不是一个随意分配的标签，而是一种实际的心智范畴，我们可以通过实验来加以测试，就像一个化学家可以检验出一颗珠宝到底是钻石还是锆石一样。这种测试其实就是语言学入门课程的标准作业——"婴儿句法"（Baby Syntax）。测试方法是：先尽可能多地寻找一些特定句式，在这些句式中，每个单词的词性类别异常明确，无法被其他词性的单词所替代；然后，一旦碰到词性不明的单词，就可以把它代入这些句式之中，看看句子是否通顺。例如，借助这种测试，我们可以知道语言专家雅克·巴赞（Jacques Barzun）的语言成绩只能是"不及格"，因为他把"Wellington's"（惠灵顿的）这样的名词所有格当成了形容词（和上面一样，错误的句子用星号标记）：

	真正的形容词	冒牌的形容词
1. very X:	very intelligent	*very Wellington's
2. seems X:	He seems intelligent	*This seems Wellington's
3. How X:	How intelligent is he?	*How Wellington's is this ring?
4. more X than:	more intelligent than	*more Wellington's than
5. a Adj X Adj N:	a funny, intelligent old friend	*a funny, Wellington's old friend
6. un-X:	unintelligent	*un-Wellington's

现在让我们对史翠珊的"evolved"进行类似的测试，将它与"was kissed by a passionate lover"中的"kissed"这个标准的动词被动式进行比较（语意奇怪的句子同样都标以星号）。

1. very evolved／*very kissed.

2. He seems evolved.／*He seems kissed.

3. How evolved is he?／*How kissed is he?

4. He is more evolved now than he was last year.／*He is more kissed now than he was yesterday.

5. a thoughtful, evolved, sweet friend.／*a tall, kissed, thoughtful man.

6. He was unevolved.／*He was unkissed by a passionate lover.

很明显，"evolved"的表现不像动词的被动语态，而像一个形容词。萨菲尔之所以会弄错，是因为形容词有时看起来很像动词的被动语态，而且二者的确存在一定的关联。但它们其实并不是一回事，这也正是鲍勃·迪伦的歌曲《雨天的第 12 号和第 35 号女人们》（*Rainy Day Women#12&35*）听起来令人捧腹的原因。

> They'll stone you when you're riding in your car.
> They'll stone you when you're playing your guitar.
> But I would not feel so all alone.
> Everybody must get stoned.
>
> 当你开车子的时候，他们会拿石头扔你，
> 当你弹吉他的时候，他们会拿石头扔你，
> 是的，但我不觉得自己是那么孤独，
> 因为每个人都"喝醉了"，不是吗？

这一发现引领我们走近"evolved"的真正源头。既然它是形容词而不是动词被动式，我们就无须在意是否存在一个与它对应的主动句。为了追根溯源，我们必须在英语中找到一条由不及物动词派生形容词的规则。这条规则确实存在，它针对的是那些表示状态变化的动词（语言学家称之为非宾格动词），并通过这些动词的分词形式来派生出新的形容词：

> time that has elapsed → elapsed time
>
> a leaf that has fallen → a fallen leaf
>
> a man who has traveled widely → a widely traveled man
>
> a testicle that has not descended into the scrotum → an undescended testicle
>
> a Christ that has risen from the dead → a risen Christ
>
> a window that has stuck →a stuck window
>
> the snow which has drifted → the drifted snow
>
> a Catholic who has lapsed → a lapsed Catholic
>
> a lung that has collapsed → a collapsed lung
>
> a writer who has failed → a failed writer

　　如果我们将这条规则应用到"a tennis player who has evolved"中，就可以得出"an evolved player"这个结果。这一方法也能让我们理解史翠珊的意思。当一个动词由主动变为被动时，它的意思并不会发生变化。例如"Dog bites man"的意思等于"Man is bitten by dog"，但是当一个动词派生为形容词时，这个形容词的意思可能会发生细微的变化，例如不是每个"摔倒的女人"（woman who has fallen）都是"堕落的女人"（a fallen woman），如果有人用石头"扔"（stone）你，你也不一定是"喝醉了"（stoned）。同样，我们都是从"失落的一环"（the Missing Link）进化而来的，但不是每个人都能"进化"出无比成熟、强大的内心，把同时代的人甩在身后。

　　接着萨菲尔又对史翠珊所说的"more than his linear years"提出了责难。他说：

　　　　"linear"的意思是"直线的、不间断的"，它在一些流行语中还附带着某种贬义，表示"缺乏想象"，例如"linear thinking"（线性思维）一词就与跳跃式的灵感顿悟形成对照。我想，史翠珊女士心中的意思是"超出了他的实际年龄"，因此完全可以用"beyond his years"来代替。你可以明白她想用"linear"来说明什么：这些年份是按照时间先后顺序排列的。但是，即便是在俚语怪话满天飞的娱乐界，也不是什么话都能说的，让我们一起抵制这个"linear"。

　　和许多语言专家一样，萨菲尔低估了俚语的准确性和贴切性，尤其是从专业领域借来的俚语。史翠珊的"linear"显然不是欧几里得几何中的"直线",即所谓"两点之间最短的路线",因此也不是用来形容按照时间先后顺序排列的年份。她的"linear"其实是源自解析几何,表示"成比例的"或者"递增的"。如果你在一张坐标图上绘制出某个物体匀速运动的轨迹,你会得到一条直线,这就是所谓的"线性关系",比如说每过一小时,你行驶的距离就增加55千米。与此相反,如果你绘制的是复利账户的收益图,你得到的将是一条向上扬起的曲线,因为存款时间越长,你每年所获的利息就会越多。因此,史翠珊其实是在暗示阿加西的"进化"水平与他的年龄不成比例。我们大多数人的进化轨迹都是一条直线,每年新增固定数量的"进化单位",可这个年轻人却是在"复利增长",完全超越了这条直线,因为他每年获得的"进化单位"比他的年龄本该赋予他的要多。目前我还不能确定这就是史翠珊的本意(在撰写此文时,我曾向史翠珊本人写信求证,但尚未收到回复),但在一些流行的科技俚语中,我们经常可以见到类似的用法,例如"feedback"(反馈)、"system"(系统)、"holism"(整体)、"interface"(界面)和"synergistic"(协同)。而且,与萨菲尔的分析相反,史翠珊也不可能是"一不小心地"选用了这个完美贴切的"linear"。

最后,萨菲尔对"very in the moment"也进行了评论:

> 这个"very"让我们注意到"用介词或名词充当修饰语"的流行做法,例如"It's very in"(它非常时髦)、"It's very New York"(它很纽约),以及现在最为时尚的恭维话"It's very you"(那就是你)。因此所谓的"very in the moment"(这个"in the moment"可能是"of the moment"或者"up to the minute"的变体),似乎是对法语"au courant"一词的硬译。这个词还有很多种译法:"up to date"(最新的)、"fashionable"(流行的)和"with-it"(时髦的)。

萨菲尔再一次对史翠珊的语言白眼相加,但他也再一次误解了它的形式和意义。他没有注意到:第一,"very"并非和介词"in"连在一起,而是与整个介词短语"in the moment"连在一起;第二,史翠珊所用的"in"并非一个不及物的修饰语,表示"时髦、时尚"的意思,而是我们常见的及物介词,名词短语"the moment"是它的宾语;第三,她是将介词短语当作形容词来用,以刻画某

429

种精神状况或情绪状态，这在英语中是一个常见用法，例如"under the weather"（身体不适）、"out of character"（违反本性）、"off the wall"（疯疯癫癫）、"in the dumps"（情绪低落）、"out to lunch"（神志不清）、"on the ball"（机智高明）、"in good spirits"（精神抖擞）、"on top of the world"（欣喜若狂）、"out of his mind"（丧失理智）、"in love"（坠入爱河）；第四，史翠珊不太可能说阿加西通晓时尚或者非常时髦，因为这是一种带有贬义的评价，暗含着"肤浅"的意思，显然算不上一种夸赞。既然史翠珊提到了"禅"，那么她所表达的意思就十分清楚了：在打球的那一刻，阿加西善于排除各种干扰，将注意力完全放在比赛或对手身上。

这就是所谓的语言专家，他们的问题出自两个"盲点"：一是严重低估了一般人的语言水平。我并不是说一个人说出或写下的每一句话都毫无瑕疵、尽善尽美（例如副总统丹·奎尔的频频口误[①]），但是，如果语言专家能够少安毋躁，而不是急着跳出来否定一般人的语言能力，他们就有可能避免陷入这种尴尬的境地。当人们身处某个正式的场合，发现自己必须使用优雅、正式的语言，否则就会给自己带来严重影响时，往往会说出一些可笑的废话。这就是为什么那些洋相总是来自政客的演讲、社会救济的申请以及学生的学年论文（假设这些洋相有一丝的真实性）。在更为放松的环境下，一个普通人，无论他的教育程度有多低，都能遵守精细复杂的语法，生动自如地表达自己，让乐意倾听的人——语言学家、新闻记者、口述历史学家、对话语敏感的小说家——为之着迷。

语言专家的第二个"盲点"是他们对现代语言科学一窍不通。我这里说的还不是乔姆斯基语言学的正规理论，而是有关英语结构、用语的基础知识，以及人们的使用、拼读方式。平心而论，其中的大部分责任要由我的同行来承担，因为他们不愿意将掌握的知识用于解答实际的文体问题和使用规则，或者满足人们对各种语言现象的好奇心。除了约瑟夫·埃蒙德、德怀特·博林格、罗宾·洛克夫（Robin Lakoff）、詹姆斯·麦考莱（James McCawley）、杰弗里·纳恩伯格（Geoffrey Nunberg）等少数人外，美国的主流语言学家都作壁上观，将整个领地

[①] 丹·奎尔有一次在媒体面前和一班小学生练习英语拼字，当时他指出一位小学生把"potato"（马铃薯）拼错了，因为正确的拼法应该是"potatoe"。由于是现场直播，这件事情立即成为全国的笑柄。——译者注

交给了语言专家，也就是博林格所称的"巫师"（shaman）。博林格对这一现况概括如下：

> 在语言的领地里，没有真正的执业医师，满世界都是接生婆、草药师、灌肠师、接骨师和"万金油"式的巫医。他们中的有些人完全愚昧无知，有些人则拥有丰富的实践经验，我们把这些人统称为"巫师"。这些人之所以受到我们的关注，不仅是因为他们填补了这一领域的空白，还因为每当我们发生语言纠纷、需要帮助的时候，他们是唯一站出来伸出援手、做出解答的人。他们的建议有时合情合理，有时则毫无价值。但我们却离不开他们，因为除了他们之外，我们不知道该去找谁。我们就像是生活在非洲村落，而艾伯特·施韦泽（Albert Schweitzer）医生 [①] 还没有到来。

我们该怎么办

那么，我们应该如何对待语言的使用问题呢？和 20 世纪 60 年代的某些学者不同，我并不认为标准英语的语法规则和写作规范是维护"白人父权资本主义"统治地位的工具，广大民众应该被解放出来，拥有随意书写的自由。不过，人们在某些特定场合下的表达方式却有必要进行改革。我的要求并不过分：对语言和人们使用语言的方式进行更为深入的探讨，用科学的知识代替那些愚蠢荒谬的无稽之谈。更为重要的是，我们不应该低估语言运用的真正动因——人类心智的复杂性。

具有讽刺意味的是，一些语言专家大声疾呼，认为混乱的语言会导致混乱的思维。殊不知，这个结论本身就是一团混乱的思维，它的证据似是而非，论证过程也漏洞百出。这些抱怨者收集到各式各样的反面实例，再把它们混在一起，试图以此证明语言的衰败。例如，青少年的俚语、生活中的谣语、发音和用语的地域差异、官腔、不准确的拼写和重读、不是错误的"错误"（例如"hopefully"）、拙劣的文字、政府的委婉措辞、非标准的语法（例如"ain't"）、令人误解的广告词——更不用说他们没有听懂的一些奇思妙语了。

---

① 20 世纪著名学者和人道主义者。1913 年，在非洲加蓬建立丛林诊所，从事医疗援助工作，直到去世。——译者注

　　我希望你已经明白了两件事：第一，许多规定性语法完全是画蛇添足，应该把它们从语言手册中剔除干净。第二，标准英语所谓的"标准"，只不过是人为制定的标准，就像政府设定的货币单位，或者日常生活中的额定电压一样。我们的确应该给人们提供各种鼓励和机会，让他们学习已经成为社会标准语言的某种方言，并尽可能多地在正式场合使用这种语言，这样做当然没有问题。但是，我们却不必给其他方言或者黑人英语贴上"语法拙劣""句法残缺""用法错误"的标签。虽然我并不喜欢"政治立场正确"的委婉措辞（依据这种原则，"白人妇女"应该表述为"黑色素缺乏的性别人士"），但如果用"语法拙劣"来形容"非标准"语言，则不但是一种侮辱，也是不符合科学的。

　　至于俚语，我对它是一百个赞成！有些人担心俚语会在某种程度上"腐蚀"我们的语言，如果真能这样反倒是一件幸事。大多数俚语都被亚文化成员视为身份徽章，他们小心翼翼地看护着这些俚语，以免发生外流。如果我们有幸能够窥到一二，没有哪位真正的语言爱好者不会为它的巧妙、机智所倾倒。例如，来自医学院学生的"Zorro-belly"（经历过多次剖腹手术的人）、"crispy critter"（严重烧伤者）、"prune"（先天性腹肌缺如征患者），来自说唱艺人的"jaw-jacking"（说话）、"dissing"（瞧不起），来自大学生的"studmuffin"（性感男子）、"veg out"（休闲放松）、"blow off"（推卸责任），来自新潮人士的"gnarlacious"（美妙的）、"geeklified"（低能的），来自黑客的"to flame"（自以为是的抗议）、"core-dump"（核心转储）、"crufty"（少得不便处理的数据记录）。当一些过时的俚语被它的使用者丢出圈子，成为主流文化的一部分后，它们往往能够恰到好处地填补语言表达上的某些空缺。我无法想象，如果没有"flame""dis""blow off"等俚语，以及"clever"（聪明）、"fun"（有趣）、"sham"（骗子）、"banter"（戏谑）、"mob"（暴徒）、"stingy"（小气）、"bully"（欺软怕硬的人）、"junkie"（吸毒者）、"jazz"（爵士）等成千上万个已经被广为接受的"前俚语"，我还怎么说话。一边反对语言的自我革新，一边又以捍卫语言表达力为借口，对"lie"与"lay"的混用表示愤慨，这显然是一种虚伪的表现。作为思想表达的工具，新词的出现远远快于旧词的消失。

　　对于目前十分盛行的"语无伦次"之风（即喜欢在说话时插入"you know""like""sort of""I mean"等语助词），我们也可以做出合理的解释。每个人都会根据不同的场合选择不同的说话方式，以符合听者的身份地位和双方的亲密程度。与他们的长辈不同，年轻一代的美国人似乎在想方设法地缩小彼此间的社会距离。我认识许多与我同龄的优秀作家，他们相互之间的谈话都点缀着"sort of"和"you know"，因为他们想避免以专家的口吻与别人对话，弄得好像在发表演说一般。有些人觉得这些口头禅听起来特别刺耳，但大部分人都可以无视它们的存在。而且我认为，在危害程度上，这种说话方式远远比不过另一个极端：某些年迈的学者在社会集会上把持话筒，向参与其中的年轻人滔滔不绝地发表高论。

　　其实，在语言运用方面，最应该改善的是写作的明晰和文体的得当。说明文的写作需要用语言表达复杂的思想，这种复杂的程度超过了语言的设计要求。在日常谈话中，我们往往察觉不到短期记忆与内心构思之间的矛盾，但如果把它写成文字，从容不迫地仔细琢磨，这种矛盾就变得不能容忍了。而且，与聊天对象不同，读者很少拥有足够的背景知识，去弥补理解文章所需的各种缺省的前提条件。因此在写作过程中，克服天生的利己思想，预想到普通读者的知识水平，是写好文章的一个重要方面。所有这一切都使得写作成为一项繁难的工作，必须通过不断地训练、学习、反馈才能掌握要领，尤其是需要大量阅读经典范本。有不少上乘的写作手册都谈到这些技巧或其他方法，表现出极大的智慧，例如斯特伦克（Strunk）和怀特（White）的《文体指南》（*The Elements of Style*）、威廉姆斯的《风格：清晰、优雅地写作》。这些人的著作与我的观点有一个最为接近的地方，就是他们提出的建议特别实用，与那些"不要拆分不定式"或"不可使用俚语"等无聊规定不可同日而语。例如，有一条朴实无华但举世公认的写作原则：文章不厌百回改。优秀的作家在发表每一篇作品之前，都会修改两遍以上，多的甚至达到20遍。无论是谁，如果他无视这个原则，都注定是一个糟糕的作者。想象一下，如果某位耶利米式的语言专家大声疾呼"我们的语言当前面临着一个危险的敌人：那就是青年人不再精心修改自己的文章！"，这似乎是个挺煞风景的事情，因为我们的矛头不能再指向电视节目、摇滚音乐、商场文化、体育明星或文化凋敝的其他标志。但是，如果我们需要清晰的写作，这种简单的方法正是一剂良药。

　　最后，我要忏悔一下。当我听到有人用"disinterested"一词来表示"冷漠"的意思时，我忍不住会勃然大怒。"disinterested"是一个非常可爱的单词（我想我必须解释一下，这个单词是"没有偏见"的意思），它与"impartial"或"unbiased"有着那么一点儿细微的差异，暗示当事人与整件事情没有任何利益关系，而不仅仅是将公正无私作为自己的处事原则。"disinterested"之所以会有这种微妙的意思，是因为它的精巧结构："interest"有"利益"的意思，例如"conflict of interest"（利益冲突）、"financial interest"（经济利益）；给名词加上后缀"-ed"就变成了一个形容词，表示拥有这个名词所指代的事物，例如"moneyed"（有钱的）、"one-eyed"（独眼的）、"hook-nosed"（鹰钩鼻的）；前缀"dis-"表示一种否定。这种语法逻辑还反映在许多相同结构的单词中，例如"disadvantaged"（处于不利地位的）、disaffected（不满的）、"disillusioned"（幻想破灭的）、"disjointed"（脱节的）、"dispossessed"（失去产业的）。既然我们已经有了单词"uninterested"（冷漠的），那就没有理由剥夺语言爱好者对"disinterested"的喜爱，把这两个单词合并成一个意思，除非你想追求一种恶俗、浮夸的效果。同样，不要让我再提"fortuitous"（偶然的）和"parameter"（参数）这些单词了。

　　也许有人会说：请冷静一下，教授。"disinterested"这个词在18世纪的意思就是"uninterested"，而且它从语法上也说得过去。形容词"interested"是"有兴趣"的意思（与动词"interest"的分词形式有关），它比名词性的"interest"（利益）更为常见，因此前缀"dis-"可以被认为是对形容词的否定，就像"discourteous"（失礼的）、"dishonest"（不诚实的）、"disloyal"（不忠的）、"disreputable"（声名狼藉的）、"dissatisfied"（不满的）、"distrusted"（不信任的）。但是，这种解释虽然合理，却与我们讨论的主题无关。语言的每个部分都会随着时间而改变，在每一个时期，语言都会失去许多元素。但人类的大脑不会随时间而变化，语言的内容总是得到不断的补充。每当我们对语言用法上的变化有所不满时，就应该好好看一下塞缪尔·约翰逊在《英语词典》（1755年）序言里写下的一段话，这是他对那个时代的耶利米所作的回应：

　　　　一些因受影响而对本书的编制颇具好感的人士，深望此书之出得使我
　　国语言赖以固定下来，并对因时间或偶然的关系而被轻易蹿入之中的种种

更动起到遏止作用。在这事上，毫不讳言，我也曾一度自谓能有所成就；但是今天我却开始认为，我自己诚不免抱望过奢，因为不论揆之理性抑或经验，这事都碍难办到。每当我们看到人们到了一定时期便不免要陆续老掉死去，而且代代如此，因而对那些据说能延寿千年的灵丹妙药往往觉得好笑；同理，一位词典编纂家也必遭到人们讥笑，如果他既举不出有哪个国家曾做到使它自己的词语保持不变的例证，又一味迷信他的词典仿佛灵丹妙药一般，能使其本国语言防腐抗蚀，永不腐烂，——认为他有本领把这个下土尘寰加以改变，把这个混沌世界从它的种种愚蠢虚荣矫揉造作之中拯救出来。然而正是出于这类愿望，许多学会遂因而建立起来，目的在于严守其语言的各方通道，谨防逃逸，禁止擅入；但是这一切防范戒备却从来不曾生效。语言这种灵活微妙的东西远非律令所能限制；企图锁住音节，正如想要鞭打空气，纯属狂妄者的蠢举，是谓自不量力。

语言，洞悉人性的一扇窗

在本书的开篇，我曾问你为什么应该相信语言本能的存在。到这里，我已尽了最大的努力来说服你。现在我要问的是：为什么你会关心这个问题？当然，拥有语言是人类的一个重要标志，因此对语言的好奇也是人之常情。但对人类来说，拥有一双从行走中解放出来的手其实更加重要，可是你恐怕不会有耐心把一本介绍人类双手的书全部读完。人们对语言更加好奇，而且充满热情，原因很简单：语言是心智中最容易被触摸到的部分。人们想要了解语言，因为他们希望由此洞悉人类的本性。

语言本能离不开遗传和环境

这种"连锁"关系激发了语言的研究，使得语言学界的各种晦涩难懂的理论分歧更加令人玩味，也引得其他领域的学者投来关注的目光。哲学家、实验心理语言学家杰瑞·福多尔致力于探讨"句法剖析究竟是一个封闭的心智模块，还是与一般智力混为一体"的问题。在谈到自己为什么对这场争论如此关心时，他的回答比其他人要诚实得多：

> 你可能会问："你看，你为什么对模块如此关心？你已经取得了终身教席，你为什么不搭上飞机，环游世界？"这是一个十分合理的问题，我也经常问我自己。……大致来说，"认知决定感知"的说法属于科学哲学的观点（而且二者在历史上也确实存在联系）。这个观点认为，一个人的观察结果完全取决于他所采用的理论。在人类学上，这种说法表现为一个人的价值观念完全取决于他的文化环境；在社会学上，这种说法表现为一个人的知识水平，特别是科学知识，完全取决于他的阶级地位；在语言学上，这种说法表现为一个人的思想完全取决于他所使用的句法（例如沃尔夫假说）。所有这些观点都隐含了一种相对主义的整体论：由于认知决定感知、理论决定观察、文化决定价值、阶级决定科学、语言决定思想，因此针对科学理论、伦理价值和形而上的世界观等任何问题的理性批评，都只能在对话者所共享的某个假定框架内进行（这个框架的形成往往与地理、历史或社会等偶然因素有关），你唯一不能做的就是批评这个框架。

> 问题是，我讨厌相对主义。我讨厌相对主义超过其他任何东西。更重要的是，我认为相对主义很可能是错的。简言之，它忽视了人性的固定结构（当然这并不是一个新奇的观点；相反，人性的可塑性一直是相对主义所秉持的信条，比如说约翰·杜威……）。在认知心理学的传统中，主张人性拥有固定结构的观点表现为坚持认知机制的异质性和认知架构的严格性，正是这种异质性和严格性使它们具有了封闭性的特点。如果真的存在官能和模块，那么就并非一切都相互影响、一切都可以塑造。无论这个"全体"是什么，它都至少不止一个。

在福多尔看来，句子感知模块是人类心智的一个代表性的固定结构，它负责逐字逐句地传递说话者心中的想法，而不被听者的偏见或期待干扰。无论何时何地，这个模块都可以让人们在"何为正义""何为真实"的问题上达成一致，就仿佛它们是客观的实体，而不像口味、习俗和自我利益那样因人而异。这样说或许有些夸张，但没有人能够否认其中的关联。现代知识领域弥漫着相对主义的思想，一味否定普遍人性的存在，然而语言本能的存在，无论它表现为哪一种形式，都对这种否定提出了挑战。

相对主义的理论基础是标准社会科学模式，它从 20 世纪 20 年代起就一直统治着知识界。这种模式是两个观点混合杂糅的结果，一个来自人类学，一个来自心理学：

1. 与动物完全受制于生物特性不同，人类的行为是由文化决定的。文化是一套自主控制的符号体系和价值体系，它可以摆脱生理的制约，表现出任意、无限的差异。

2. 人类婴儿出生时只拥有一些反射反应和学习能力。学习是一种通用机制，它适用于所有知识领域。儿童是通过听从教导、接受奖惩以及效仿榜样的方式来学习文化的。

标准社会科学模式不仅是学术界从事人类研究的理论基础，它还成为当今时代的一种普世价值，是任何一个文明人都应该持有的立场。它的对立面，也就是有时被称作"生物决定论"的思想，被认为是依据社会、政治、经济的严格等级把人分成三六九等，它成为近几个世纪所发生的一系列恐怖事件的罪魁祸首，例如奴隶制、殖民主义、种族歧视、种姓制度、强制绝育、性别歧视和种族大屠杀。人类学家玛格丽特·米德和心理学家约翰·华生是标准社会科学模式的两位著名奠基人，他们显然意识到了这种科学模式的社会意义：

> 我们不能不得出这样的结论：人类的天性是那样柔韧，那样具有可塑性，可以精确、有差别地应答周围多变的文化环境刺激……如果我们想要创造一个丰富多彩的文化，富有不同的价值观念，我们就必须清醒地认识到人类全部潜能的多样性，因此我们需要缔造一个具有较少专断性的社会结构。在这种结构中，人类的每一种天赋都会得到一个恰当的位置。（米德：《三个原始部落的性别与气质》）

> 给我一打健康的婴儿，一个由我支配的特殊环境，让我在这个环境里养育他们。我可担保，任意选择一个，不论他的才能、嗜好、倾向、能力、天资以及祖先种族，我都可以按照我的意愿把他训练成为任何一种人物——医生、律师、艺术家、大商人，甚至乞丐或强盗。（华生：《行为主义》）

标准社会科学模式至少在知识阶层的话语体系中取得了全面胜利，无论是温文尔雅的学术交流，还是受人尊敬的新闻报道，任何有关人类行为的概括都小心翼翼地采用了标准社会科学模式的专门用语，以便将说话者和历史上令人反感的遗传论者（从中世纪的国王到电视角色阿尔奇·邦克[①]）区别开来。这些讨论都以"我们的社会"开头，即便讨论者根本没有考察过其他的社会，接着又说"使我们社会化"，虽然他们并没有关注儿童经历，最后他们得出结论，"作为……角色"，而根本不管"角色"的比喻是否恰当，即随意分派给演员的扮演对象。

最近，新闻杂志告诉我们，"钟摆如今又摆了回来"。在他们的描述中，一些身为和平主义者和女权主义者的父母却养育出一个 3 岁就会玩枪的男孩，或者一个 4 岁就迷恋上芭比娃娃的女儿，他们由此提醒读者不能忽视遗传因素，人类的所有行为都是先天与后天交互作用的结果，二者不可分离，就像长方形的长和宽，它们共同决定了长方形的面积一样。

如果用"遗传－环境"（或者"先天－后天""先验－经验""天赋－习得""生物－文化"）这种空洞无谓的二分法来解释我们对语言本能的认识，我会倍感失望。这种二分法其实是一堆毫无益处的废话，总是强调纠缠不清的互动关系。它就像是一个科学钟摆，在两个观点之间摆来摆去。我认为，对语言本能的了解，为我们探索人类心智和人性打开了方便之门。

首先，我们要去掉套在心智问题上的思维框架，这个框架不属于科学范畴，而更像是神奇的魔法：

在这个框架中，有关遗传、环境抑或二者的互动关系导致人类行为的"争论"完全是无的放矢。我们看不到生物体的存在，只看到没有感知者的环境，没

---

① 阿尔奇·邦克（Archie Bunker），美国电视情景喜剧《全家福》（All in the Family）的男主人公，是一位保守、偏执而又自以为是的下层中产阶级美国人。——译者注

有行为者的行为。这就像童话中的爱丽丝看见柴郡猫渐渐消失了，但它的咧嘴微笑却留了下来，这让她十分惊讶："哎哟，我常常看见没有笑容的猫，可是还从没见过没有猫的笑容呢。这是我这辈子见过的最稀奇的事儿了！"

下面这个框架也过于简单，但它已经是一个好的开端。

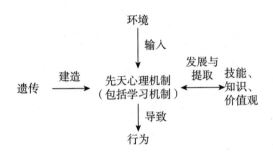

现在我们对人类大脑的复杂性已经有了充分的了解，它是引发我们所有感知、学习和行为的直接原因。学习并不是天赋之外的另一种选择，如果没有先天机制的引导，学习根本就不可能发生。我们对语言本能的了解清楚地证明了这一点。

首先，让我们消除某些人的疑虑。没错，遗传和环境都很重要，一个孩子如果在日本长大，他肯定会说日语，但如果在美国长大，他说的就是英语，因此我们都知道环境的重要性。如果一个孩子和他的宠物仓鼠一同成长，最终这个小孩能够学会说话，而身处相同环境的仓鼠却不会说话，所以我们也明白遗传的重要性。但这里面还有许多问题：

- 因为人们可以理解并说出无限多的句子，所以试图直接描绘他们的"行为"是毫无意义的事情。没有两个人的语言行为是一模一样的，而且一个人的潜在行为也根本无法罗列出来。但这些数量无限的句子都是由一个有限的规则系统产生出来的，这个系统就是语法。因此，只有研究潜藏在语言行为之下的心理语法和其他心理机制，才是有意义的事情。

- 对我们来说，语言实在是一件再自然不过的事情了，这让我们不免对它习以为常，就像城里的孩子认为牛奶是来自送奶车一样。但如果对单词组合成句的规则细加考察，我们就会发现语言的心理机制一定拥有复杂的结构，它是由许多相互关联的部件构成的。

- 在"显微镜"的观察下，语言不再千差万别、迥然相异。透过世界上的所有语言，我们可以看到语言机制的通用设计：普遍语法。

- 除非这个基本设计被预先装入特定语法的学习机制中，否则学习就是一件不可能的事情。从父母的话语中归纳出语言整体特征的方式有很多，但孩子们总是能迅速地锁定正确的路径。

- 最后，有些学习机制似乎是专为语言而设计的，而不是为了一般的文化和象征行为。我们看到石器时代的先民已经拥有精密的语法，蹒跚学步的幼儿表现得像语法学家，甚至还有那些让人惊讶的低能的语言天才。我们也看到语法的逻辑可以超越常识的逻辑，"It is raining"中的"it"和"John is running"中"John"身份一致，但"mice-eaters"和"rat-eaters"却并不相同。

我们在语言上的收获同样可以推广到心智科学的其他领域。一种替代标准社会科学模式的新框架已经出现，它根植于达尔文和威廉·詹姆斯的思想，萌蘖于乔姆斯基以及受他影响的心理学家、语言学家的语言研究。计算机神经科学家戴维·玛尔（David Marr）和心理学家罗杰·谢帕德将它运用于视觉感知的研究，人类学家丹·斯珀伯、唐纳德·西蒙斯（Donald Symons）、约翰·图比、语言学家雷·杰肯道夫（Ray Jackendoff）、神经学家迈克尔·加扎尼加、心理学家科斯米德斯、兰迪·格里斯泰尔（Randy Gallistel）、弗兰克·凯尔（Frank Keil）、保罗·罗津（Paul Rozin）都对它做了详尽的阐释。图比和科斯米德斯在其发表的重要论文《文化的心理基础》（*The Psychological Foundations of Culture*）中把它称为"整合因果模式"（Integrated Causal Model），因为这个模式力图勾勒出一个完整的因果链条：进化如何产生大脑，大脑如何产生理解、学习等心理过程，这些心理过程如何导致价值观的形成和知识的获取，并由此产生文化。因此，这个模式将心理学、人类学与其他自然科学全部整合起来，特别是神经科学和进化生物学，由于这一层关系，它也被称为"进化心理学"。

进化心理学吸收了语言研究的许多成果，并将它们运用于心智研究的其他领域：

- 就像我们需要一套复杂的心理软件才能完成语言这个"心智奇迹"一样，我们精神生活的其他成就，那些我们已经习以为常的事情，例如感知、推理和行动，也需要精心设计的心理软件来执行任务。语法机制拥有的是一套通用设计，心智的其他部分也是如此。这个假设不仅仅是出于"四海之内皆兄弟"的美好愿望，而且是进化生物学和遗传学在对人种进行研究后得出的实际结论。

● 进化心理学并不是鄙视学习，而是试图解释学习背后的原因。莱布尼兹（Leibniz）嘲笑那些思想家：

> （他们）明目张胆地捏造出一些隐秘性质或功能，把它们想象成一些小精怪或幽灵，能够不拘方式地做出一切你所要求的事，好像怀表凭某种怪诞的功能就能指示时间而不需要齿轮一样，或者磨子凭一种能磨碎的功能就能粉碎谷物而用不着磨石之类的东西似的。

在标准社会科学模式中，"学习"就表现为这种方式，而在进化心理学中，如果没有特定的先天机制，学习就无法发生。

● 针对人类经验的不同领域（如语言、道德、食物、社会关系、物理世界）而设计的学习机制常常各自为政，相互抵牾。适用于某个特定领域的机制无法用于其他领域，否则就会出错。这表明，学习依靠的不是某个单一的通用设备，而是许多不同的模块，每个模块都对应着某个特定领域的逻辑和规则。人类之所以具有可塑性，不是因为环境将他们的心智锻造得五花八门，而是因为他们的心智拥有许多不同的模块，每个模块都能以自己的方式进行学习。

● 表现出复杂设计特征的生物系统不大可能是意外产生或碰巧出现的，它们的构造必然是自然选择的产物，因此在人类进化的过程中，这些构造也应该具备有利于生存和繁殖的功能。不过，这并不是说心智的所有方面都具有适应性，也不代表心智的适应性在面对进化的全新环境时也一定会带来益处。

● 最后，文化也发挥着应有的作用，但这种作用不是脱离实体的幽灵法术，或者纯粹的自然之力。"文化"是某种特定的知识在同一社群的人们之间蔓延、传递的过程，人们的心智也由此相互协调，形成一种共享模式，这就像所谓的"语言"或"方言"，其实就是同一社群的不同说话者所习得的高度一致的心理语法。

从普遍语法到普遍人性

探索心智设计的最好起点，也正是我们探索语言本能的起点——普遍性。前面说过，语言是人类社会的普遍现象，而且据我们所知，它贯穿于人类的整个历史。

虽然各种语言无法互通，但在表面的差异之下，所有语言拥有的都是一套相同的计算设计，即普遍语法，包括名词、动词、短语结构、单词结构、格和助词，等等。

乍看之下，人种学的各项记录似乎与此形成了鲜明的对照。20 世纪的人类学研究让我们眼界大开，人类的多样性就像是一个五光十色、光怪陆离的露天游乐场。但是，在日常禁忌、亲属系统、萨满巫师和其他类似于"dog"（狗，英语）和"hund"（狗，德语）的表层差异之下，是否隐藏着一个普遍的人性呢？

人类学家"见怪不怪"的学术传统使得他们的研究路数令人担忧。美国著名人类学家克利福德·格尔茨（Clifford Geertz）要求自己的同事做一个"兜售奇货的商人"，"沿街叫卖异乎寻常的东西"。"如果我们只想看家里的东西，"他补充道，"那我们就不如待在家里。"但是，这种态度会让人类学家忽视人类行为背后的普遍模式。事实上，它也可能犯下大错，因为一些平常的现象往往被夸张放大，变成奇闻怪谈，就像爱斯基摩词汇大骗局一样。一位年轻的人类学家在给我的信中写道：

> 爱斯基摩词汇大骗局的故事将在我的书中专门出现——这本书的名字暂定为《人类学百年乌龙史》（One Hundred Years of Anthropological Malpractice）。多年来，我一直在收集人类学的各种专业错误。人类学上的所有经典案例都有悖事实，却被当作学术常识反复出现在教科书中。例如，萨摩亚人的性自由，并因此较少出现犯罪和压抑现象；阿拉佩什人的性别倒置，男性身上表现出"温顺"的气质（事实上，阿拉佩什男子都是凶残的猎头者）；处于"石器时代"，具有母系氏族特征的塔萨代人（这是菲律宾文化部长一手编织的骗局，他让周边的村民装扮成母系氏族的"原语人"）；霍皮人的时间观念与我们有着本质的差异；以及与我们这里完全不同的各种异域文化，诸如此类，不胜枚举。
>
> 造成这种局面的原因之一是，比起只懂得一般常识的普通人，绝对的文化相对主义使人类学家更容易相信任何荒诞不经的事情（许多教科书把小说《唐璜》——我的最爱——当作客观事实）。换句话说，他们被自己的"专业知识"蒙蔽了双眼。就像原教旨主义迫使你接受神迹一样，成为一名合格的人类学家的信念会迫使你相信地球上其他地方所发生的一切奇闻逸事。事

实上，这些无根游谈是所有受过专门训练的社会科学家的标准配置，这给他们造成了不可消弭的障碍，使他们无法均衡、理智地推断各种心理和社会现象。我估计这本书会让我永远找不到饭碗，所以我不急于把它完成。

"萨摩亚人的性自由"是指德里克·弗里曼（Derek Freeman）在 1983 年投下的一颗重磅炸弹。他揭露出米德的经典著作《萨摩亚人的成年》（*Coming of Age in Samoa*）所描述的内容并不属实（米德犯错的原因有很多，其中之一是米德的调查对象都是十几岁的青少年，他们喜欢开她的玩笑）。而另一位人类学家唐纳德·布朗（Donald E. Brown）在他的新作《人类共性》（*Human Universals*）中也提出了详尽的指控。布朗接受过传统人类学的标准训练，但他发现，在人类学家所记录的异国他乡的奇风异俗背后，存在着一系列清晰但又抽象的共相，例如等级、礼貌和幽默。事实上，如果没有一套丰富的"共同假设"作为基础，人类学家根本无法理解或者融入其他的族群，这个共同假设也就是丹·斯珀伯所说的"元文化"（metaculture）。图比和科斯米德斯写道：

> 就像鱼儿感知不到水的存在一样，人类学家也是在人类共有的元文化中游来游去，从一种文化游向另一种文化。元文化弥漫于他们的每个想法之中，他们却察觉不到它的存在……当人类学家接触其他文化时，人类经验上的差异让他们想起自己文化中已经习以为常的东西。同样，生物学家和人工智能研究者也是"人类学家"，他们所穿越的地带拥有更为奇特的心智表现，远远超过任何一位人种学者曾经涉足的领域。

在乔姆斯基普遍语法的启发下，布朗试图描绘出普遍的人性。他详细地审核了人种学的各种文献档案，希望找到潜藏于所有文化之下的普遍的行为模式。他对那些被人种学家歪曲的奇风异俗持怀疑的态度，也不轻信那些证据薄弱的普遍性观点。布朗的调查结果令人吃惊，他根本没有发现各种文化之间的任意性差异，反而可以无比详尽地描述出普遍人性的各项内容。在他的发现中，有些内容几乎让所有人大跌眼镜，因此我在这里把它们全部罗列出来。根据布朗的调查，普遍人性包括：

重视口才；说闲话；撒谎；误解；言语幽默；戏谑；诗性和修辞性的语言形式；叙事和故事；隐喻；重言叠句、三秒一顿的诗歌；有关天、月、季、年、过去、现在、未来、身体部位、心理状态（情绪、感觉、思想）、行为倾向、植物、动物、天气、工具、空间、运动、速度、位置、空间维度、物理性质、赠予、借出、有影响的事物和人、数目（至少有"一""二"和"两个以上"）、专有名称、财产的单词；父母之别；亲属概念，例如母亲、父亲、儿子、女儿以及年龄顺序；二分法，包括男和女、黑和白、自然和文化、好和坏；计量；逻辑关系，包括"非""与""相同""等效""逆""一般与特殊""部分与整体"；揣度（根据可察觉的线索推断不在场或看不见的实体）。

非语言的声音交流，例如哭喊和尖叫；从行为推知意图；识别面部表情，例如快乐、悲伤、愤怒、恐惧、惊讶、厌恶和鄙视；用微笑来打招呼，表示友好；哭泣；眉目传情；面部表情的伪装、修饰和模仿；表达爱意。

对自我与他人、责任、自愿行为与非自愿行为、意图、私人内心世界、心理状态正常与否的认识；移情；性诱惑；强烈的性忌妒；童年的恐惧，特别是对刺耳噪音的恐惧，以及一岁之后对陌生人的恐惧；怕蛇；俄狄浦斯情结（对母亲的占有欲）；面貌识别；装饰身体、打理头发；性吸引力，预示对方健康与否，例如年轻女性；讲卫生；舞蹈；音乐；戏剧；表演，包括打斗表演。

制造并依赖各种工具，其中许多工具都经久耐用，并饰以各自的文化图案，包括刀具、捣具、容器、绳子、杠杆、长矛；用火烹调食物和作其他用途；药物，用于治疗和养生；居所；装饰工艺。

标准的断奶模式和断奶时间；群居，有领地概念和民族身份意识；以母亲和孩子为纽带建立起来的家庭，通常为亲生母亲和一个或多个男人；制度化的婚姻，即公开认可的与某位具有生育能力的女性进行交配的权力；由长辈亲属对儿童进行社会化教育（包括大小便训练）；儿童模仿长辈；区分近亲与远亲，对近亲更为重视；避免母子乱伦；对性话题极其关注。

依靠指定（依据血缘、年龄和性别）或追逐而获得的地位和威望；一定程度的贫富差距；基于性别和年龄的劳动分工；主要由女性照顾小孩；男性更具攻击性和暴力倾向；承认男女之间的先天差异；男性支配公共政治；交换劳动、物品和服务；礼尚往来，包括复仇；馈赠；社会推理；结盟；政府，即对公共事务具有约束力的集体决策；领袖，几乎都是非独裁的，也许非常短暂；法律、权利和义务，包括禁止暴力、强奸和谋杀的法律；惩罚；冲突，通常遭受谴责；强奸；要求对过错进行补偿；调解；内部矛盾和外部矛盾；财产；继承财产；是非观；忌妒。

礼节；好客；宴会；昼出夜伏；不同程度的性保守；通常在隐秘处交媾；喜欢甜食；食物禁忌；对排泄物进行隐秘处理；超自然的信仰；通过法术来维持和延长生命、吸引异性；福祸理论；对疾病和死亡进行解释；医疗；仪式，包括成人礼；哀悼死者；做梦，并解梦。

显然，这不是一张关于人类本能或先天心理倾向的清单，它罗列的是普遍人性和人类生存条件之间复杂的相互作用。我还要补充一句，它也不是一张描述人类宿命的列表，一种对人类可能性的界定，或者一份人类欲求指南。如果要对100年前的普遍人性进行描述，我们也可以把"没有冰激凌、口服避孕药、电影、摇滚乐、女性投票权和有关语言本能的书"囊括进去，但这并不会阻碍这些新事物的出现。

就像分开抚养的同卵双胞胎都喜欢用黄油面包蘸咖啡一样，布朗列举的普遍人性打破了我们对人性的先入为主的看法。正如前文所说，这对双胞胎的发现并不能证明他们都有一个"奶油面包蘸咖啡"的基因。同理，普遍人性的发现也并不表示人类普遍拥有"训练大小便"的本能。毫无疑问，普遍心智与普遍人性一定存在着某种形式上的关系，就像 X- 杠理论与普遍词序的关系一样。但可以肯定的是，任何一种普遍心智理论的研究重点都应该是人类大脑，而不是人们热衷于学习或模仿榜样的普遍倾向。

"相似度"归纳，人类天生的学习能力

我们已经排除了人类学对"人性无限差异"的假设，现在再来看看心理学中有关"无限习得能力"的认定。我们到底该如何理解一个普遍、通用的学习机制呢？

"显性教育"（explicit pedagogy），即有意识地言传身教，是一种通用的学习方式，但大多数人都会同意这种学习其实并不重要。很少有人会相信"从来没有

人教过孩子什么是普遍语法，但他们都能谨遵不误，因此它一定是先天的"这种说法。人们普遍认为，大多数的学习都发生在课堂之外，是从具体的事例中归纳出一般的结论。儿童从身边的榜样中归纳出各种生活道理，或者依据自身行为所换来的奖惩后果来进行归纳。归纳的力量来自相似性。如果一个孩子只会一字不改地重复父母的句子，他将被看成孤独症患者，而不是强大的学习者。孩子归纳出的句子和父母的句子非常相似，但并非完全一致。同样，如果一个孩子看见一条狂吠的德国牧羊犬张口咬人，他会对此做出归纳：狂吠的杜宾犬或其他相貌类似的狗也会咬人。

因此，相似度是假设的通用学习机制的主要动力，但问题就在这里，用逻辑学家纳尔逊·古德曼（Nelson Goodman）的话来说，相似性是"一个冒牌货、骗子、庸医"。相似度的麻烦在于，它是一个仁者见仁、智者见智的问题，就像我们试图解释的，它不是客观的存在。古德曼写道：

> 让我们以摆放在机场登机口的行李箱为例：旁观者可能会注意它的形状、大小、颜色、材质甚至品牌，而飞行员关注的是它的重量，旅客留心的是它的目的地和拥有者。因此，哪些行李看上去更为相似，不仅取决于行李本身的特征，还取决于由谁来进行比较，以及什么时候进行比较。或者假设我们有三个杯子，前两杯装的都是无色液体，第三杯装的是鲜红的液体。我可能会认为比起第三杯来，前两杯更加相似。但万一第一杯装的是水，第三杯装的是添加了植物染料的水，第二杯装的是盐酸——而我此时正好口渴了。

由此我们可以得出一个必然的结论："相似感"一定是天生就有的。这是一个没有太多争议的观点，因为它的逻辑非常简单。在行为主义心理学的实验中，如果一只鸽子因为啄了红色的圆形按钮而获得奖赏，它就会更多地去啄红色的椭圆形按钮或粉红色的圆形按钮，而较少去啄蓝色的正方形按钮。这种"刺激泛化"是自发产生的，并非训练的结果。它需要一套天生的"相似度空间"（similarity space），否则动物要么将一切都归纳进去，要么将一切都排除在外。这些主观的刺激空间是学习的必要条件，所以它们本身无法完全通过学习来获得。因此就像逻辑学家奎因所说，即便是行为主义者，也在"开心地使用着"先天相似度的决定机制——他的同事斯金纳对此并没有提出异议。

对语言习得来说，天生的相似度空间是什么呢？是怎样一种机制让孩子从父母的句子中归纳出符合英语规则的"相似"句子呢？显然，像"红色比蓝色更接近粉红色"或"圆形比三角形更接近椭圆形"这样的原则是没有任何帮助的。一定是某种心理计算使得"John likes fish"与"Mary eats apples"更为接近，而与"John might fish"貌合神离，否则孩子就会说出"John might apples"这样的句子。也一定是它使得"The dog seems sleepy"与"The men seem happy"关系密切，而与"The dog seems sleeping"界限分明，这样孩子才能避开错误的陷阱。也就是说，对孩子的归纳进行指导的"相似度"一定是某种分析能力，可以把语言分解为名词、动词和短语，并由学习机制所自带的普遍语法负责计算处理。如果没有这种心理计算，以便对句子的相似度进行界定，孩子就根本无法进行正确地归纳。从某种意义上说，世界上没有哪两个句子是"相似"的，除了一模一样的句子；但从另一个角度说，世界上的任何两个句子都有"相似"的地方。正因如此，我们才说学习的可塑性必须以心智的先天限制为基础。这句话看似矛盾，其实不然。在探讨语言习得问题的第8章中，我们看到了一个完美的例子：孩子之所以能够归纳出数量无限的潜在句子，是因为他们拥有一套既定的心理范畴去分析父母说出的语句。

所以说，如果要从例子中学习语法，就需要有一个专门的、受普遍语法规范的相似度空间。从例子中学习词义也是一样，就像奎因的"gavagai难题"，学习者根本无从知晓"gavagai"是指"兔子""跳跃的兔子"还是"兔子的各个组成部分"。那么其他方面的学习又是如何呢？我们来看奎因是如何为"归纳法的耻辱"进行圆场的：

> 这让我们对他的归纳更为担心，这些归纳所面对的不是他人的言语行为，而是无情的客观世界。我们可以合理地认为，我们的（心理）性质划分与他人应该有吻合的一面，毕竟我们同属人类。因此，在……词义的学习中，归纳法的普遍可信度是一个预设的事实。然而，将归纳法作为探索自然真理的可靠手段，则几乎等同于假定我们的性质划分和宇宙的性质划分可以完全匹配……（但是）为什么我们天生的性质划分能跟自然界中

功能相关的分类吻合得这么好，以至于我们的归纳能够成功呢？为什么我们主观的性质划分会在自然中有一种特殊的立足点，并且对于未来拥有一种发言权呢？

　　达尔文的进化论给了我们某种鼓舞，假如人们天生的性质划分是一种与基因相关联的特性，那么，这种划分已经完成了最成功的归纳，并通过自然选择的过程占据了支配地位。在归纳中犯有顽固性错误的生物，面临一种可怜、然而却值得赞扬的命运：在复制其种类之前就已死去。

奎因说的完全正确。不过，由于宇宙是异质的，所以我们的相似度计算也必须是异质的，这样才能与宇宙协调一致。某些性质可以使两句话在语法学习上具有等效性（例如名词和动词以相同的顺序排列），却不能使它们在吓跑动物方面具有等效性（比如声音响亮）。某些性质可以使一些草药在治疗疾病方面具有等效性（例如来自某类植物的不同部分），却不能使它们在食用价值上具有等效性（比如甘甜可口）。有些性质适合生火，例如干燥。有些性质适合用来隔热，例如厚度。有些性质适合作为礼物，例如美丽。适合成为朋友的潜质，例如为人友善，不一定是选择配偶的标准。因此，我们的心智一定存在着许多的相似度空间，它们分别受不同的本能或模块规范。依据这些空间，特定的模块才能在相应的知识领域中进行合理的归纳，例如物理世界、生物世界或社会世界。

由于先天的相似度空间是学习机制固有的，因此我们也就不难理解，在人工智能领域，人造学习系统总是要事先设定相关知识领域的限制条件。如果要设计一个学习棒球规则的计算机程序，我们就必须预先对竞技体育的基本假设进行编程，这样它才不会将球手的动作理解为刻意的舞蹈或者宗教仪式。一个学习英语动词过去式的程序只能将动词的发音作为输入数据，而一个学习动词词条的程序只能将动词的意义作为输入数据。这些限制条件非常明显地体现在设计者的设计之中，虽然他们嘴上并不一定承认。在标准社会科学模式的影响下，计算机科学家经常吹嘘自己的程序是功能强大的通用型学习系统，但事实上没有人会鲁莽到模拟人类的整个心智，研究者完全可以利用这些假定的实际限制。他们可以自由地设定他们的程序，使之足以解决各种问题，他们可以在正确的时间输入正确的数据，就像舞台上的"机械之神"（deus ex machina）^①一样。我这样说并没有贬义，这正是学习系统的工作方式！

生物直觉，人的另外一种本能

那么人类有哪些心智模块呢？一些旨在调侃乔姆斯基的学术文章说他提出了先天的骑自行车的模块、搭配领带衬衫的模块、修理化油器的模块，等等。但是，从语言到修理化油器的这段斜坡并不好走，我们必须找到一些明确的支点来避免打滑。我们可以借助工程分析法对系统进行检测，弄清它在理论上需要怎样的条件才能对特定问题进行合理的归纳。比如，如果要研究人类如何感知形状，我们可以观察一个能够识别不同家具的系统是否也能识别不同的面孔，还是需要一个特殊的分析系统来识别脸部形状。借助生物人类学的证据，我们可以确定哪些问题是我们的祖先在进化环境中所必须解决的问题。从这个角度看，先天模块至少应该包括语言和面部识别，而阅读和开车则不是。借助心理学和人种学的数据，我们可以检验以下预设：当孩子处理拥有心智模块的问题时，他们应该会有天才的表现，往往不教而会；而当他们处理没有配备模块的问题时，则需要付出漫长而艰辛的努力。最后，如果用来解决某个问题的模块确实存在，神经科学家就应该在负责这一问题的大脑组织中发现某种生理依据，例如一个回路或者子系统。

我想不揣冒昧地猜测一下除了语言和感知之外，到底还有哪些模块或者本能可以通过上述测试。为了证明自己并非胡乱猜测，我建议你参看一部论文集——《适应的心智》（*The Adapted Mind*）。

1. 直觉力学：有关运动、力以及物体受压变形的知识。

2. 直觉生物学：了解动植物的生长和行为方式。

---

① 在古希腊戏剧中，当剧情陷入胶着、困境难以解决时，会突然出现拥有强大力量的神，将面临的难题解决，令故事得以结尾。这些"神"往往由下等演员扮演，并借助起重机或起升机载送至舞台上，所以被称为"机械之神"。——译者注

3. 数。

4. 大区域的心理地图。

5. 生境选择：寻求安全可靠、信息充分、资源丰富的生存环境，通常为类似草原的地方。

6. 危险，包括恐惧感和警惕性，对高度、封闭空间、危险的社会交往、有毒的或肉食性的动物存在恐惧，并渴望学习如何避免这些环境。

7. 食物：什么东西可以吃。

8. 污染，包括厌恶感，似乎对某些事物有着天生的憎恶，对传染病和疾病有直觉的判断。

9. 对当前生活状态的评估，包括快乐、悲伤、满足和不安等情绪。

10. 直觉心理学：依据他人的信仰和欲望预测出他人的行为。

11. 心理名片夹：标记每个人的亲属关系、地位等级、互利交往的历史、天赋和优点，以及每一种特征的评价标准。

12. 自我概念：收集和整理一个人对他人所具价值的信息，并将它进行整合，运用到他人身上。

13. 正义：权利、义务和惩恶扬善等想法，包括愤怒和复仇的情绪。

14. 亲属关系，包括亲疏之别和育儿分工。

15. 交配，包括性感、爱意，以及忠贞和抛弃的意图。

如果你想知道标准心理学与这种观点的差距有多大，只需随便翻开一本心理学教材的目录就能找到答案了。以下是你将看到的章节：生理性、学习、记忆、注意力、思维、决策、智力、动机、情感、社会性、心理发展、个性、变态。我相信，在心理学的教学大纲中，除了感知和语言外，没有任何一个课程单元与心智的模块形成对应关系。这或许可以解释为什么初学心理学的学生都会对他们手里的教学大纲感到吃惊。这就好像要解释汽车的工作原理，不是分别介绍它的电路系统、传动装置和燃油系统，而是依次介绍它的钢制部分、铝制部分和红色部分。有趣的是，有关大脑的教科书反而更有可能是按照我所认定的真实模块来编写的。在神经科学的教材中，心理地图、恐惧、愤怒、哺育、母性行为、语言和性都是常见的章节。

对部分读者来说，上面这份列表可能是我神经错乱的最终证明。存在一个用来学习生物学的先天模块？生物学是近代以来才创立的一门学科，学生需要投入大量精力才能勉强及格。大街上的男男女女，以及世界上的部落生番，对生物现象都充满了迷信的观念和错误的认识，因此这个观点似乎比修理化油器的先天本能正常不了多少。

但最近的证据却揭示出另外一面。很可能真的存在一种与生俱来的"民俗生物学"（folk biology），它使得人类对动植物的基本直觉不同于其他物体，例如人造物品。民俗生物学的研究比语言研究更为年轻，它的观点也可能存在谬误。或许我们是在用两个模块来推测生物的，一个针对植物，一个针对动物；或许我们使用的是一个更大的模块，它囊括了岩石、山脉等其他自然物体；又或许我们使用的是一个不恰当的模块，就像民俗心理学。但是，基于目前已有的证据，我完全可以将民俗生物学视为语言之外的一个可能的认知模块，以便让你明白一个装满了本能的心智可以包含哪些内容。

首先，逛惯了超市的城市居民可能很难相信，"石器时代"以采集、狩猎为生的原始人都是学识渊博的植物学家和动物学家。他们为上百种野生动植物分类命名，对这些物种的生命周期、生态特征、行为表现了如指掌，这使他们可以进行精细、复杂的推理。通过观察动物足迹的形状、新鲜度和方向及其出现的季节、时间和当地的地形特征，他们可以推测出这是哪一种动物，它去了哪里，它可能有多大、多饿、多累、多怕。如果他们在春天看到一株开花的植物，他们会把它一直记在心中，等到夏去秋来之时，他们会返回原地挖掘埋在地下的植物根茎。而且我们前面说过，使用草药是人类的一种普遍的生活形态。

在这些天赋下面隐藏着怎样的心理机制？我们的心理相似度空间为何会和宇宙的这一部分相互吻合？植物和动物是一种特殊的物体，如果要对它们进行正确的推理，心智就必须将它们与岩石、岛屿、云朵、工具、机器和金钱等物体区分开来。这里涉及四个根本区别：第一，每个生物体（至少是有性繁殖的生物体）都属于一个由相互杂交的个体所构成的群体，这些个体都已经适应了某种特定的生态系统，因此，它们可以依据相对统一的结构或行为来划分成不同的物种，例如所有的知更鸟都大同小异，但它们都与麻雀不同；第二，具有亲缘关系的物种来自一个共同的祖先，而这个祖先又属于进化树上的某个分枝，因此它们又可以归属于一个个互不重叠、层次分明的门类，例如，麻雀和知更鸟同属于鸟类，鸟类和哺乳动物同属于脊椎动物，脊椎动物和昆虫同属于动物；第三，由于生物体是一个具有自我保护功能的复杂系统，完全由动态的生理过程所支配，这种生理过程即便不为我们所见，也仍然在发挥作用，例如，生物体的生化组织能够使它长大、移动，当它死亡后，这些组织也就不复存在；第四，由于生物体拥有两种不同形态："基因型"（genotype）和"表现型"（phenotype），因此在它们生长、变形以及繁殖的过程中，始终存在着一个隐含不变的"本质"，比如说，无论是毛虫、虫茧还是蝴蝶，它们从本质上说都是同一个动物。

不可思议的是，人们对生物的天生直觉似乎与生物学的这些核心要点高度吻合，即便是还不识字、也从未踏进过生物实验室的小孩也拥有这种自觉。

人类学家布伦特·柏林（Brent Berlin）和斯科特·阿特兰（Scott Atran）研究过动植物群的民俗分类。他们发现，普遍来说，人们对当地动植物种类的分类与生物学的林奈分类法（种—属—科—目—纲—门—界）中的"属"形成对应关系。此外，由于大多数地区都拥有来自任何一个属的单一物种，所以这些民俗分类通常也和林奈分类法中的"种"形成对应。再则，人们也会将动植物的种类划分为更大层级的"生命形态"，例如树、草、苔藓、四足动物、鸟、鱼和昆虫，这些分类大都符合生物学中的"纲"。与生物学的专业分类一样，民俗分类也有着严格的等级性：每个植物或动物都只属于一个"属"；每个"属"都只属于一种"生命形态"；每种"生命形态"要么是植物，要么是动物；植物和动物都属于生物；每个物体要么是生物，要么是非生物。这种分类为人们直觉的生物概念提供了一套独特的逻辑结构，使之与人造器物等其他概念区别开来。世界上任何一个地方的人都不会把一个动物既划归到鱼类又划归到鸟类，但他们却很容易接受一个轮椅既属于家具又属于交通工具，或者一台钢琴既属于乐器又属于家具。这也使得人们对自然物种的推理方式与人造器物不同。人们会推论说，鳟鱼是一种鱼，鱼是一种动物，所以鳟鱼是一种动物。但他们却不会相应地认为，汽车座椅是一种椅子，椅子是一种家具，所以汽车座椅是一种家具。

　　人们对生物的特殊直觉在很小的时候就表现出来。前面说过，人类婴儿绝对不是只拥有一些反射反应的小肉球，只能整天躺在护士的怀里哇哇大哭。虽然3~6个月大的婴儿还根本不会走路，甚至还不能完全看清东西，但他们已经能够了解物体的属性、可能的运动方式、它们之间如何相互影响、它们拥有的一些特征（例如可压缩性）、它们的数量以及加、减之后的变化。婴儿大概在周岁之前能察觉出生物体和非生物体的区别。在婴儿眼中，这种区别表现为无生命的物体必须在其他物体的物理作用下才能发生移动，而人和其他动物却能自行移动。例如在一个实验中，心理学家伊丽莎白·史培基（Elizabeth Spelke）让一个婴儿反复观看以下场景：一个球滚进一块帘幕背后，然后另一个球从帘幕的另一边滚出来。经过多次重复之后，婴儿逐渐对此感到厌倦。此时把帘幕移开，如果婴儿看到的情况符合一般的预期，即一个球在另一个球的撞击下发生滚动，他只会稍微兴奋一下，不久又变得无聊起来。这很可能是因为这种情况正如他心中所料。但如果在帘幕移开之后，婴儿看到的是一个神奇的情景：第一个球在没有碰到第二个球时就停住了，而第二个球莫名其妙地自发滚动起来，他就会一直盯着这个球看。重要的是，婴儿预料到无生命的球和有生命的人有着不同的运动规律。在另一个场景中，实验人员将球换成了人，一个人走进帘幕背后，另一个人从帘幕后走出来。当帘幕移开后，如果婴儿看到的是一个人停下来，另一个人站起来开始走动，他们不会感到特别惊讶；但如果是一个人把另一个人撞出来，他们则会吃惊不小。

　　等孩子进入幼儿园的时候，他们对各种生物依其内在本质以类相属的现象已经有了微妙的理解。心理学家弗兰克·凯尔（Frank Keil）曾经用下面这些古怪的问题来挑战孩子们的思维能力：

　　　　医生拿来一只浣熊（给孩子看浣熊的照片），剃掉它身上的一些毛，并把剩下的毛都染成黑色，再在它的背心处染上一条白色条纹。此外，他们还通过手术将一个散发着恶臭的气囊植入浣熊的身体，就像臭鼬一样。经过这番折腾后，这个动物看起来像这样（给孩子看臭鼬的照片）。请问在手术之后，这个动物是一只浣熊还是一只臭鼬？

　　　　医生拿来一个咖啡壶（给孩子看咖啡壶的照片）。他们锯掉壶的把手，封住壶的顶盖，拿掉盖上的旋钮，堵住壶嘴，并把它锯下来。他们还锯掉壶的底部，在下面黏上一个金属的铁盘。他们在壶中插上一根管子，然后再开一扇小窗，在里面装满鸟食。经过改造后，它变成了这个样子（给孩子看喂鸟器的照片）。请问在改装之后，这个东西是咖啡壶还是喂鸟器？

医生拿来玩具（给孩子看一只玩具鸟的照片）。如果你给它上紧发条，它的嘴巴就会打开，它里面的机器就会播放音乐。医生给它做了一番手术，给它插上真正的羽毛，让它看起来又漂亮又柔软，给它装上一个更好的嘴巴。然后医生把它的发条卸下来，再放入一个新的机器，使它可以拍着翅膀飞起来，还会叽叽喳喳地叫（给孩子看一张鸟的照片），请问经过手术之后，它是一只真鸟还是一只玩具鸟？

对于咖啡壶这样的人工制品变成喂鸟器，孩子们可以接受其形式上的改变：喂鸟器就是一种用来喂鸟的器具，所以那个东西就是喂鸟器。但对于浣熊这样的自然物变成臭鼬（或者一个西柚变成橘子），他们就心存疑虑，仿佛有某种无形的"浣熊身份"固守于臭鼬的外形之下，因此他们不太可能把这个新的动物当作臭鼬。而对于人工制品和自然生物之间的"越界"，比如说一个玩具鸟变成真鸟（或者一只豪猪变成刷子），孩子们的态度则非常坚决：鸟就是鸟，玩具就是玩具。凯尔的实验也显示，如果孩子听说一匹马拥有牛的内脏，它的母亲是牛，孩子也是牛，他们会感到很不舒服。但如果将一枚硬币熔化之后做成钥匙，再将这把钥匙熔化之后做成硬币，孩子们却可以坦然接受。

当然，生活于其他文化之下的成人也有相同的直觉。有人向大字不识的尼日利亚村民提出了下面这个问题：

一些学生拿来一个木瓜（给村民看木瓜的照片），把一些尖尖的绿叶插在它的顶部，然后给它贴满带刺的小贴片。现在它看来像这个样子（给村民看菠萝的照片）——请问它是一个木瓜还是一个菠萝？

村民的典型回答："它是一个木瓜，因为木瓜有木瓜的结构，这是老天爷给的，菠萝有它自己的根源。它们不能变来变去。"

幼儿也能意识到动物种群拥有更大的分类，而且他们的分类遵循的是类别成员的共同属性，而不仅仅是外表的相似。苏珊·吉尔曼（Susan Gelman）和埃伦·马克曼向一群 3 岁的孩子分别展示火烈鸟、蝙蝠和画眉鸟的图片，其中的画眉鸟看起来更像蝙蝠，而不太像火烈鸟。他们告诉孩子们，火烈鸟给它的小孩喂捣碎的食物，而蝙蝠喂它的小孩吃奶，然后问孩子们画眉鸟喂它的小孩吃什么。在不告知其他信息的情况下，孩子们会依据外表的相似性回答"吃奶"。但只要说明火烈鸟和画眉鸟都是鸟类，孩子就会把它们归为一类，认为小画眉鸟也吃捣碎的食物。

如果你实在不相信我们拥有植物学的本能，那不妨想想人类的一个最为奇怪的举动：赏花。种植花卉已经成为一个巨大的产业，专门为了满足人们装点居室和公园的需要。一些研究显示，给住院的病人送花不仅是一种温暖的问候，它的确能改善患者的心情，缩短康复的时间。人类很少把花当作食物，因此投入这么多人力和物力用来养花似乎有点儿小题大做，不可理解。但如果我们是天生的植物学家，这个现象就很容易解释了。花卉是植物信息的微缩格片。在没有开花的时候，植物总是淹没在一片绿色的海洋之中。花卉常常是辨认植物品种的唯一标志，即便对专业的植物分类学家来说也是如此。花卉也预示着收获果实的季节和方位，以及果实和种子所在的确切地点。在没有"四季沙拉"可供享用的原始环境中，记住花卉的种类，寻找花卉的地点，显然是个有用的本领。

当然，直觉生物学和生物学教授在实验室里所从事的研究有着很多不同，但专业生物学很可能是以直觉生物学为基础的。民俗分类法显然是林奈分类法的前身，即便在今天，专业的分类学者也很少否定原住民部落对当地物种的分类。人们本能地认为所有生物都拥有一个隐秘的本质，并受到一种隐秘过程的支配。毫无疑问，正是这种想法促使第一位专业生物学家将动物和植物带进实验室中，置于显微镜下，以此探究它们的本质。然而，如果有人把椅子带进实验室里，切下一小块放在显微镜下进行研究，并宣称自己企图通过这种方法找到椅子的本质，他一定会被认为是神经错乱，也没有人会资助他的研究。事实上，几乎所有的科学和数学都可能受到直觉的驱动，这些直觉来自各种先天模块，比如数量模块、力学模块、心理地图模块，甚至法律模块。像物理类比（把热比作流体，把电子比作粒子）、视觉隐喻（线性函数、矩形矩阵）、社会和法律用词（吸引力、遵从法律）都在科学领域得到普遍运用。如果你允许的话，我想再顺带补充一点，不过这一点本来是可以写成一部书的：我猜测人类其他的"文化"活动（竞技体育、叙事文学、园林设计、芭蕾舞）大多都是为了运行和促进我们的心智模块而发明出来的，而这些心智模块起初都是用来执行特定的适应功能——即便这些文化活动的产生看起来都像是"博尔赫斯式"（Borgesian）的随机事件。

不同的语言，相同的心智结构

因此，语言本能的存在意味着人类心智装载着适应性的计算模块，而不是一块白板，一团蜡块，或者标准社会科学模式所认为的一台通用计算机。但是，标准社会科学模式为我们提供了人人生而平等的普世理念，我们该如何看待这个问题呢？如果抛弃标准社会科学模式，我们是否就一定要被迫接受与之相反的观点，例如"生物决定论"？

让我从最浅显的道理说起。首先，人类的大脑有它自己的工作原理。希望它以某种方式运行，以便能为某些道德原则进行辩护的做法既违背科学，也有损道德，因为如果科学研究得出的是相反的事实，那么又该如何看待这些道德原则？其次，在心理学上，还没有可预知的发现能够印证道德和政治上的那些不言而喻的真理，譬如"人人生而平等，造物者赋予他们若干不可剥夺的权利，其中包括生命权、自由权和追求幸福的权利"等。最后，彻底的经验主义未必是一种进步的人道主义学说。白板一样的心智正符合独裁者的愿望。有些心理学教材会提到这样一些"事实"：斯巴达人和日本武士的母亲在得知儿子阵亡的消息时会露出微笑。但书写历史的通常都是将军，而不是母亲，所以我们可以不必在乎这种难以置信的说法，但其背后的目的却昭然若揭。

弄清这些问题之后，我想再阐明"认知本能"理论对遗传和人类所具有的意义，因为这种意义与许多人预料的正好相反。遗憾的是，人们常常纠缠于下面这两个观点：

人与人之间的差异是先天的。

所有人之间的共性是先天的。

这两个观点有着巨大的区别。以腿的数目为例：有些人之所以比别人少一条腿或两条腿，100% 是由环境造成的；而所有正常人之所以都拥有两条腿（不是八条、六条或没有腿），100% 是因为遗传。但是，"普遍人性是先天的"这个观点，常常和"个体、性别和种族之间的差异是先天的"这个观点纠缠在一起。我们能够了解这两个观点为什么会被错误地相提并论：如果人类心智中没有什么东西是先天的，那么它们之间的差异也就不会是先天的，因此最好的情况是心智并没有先天结构，这样一来，体面的平等主义者就没有什么可担心的了。但是倒转过来说，这个逻辑却并不成立。每个人的心智完全可以具有同等丰富的先天结构，它们之间的所有差异都可能是源自后天的知识习得，以及漫长的生活经验所积累下来的细微变化。所以说，即便是那些喜欢将科学和道德混为一谈的人（这在我看来并非明智之举），也不必为探索先天的心智结构而倍感警惕，无论最后得出的是什么样的结果。

人们之所以容易混淆天生共性和先天差异，原因之一是行为遗传学家（专门研究遗传缺乏、同卵双胞胎和异卵双胞胎、收养子女和亲生子女的科学家）将"遗传率"（heritable）一词霸占为专业术语，特指某一物种中与遗传差异有关的特定性状的方差比。这个意思不同于我们日常所说的"遗传性"，即拥有某种先天结构或组织的性状，这种结构或组织受到基因信息的规定。因此，有些性状通常是源自遗传，但"遗传率"却为零，例如一个人出生时有几条腿，或者一个人有怎样的心智结构。反过来说，有些性状并非源自遗传，但"遗传率"却达到100%。假设在某个社会中只有红头发的人才能成为祭司，那么祭司的职位就具有很高的"遗传率"，但它与生物学上的遗传性却没有丝毫关系。由于这个原因，人们才会被"智商的遗传率为 70%"这样的说法弄得晕头转向，特别是在报道此类消息时，新闻杂志总是将它们与认知科学对心智运作机制的研究扯在一起——没办法，这是不可避免的事情。

所有主张语言本能和其他心智模块的观点针对的都是全体正常人的共性，这些观点与人们之间可能的遗传差异没有半点儿关系。其中的一个原因是，在一位对复杂生物系统的运作方式深感兴趣的科学家面前，个体之间的差异实在是过于无趣。想想看，如果研究者不去探索人们是如何遣词造句，表达思想，而是去开发出一套"语商"测试表，整天忙着对成千上万的人进行测试，检测他们的语言能力，语言学将会变得多么枯燥乏味。这就像询问肺的生理机能，得到的回答却是有些人的肺要胜过其他人的肺，或者询问光盘如何复制声音，得到的却是一本消费者杂志，里面刊载的不是有关数字采样和激光原理的解释说明，而是各种光盘的销售排行榜。

不过，强调共性并不只是一种科学兴趣。对任何一种适应性的生物系统来说，它的结构设计，即它的运作方式，一定带有某种普遍性，为同一个物种的全体成员所共有，因为在性重组的过程中，具有本质差异的设计蓝图会被彻底搅乱。诚然，个体之间存在着异常丰富的遗传多样性，每个人从生化角度来说都是独一无二的。但自然选择正是依靠这种差异才得以维系。而且，当自然选择创造适应性设计的时候（更不要说那些功能等价的各类模块），它会将差异的可能性完全用尽，那些导致不良设计的变异基因会随着拥有者的死亡（比如饿死、被吃掉或者无后而终）而逐渐消失。既然我们说心智模块是自然选择的复杂产品，那么遗传差异也就只能表现为量的不同，而不是基本设计上的区别。当我们探讨爱情、传记、人事、八卦或者政治问题时，人与人之间的遗传差异也许是津津乐道的内容；但如果我们关注的是人类心智为什么会拥有智慧，这些差异就显得无足轻重了。

同样，对心智设计的关注也为我们了解两性（sex，作为一位心理语言学家，我拒绝用"gender"一词来指称"两性"）、种族之间的先天差异提供了新的视角。除了 Y 染色体上的一个"决定男性"（maleness-determining）的基因外，男性所有的功能性基因都可以在女性身上找到，反之亦然。这个"男性"基因是一个发育开关，它可以激活一组基因，关闭另一组基因。但无论男性还是女性，他们的基因蓝图都是相同的，而其默认的条件就是设计的一致性。有些证据显示，在生殖心理以及与此直接或间接相关的适应性问题上，两性的设计偏离了这个默认条件，不过这并不奇怪，男性和女性的生殖系统在构成部件上完全不同，似乎不可能是出自同一套设计软件。但是，无论是男性还是女性，他们大部分的认知需求都是高度相似的，包括语言在内，因此假如他们的设计真的存在差异，我反倒会感到奇怪。

在所有的差异中，种族或民族间的差异是最微不足道的。人类遗传学家沃尔特·博德默（Walter Bodmer）和卢卡·卡瓦利－斯福扎注意到一个矛盾现象：对普通人来说，种族间的差异是一个再明显不过的事实，但对生物学家来说，它却几乎看不见。人类 85% 的基因差异表现为同一族群、部落或民族成员之间的差异，另外的 8% 表现为不同族群之间的差异，而“种族”之间的差异只占到 7%。换句话说，假设随便找来两个瑞典人，他们的基因差异是瑞典人与阿帕切人或瓦皮利斯人的平均基因差异的 12 倍。博德默和卡瓦利－斯福扎指出，这种错觉的产生源于不幸的巧合。种族之间的许多系统差异都是适应环境的结果，黑色素能够保护皮肤免受热带阳光的伤害，双眼皮可以帮助眼睛适应干冷或冰雪的天气。但是，气候所能影响的身体部位也正好是人们所能看到的身体部位，因此种族差异真的可以说是一种“肤浅”的差异，但观察者总是习惯于从外在的差异归纳出内在的区别，这种天性使人们把种族差异误认为一种重要差别。然而，分子遗传学家的“X 光透视”却揭示出所有种族的一致性。

认知科学家的“X 光”也同样证明了这一点。“语言不同”已经成为“不可通约”（incommensurability）的代名词，但在心理语言学家看来，它只是一种表面差异。复杂语言普遍存在于每个人、每种文化之中，而且它们都拥有一套相同的心理设计。一旦意识到这一点，所有语言对我来说不再陌生，即便我一字一句都听不懂。无论是纪录片中那些第一次与外界接触的新几内亚高地人的戏谑谈笑，还是某个手语翻译者的手势动作，又或者是东京游乐场里某个小女孩的童言趣语——我想我能够透过表面的音韵看到底层的结构，从而真切地体会到我们都拥有相同的心智。

“语言本能”的研究进展

　　许多科学领域都取得了日新月异的新发现、新成果，并对研究的实质意义达成了高度的共识。然而，语言研究却不在其中，这是语言学家的不幸，却可能是《语言本能》的大幸。一本探讨人类基因或纳米技术的书在出版十几年后绝对可以丢进故纸堆；但我相信，时至今日，《语言本能》对语言科学所做的讲解依然具有参考价值。当然，语言领域并非一成不变，我的观点也是如此，下面根据1994年以来语言科学的发展进程，对本书每一章的内容做一些补充。

引言　语言是人的一种本能

　　这一章的两位主角如今都身处学术界的聚光灯下。达尔文的影响已经波及心理学、社会科学、哲学、医学和基因组学。我在 2002 年出版了《白板》(*The Blank Slate*)① 一书，里面探讨了达尔文的影响所产生的某些附带成果。乔姆斯基仍然是在世的最具影响力的语言学家，他的政治论著鼓舞了新一代的左派力量。

① 《白板》阐明了人性的本源、内涵及局限，是一场探索人性的奇幻之旅。该书中文简体字版已由湛庐引进，浙江科学技术出版社出版。——编者注

我最近还在一个路灯柱上看到一条标语，上面写着："读读乔姆斯基"。

我在这一章中阐述了乔姆斯基对语言学发展的重大影响，许多读者由此认为我是一个"乔姆斯基主义者"。在某些观点上，我的确是，例如认为语言产生于一套专门负责符号表征计算的心理机制。但在这一章里，我也暗示了自己与乔姆斯基存在的一些分歧。在此后的几年中，我陆续表明了自己的观点。我在《白板》中解释了我为什么不赞同乔姆斯基对人性的理想化看法，以及与此相关的极端的左翼无政府主义的政治观点。在最近的一场论辩中，我和他在语法理论和语言进化的问题上各执一词，针锋相对（尤其是后一个问题）。语言学家雷·杰肯道夫是我论辩中的战友，他曾经是乔姆斯基的学生，我对语言和心智的看法和他十分接近。杰肯道夫在他的新书《语言的基础》（*Foundations of Language*）中对语言科学做了条分缕析的梳理，我由衷地赞同他的观点。

01　有人类存在的地方，就有语言存在

我们在这一章探讨了语言自然史中的许多现象，它们在过去的几十年里都成了新闻热点。

- 2005 年，语言学家丹尼尔·埃弗雷特（Daniel Everett）发表了对亚马孙原住民部落毗拉哈人的研究结果。他指出，毗拉哈人的语言无法描述直接经验之外的抽象内容。然而，这一论断和他本人的许多观察结果自相矛盾，例如"灵魂以及灵魂世界在他们的生活中占据了重要位置"。虽然毗拉哈语在某些方面比大家熟知的欧洲语言更为简单（例如不超过 3 的计数系统，时态和代词也非常简单），但在其他方面却十分复杂，例如它拥有 16 种不同类别的动词后缀，以及超过 50 000 种已被确证的词形。埃弗雷特强调说，虽然乍看起来简单粗陋，但毗拉哈语绝不是一种"原始语言"。

- 美国黑人英语在 1996 年成为新闻事件，不过它换了一个古怪的名字："Ebonics"（非洲裔美国人所讲的英语方言）。当时，加利福尼亚州奥克兰市教育局提出了一个议案，希望将它确定为双语教学计划的语种之一。语言学家约翰·麦克沃特（John McWhorter）和杰弗里·普勒姆对由此产生的风波做了精妙的分析。

- 安妮·森加斯在首次以尼加拉瓜手语为对象的研究项目中担任研究助理，后来她来到麻省理工学院，成为我的研究生，我建议她将这个有趣的现象作为

自己的研究方向。她已经发表了一批出色的论文，用定量分析的方法证明了幼儿的确可以发展出以离散组合语法为特征的新语言。

- 许多读者都对父母很少与小孩说话的文化感到吃惊，这些孩子都是从哥哥、姐姐等年长的同辈人那里学会说话的。但这种惊奇正是朱迪思·哈里斯（Judith Rich Harris）所揭示的"教养假设"（nurture assumption）的症状之一，即武断地认为父母主导着儿童的社会化过程。哈里斯在 1998 年出版了一本以此作为书名的重要著作，她在书中指出，父母对孩子最重要的影响在受孕的那一刻就已经完成，孩子是在和同龄人的交往互动中习得文化、发展个性的。语言习得的许多特点证实了这一说法，例如在语言习得过程中，父母的言语并非不可或缺，又如克里奥尔化现象和尼加拉瓜手语的出现，以及移民的孩子总是形成与同龄玩伴相似的口音，而不是父母的口音。这些现象，加上行为遗传学的一些发现，让我乐于接受哈里斯的观点，所以我为她的书写了一篇序，并在《白板》中对此做了详细阐述。

- 虽然乔姆斯基因为提出"语言先天假说"而著名于世，但他从来没有对这个观点展开过系统的科学论证，而他的主要论据——"输入贫乏理论"也远非无懈可击。借助大型在线语料库（这是语言学中最为重要的新方法），杰弗里·普勒姆和哲学家芭芭拉·肖尔茨（Barbara Scholz）揭示，许多据称是儿童从未听过的句式，其实都可以在合理大小的英文样本中找到例子。他们并没有否认输入贫乏的可能性（我认为西蒙案例、尼加拉瓜手语以及第 4 章中彼得·戈登的"mice-eater"实验都是很好的例证），但他们指出，要确证这一说法，比乔姆斯基和他的追随者所设想的要难得多。

- 自本书出版以来，人类遗传学和认知神经科学取得了突飞猛进的发展。目前我们已经知道，威廉姆斯综合征是由于 7 号染色体部分区段的缺失引起的，这一区段包含大约 20 个基因，这导致威廉姆斯综合征的症状具有很高的异质性。至少其中之一，即"LIM 激酶 1"基因涉及空间认知的问题。正如我所强调的，相较于其他认知功能，威廉姆斯综合征患者的语言较少受到损害，但不同的患者之间仍有很大差异。克里斯蒂尔过度发达的语言能力虽然表明语言可以独立于其他认知功能，但这种现象并没有出现在所有患者身上。

- K 氏家族基因缺陷的发现过程一直备受关注。首先是某个基因标记被确定下来（SPCH1），然后是导致这一缺陷的基因（FOXP2）及其变异，接着就是它的进化历史。其他哺乳动物也拥有一个类似的基因，但这一基因的排序却为人类所独有，这是 20 万年来自然选择的最终结果。目前，这一基因在哺乳动物的大脑发育中所承担的功能已经成为研究的焦点。我们已经知道，它是一个转录因子，负责启动其他基因。其他哺乳动物身上的 FOXP2 基因影响的是负责运动控制的神经回路，特别是与发声相关的回路。

- 尽管我在第 9 章里对 K 氏家族综合征的已知症状做了谨慎的描述，但我发现既有人说我声称这个基因专门涉及语法问题，也有人说我认为它只影响嘴部和面部的肌肉运动。这个家族的成员已经接受了大量检查，事实真相介于这两者之间：患病的家族成员在吐字发音和嘴部、面部的运动控制方面存在障碍，智力水平也普遍较低，但他们也存在一些特殊的语言障碍，这些障碍与其他方面的缺陷并无关系。

- 虽然目前还没有发现特定于语法的单一基因（也许永远都发现不了），但渐趋清楚的是，某些特定的基因集合与语言能力的各个方面有着密切的联系，这些基因集合具有不同程度的特异性或者交叉功能。心理学家希瑟·凡·德尔·莱利记录了一群患有特殊语言障碍的孩子，她将这种障碍称为语法型特定语言障碍（Grammatical Specific Language Impairment）。与 K 氏家族不同，他们的缺陷似乎只表现在语言方面，具体地说，只表现在语法上：他们的整体智力居于正常水平，在识别复杂声音、理解单词以及在社会环境中自然使用语言等方面都与常人无异。他们的病症可能源自遗传，但他们身处的家族不够大，遗传模式不够清晰，所以无法锁定相关的基因。我以前的学生卡琳·斯特朗斯沃尔德（Karin Stromswold）从另一角度探讨了这个问题，她梳理了大量的文献，这些文献表明了语言能力的许多差异，包括语言障碍和语言发育迟缓，都具有很高的遗传率。

02　心语

在我撰写这一章的时候，沃尔夫假说已经被大部分语言学家和心理学家所抛弃，但如今钟摆又摆了回来。目前，"新沃尔夫主义"运动方兴未艾。在《思想本质》一书中，我讨论了这一新的研究动向，并且指出，语言影响思维的观点并非完全错误，但语言影响思维的方式有很多，人们很容易将它们混为一谈。特别是，人们往往会将一般性的观察结果（例如一个人的话会影响另一个人的想法——如果连这点都做不到，语言就没有任何用处）与一些极端的主张联系起来（例如我们是用母语进行思考，我们所说的语言决定了我们无法思考某些问题），在《思想本质》这本书中，我论证了"心语"理论的正确性——我们不是用母语思考，而是用更为抽象的思想媒介来进行思考。

03　语言机制

本章结尾部分描述的句法机制已经很难在乔姆斯基的最新理论——也就是所谓的"最简方案"（Minimalist Program）中找到踪迹。在语言学界，乔姆斯基的一个重要特点便是每隔 10 年就对自己的理论进行一番颠覆性改造。目前的"版本"是 5.2 版（当然，这取决于你如何计算），而我在这一章里描述的是 3.2 版的简化版，即"修正的扩充标准理论"（Revised Extended Standard Theory）。不过，对于任何一位正在研读语言学著作的人来说，本章绘制的语法图都不会显得陌生，因为我所强调的方面都经得起时间的考验，而且可以很容易地转化为其他理论。在我本人的论著中，我一贯支持比乔姆斯基理论更为平实、自然的理论（更少的分枝、更少的语迹、更少的转换），它们的构架清晰可辨，一目了然，例如短语、词语项和结构。琼·布列斯南的理论就是一个例子，而这种优点也可以在雷·杰肯道夫和彼得·库里卡弗（Peter Culicover）的新书《简单句法》（*Simpler Syntax*）中找到。

自我撰写本章内容以来，最大的研究进展发生在 2004 年，也就是波士顿红袜队赢得世界职业棒球大赛冠军的那一年。

04　每个人的头脑中都装着一套构词法

我在随后的两本书中对单词世界做了更为深入的探讨。《单词与规则》（*Words and Rules*）考察了词形组合的丰富性及其对认知机制的影响。《思想本质》考察了单词的含义以及它们的产生和传播方式。

在生动有趣的《孩子如何学习词义》（*How Children Learn the Meanings of Words*）一书中，保罗·布鲁姆指出，儿童没有专门用于词义学习的心理机制，他们学习单词的方式和学习其他事物一样。儿童是通过自己的"心智理论"或直觉心理学来锁定词义，并结合具体的语境来推断一个正常的说话者可能表达的意思的。雷·杰肯道夫和我认为这并非事实的全部，我们在与乔姆斯基辩论的文章中解释了其中的原因。

05　语音的奥秘

目前，语音识别技术已经取得了飞速发展，成为电话信息系统不可或缺的部分。但每位曾受困于"语音信箱监狱"（voice-mail jail）的人都知道，这一系统还有待于进一步完善，否则常常会得到这样的答复："对不起，我不明白您在说什么。"小说家理查德·鲍尔斯（Richard Powers）描述了自己使用最先进的语音识别程序的体验："这台机器是一个误打误撞的'专家'。就像我们有时会把'Surely goodness and mercy shall follow me all the days of my life'听成'Shirley, good Mrs. Murphy, shall follow me all the days of my life'一样，我的平板电脑会将'book tour'听成'back to work'，'I truly couldn't see'听成'a cruelly good emcee'。"识别不同的人说出的各种单词依然是一个艰巨的设计任务。

在《单词与规则》中，我更为详尽地讨论了英语的发音模式以及这种变幻不定的拼写方式背后的逻辑性，包括乔姆斯基和莫里斯·哈利的独到见解：英语的拼写"几近于最理想的拼写系统"。

社会上还爆发了一场与语言有关的激烈辩论，这在《语言本能》中没有提及，即"阅读大战"（reading wars）。这场辩论的焦点是：在读书识字的问题上，儿童是否应该接受明确的教导来掌握如何从单词的字母拼写中分析出单词的读音（也就是"字母读音法"），还是可以在丰富的阅读环境中本能地发展出读写能力（即所谓的"整体语言法"）。我在这一章中发表了自己的见解：语言是一种本能，但阅读却不是。和多数心理语言学家一样（但和许多教育人士不同），我认为应该有意识地教导孩子认识语音，并了解它们在字母串中的编码方式，这对孩子来说至关重要。在这方面，黛安·麦吉尼斯（Diane McGuinness）的《我们的孩子为什么不会阅读》（*Why Our Children Can't Read*）是我最喜欢的一本书。这一书名出自出版商的营销噱头，麦吉尼斯最初将这本书命名为《阅读革命》，因为它不但探讨了阅读研究的科学革命，也追溯了人类历史中给我们带来字母拼写体系的革命性事件。

事实证明，山梨正明对克林顿的评论简直是未卜先知。

06　会说话的大脑

无论是谁，只要他曾经用过某种号称"懂得英语"的搜索引擎进行网络检索，就一定可以站出来证明：对自然语言的理解仍然是一个有待解决的工程问题。同样，语言翻译软件也是如此。洛伯纳大奖赛（被错误地形容为"图灵测试"）的参赛软件依然是靠着预设的回复来赢得大奖，它们根本无法理解语言。

语用学是语言学的一个分支，它研究的是特定社会背景下的语言运用，以及敬语、暗指和言外之意等语言现象。在这一章中，我只用了两三页的篇幅简单地梳理了一下。我在《思想本质》中对语用学作了更加深入的讨论，并从社会心理学和进化心理学的角度解释了这些语言现象。

07　为什么地球上会存在那么多不同的语言

语言学家丹尼尔·埃弗雷特对亚马孙原住民语言毗拉哈语进行了研究，他声称这种语言与霍盖特所总结的语言共性形成冲突，因为它无法讨论直接经验之外的事物，而且不存在递归性的嵌入机制，即一个单词或短语可以嵌入一个相同类型的单词或短语之中。但正如我前面所说，埃弗雷特的第一个说法与大量有关毗拉哈人生活方式的观察结果不符，而他的第二个说法也同样站不住脚。借助动词后缀和将名词转化为动词，毗拉哈语可以实现一定程度的语义嵌入，因此可以表达"我说某某打算离开"这种嵌套两层语义的想法。此外，毗拉哈语也可以用一个句子来陈述一个命题，比如"我们吃许多鱼，但有些鱼我们是不吃的"。语言学家安德鲁·内文斯（Andrew Nevins）、大卫·佩塞斯基（David Pesetsky）和赛琳·罗德里格斯（Cilene Rodrigues）对毗拉哈语进行了细致研究，他们驳斥了毗拉哈语不存在句法嵌入的观点。

普遍语法仍然是一个备受争议的概念，但这些争议只是看问题的角度不同而已。那位来自火星的科学家依然会认为，与人们所能想到的无数种声音交流方式相比，人类的语言其实都大同小异。在《语言的原子》（*The Atoms of Language*）一书中，语言学家马克·贝克（Mark Baker）采用实证的方法，清晰地描绘出普遍语法的基本结构以及将各种语言区分开来的一小批参数。

　　我建议有关语系的争论可以请"一位出色的统计学家花一个下午的空闲"来解决，如今已经有一批生物统计学家在这样做了，当然这花了他们不止一个下午的时间。在某些项目中，为生物学而设计的计算机程序被运用于语系的研究中，这些程序原本是用来分析各类物种的基因，从而构建出物种进化的谱系图的，如今它们被用于分析不同语言的单词，以便描绘出语言的家谱。研究者首先用毫无争议的语系（例如印欧语系）对这些程序进行检测，以验证它们是否能够还原出已知的谱系，然后再将它们用于隐晦不明的语系，以计算出其中的谱系和各种原始语言从它们的祖语中分离出来的相关时间。近来有关印欧语系的分析表明，说原始印欧语的人生活于 8 000~10 000 年前，这正符合最近兴起的"走出安纳托利亚"（Out of Anatolia）理论。根据这个理论，他们是欧洲的第一批农夫。更多的语言学家对此表示怀疑，因为这个时间和"语言古生物学"的研究结果相抵触，例如原始印欧语中有"车轮"一词，但车轮是在 5 500 年前才发明出来的。原始印欧人到底是早期的农夫还是晚期的牧人，这个争论还在继续。也许两种说法都是对的，他们可能经历了两个不同的历史时期。

　　至于更为古老的超级语系，例如诺斯特拉语系、印第安语系、欧亚语系（更不用说原世界语），它们仍然不被多数语言学家所认可。同样，人类遗传学家路卡·卡瓦利－斯福扎所提出的观点，即基因族谱和语言谱系的重叠性，也遭受了学界的冷落。对于庞大的种群和族群来说，这个观点具有一定的合理性，例如使用闪语、班图语和欧洲语言的非洲人。但通常情况下，它与事实并不相符。其中的原因是，语言和基因不同，它并不总是由父到子、自上而下地纵向传承，而是常常会发生横向传递：从征服者传向被征服者，从本地人传向外来者。

　　2004 年，遗传学家亚历克·奈特（Alec Knight）和乔安娜·马恩特恩（Joanna Mountain）发表了一个有关原世界语的惊人论断：第一批现代人所说的母语是一种吸气语（click language）。虽然大多数语言学家对此不以为然，但他们的观点也并非胡乱猜测，而是基于以下四个观察结果：第一，非洲两大主要吸气语（坦桑尼亚的哈德扎人和卡拉哈迪沙漠的桑人所使用的语言）在语言上没有亲缘关系，也就是说，这两种语言早在 10 000 年前就已经分道扬镳。第二，哈德扎人和桑人在基因上也相隔遥远。第三，哈德扎人和桑人都拥有一定水平的遗传多样性，这表明他们是人类始祖的两支直系后裔。第四，语言学家发现，拥有吸气音的语言常常会丢失吸气音，而没有吸气音的语言却绝不会产生出吸气音。因此一个简单的解释是，大约生活于 10 万年前的第一批现代人说的是带有吸气音的语言，这些吸气音在哈德扎人和桑人的语言中保留了下来，而在其他后裔的语言中都逐渐遗失了。

当然，语言的消亡仍然是语言学界的一大忧虑。目前有两个组织专门负责支持和保存濒危语言，它们是濒危语言基金会（Foundation for Endangered Languages）和濒危语言基金（Endangered Language Fund）。

08　孩子天生会说话

心理学家罗伯特·格林科夫（Roberta Golinkoff）和凯西·赫什－帕塞克（Kathy Hirsh-Pasek）的《婴儿如何说话》（*How Babies Talk*）一书对婴儿如何开口说话做了很好的介绍。

在过去的十几年里，有关年轻人的大脑在语言学习和创造上比老年人的大脑更为优越的证据可谓层出不穷。而且有证据表明，掌握口音的能力在两岁之后就开始逐渐衰退。根据神经影像学的研究结果，在第二语言的习得上，儿童大脑的处理方式与成人大脑不同。前者处理第一语言和第二语言的区域完全重叠，而后者则是由两个相邻区域分别处理。

同时，目前还很难证明语言习得存在一个专门的"关键期"。语言学家大卫·伯德桑（David Birdsong）认为，人们只是因为年纪越大而变得越糟：30 岁的成年人比不过 20 岁的小伙子，20 岁的小伙子比不过十几岁的青少年，十几岁的青少年比不过五六岁的小孩子。伯德桑认同本章里提到的一个假设：年龄对语言的影响是衰老过程的一部分。这个问题并不容易解决，因为人们学习第二语言的背景、动机有着很大差异，它们会对语言学习的年龄变化曲线造成各种干扰。

　　另一个问题是，年龄对第一语言的影响可能比第二语言更加明显。心理学家早就怀疑，借助第一语言这根拐杖，成人可以更好地掌握第二语言，因为他们可以将二者进行对照，了解其中的区别。瑞秋·梅伯里（Rachel Mayberry）对此做了精巧的研究，并证明了这个观点，只是她的研究公布得稍晚了一些，我没能把它写进这本书。她发现，在美国手语的学习上，将它作为第一语言的先天成年失聪者，比将它作为第二语言的成年失聪者（因为事故或疾病而丧失听力）要差得多。当然，从小就学习美国手语的先天成年失聪者的表现是最优异的。这表明，成人在语言习得上比儿童要差很多，但这种差异被一个事实所掩盖：大多数成人所学的都是第二语言，而非第一语言。

　　年龄对语言习得的影响牵扯到美国教育政策的一场大争论，这场争论可能比"阅读大战"还要激烈。直到最近，美国的许多州都在实施一种古怪的双语教育：移民的孩子接受的都是母语（通常是西班牙语）教育，而英语只是逐步引入课堂，而且要等到孩子进入青春期时才全面介入。许多学者支持这种教育体系（部分是因为他们隐约觉得这样是在支持少数族裔和移民），尽管许多移民父母对此表示反对，而且缺少足够数据显示这一教育体系对孩子有所帮助。此外，这一体系的基本假设是年纪大的孩子在语言习得上要强于年纪小的孩子。罗恩·恩兹（Ron Unz）是主张废除这一教育体系的急先锋，他指出，这种教育理念就像是"让石头从下往上，掉落天空"。

09　语言器官和语法基因

　　除了基因革命外，和语言关系最大的科学发展表现在大脑的影像分析，特别是功能性磁共振成像和脑磁图上。尽管语言区域的总体景观变得更加复杂，但经典的语言区域通常都可以借助这些手段清晰地找到。一个比较接近全貌的例子就是下页这张大脑语言区影像图，它是我和我以前的学生奈德·沙辛（Ned Sahin）在实验中所获得的扫描影像。在实验中，我们让被试观看屏幕上的单词，并要求他们默念这些单词，或者在心中将这些单词转换成复数形式或者过去时态。

计算机对这张左脑图像进行了"膨胀"处理，因此脑沟（大脑沟裂）看上去就像一片片暗灰色的斑块。图像上的亮点表示血流量增加的部位。你可以看到，这些发亮的部位和我在本章中基于当时数据（依靠解剖和断层扫描）所绘制的语言区域图十分吻合。在大脑的底部后端（图片右下角），你可以看到初级视觉皮层。位于它左侧的是一个新发现的区域，名为"视觉词形区"，它负责检测单词的形状。它的附近就是韦尼克区，也就是负责识别单词的区域。额叶中部的那片光亮区（图片左侧）包括布洛卡区（负责语法计算）和某些控制嘴部运动的区域。在这片光亮区中，有一部分向下延伸到额叶之下的大型脑沟（即脑岛）中，它可能与发音设计有关（即便我们的研究对象并没有开口说话，因为头部运动有可能会对大脑的语言图像形成干扰）。在大脑后部的顶叶上方（图片右侧上方），我们可以看到一片发亮的活跃区域，它正好位于一条横向延伸的脑沟之上，这片区域反映的是人们对光学显示的注意。

不幸的是，在过去 10 年里，有关语言的神经影像数据只给我们提供了这样一份粗糙、笼统的地图，而没有绘制出一幅清晰明确的区域分布图，指明每个部位所负责的具体工作。不过，还是有人在这方面做了一些尝试，试图厘清这混乱的局面。彼特·哈古特（Peter Hagoort）认为，左脑下额叶（图片左侧的大片光亮区，包含布洛卡区在内）负责将各种语言知识（单词、规则、声音、结构）联结起来，由此形成一个清晰连贯、语义明确的句子。哈古特指出，在这片区域中，前部下端主要负责意义的处理，后部上端主要负责语音和发音，中部则主要负责处理语法。大卫·坡佩尔（David Poeppel）和格雷格·希科克（Greg Hickok）提出了另一种见解，不过他们关注的是语义理解。他们认为，单词的理解开始于韦尼克区的周围区域，然后兵分两路，一路向前下方延伸，进入颞叶（图片底部的长形叶片），与意义连接；另一路向上延伸，然后向前进入额叶，与发音连接。

在这一章里，我完全是用假设的方式描述大脑神经回路在子宫内的发育情况，而在过去 10 年的生物学研究中，这一领域同样获得了突飞猛进的发展。我以前的学生盖瑞·马库斯（Gary Marcus）写了一本可读性很强的书——《心智的诞生》（*The Birth of the Mind*）。他在书中解释了胚胎大脑发育的基本科学知识，并对基因和早期神经活动究竟如何铺设语言和认知回路进行了推测。

10　人类语言的起源

在我撰写《语言本能》的时候，语言进化还没有形成一个研究领域，而现在它已经成为许多著作、会议和研究项目的中心议题。最近有一部论文集出版，书名是《语言进化：最新研究进展》（*Language Evolution: States of the Art*）。该论文集收录的都是一些重要学者的评论文章，其中也包括我的一篇文章。我在文章中指出（就像我在这一章中所表达的观点），语言是对"认识生境"（cognitive niche）的一种适应。在这个生境中，人们通过语言来协商合作，分享知识。这一蓬勃发展的领域甚至成为一部最新出版的科普书籍的主题，它的作者是新闻记者克莉丝汀·肯尼利（Christine Kenneally）。

在这个领域中，最激动人心的新进展来自基因革命。一批和语言相关的基因或基因座已经被识别出来，这证明语言是一种复杂的基因现象，而非源自某次幸运的基因突变。更值得关注的是，有些新技术可以对遗传变异进行分析，将那些基于自然选择的基因变化和随机发生的基因变化区分开来。其中一个方法是看影响蛋白生成（对自然选择来说是可见的）的核苷酸变化是否比没有用处的变化要多，否则就是随机的进化噪音；另一个方法是看一个基因在同一物种内的差异是否比它在不同物种之间的差异要小。结果证明，不但基因 FOXP2 带有自然选择的印记，其他一些基因也是如此，这些基因牵涉到人类（但在黑猩猩身上没有体现）的听觉处理，这很可能是为了满足理解语言的需要而产生的变化。

另一个重要的发展是，计算机进化语言学不再是单枪匹马的事业。我的同事马丁·诺瓦克（Martin Nowak）已经开发出一些数学模型，并由此证明了人们的一个直觉判断：语言的一些基本设计特征能够为拥有智慧的社会个体提供选择有利性。这些特征包括能够表达复杂意义的句法规则，以及所谓的模式二重性，即由音素构成单词，由单词构成句子。

1995 年，我参加了加州大学洛杉矶分校举办的一个研讨会。在会议上，休·萨维奇·伦堡宣称自己相信"坎齐"（她所训练的倭黑猩猩）有朝一日会登台发表演讲。我们仍然在等待这一天的到来。虽然我认为与撰写《语言本能》之时比起来，"坎齐"和其他倭黑猩猩在理解和使用单词方面有了不小的进步，但它们组织单词的能力仍然处于低级水平。事实上，反倒是一些在亲缘关系上距离我们更加遥远的动物在交流沟通方面取得了惊人的成就。在所有动物中，鹦鹉最善于学习带有句法和语义的人工语言，八哥最善于发出具有递归结构的信号，鸟类和海豚是最好的语音模仿者，而在理解人类意图方面，黑猩猩又比不过人类最好的朋友——家犬。这种情形印证了我的观点：在"动物"中寻找语言是一种错误的做法，就仿佛进化是一个分成不同等级的梯形平台，人类位于平台的顶端，而黑猩猩位居其次。实际上，各种动物都散居于进化之树的不同位置，它们为了适应自身的生态环境而进化出各种有用的认知能力和交流能力。人类仍然是唯一进化出语言的物种，这种带有组合性句法和语义的交流系统完全符合我们独特的认知生境。

2002 年，乔姆斯基和比较心理学家马克·豪泽（Marc Hauser）、特库姆塞·菲奇（Tecumseh Fitch）合著了一篇论文，这是一次不太常见的合作。这篇论文试图打破语言学和动物行为研究之间的藩篱。作者将语言官能分为"广义"和"狭义"两种，广义的语言官能是指与说话和理解相关的所有能力（包括概念、记忆、听力、计划和发声），狭义的语言官能则为人类语言所独有。他们认为，广义语言官能中的许多能力是人和动物共有的，而狭义语言官能则专指句法的递归性。我已经说过，我和雷·杰肯道夫对此深表怀疑，并在《认知》杂志上和他们展开了一场辩论，表达了我们的观点。

11　语言专家

迄今为止，这一章是本书中引起最大关注的部分。许多读者认为我全然反对提倡标准语法和良好文风，有些人则把我看成是 20 世纪 60 年代"我行我素"（doing your own thing）精神的拥护者，追求随心所欲、放纵不羁的生活方式。我甚至以一个极端的语言放任者的形象，出现在大卫·华莱士（David Foster Wallace）的小说《无尽的玩笑》（Infinite Jest）中。事实上，我在这一章里只是将任何一位英语史研究者很容易发现的问题公之于众：许多规定性规则纯粹是无稽之谈，与逻辑、文风、清晰度或文学先例毫无关系，尽管它们常常被当作金科玉律供奉起来。

为了让行文诙谐起来，我在书中对理查德·莱德勒和威廉·萨菲尔这两位睿智的作家多有冒犯，对此我很是过意不去，尤其是《新共和》（The New Republic）杂志摘录了这一章的内容，并附加了一个标题和采访，其中暗含了对萨菲尔的无端嘲讽。一年后，我遇见了萨菲尔，他对此表现得十分大度，此后他还偶尔就他的专栏文章向我征求意见。但约翰·西蒙（John Simon）却截然相反，他在《国家评论》（National Review）杂志上说我是在为自己缺少教养的父母所说的拙劣语法进行辩护。

我在这一章里呼吁语言专家应该像语言学家那样思考问题，这一呼吁得到了简·弗里曼（Jan Freeman）的响应。她在《波士顿环球报》上开辟了一个名为《说词解字》的专栏，里面的文章见解深刻，洞见迭出。另外我还呼吁语言学家走出象牙塔，向普通大众介绍文法和语用知识，这一呼吁也得到了杰弗里·普勒姆和马克·利伯曼（Mark Liberman）的响应，他们在网上开了一个颇受欢迎的博客，名为"语言日志"。杰弗里·纳恩伯格、约翰·麦克沃特和其他一些语言学家有时也会在上面撰写文章。

结语　语言，洞悉人性的一扇窗

　　我将这一章的内容扩展成了两本书：一本是《心智探奇》(*How the Mind Works*)[①]，它探讨了构成人类本性的其他认知本能和情感本能；另一本是《白板》，它分析了人类本性的观念，以及这种观念在政治、道德和情感上的各种表现。

[①]《心智探奇》详细剖析了心智的起源与进化，是一场探索心智本质的奇幻之旅。该书中文简体字
　　版已由湛庐引进，浙江科学技术出版社出版。——编者注

Abler, W. L. 1989. On the particulate principle of self-diversifying systems. *Journal of Social and Biological Structures, 12,* 1–13.

Aitchison, J. 1991. *Language change: Progress or decay?* 2nd ed. New York: Cambridge University Press.

Allen, W. 1983. *Without feathers.* New York: Ballantine.

Ammerman, A. J., & Cavalli-Sforza, L. L. 1984. *The neolithic transition and the genetics of populations in Europe.* Princeton, N.J.: Princeton University Press.

Anderson, J. R. 1990. *The adaptive character of thought.* Hillsdale, N.J.: Erlbaum.

Aronoff, M. 1976. *Word formation in generative grammar.* Cambridge, Mass.: MIT Press.

Aronoff, M. 1987. Review of J. L. Bybee's "Morphology: A study of the relation between meaning and form." *Language, 63,* 115–129.

Atran, S. 1987. Folkbiological universals as common sense. In Modgil & Modgil, 1987.

Atran, S. 1990. *The cognitive foundations of natural history.* New York: Cambridge University Press.

Au, T. K.-F. 1983. Chinese and English counterfactuals: the Sapir-Whorf hypothesis revisited. *Cognition, 15,* 155–187.

Au, T. K.-F. 1984. Counterfactuals: In reply to Alfred Bloom. *Cognition, 17,* 155–187.

Baillargeon, R. In press. The object concept revisited: New directions in the investigation of infants' physical knowledge. In C. Granrud (Ed.), *Visual perception and cognition in infancy.* Hillsdale, N.J.: Erlbaum.

Bamberg, P. G., & Mandel, M. A. 1991. Adaptable phonemebased models for large-vocabulary speech recognition. *Speech Communication, 10,* 437–451.

Barkow, J. H. 1992. Beneath new culture is old psychology: Gossip and social stratification. In Barkow, Cosmides, & Tooby, 1992.

Barkow, J. H., Cosmides, L., & Tooby, J. (Eds.) 1992. *The adapted mind: Evolutionary psychology and the generation of culture.* New York: Oxford University Press.

Basso, A., Lecours, A. R., Moraschini, S., & Vanier, M. 1985. Anatomoclinical correlations of the aphasias as defined through computerized tomography: Exceptions. *Brain and Language, 26,* 201–229.

Bates, E., Thal, D., & Janowsky, J. S. 1992. Early language development and its neural correlates. In I. Rapin & S. Segalowitz (Eds.), *Handbook of neuropsychology, Vol. 6: Child neurology*. Amsterdam: Elsevier.

Bates, E., Thal, D., & Marchman, V. 1991. Symbols and syntax: A Darwinian approach to language development. In Krasnegor et al., 1991.

Baynes, K., & Iven, C. 1991. Access to the phonological lexicon in an aphasic patient. Paper presented to the annual meeting of the Academy of Aphasia.

Belliveau, J. W., Kennedy, D. N., McKinstry, R. C., Buchbinder, B. R., Weisskoff, R. M., Cohen, M. S., Vevea, J. M., Brady, T. J., & Rosen, B. R. 1991. Functional mapping of the human visual cortex by Magnetic Resonance Imaging. *Science, 254,* 716–719.

Bellugi, U., Bihrle, A., Jernigan, T., Trauner, D., & Doherty, S. 1991. Neuropsychological, neurological, and neuroanatomical profile of Williams Syndrome. *American Journal of Medical Genetics Supplement, 6,* 115–125.

Bellugi, U., Bihrle, A., Neville, H., Doherty, S., & Jernigan, T. 1992. Language, cognition, and brain organization in a neurodevelopmental disorder. In M. Gunnar & C. Nelson (Eds.), *Developmental behavioral neuroscience: The Minnesota Symposia on Child Psychology*. Hillsdale, N.J.: Erlbaum.

Berlin, B., Breedlove, D., & Raven, P. 1973. General principles of classification and nomenclature in folk biology. *American Anthropologist, 87,* 298–315.

Berlin, B., & Kay, P., 1969. *Basic color terms: Their universality and evolution*. Berkeley: University of California Press.

Bernstein, T. M. 1977. *The careful writer: A modern guide to English usage*. New York: Atheneum.

Berwick, R. C. 1985. *The acquisition of syntactic knowledge*. Cambridge, Mass.: MIT Press.

Berwick, R. C., Abney, S. P., & Tenny, C. (Eds.), 1991. *Principle-based parsing: Computation and psycholinguistics*. Dordrecht, Netherlands: Kluwer.

Berwick, R. C., & Weinberg, A. 1984. *The grammatical basis of linguistic performance*. Cambridge, Mass.: MIT Press.

Bever, T. G. 1970. The cognitive basis for linguistic structures. In J. R. Hayes (Ed.), *Cognition and the development of language*. New York: Wiley.

Bever, T. G., Carrithers, C., Cowart, W., & Townsend, D. J. 1989. Language processing and familial handedness. In A. M. Galaburda (Ed.), *From reading to neurons*. Cambridge, Mass.: MIT Press.

Bever, T. G., & McElree, B. 1988. Empty categories access their antecedents during comprehension. *Linguistic Inquiry, 19,* 35–45.

Bickerton, D. 1981. *Roots of language*. Ann Arbor, Mich.: Karoma.

Bickerton, D., & commentators. 1984. The language bioprogram hypothesis. *Behavioral and Brain Sciences, 7,* 173–221.

Bickerton, D. 1990. *Language and species*. Chicago: University of Chicago Press.

Bickerton, D. 1992. The pace of syntactic acquisition. In L. A. Sutton, C. Johnson, & R. Shields (Eds.), *Proceedings of the 17th Annual Meeting of the Berkeley Linguistics Society: General Session and Parasession on the Grammar of Event Structure*. Berkeley, Calif.: Berkeley Linguistics Society.

Birdsong, D. 1989. *Metalinguistic performance and interlinguistic competence*. New York: Springer-Verlag.

Bishop, D., V. M., North, T., & Conlan, D. 1993. Genetic basis for Specific Language Impairment: Evidence from a twin study. Unpublished manuscript, Medical Research Council Applied Psychology Unit, Cambridge, U.K.

Bley-Vroman, R. 1990. The logical problem of foreign language learning. *Linguistic Analysis, 20,* 3–49.

Bloom, A. H. 1981. *The linguistic shaping of thought: A study in the impact of language on thinking in China and the west*. Hillsdale, N.J.: Erlbaum.

Bloom, A. H. 1984. Caution—the words you use may affect what you say: A response to Au. *Cognition, 17*, 275–287.

Bodmer, W. F., & Cavalli-Sforza, L. L. 1970. Intelligence and race. *Scientific American*, October.

Bolinger, D. 1980. *Language: The loaded weapon*. New York: Longman.

Botha, R. P. 1989. *Challenging Chomsky*. Cambridge, Mass.: Blackwell.

Bouchard, T. J., Jr., Lykken, D. T., McGue, M., Segal, N. L., & Tellegen, A. 1990. Sources of human psychological differences: The Minnesota study of twins reared apart. *Science, 250*, 223–228.

Bowerman, M. 1982. Evaluating competing linguistic models with language acquisition data: Implications of developmental errors with causative verbs. *Quaderni di Semantica, 3*, 5–66.

Braine, M. D. S. 1971. On two types of models of the internalization of grammars. In D. I. Slobin (Ed.), *The ontogenesis of grammar: A theoretical symposium*. New York: Academic Press.

Braine, M. D. S. 1976. Children's first word combinations. *Monographs of the Society for Research in Child Development, 41*.

Brandon, R. N., & Hornstein, N. 1986. From icons to symbols: Some speculations on the origin of language. *Biology and Philosophy, 1*, 169–189.

Brandreth, G. 1980. *The joy of lex*. New York: Morrow.

Breland, K., & Breland, M. 1961. The misbehavior of organisms. *American Psychologist, 16*, 681–684.

Bresnan, J. 1982. *The mental representation of grammatical relations*. Cambridge, Mass.: MIT Press.

Bresnan, J. 1990. Levels of representation in locative inversion: A comparison of English and Chichewa. Unpublished manuscript, Department of Linguistics, Stanford University.

Bresnan, J., & Moshi, L. 1988. Applicatives in Kivunjo (Chaga): Implications for argument structure and syntax. Unpublished manuscript, Department of Linguistics, Stanford University.

Brown, D. E. 1991. *Human universals*. New York: McGraw-Hill.

Brown, P., & Levinson, S. C. 1987. *Politeness: Some universals in language usage*. New York: Cambridge University Press.

Brown, R. 1957. Linguistic determinism and parts of speech. *Journal of Abnormal and Social Psychology, 55*, 1–5.

Brown, R. 1958. *Words and things*. New York: Free Press.

Brown, R. 1973. *A first language: The early stages*. Cambridge, Mass.: Harvard University Press.

Brown, R., and Hanlon, C. 1970. Derivational complexity and order of acquisition in child speech. In J. R. Hayes (Ed.), *Cognition and the development of language*. New York: Wiley.

Brunvand, J. H. 1989. *Curses! Broiled again! The hottest urban legends going*. New York: Norton.

Bryson, B. 1990. *The mother tongue*. New York: Morrow.

Buchsbaum, R. 1948. *Animals without backbones* (2nd ed.). Chicago: University of Chicago Press.

Burling, R. 1986. The selective advantage of complex language. *Ethology and Sociobiology, 7*, 1–16.

Burling, R. 1992. *Patterns of language: Structure, variation, change*. New York: Academic Press.

Bybee, J. 1985. *Morphology: A study of the relation between meaning and form*. Philadelphia: Benjamins.

Calvin, W. H. 1983. *The throwing madonna: Essays on the brain*. New York: McGraw-Hill.

Campbell, J. 1982. *Grammatical man*. New York: Simon & Schuster.

Caplan, D. 1987. *Neurolinguistics and linguistic aphasiology*. New York: Cambridge University Press.

Caplan, D. 1992. *Language: Structure, processing, and disorders*. Cambridge, Mass.: MIT Press.

Carey, S. 1978. The child as word-learner. In M. Halle, J. Bresnan, & G. A. Miller (Eds.), *Linguistic theory and psychological reality*. Cambridge, Mass.: MIT Press.

Carey, S. 1985. *Conceptual change in childhood*. Cambridge, Mass.: MIT Press.

Carrington, R. 1958. *Elephants*. London: Chatto & Windus.

Carroll, J. B. (Ed.) 1956. *Language, thought, and reality: Selected writings of Benjamin Lee Whorf*. Cambridge, Mass.: MIT Press.

Carroll, L. 1871/1981. *Alice's adventures in Wonderland and Through the looking-glass*. New York: Bantam Books.

Cassidy, F. G. (Ed.). 1985. *Dictionary of American regional English*. Cambridge, Mass.: Harvard University Press.

Cavalli-Sforza, L. L. 1991. Genes, peoples, and languages. *Scientific American, 265*, 104–110.

Cavalli-Sforza, L. L., & Feldman, M. W. 1981. *Cultural transmission and evolution: A quantitative approach*. Princeton, N.J.: Princeton University Press.

Cavalli-Sforza, L. L., Piazza, A., Menozzi, P., & Mountain, J. 1988. Reconstruction of human evolution: Bringing together genetic, archaeological, and linguistic data. *Proceedings of the National Academy of Science, 85*, 6002–6006.

Cheney, D. L., & Seyfarth, R. M. 1992. The representation of social relations by monkeys. *Cognition, 37*, 167–196. Also in Gallistel, 1992.

Chomsky, C. 1970. Reading, writing, and phonology. *Harvard Educational Review, 40*, 287–309.

Chomsky, N. 1957. *Syntactic structures*. The Hague: Mouton.

Chomsky, N. 1959. A review of B. F. Skinner's "Verbal Behavior." *Language, 35*, 26–58.

Chomsky, N. 1965. *Aspects of the theory of syntax*. Cambridge, Mass.: MIT Press.

Chomsky, N. 1972. *Language and mind* (enl. ed.). New York: Harcourt Brace Jovanovich.

Chomsky, N. 1975. *Reflections on language*. Pantheon.

Chomsky, N. 1980a. *Rules and representations*. New York: Columbia University Press.

Chomsky, N., & commentators. 1980b. Rules and representations. *Behavioral and Brain Sciences, 3*, 1–61.

Chomsky, N. 1986. *Barriers*. Cambridge: MIT Press.

Chomsky, N. 1988. *Language and problems of knowledge: The Managua lectures*. Cambridge, Mass.: MIT Press.

Chomsky, N. 1991. Linguistics and cognitive science: Problems and mysteries. In Kasher, 1991.

Chomsky, N., & Halle, M. 1968/1991. *The sound pattern of English*. Cambridge, Mass.: MIT Press.

Chorover, S. 1979. *From genesis to genocide*. Cambridge, Mass.: MIT Press.

Clark, E. V. 1993. *The lexicon in acquisition*. New York: Cambridge University Press.

Clark, H. H., & Clark, E. V. 1977. *Psychology and language*. New York: Harcourt Brace Jovanovich.

Clemens, S. L. 1910. The horrors of the German language. In *Mark Twain's speeches*. New York:

Harper.

Cole, R. A., & Jakimik, J. 1980. A model of speech perception. In R. A. Cole (Ed.), *Perception and production of fluent speech*. Hillsdale, N.J.: Erlbaum.

Columbia Journalism Review. (Ed.) 1980. *Squad helps dog bite victim*. New York: Doubleday.

Committee on the Judiciary, United States House of Representatives, 93rd Congress. 1974. *Transcripts of eight recorded presidential conversations*. Serial No. 34. Washington, D.C.: U.S. Government Printing Office.

Comrie, B. 1981. *Language universals and linguistic typology*. Chicago: University of Chicago Press.

Comrie, B. 1990. *The world's major languages*. New York: Oxford University Press.

Connolly, B., & Anderson, R. 1987. *First contact: New Guinea highlanders encounter the outside world*. New York: Viking Penguin.

Cooper, W. E., & Ross, J. R. 1975. World order. In R. E. Grossman, L. J. San, & T. J Vance (Eds.), *Papers from the parasession on functionalism*. Chicago: Chicago Linguistics Society.

Corballis, M. 1991. *The lopsided ape*. New York: Oxford University Press.

Coren, S. 1992. *The left-hander syndrome: The causes and consequences of left-handedness*. New York: Free Press.

Corina, D. P., Vaid, J., & Bellugi, U. 1992. The linguistic basis of left hemisphere specialization. *Science, 255*, 1258–1260.

Cornell, T. L., Fromkin, V. A., & Mauner, G. 1993. The syntax-there-but-not-there paradox: A linguistic account. *Current Directions in Psychological Science, 2*.

Cosmides, L. & Tooby, J. 1987. From evolution to behavior: Evolutionary psychology as the missing link.

In J. Dupré (Ed.), *The latest on the best: Essays on evolution and optimality*. Cambridge, Mass.: MIT Press.

Cosmides, L., & Tooby, J. 1992. Cognitive adaptations for social exchange. In Barkow, Cosmides, & Tooby, 1992.

Cowan, N., Braine, M. D. S., & Leavitt, L. A. 1985. The phonological and metaphonological representation of speech: Evidence from fluent backward talkers. *Journal of Memory and Language, 24*, 679–698.

Crain, S., & Nakayama, M. 1986. Structure dependence in children's language. *Language, 62*, 522–543.

Cromer, R. F. 1991. The cognition hypothesis of language acquisition? In R. F. Cromer, *Language and thought in normal and handicapped children*. Cambridge, Mass.: Blackwell.

Cronin, H. 1992. *The ant and the peacock*. New York: Cambridge University Press.

Crystal, D. 1987. *The Cambridge encyclopedia of language*. New York: Cambridge University Press.

Curtiss, S. 1989. The independence and task-specificity of language. In A. Bornstein & J. Bruner (Eds.), *Interaction in human development*. Hillsdale, N.J.: Erlbaum.

Daly, M., & Wilson, M. 1988. *Homicide*. Hawthorne, N.Y.: Aldine de Gruyter.

Damasio, A. R., & Damasio, H. 1992. Brain and language. *Scientific American, 267* (September), 88–95.

Darwin, C. R. 1859/1964. *On the origin of species*. Cambridge, Mass.: Harvard University Press.

Darwin, C. R. 1872. *The expression of emotion in man and animals*. London: Murray.

Darwin, C. R. 1874. *The descent of man and selection in relation to sex* (2nd ed.). New York: Hurst & Co.

Dawkins, R. 1986. *The blind watchmaker.* New York: Norton.

Deacon, T. W. 1988. Evolution of human language circuits. In H. Jerison & I. Jerison (Eds.), *Intelligence and evolutionary biology.* New York: Springer-Verlag.

Deacon, T. W. 1989. The neural circuitry underlying primate cells and human language. *Human Evolution, 4,* 367–401.

Degler, C. N. 1991. *In search of human nature: The decline and revival of Darwinism in American social thought.* New York: Oxford University Press.

Denes, P. B., & Pinson, E. N. 1973. *The speech chain: The physics and biology of spoken language.* Garden City, N.Y.: Anchor/Doubleday.

Dennett, D. C., & commentators. 1983. Intentional systems in cognitive ethology: The "Panglossian Paradigm" defended. *Behavioral and Brain Sciences, 6,* 343–390.

Department of Linguistics, Ohio State University. 1991. *Language files* (5th ed.). Columbus: Ohio State University.

DiSciullo, A. M., & Williams, E. 1987. *On the definition of word.* Cambridge, Mass.: MIT Press.

Diamond, J. M. 1990. The talk of the Americas. *Nature, 344,* 589–590.

Dodd, J., & Jessell, T. M. 1988. Axon guidance and the patterning of neuronal projections in vertebrates. *Science, 242,* 692–699.

Dronkers, N. F., Shapiro, J., Redfern, B., & Knight, R. 1992. The role of Broca's area in Broca's aphasia. *Journal of Clinical and Experimental Neuropsychology, 14,* 52–53.

Dryer, M. S. 1992. The Greenbergian word order correlations. *Language, 68,* 81–138.

Dyson, F. 1979. *Disturbing the universe.* New York: Harper.

The Economist. 1992. Minds in the making: A survey of Artificial Intelligence. March 14, 1992, 1–24.

The Editors of *The New Republic.* 1992. *Bushisms.* New York: Workman.

Elimas, P. D., Siqueland, E. R., Jusczyk, P., & Vigorito, J. 1971. Speech perception in infants. *Science, 171,* 303–306.

Emonds, J. 1986. Grammatically deviant prestige constructions. In *A festschrift for Sol Saporta.* Seattle: Noit Amrofer.

Ervin-Tripp, S. 1973. Some strategies for the first two years. In T. E. Moore (Ed.), *Cognitive development and the acquisition of language.* New York: Academic Press.

Espy, W. R. 1975. *An almanac of words at play.* New York: Clarkson Potter.

Espy, W. R. 1989. *The word's gotten out.* New York: Clarkson Potter.

Etcoff, N.L. 1986. The neuropsychology of emotional expression. In G. Goldstein & R. E. Tarter (Eds.), *Advances in Clinical Neuropsychology, Vol. 3.* New York: Plenum.

Fahey, V., Kamitomo, G. A., & Cornell, E. H. 1978. Heritability in syntactic development: a critique of Munsinger and Douglass. *Child Development, 49,* 253–257.

Farah, M. J. 1990. *Visual agnosia.* Cambridge, Mass.: MIT Press.

Fernald, A. 1992. Human maternal vocalizations to infants as biologically relevant signals: An evolutionary perspective. In Barkow, Cosmides, & Tooby, 1992.

Ferreira, F., & Henderson, J. M. 1990. The use of verb information in syntactic parsing: A comparison of evidence from eye movements and word-by-word selfpaced reading. *Journal of*

Experimental Psychology: Learning, Memory and Cognition, 16, 555–568.

Fischer, S. D. 1978. Sign language and creoles. In Siple, 1978.

Flavell, J. H., Miller, P. H., & Miller, S. A. 1993. *Cognitive development* (3rd ed.). Englewood Cliffs, N.J.: Prentice Hall.

Fodor, J. A. 1975. *The language of thought*. New York: Crowell.

Fodor, J. A. 1983. *The modularity of mind*. Cambridge, Mass.: MIT Press.

Fodor, J. A., & commentators. 1985. Précis and multiple book review of "The Modularity of Mind." *Behavioral and Brain Sciences, 8*, 1–42.

Fodor, J. D. 1989. Empty categories in sentence processing. *Language and Cognitive Processes, 4*, 155–209.

Ford, M., Bresnan, J., & Kaplan, R. M. 1982. A competence-based theory of syntactic closure. In Bresnan, 1982.

Frazier, L. 1989. Against lexical generation of syntax. In Marslen-Wilson, 1989.

Frazier, L., & Fodor, J. D. 1978. The sausage machine. A new two-stage parsing model. *Cognition, 6*, 291–328.

Freedman, D. H. 1990. Common sense and the computer. *Discover*, August, 65–71.

Freeman, D. 1983. *Margaret Mead and Samoa: The making and unmaking of an anthropological myth*. Cambridge, Mass.: Harvard University Press.

Friedin, R. 1992. *Foundations of generative syntax*. Cambridge, Mass.: MIT Press.

Galaburda, A.M., & Pandya, D. N. 1982. Role of architectonics and connections in the study of primate brain evolution. In E. Armstrong & D. Falk (Eds.), *Primate brain evolution*. New York: Plenum.

Gallen, C. 1994. Neuromagnetic assessment of human cortical function and dysfunction: Magnetic source imaging. In P. Tallal (Ed.), *Neural and cognitive mechanisms underlying speech, language, and reading*. Cambridge, Mass.: Harvard University Press.

Gallistel, C. R. 1990. *The organization of learning*. Cambridge, Mass.: MIT Press.

Gallistel, C. R. (Ed.) 1992. *Aminal cognition*. Cambridge, Mass.: MIT Press.

Gardner, B. T., & Gardner, R. A. 1974. Comparing the early utterances of child and chimpanzee. In A. Pick (Ed.), *Minnesota symposium on child psychology, Vol. 8*. Minneapolis: University of Minnesota Press.

Gardner, H. 1974. *The shattered mind*. New York: Vintage.

Gardner, H. 1985. *The mind's new science: A history of the cognitive revolution*. New York: Basic Books.

Gardner, R. A., & Gardner, B. T. 1969. Teaching sign language to a chimpanzee. *Science, 165*, 664–672.

Garfield, J. (Ed.) 1987. *Modularity in knowledge representation and natural-language understanding*. Cambridge, Mass.: MIT Press.

Garnsey, S. M., Tanenhaus, M. D., & Chapman, R. M. 1989. Evoked potentials and the study of sentence comprehension. *Journal of Psycholinguistic Research, 18*, 51–60.

Garrett, M. 1990. Sentence processing. In Osherson & Lasnik, 1990.

Gazzaniga, M. S. 1978. *The integrated mind*. New York: Plenum.

Gazzaniga, M. S. 1983. Right hemisphere language following brain bisection: A 20-year perspective. *American Psychologist, 38*, 528–549.

Gazzaniga, M. S. 1989. Organization of the human brain. *Science, 245*, 947–952.

Gazzaniga, M. S. 1992. *Nature's mind.* New York: Basic Books.

Geertz, C. 1984. Anti anti-relativism. *American Anthropologist, 86*, 263–278.

Geisel, T. S. 1955. *On beyond zebra, by Dr. Seuss.* New York: Random House.

Gelman, S. A., & Markman, E. 1987. Young children's inductions from natural kinds: The role of categories and appearances. *Child Development, 58*, 1532–1540.

Gentner, D., & Jeziorski, M. 1989. Historical shifts in the use of analogy in science. In B. Gholson, W. R. Shadish, Jr., R. A. Beimeyer, & A. Houts (Eds.), *The psychology of science: Contributions to metascience.* New York: Cambridge University Press.

Geschwind, N. 1979. Specializations of the human brain. *Scientific American*, September.

Geschwind, N., & Galaburda, A. 1987. *Cerebral lateralization: Biological mechanisms, associations, and pathology.* Cambridge, Mass.: MIT Press.

Gibbons, A. 1992. Neanderthal language debate: Tongues wag anew. *Science, 256*, 33–34.

Gibbons, A. 1993. Mitochondrial Eve refuses to die. *Science, 259*, 1249–1250.

Gibson, E. In press. *A computational theory of human linguistic processing: Memory limitations and processing breakdown.* Cambridge, Mass.: MIT Press.

Gleitman, L. R. 1981. Maturational determinants of language growth. *Cognition, 10*, 103–114.

Gleitman, L. R. 1990. The structural sources of verb meaning. *Language Acquisition, 1*, 3–55.

Goldsman, M. 1992. Quayle quotes. Various computer networks.

Goodglass, H. 1973. Studies on the grammar of aphasics. In H. Goodglass & S. E. Blumstein (Eds.), *Psycholinguistics and aphasia.* Baltimore: Johns Hopkins University Press.

Goodman, N. 1972. Seven strictures on similarity. In *Problems and projects.* Indianapolis: Bobbs-Merrill.

Gopnik, M. 1990a. Dysphasia in an extended family. *Nature, 344*, 715.

Gopnik, M. 1990b. Feature blindness: A case study, *Language Acquisition, 1*, 139–164.

Gopnik, M. 1993. The absence of obligatory tense in genetic language impairment. Unpublished manuscript, Department of Linguistics, McGill University.

Gopnik, M., & Crago, M. 1991. Familial aggregation of a developmental language disorder. *Cognition, 39*, 1–50.

Gordon, P. 1986. Level-ordering in lexical development. *Cognition, 21*, 73–93.

Gould, J. L., & Marler, P. 1987. Learning by instinct. *Scientific American*, January.

Gould, S. J. 1977. Why we should not name human races: A biological view. In S. J. Gould, *Ever since Darwin.* New York: Norton.

Gould, S. J. 1981. *The mismeasure of man.* New York: Norton.

Gould, S. J. 1985. *The flamingo's smile: Reflections in natural history.* New York: Norton.

Gould, S. J., & Lewontin, R. C. 1979. The spandrels of San Marco and the Panglossian paradigm: A critique of the adaptationist programme. *Proceedings of the Royal Society of London, 205*, 281–288.

Green, D. M. 1976. *An introduction to hearing.* Hillsdale, N.J.: Erlbaum.

Greenberg, J. H. (Ed.) 1963. *Universals of language.* Cambridge, Mass.: MIT Press.

Greenberg, J. H. 1987. *Language in the Americas*. Stanford, Calif.: Stanford University Press.

Greenberg, J. H., Ferguson, C. A., & Moravcsik, E. A. (Eds.) 1978. *Universals of human language* (4 vols.). Stanford, Calif.: Stanford University Press.

Greenfield, P. M., & Savage-Rumbaugh, E. S. 1991. Imitation, grammatical development, and the invention of protogrammar by an ape. In Krasnegor et al., 1991.

Grice, H. P. 1975. Logic and conversation. In P. Cole & J. L. Morgan (Eds.), *Syntax and Semantics 3: Speech acts*. New York: Academic Press.

Grimshaw, J. 1990. *Argument structure*. Cambridge, Mass.: MIT Press.

Grosjean, F., 1982. *Life with two languages: An introduction to bilingualism*. Cambridge, Mass.: Harvard University Press.

Guy, J. 1992. Genes, peoples, and languages? An examination of a hypothesis by Cavalli-Sforza. LINGUIST electronic bulletin board, January 27.

Hakuta, K. 1986. *Mirror of language: The debate on bilingualism*. New York: Basic Books.

Hale, K., Krauss, M., Watahomigie, L., Yamamoto, A., Craig, C., Jeanne, L. M., & England, N. 1992. Endangered languages. *Language, 68*, 1–42.

Halle, M. 1983. On distinctive features and their articulatory implementation. *Natural Language and Linguistic Theory, 1*, 91–105.

Halle, M. 1990. Phonology. In Osherson & Lasnik, 1990.

Harding, R. M., & Sokal, R. R. 1988. Classification of the European language families by genetic distance. *Proceedings of the National Academy of Science, 85*, 9370–9372.

Hardy-Brown, K., Plomin, R., & DeFries, J. C. 1981. Genetic and environmental influences on the rate of communicative development in the first year of life. *Developmental Psychology, 17*, 704–717.

Harman, G. (Ed.) 1974. *On Noam Chomsky: Critical essays*. New York: Doubleday.

Harnad, S. R., Steklis, H. S., & Lancaster, J. (Eds.) 1976. *Origin and evolution of language and speech* (special volume). *Annals of the New York Academy of Sciences, 280*.

Harris, R. A. 1993. *The linguistics wars*. New York: Oxford University Press.

Hart, J., Berndt, R. S., & Caramazza, A. 1985. Categoryspecific naming deficit following cerebral infarction. *Nature, 316*, 439–440.

Haugeland, J. (Ed.) 1981. *Mind design*. Cambridge, Mass.: MIT Press.

Hawkins, J. (Ed.) 1988. *Explaining language universals*. Basil Blackwell.

Hayakawa, S. I. 1964. *Language in thought and action* (2nd ed.). New York: Harcourt Brace.

Heath, S. B. 1983. *Ways with words: Language, life and work in communities and classrooms*. New York: Cambridge University Press.

Heider, E. R. 1972. Universals in color naming and memory. *Cognitive Psychology, 3*, 337–354.

Hillis, A. E., & Caramazza, A. 1991. Category-specific naming and comprehension impairment: A double dissociation. *Brain, 114*, 2081–2094.

Hinton, G. E., & Nowlan, S. J. 1987. How learning can guide evolution. *Complex Systems, 1*, 495–502.

Hirschfeld, L. A., & Gelman, S. A. (Eds.) In press. *Domain specificity in cognition and culture*. New York: Cambridge University Press.

Hirsh-Pasek, K., & Golinkoff, R. M. 1991. Language comprehension: A new look at some old themes. In Krasnegor et al., 1991.

Hockett, C. F. 1960. The origin of speech. *Scientific American, 203*, 88–111.

Hofstadter, D. R. 1985. *Metamagical themas*. New York: Basic Books.

Holden, C. 1987. The genetics of personality. *Science, 237*, 598–601.

Holm, J. 1988. *Pidgins and creoles* (2 vols.). New York: Cambridge University Press.

Holmes, R. B., & Smith, B. S. 1977. *Beginning Cherokee* (2nd ed.). Norman, Okla.: University of Oklahoma Press.

Hubel, D. 1988. *Eye, brain, and vision*. San Francisco: Freeman.

Humboldt, W. von. 1836/1972. *Linguistic variability and intellectual development* (G. C. Buck & F. Raven, Trans.). Philadelphia: University of Pennsylvania Press.

Hurford, J. R. 1989. Biological evolution of the Saussurean sign as a component of the language acquisition device. *Lingua, 77*, 187–222.

Hurford, J. R. 1991. The evolution of the critical period in language acquisition. *Cognition, 40*, 159–201.

Huttenlocher, P. R. 1990. Morphometric study of human cerebral cortex development. *Neuropsychologia, 28*, 517–527.

Ingram, D. 1989. *First language acquisition: Method, description, and explanation*. New York: Cambridge University Press.

Jackendoff, R. S. 1977. *X-bar syntax: A study of phrase structure*. Cambridge, Mass.: MIT Press.

Jackendoff, R. S. 1987. *Consciousness and the computational mind*. Cambridge, Mass.: MIT Press.

Jackendoff, R. S. 1992. *Languages of the mind*. Cambridge, Mass.: MIT Press.

James, W. 1892/1920. *Psychology: Briefer course*. New York: Henry Holt & Company.

Jespersen, O. 1938/1982. *Growth and structure of the English language*. Chicago: University of Chicago Press.

Jeyifous, S. 1986. Atimodemo: Semantic conceptual development among the Yoruba. Doctoral dissertation, Cornell University.

Johnson, S. 1755. Preface to the *Dictionary*. Reprinted in E. L. McAdam, Jr., and G. Milne (Eds.), 1964, *Samuel Johnson's Dictionary: A modern selection*. New York: Pantheon.

Joos, M. (Ed.) 1957. *Readings in linguistics: The development of descriptive linguistics in America since 1925*. Washington, D.C.: American Council of Learned Societies.

Jordan, M. I., & Rosenbaum, D. 1989. Action. In Posner, 1989.

Joshi, A. K. 1991. Natural language processing. *Science, 253*, 1242–1249.

Kaplan, R. 1972. Augmented transition networks as psychological models of sentence comprehension. *Artificial Intelligence, 3*, 77–100.

Kaplan, S. 1992. Environmental preference in a knowledgeseeking, knowledge-using organism. In Barkow, Cosmides, & Tooby, 1992.

Kasher, A. (Ed.) 1991. *The Chomskyan turn*. Cambridge, Mass.: Blackwell.

Katzner, K. 1977. *The languages of the world*. New York: Routledge & Kegan Paul.

Kay, P., & Kempton, W. 1984. What is the Sapir-Whorf hypothesis? *American Anthropologist, 86*, 65–79.

Kaye, J. 1989. *Phonology: A cognitive view*. Hillsdale, N.J.: Erlbaum.

Keenan, E. O. 1976. Towards a universal definition of "subject." In C. Li (Ed.), *Subject and Topic*. New York: Academic Press.

Kegl, J. & Iwata, G. A. 1989. Lenguage de Signos Nicaragüense: A pidgin sheds light on the "creole?" ASL. *Proceedings of the Fourth Annual Meeting of the Pacific Linguistics Conference*. Eugene, Ore.: University of Oregon.

Kegl, J., & Lopez, A. 1990. The deaf community in Nicaragua and their sign language(s). Unpublished paper, Department of Molecular and Behavioral Neuroscience, Rutgers University, Newark, N.J. Originally presented at Encuentro Latinamericano y del Caribe de Educadores de Sordos: II Encuentro Nacional de Especialistas en la Educacion del Sordo, November 12–17.

Keil, F. 1989. *Concepts, kinds, and conceptual development*. Cambridge, Mass.: MIT Press.

Kenstowicz, M., & Kisseberth, C. 1979. *Generative phonology*. New York: Academic Press.

Kim, J. J., Pinker, S., Prince, A., & Prasada, S. 1991. Why no mere mortal has ever flown out to center field. *Cognitive Science, 15*, 173–218.

Kim, J. J., Marcus, G. F., Pinker, S., Hollander, M., & Coppola, M. In press. Sensitivity of children's inflection to morphological structure. *Journal of Child Language*.

King, M., & Wilson, A. 1975. Evolution at two levels in humans and chimpanzees. *Science, 188*, 107–116.

Kinsbourne, M. 1978. Evolution of language in relation to lateral action. In M. Kinsbourne (Ed.), *Asymmetrical function of the brain*. New York: Cambridge University Press.

Kiparsky, P. 1976. Historical linguistics and the origin of language. In Harnad, Steklis, & Lancaster, 1976.

Kiparsky, P. 1982. Lexical phonology and morphology. In I. S. Yang (Ed.), *Linguistics in the morning calm*. Seoul: Hansin.

Kitcher, P. 1985. *Vaulting ambition: Sociobiology and the quest for human nature*. Cambridge, Mass.: MIT Press.

Klima, E., & Bellugi, U. 1979. *The signs of language*. Cambridge, Mass.: Harvard University Press.

Kluender, R., & Kutas, M. 1993. Bridging the gap: Evidence from ERPs on the processing of unbounded dependencies. *Journal of Cognitive Neuroscience, 4*.

Konner, M. 1982. *The tangled wing: Biological constraints on the human spirit*. Harper.

Kornai, A., & Pullum, G. K. 1990. The X-bar theory of phrase structure. *Language, 66*, 24–50.

Korzybski, A. 1933. *Science and sanity: An introduction to non-Aristotelian systems and General Semantics*. Lancaster, Penn.: International Non-Aristotelian Library.

Kosslyn, S. M. 1983. *Ghosts in the mind's machine: Creating and using images in the brain*. New York: Norton.

Kosslyn, S. M. 1987. Seeing and imagining in the cerebral hemispheres: A computational approach. *Psychological Review, 94*, 144–175.

Krasnegor, N. A., Rumbaugh, D. M., Schiefelbusch, R. L., & Studdert-Kennedy, M. (Eds.) 1991. *Biological and behavioral determinants of language development*. Hillsdale, N.J.: Erlbaum.

Ku era, H. 1992. The mathematics of language. In *The American Heritage Dictionary of the English language* (3rd ed.). Boston: Houghton Mifflin.

Kuhl, P., & Williams, K. A., Lacerda, F., Stevens, K. N., & Lindblom, B. 1992. Linguistic experience alters phonetic perception in infants by six months of age. *Science, 255*, 606–608.

Kuno, S. 1974. The position of relative clauses and conjunctions. *Linguistic Inquiry, 5*, 117–136.

Labov, W. 1969. The logic of nonstandard English. *Georgetown Monographs on Language and Linguistics, 22*, 1–31.

Ladefoged, P. 1992. Another view of endangered languages. *Language, 68*, 809–811.

Lakoff, G. 1987. *Women, fire, and dangerous things*. Chicago: University of Chicago Press.

Lakoff, G., & Johnson, M. 1980. *Metaphors we live by*. Chicago: University of Chicago Press.

Lakoff, R. 1990. *Talking power: The politics of language in our lives*. New York: Basic Books.

Lambert, D., & The Diagram Group. 1987. *The field guide to early man*. New York: Facts on File Publications.

Lederer, R. 1987. *Anguished English*. Charleston: Wyrick.

Lederer, R. 1990. *Crazy English*. New York: Pocket Books.

Leech, G. N. 1983. *Principles of pragmatics*. London: Longman.

Lenat, D. B., & Guha, D. V. 1990. *Building large knowledge-based systems*. Reading, Mass.: Addison-Wesley.

Lenneberg, E. H. 1953. Cognition and ethnolinguistics. *Language, 29*, 463–471.

Lenneberg, E. H. 1967. *Biological foundations of language*. New York: Wiley.

Lesser, V. R., Fennel, R. D., Erman, L. D., & Reddy, R. D. 1975. The Hearsay II speech understanding system. *IEEE Transactions on Acoustics, Speech, and Signal Processing, 23*, 11–24.

Levinson, S. C. 1983. *Pragmatics*. New York: Cambridge University Press.

Lewin, R. 1980. Is your brain really necessary? *Science, 210*, 1232–1234.

Lewontin, R. C. 1966. Review of G. C. Williams' "Adaptation and natural selection." *Science, 152*, 338–339.

Lewontin, R. C. 1982. *Human diversity*. San Francisco: Scientific American.

Lewontin, R. C., Rose, S., & Kamin, L. 1984. *Not in our genes*. New York: Pantheon.

Liberman, A. M., Cooper, F. S., Shankweiler, D. P., & Studdert-Kennedy, M. 1967. Perception of the speech code. *Psychological Review, 74*, 431–461.

Liberman, A. M., & Mattingly, I. G. 1989. A specialization for speech perception. *Science, 243*, 489–494.

Lieberman, P. 1984. *The biology and evolution of language*. Cambridge, Mass.: Harvard University Press.

Lieberman, P. 1990. Not invented here. In Pinker & Bloom, 1990.

Lieberman, P., Kako, E., Friedman, J., Tajchman, G., Feldman, L. S., & Jiminez, E. B. 1992. Speech production, syntax comprehension, and cognitive deficits in Parkinson's Disease. *Brain and Language, 43*, 169–189.

Limber, J. 1973. The genesis of complex sentences. In T. E. Moore (Ed.), *Cognitive development and the acquisition of language*. New York: Academic Press.

Linebarger, M., Schwartz, M. F., & Saffran, E. M. 1983. Sensitivity to grammatical structure in so-called agrammatic aphasics. *Cognition, 13*, 361–392.

Liu, L. G. 1985. Reasoning counterfactually in Chinese: Are there any obstacles? *Cognition, 21*, 239–270.

Locke, J. L. 1992. Structure and stimulation in the ontogeny of spoken language. *Developmental Psychobiology, 28*, 430–440.

Locke, J. L., & Mather, P. L. 1989. Genetic factors in the ontogeny of spoken language: Evidence from monozygotic and dizygotic twins. *Journal of Child Language, 16*, 553–559.

Logan, R. K. 1986. *The alphabet effect*. New York: St. Martin's Press.

Long, M. H. 1990. Maturational constraints on language development. *Studies in Second Language Acquisition, 12*, 251–285.

Lorge, I., & Chall, J. 1963. Estimating the size of vocabularies of children and adults: An analysis of methodological issues. *Journal of Experimental Education, 32*, 147–157.

Ludlow, C. L., & Cooper, J. A. (Eds.) 1983. *Genetic aspects of speech and language disorders*. New York: Academic Press.

Lykken, D. T., McGue, M., Tellegen, A., & Bouchard, T. J., Jr. 1992. Emergenesis: Genetic traits that may not run in families. *American Psychologist, 47*, 1565–1577.

MacDonald, M. C. 1989. Priming effects from gaps to antecedents. *Language and Cognitive Processes, 4*, 1–72.

MacDonald, M. C., Just, M. A., & Carpenter, P. A. 1992. Working memory constraints on the processing of syntactic ambiguity. *Cognitive Psychology, 24*, 56–98.

MacWhinney, B. 1991. *The CHILDES Project: Tools for Analyzing Talk*. Hillsdale, N.J.: Erlbaum.

Malotki, E. 1983. *Hopi time: A linguistic analysis of temporal concepts in the Hopi language*. Berlin: Mouton.

Marcus, G. F. 1993. Negative evidence in language acquisition. *Cogniton, 46*, 53–85.

Marcus, G. F., Brinkmann, U., Clahsen, H., Wiese, R., Woest, A., & Pinker, S. 1993. German inflection: The exception that proves the rule. MIT Center for Cognitive Science Occasional Paper #47.

Marcus, G. F., Pinker, S., Ullman, M., Hollander, M., Rosen, T. J., & Xu, F. 1992. Overregularization in language acquisition. *Monographs of the Society for Research in Child Development, 57*.

Markman, E. 1989. *Categorization and naming in children: Problems of induction*. Cambridge, Mass.: MIT Press.

Marr, D. 1982. *Vision*. San Francisco: Freeman.

Marslen-Wilson, W. 1975. Sentence comprehension as an interactive, parallel process. *Science, 189*, 226–228.

Marslen-Wilson, W. (Ed.) 1989. *Lexical representation and process*. Cambridge, Mass.: MIT Press.

Martin, L. 1986. "Eskimo words for snow" : A case study in the genesis and decay of an anthropological example. *American Anthropologist, 88*, 418–423.

Martin, P., & Klein, R. 1984. *Quaternary extinctions*. Tucson: University of Arizona Press.

Mather, P., & Black, K. 1984. Hereditary and environmental influences on preschool twins' language skills. *Developmental Psychology, 20*, 303–308.

Mattingly, I. G., & Studdert-Kennedy, M. (Eds.) 1991. *Modularity and the motor theory of speech perception*. Hillsdale, N.J.: Erlbaum.

Maynard Smith, J. 1984. Optimization theory in evolution. In E. Sober (Ed.), *Conceptual issues in evolutionary biology*. Cambridge, Mass.: MIT Press.

Maynard Smith, J. 1986. *The problems of biology*. Oxford: Oxford University Press.

Maynard Smith, J. 1988. *Games, sex, and evolution*. New York: Harvester Wheatsheaf.

Mayr, E. 1982. *The growth of biological thought*. Cambridge, Mass.: Harvard University Press.

Mayr, E. 1983. How to carry out the adaptationist program. *American Naturalist, 121*, 324–334.

Mazoyer, B. M., Dehaene, S., Tzourio, N., Murayama, N., Cohen, L., Levrier, O., Salamon, G., Syrota, A., & Mehler, J. 1992. The cortical representation of speech. Unpublished manuscript, Laboratoire de Sciences Cognitives et Psycholinguistique, Centre Nationale de la Recherche Scientifique, Paris.

McClelland, J. L., Rumelhart, D. E., & The PDP Research Group. 1986. *Parallel distributed processing: Explorations in the microstructure of cognition, Vol. 2: Psychological and biological models.* Cambridge, Mass.: MIT Press.

McCrum, R., Cran, W., & MacNeil, R. 1986. *The story of English.* New York: Viking.

McCulloch, W. S., & Pitts, W. 1943. A logical calculus of the ideas immanent in nervous activity. *Bulletin of Mathematical Biophysics, 5*, 115–133.

McDermott, D. 1981. Artificial intelligence meets natural stupidity. In Haugeland, 1981.

McGurk, H., & MacDonald, J. 1976. Hearing lips and seeing voices. *Nature, 264*, 746–748.

Mead, M. 1935. *Sex and temperament in three primitive societies.* New York: Morrow.

Medawar, P. B. 1957. An unsolved problem in biology. In P. B. Medawar, *The uniqueness of the individual.* London: Methuen.

Mehler, J., Jusczyk, P. W., Lambertz, G., Halsted, N., Bertoncini, J., & Amiel-Tison, C. 1988. A precursor to language acquisition in young infants. *Cognition, 29*, 143–178.

Mencken, H. 1936. *The American language.* New York: Knopf. Miceli, G., & Caramazza A. 1988. Dissociation of inflectional and derivational morphology. *Brain and Language, 35*, 24–65.

Miceli, G., Silveri, M. C., Romani, C., & Caramazza, A. 1989. Variation in the pattern of omissions and substitutions of grammatical morphemes in the spontaneous speech of so-called agrammatic patients. *Brain and Language, 36*, 447–492.

Miller, G. A. 1956. The magical number seven, plus or minus two: Some limits on our capacity for processing information. *Psychological Review, 63*, 81–96.

Miller, G. A. 1967. *The psychology of communication.* London: Penguin Books.

Miller, G. A. 1977. *Spontaneous apprentices: Children and language.* New York: Seabury Press.

Miller, G. A. 1991. *The science of words.* New York: Freeman.

Miller, G. A., & Chomsky, N. 1963. Finitary models of language users. In R. D. Luce, R. Bush, and E. Galanter (Eds.), *Handbook of mathematical psychology, Vol. 2.* New York: Wiley.

Miller, G. A., & Selfridge, J. 1950. Verbal context and the recall of meaningful material. *American Journal of Psychology, 63*, 176–185.

Miyamoto, M. M., Slightom, J. L., & Goodman, M. 1987. Phylogenetic relations of humans and African apes from DNA sequences in the ψη-globin region. *Science, 238*, 369–373.

Modgil, S., & Modgil, C. (Eds.) 1987. *Noam Chomsky: Consensus and controversy.* New York: Falmer Press.

Morgan, J. L., & Travis, L. L. 1989. Limits on negative information in language learning. *Journal of Child Language, 16*, 531–552.

Munsinger, H., & Douglass, A. 1976. The syntactic abilities of identical twins, fraternal twins and their siblings. *Child Development, 47*, 40–50.

Murdock, G. P. 1975. *Outline of world's cultures* (5th ed.). New Haven, Conn.: Human Relations Area Files.

Murphy, K. 1992. "To be" in their bonnets. *Atlantic Monthly*, February.

Myers, R. E. 1976. Comparative neurology of vocalization and speech: Proof of a dichotomy. In Harnad, Steklis, & Lancaster, 1976.

Nabokov, V. 1958. *Lolita*. New York: Putnam.

Neisser, A. 1983. *The other side of silence*. New York: Knopf.

Neville, H., Nicol, J. L., Barss, A., Forster, K. I., &Garrett, M. F. 1991. Syntactically based sentence processing classes: Evidence from event-related brain potentials. *Journal of Cognitive Neuroscience, 3*, 151–165.

New York Times Staff. 1974. *The White House Transcripts*. New York: Bantam Books.

Newmeyer, F. 1991. Functional explanation in linguistics and the origin of language. *Language and Communication, 11*, 3–96.

Newport, E. 1990. Maturational constraints on language learning. *Cognitive Science, 14*, 11–28.

Newport, E., Gleitman, H., & Gleitman, E. 1977. Mother I'd rather do it myself: Some effects and non-effects of maternal speech style. In C. E. Snow and C. A. Ferguson (Eds.), *Talking to children: Language input and acquisition*. Cambridge: Cambridge University Press.

Nicol, J., & Swinney, D. A. 1989. Coreference processing during sentence comprehension. *Journal of Psycholinguistic Research, 18*, 5–19.

Norman, D., & Rumelhart, D. E. (Eds.) 1975. *Explorations in cognition*. San Francisco: Freeman.

Nunberg, G. 1992. Usage in The American Heritage Dictionary: The place of criticism. In *The American Heritage Dictionary of the English language* (3rd ed.). Boston: Houghton Mifflin.

Ojemann, G. A. 1991. Cortical organization of language. *Journal of Neuroscience, 11*, 2281–2287.

Ojemann, G. A., & Whitaker, H. A. 1978. Language localization and variability. *Brain and Language, 6*, 239–260.

Orians, G. H., & Heerwagen, J. H. 1992. Evolved responses to landscapes. In Barkow, Cosmides, & Tooby, 1992.

Osherson, D. N., Stob, M., and Weinstein, S. 1985. *Systems that learn*. Cambridge, Mass.: MIT Press.

Osherson, D. N., & Lasnik, H. (Eds.) 1990. *Language: An invitation to cognitive science, Vol. 1*. Cambridge, Mass.: MIT Press.

Osherson, D. N., Kosslyn, S. M., & Hollerbach, J. M. (Eds.). 1990. *Visual cognition and action: An invitation to cognitive science, Vol. 2*. Cambridge, Mass.: MIT Press.

Osherson, D. N., & Smith, E. E. (Eds.), 1990. *Thinking: An invitation to cognitive science, Vol. 3*. Cambridge, Mass.: MIT Press.

Patterson, F. G. 1978. The gestures of a gorilla: Language acquisition in another pongid. *Brain and Language, 5*, 56–71.

Peters, A. M. 1983. *The units of language acquisition*. New York: Cambridge University Press.

Peterson, S. E., Fox, P. T., Posner, M. I., Mintun, M., & Raichle, M. E. 1988. Positron emission tomographic studies of the cortical anatomy of single-word processing. *Nature, 331*, 585–589.

Peterson, S. E., Fox, P. T., Snyder, A. Z., & Raichle, M. E. 1990. Activation of extrastriate and frontal cortical areas by visual words and wordlike stimuli. *Science, 249*, 1041–1044.

Petitto, L. A. 1988. "Language" in the prelinguistic child. In F. Kessel (Ed.), *The development of language and of language researchers: Papers presented to Roger Brown*. Hillsdale, N.J.: Erlbaum.

Petitto, L. A., & Marentette, P. F. 1991. Babbling in the manual mode: Evidence for the ontogeny of language. *Science, 251*, 1493–1496.

Petitto, L. A., & Seidenberg, M. S. 1979. On the evidence for linguistic abilities in signing apes. *Brain and Language, 8*, 162–183.

Piattelli-Palmarini, M. (Ed.) 1980. *Language and learning: The debate between Jean Piaget and Noam Chomsky*. Cambridge, Mass.: Harvard University Press.

Piattelli-Palmarini, M. 1989. Evolution, selection, and cognition: From "learning" to parameter setting in biology and the study of language, *Cognition, 31*, 1–44.

Pinker, S. 1979. Formal models of language learning. *Cognition, 7*, 217–283.

Pinker, S. 1984. *Language learnability and language development*. Cambridge, Mass.: Harvard University Press.

Pinker, S. (Ed.) 1985. *Visual cognition*. Cambridge, Mass.: MIT Press.

Pinker, S. 1987. The bootstrapping problem in language acquisition. In B. MacWhinney (Ed.), *Mechanisms of language acquisition*. Hillsdale, N.J.: Erlbaum.

Pinker, S. 1989. *Learnability and cognition: The acquisition of argument structure*. Cambridge, Mass.: MIT Press.

Pinker, S. 1990. Language acquisition. In Osherson & Lasnik, 1990.

Pinker, S. 1991. Rules of language. *Science, 253*, 530–535.

Pinker, S. 1992. Review of Bickerton's "Language and Species." *Language, 68*, 375–382.

Pinker, S. 1994. How could a child use verb syntax to learn verb semantics? *Lingua, 92*.

Pinker, S. In press. Facts about human language relevant to its evolution. In J.-P. Changeux (Ed.), *Origins of the human brain*. New York: Oxford University Press.

Pinker, S., & Birdsong, D. 1979. Speakers' sensitivity to rules of frozen word order. *Journal of Verbal Learning and Verbal Behavior, 18*, 497–508.

Pinker, S., & Bloom, P., & commentators. 1990. Natural language and natural selection. *Behavioral and Brain Sciences, 13*, 707–784.

Pinker, S., & Mehler, J. (Eds.) 1988. *Connections and symbols*. Cambridge, Mass.: MIT Press.

Pinker, S., and Prince, A. 1988. On language and connectionism: Analysis of a Parallel-Distributed Processing model of language acquisition. *Cognition, 28*, 73–193.

Pinker, S., and Prince, A. 1992. Regular and irregular morphology and the psychological status of rules of grammar. In L. A. Sutton, C. Johnson, & R. Shields (Eds.), *Proceedings of the 17th Annual Meeting of the Berkeley Linguistics Society: General Session and Parasession on the Grammar of Event Structure*. Berkeley, Calif.: Berkeley Linguistics Society.

Plomin, R. 1990. The role of inheritance in behavior. *Science, 248*, 183–188.

Poeppel, D. 1993. PET studies of language: A critical review. Unpublished manuscript, Department of Brain and Cognitive Sciences, MIT.

Poizner, H., Klima, E. S., & Bellugi, U. 1990. *What the hands reveal about the brain*. Cambridge, Mass.: MIT Press.

Posner, M. I. (Ed.) 1989. *Foundations of cognitive science*. Cambridge, Mass.: MIT Press.

Prasada, S., & Pinker, S. 1993. Generalizations of regular and irregular morphology. *Language and Cognitive Processes, 8*, 1–56.

Premack, A. J., & Premack, D. 1972. Teaching language to an ape. *Scientific American*, October.

Premack, D. 1985. "Gavagai!" or the future history of the animal language controversy. *Cognition, 19,* 207–296.

Pullum, G. K. 1991. *The great Eskimo vocabulary hoax and other irreverent essays on the study of language.* Chicago: University of Chicago Press.

Putnam, H. 1971. The "innateness hypothesis" and explanatory models in linguistics. In J. Searle (Ed.), *The philosophy of language.* New York: Oxford University Press.

Pyles, T., & Algeo, J. 1982. *The origins and development of the English language* (3rd ed.). New York: Harcourt Brace Jovanovich.

Quine, W. V. O. 1960. *Word and object.* Cambridge, Mass.: MIT Press.

Quine, W. V. O. 1969. Natural kinds. In *Ontological relativity and other essays.* New York: Columbia University Press.

Quine, W. V. O. 1987. *Quiddities: An intermittently philosophical dictionary.* Cambridge, Mass.: Harvard University Press.

Quirk, R., Greenbaum, S., Leech, G., & Svartvik, J. 1985. *A comprehensive grammar of the English language.* New York: Longman.

Radford, A. 1988. *Transformational syntax: A first course* (2nd ed.). New York: Cambridge University Press.

Rakic, P. 1988. Specification of cerebral cortical areas. *Science, 241,* 170–176.

Raymond, E. S. (Ed.) 1991. *The new hacker's dictionary.* Cambridge, Mass.: MIT Press.

Remez, R. E., Rubin, P. E., Pisoni, D. B., & Carrell, T. D. 1981. Speech perception without traditional speech cues. *Science, 212,* 947–950.

Renfrew, C. 1987. *Archaeology and language: The puzzle of Indo-European origins.* New York: Cambridge University Press.

Riemsdijk, H. van, & Williams, E. 1986. *Introduction to the theory of grammar.* Cambridge, Mass.: MIT Press.

Roberts, L. 1992. Using genes to track down Indo-European migrations. *Science, 257,* 1346.

Robinson, B. W. 1976. Limbic influences on human speech. In Harnad, Steklis, & Lancaster, 1976.

Rosch, E. 1978. Principles of categorization. In E. Rosch & B. Lloyd (Eds.), *Cognition and categorization.* Hillsdale, N.J.: Erlbaum.

Ross, P. E. 1991. Hard words. *Scientific American*, April, 138–147.

Rozin, P., & Schull, J. 1988. The adaptive-evolutionary point of view in experimental psychology. In R. C. Atkinson, R. J. Herrnstein, G. Lindzey, & R. D. Luce (Eds.), *Stevens's handbook of experimental psychology.* New York: Wiley.

Ruhlen, M. 1987. *A guide to the world's languages, Vol. 1.* Stanford University Press.

Rumelhart, D. E., McClelland, J. L., & The PDP Research Group. 1986. *Parallel distributed processing: Explorations in the microstructure of cognition, Vol. 1: Foundations.* Cambridge, Mass.: MIT Press.

Rymer, R. 1993. *Genie: An abused child's flight from silence,* New York: HarperCollins.

Safire, W. 1991. *Coming to terms.* New York: Henry Holt.

Sagan, C., & Druyan, A. 1992. *Shadows of forgotten ancestors.* New York: Random House.

Samarin, W. J. 1972. *Tongues of men and angels: The religious language of Pentecostalism.* New York: Macmillan.

Samuels, M. L. 1972. *Linguistic evolution*. New York: Cambridge University Press.

Sapir, E. 1921. *Language*. New York: Harcourt, Brace, and World.

Saussure, F. de. 1916/1959. *Course in general linguistics*. New York: McGraw-Hill.

Savage-Rumbaugh, E. S. 1991. Language learning in the bonobo: How and why they learn. In Krasnegor et al., 1991.

Schaller, S. 1991. *A man without words*. New York: Summit Books.

Schanck, R. C., & Riesbeck, C. K. 1981. *Inside computer understanding: Five programs plus miniatures.* Hillsdale, N.J.: Erlbaum.

Searle, J. (Ed.) 1971. *The philosophy of language*. New York: Oxford University Press.

Seidenberg, M. S. 1986. Evidence from the great apes concerning the biological bases of langauge. In W. Demopoulos & A. Marras (Eds.), *Language learning and concept acquisition: Foundational issues.* Norwood, N.J.: Ablex.

Seidenberg, M. S., & Petitto, L. A. 1979. Signing behavior in apes: A critical review. *Cognition, 7,* 177–215.

Seidenberg, M. S., & Petitto, L. A. 1987. Communication, symbolic communication, and language: Comment on Savage-Rumbaugh, McDonald, Sevcik, Hopkins, and Rupert 1986. *Journal of Experimental Pyschology: General, 116,* 279–287.

Seidenberg, M. S., Tanenhaus, M. K., Leiman, M., & Bienkowski, M. 1982. Automatic access of the meanings of words in context: Some limitations of knowledgebased processing. *Cognitive Psychology, 14,* 489–537.

Selkirk, E. O. 1982. *The syntax of words*. Cambridge, Mass.: MIT Press.

Shatz, C. J. 1992. The developing brain. *Scientific American*, September.

Shepard, R. N. 1978. The mental image. *American Psychologist, 33,* 125–137.

Shepard, R. N. 1987. Evolution of a mesh between principles of the mind and regularities of the world. In J. Dupré (Ed.), *The latest on the best: Essays on evolution and optimality*. Cambridge, Mass.: MIT Press.

Shepard, R. N., and Cooper, L. A. 1982. *Mental images and their transformations*. Cambridge, Mass.: MIT Press.

Shevoroshkin, V. 1990. The mother tongue: How linguists have reconstructed the ancestor of all living languages. *The Sciences, 30,* 20–27.

Shevoroshkin, V., & Markey, T. L. 1986. *Typology, relationship, and time*. Ann Arbor, Mich.: Karoma.

Shieber, S. In press. Lessons from a restricted Turing Test. *Communications of the Association for Computing Machinery.*

Shopen, T. (Ed.) 1985. *Language typology and syntactic description*, 3 vols. New York: Cambridge University Press.

Simon, J. 1980. *Paradigms lost*. New York: Clarkson Potter.

Singer, P. 1992. Bandit and friends. *New York Review of Books*, April 9.

Singleton, J., & Newport, E. 1993. When learners surpass their models: the acquisition of sign language from impoverished input. Unpublished manuscript, Department of Psychology, University of Rochester.

Siple, P. (Ed.) 1978. *Understanding language through sign language research*. New York: Academic Press.

Slobin, D. I. 1977. Language change in childhood and in history. In J. Macnamara (Ed.), *Language learning and thought.* New York: Academic Press.

Slobin, D. I. (Ed.) 1985. *The crosslinguistic study of language acquisition, Vols. 1 & 2.* Hillsdale, N.J.: Erlbaum.

Slobin, D. I. (Ed.) 1992. *The crosslinguistic study of language acquisition, Vol. 3.* Hillsdale, N.J.: Erlbaum.

Smith, G. W. 1991. *Computers and human language.* New York: Oxford University Press.

Sokal, R. R., Oden, N. L., & Wilson, C. 1991. Genetic evidence for the spread of agriculture in Europe by demic diffusion. *Nature, 351,* 143–144.

Solan, L. M. 1993. *The language of judges.* Chicago: University of Chicago Press.

Spelke, E. S., Breinlinger, K., Macomber, J., & Jacobson, K. 1992. Origins of knowledge. *Psychological Review, 99,* 605–632.

Sperber, D. 1982. *On anthropological knowledge.* New York: Cambridge University Press.

Sperber, D. 1985. Anthropology and psychology: Toward an epidemiology of representations. *Man, 20,* 73–89.

Sperber, D. In press. The modularity of thought and the epidemiology of representations. In Hirschfeld & Gelman, in press.

Sperber, D., & Wilson, D. 1986. *Relevance: Communication and cognition.* Cambridge, Mass.: MIT Press.

Sproat, R. 1992. *Morphology and computation.* Cambridge, Mass.: MIT Press.

Staten, V. 1992. *Ol' Diz.* New York: HarperCollins.

Steele, S. (with Akmajian, A., Demers, R., Jelinek, E., Kitagawa, C., Oehrle, R., and Wasow, T.) 1981. *An Encyclopedia of AUX: A Study of Cross-Linguistic Equivalence.* Cambridge, Mass.: MIT Press.

Stringer, C. B. 1990. The emergence of modern humans. *Scientific American,* December.

Stringer, C. B., & Andrews, P. 1988. Genetic and fossil evidence for the origin of modern humans. *Science, 239,* 1263–1268.

Stromswold, K. J. 1990. Learnability and the acquisition of auxiliaries. Doctoral dissertation, Department of Brain and Cognitive Sciences, MIT.

Stromswold, K. J. 1994. Language comprehension without language production. Presented at the Boston University Conference on Language Development.

Stromswold, K. J. 1994. The cognitive and neural bases of language acquisition. In M. S. Gazzaniga (Ed.), *The cognitive neurosciences.* Cambridge, Mass.: MIT Press.

Stromswold, K. J., Caplan, D., & Alpert, N. 1993. Functional imaging of sentence comprehension. Unpublished manuscript, Department of Psychology, Rutgers University.

Studdert-Kennedy, M. 1990. This view of language. In Pinker & Bloom, 1990.

Supalla, S. 1986. Manually coded English: The modality question in signed language development. Master's thesis, University of Illinois.

Swinney, D. 1979. Lexical access during sentence comprehension: (Re)consideration of context effects. *Journal of Verbal Learning and Verbal Behavior, 5,* 219–227.

Symons, D. 1979. *The evolution of human sexuality.* New York: Oxford University Press.

Symons, D., & commentators. 1980. Précis and multiple book review of "The Evolution of Human Sexuality." *Behavioral and Brain Sciences, 3,* 171–214.

Symons, D. 1992. On the use and misuse of Darwinism and the study of human behavior. In Barkow, Cosmides, & Tooby, 1992.

Tartter, V. C. 1986. *Language processes.* New York: Holt, Rinehart, & Winston.

Terrace, H. S. 1979. *Nim.* New York: Knopf.

Terrace, H. S., Petitto, L. A., Sanders, R. J., & Bever, T. G. 1979. Can an ape create a sentence? *Science, 206,* 891–902.

Thomas L. 1990. *Et cetera, et cetera: Notes of a wordwatcher.* Boston: Little, Brown.

Thomason, S. G. 1984. Do you remember your previous life's language in your present incarnation? *American Speech, 59,* 340–350.

Tiersma, P. 1993. Linguistic issues in the law. *Language, 69,* 113–137.

Tooby, J., & Cosmides, L. 1989. Adaptation versus phylogeny: The role of animal psychology in the study of human behavior. *International Journal of Comparative Psychology, 2,* 105–118.

Tooby, J., & Cosmides, L. 1990a. On the universality of human nature and the uniqueness of the individual: The role of genetics and adaptation. *Journal of Personality, 58,* 17–67.

Tooby, J., & Cosmides, L. 1990b. The past explains the present: Emotional adaptations and the structure of ancestral environments. *Ethology and sociobiology, 11,* 375–424.

Tooby, J., & Cosmides, L. 1992. Psychological foundations of culture. In Barkow, Cosmides, & Tooby, 1992.

Trueswell, J. C., Tanenhaus, M., & Garnsey, S. M. In press. Semantic influences on parsing: Use of thematic role information in syntactic ambiguity resolution. *Journal of Memory and Language.*

Trueswell, J. C., Tanenhaus, M., & Kello, C. In press. Verb-specific constraints in sentence processing: Separating effects of lexical preference from gardenpaths. *Journal of Experimental Psychology: Learning, Memory, and Cognition.*

Turing, A. M. 1950. Computing machinery and intelligence. *Mind, 59,* 433–460.

Voegelin, C. F., & Voegelin, F. M. 1977. *Classification and index of the world's languages.* New York: Elsevier.

von der Malsburg, C., & Singer, W. 1988. Principles of cortical network organization. In P. Rakic & W. Singer (Eds.), *Neurobiology of neocortex.* New York: Wiley.

Wald, B. 1990. Swahili and the Bantu languages. In B. Comrie (Ed.), *The world's major langauges.* New York: Oxford University Press.

Wallace, R. A. 1980. *How they do it.* New York: Morrow.

Wallesch, C.-W., Henriksen, L., Kornhuber, H.-H., & Paulson, O. B. 1985. Observations on regional cerebral blood flow in cortical and subcortical structures during language production in normal man. *Brain and Language, 25,* 224–233.

Wallich, P. 1991. Silicon babies. *Scientific American*, December 124–134.

Wallman, J. 1992. *Aping language.* New York: Cambridge University Press.

Wang, W. S.-Y. 1976. Language change. In Harnad, Steklis, & Lancaster, 1976.

Wanner, E. 1988. The parser's architecture. In F. Kessel (Ed.), *The development of language and of language researchers: Papers presented to Roger Brown.* Hillsdale, N.J.: Erlbaum.

Wanner, E., & Maratsos, M. 1978. An ATN approach to comprehension. In M. Halle, J. Bresnan, & G. A. Miller (Eds.), *Linguistic theory and psychological reality.* Cambridge, Mass.: MIT Press.

Warren, R. M. 1970. Perceptual restoration of missing speech sounds. *Science, 167,* 392–393.

Warrington, E. K., & McCarthy, R. 1987. Categories of knowledge: Further fractionation and an attempted integration. *Brain, 106,* 1273–1296.

Watson, J. B. 1925. *Behaviorism*. New York: Norton.

Weizenbaum, J. 1976. *Computer power and human reason*. San Francisco: Freeman.

Werker, J. 1991. The ontogeny of speech perception. In Mattingly & Studdert-Kennedy, 1991.

Wexler, K., and Culicover, P. 1980. *Formal principles of language acquisition*. Cambridge, Mass.: MIT Press.

Wilbur, R. 1979. *American Sign Language and sign systems*. Baltimore: University Park Press.

Williams, E. 1981. On the notions "lexically related" and "head of a word." *Linguistic Inquiry, 12*, 245–274.

Williams, G. C. 1957. Pleiotropy, natural selection, and the evolution of senescence. *Evolution, 11*, 398–411.

Williams, G. C. 1966. *Adaptation and natural selection: A critique of some current evolutionary thought*. Princeton, N.J.: Princeton University Press.

Williams, G. C. 1992. *Natural selection*. New York: Oxford University Press.

Williams, H. 1989. *Sacred elephant*. New York: Harmony Books.

Williams, J. M. 1990. *Style: Toward clarity and grace*. Chicago: University of Chicago Press.

Wilson, E. O. 1972. Animal communication. *Scientific American*, September.

Wilson, M., & Daly, M. 1992. The man who mistook his wife for a chattel. In Barkow, Cosmides, & Tooby, 1992.

Winston, P. H. 1992. *Artificial Intelligence* (4th ed.). Reading, Mass.: Addison-Wesley.

Woodward, J. 1978. Historical bases of American Sign Language. In Siple, 1978.

Wright, R. 1991. Quest for the mother tongue. *Atlantic Monthly*, April, 39–68.

Wynn, K. 1992. Addition and subtraction in human infants. *Nature, 358*, 749–750.

Yngve, V. H. 1960. A model and an hypothesis for language structure. *Proceedings of the American Philosophical Society, 104*, 444–466.

Yourcenar, M. 1961. *The memoirs of Hadrian*. New York: Farrar, Straus.

Zatorre, R. J., Evans, A. C., Meyer, E., & Gjedde, A. 1992. Lateralization of phonetic and pitch discrimination in speech processing. *Science, 256*, 846–849.

Zurif, E. 1990. Language and the brain. In Osherson & Lasnik, 1990.

美国语言学家德怀特·博林格在《语言要略》（*Aspects of Language*）一书中提到一个值得深思的现象：凡是研究有关人类本身的学科总是进展缓慢，而在所有学科中，没有一门学科比语言学同人类的本质更为接近。于是，语言这种我们普通人最熟悉不过的现象，却成为科学家眼中一个最为神奇，也最为难解的谜团。

一谈到语言学，总会有人发问：语言学到底研究什么？语言还需要研究吗？形象地说，语言是人类这个物种所拥有的一种可怕能力，最能说明这一点的，就是在东西方各自流传了几千年的两个神话故事：一个是《圣经》中的"巴别塔"；另一个就是我国古代的"仓颉造字，天雨粟，鬼夜哭"（当然，严格说来，仓颉发明的是文字，而非语言）。可见，语言是人类拥有的一种可以降服万物，令鬼神胆寒的能力。从这个角度来说，语言学就是探究这一能力的起源、本质、构成、表现、应用和效果，以及与其相关的各种生物、历史和文化现象，并最终帮助我们了解人类这种"语言动物"的全部奥秘。

然而，在有关语言的所有讨论中，语言的起源问题又是让人最为捉摸不定的"谜中之谜"，几乎任何一位语言学家都会告诉你：我们对语言起源的了解比对宇宙起源的了解还要少。因此，它也被看作是"科学界最难的问题"。

面对这个最难的问题，史蒂芬·平克在《语言本能》中给出了自己的答案。

平克的答案其实非常简单：人类之所以拥有语言，就像蜘蛛之所以会织网，是一种与生俱来的本能。

当然，要证明这一答案并非易事。史蒂芬·平克调动了来自多个学科的重要理论和研究成果（包括语言学、心理学、生物学、人类学、遗传学、文化学以及人工智能等），将它们整合成一张知识的巨网，我们在这张巨网里可以看到达尔文的自然选择、乔姆斯基的普遍语法、福多尔的心智模块、奎因的"归纳法的耻辱"；可以看到思维语言、语法基因、人工智能、语言谱系；也可以看到儿童的语言发展过程、黑猩猩在语言学习上的种种表现以及人类大脑的语言功能结构图。在平克的精心编织下，所有这些知识都指向一个结论：语言是自然选择的结果，是人类大脑中固有的心智模块。

可贵的是，平克不只是想让专业同行知道他的答案，还希望"所有使用语言的人"都能知道、了解这一答案，并清楚它的重要意义。于是，我们在他的书中看到了莎士比亚、马克·吐温、萧伯纳、莫里哀、奥威尔、伍迪·艾伦，看到了《爱丽丝镜中奇遇记》《杰克与魔豆》、"爱斯基摩词汇大骗局"、"水门事件"，还看到了《纽约时报书评》上的征婚广告、约翰·贝鲁西扮演的日本武士、满口俚语的帮派成员以及各种自以为是的"语言专家"。平克希望以此让我们明白：语言学并不只是一大堆晦涩难懂的术语和莫名其妙的符号，它其实和我们的日常生活息息相关。他还努力让我们相信：语言面前人人平等。在语言的使用上，一位用语考究、发音纯正的牛津大学教授和一位来自穷乡僻壤、满嘴方言的老农并没有高下之别，他们的语言都是天赋能力的完美展现。

所以，这是一本"亦庄亦谐"的书，代表着一本科普著作所能达到的最高境界：既能让普通的语言爱好者读起来兴趣盎然，又能因里程碑式的学术价值在语言学和心理学界占据一席之地。它深刻得让人肃然起敬，但又轻松得令人拍案叫绝。它是达尔文和马克·吐温的完美结合。

不得不承认，《语言本能》的翻译对本人来说是一个巨大的挑战，其中的困难不胜枚举，譬如书中涉及来自多门学科、多个领域的科学术语和专门用语，而其中一些术语、用语在国内还没有统一或权威的译法。又譬如，作为一本探讨语言问题的论著，书中或明或暗地引用了大量学术文献和文学作品，以及各种无厘头的打油诗、童谣、俚语、笑话和文字游戏。这于作者是才思敏捷、旁征博引的表现，但对译者来说却是一个个难关，正如翻译家思果先生曾经的感叹："译者是苦命人，作者写书的时候，哪里会替译者设想。他玩文字的华巧，暗中用典，一语双关，不是用双声就是叠韵，你去翻译吧。困难是你的事。"

为了克服这些困难，尽可能保证译文的质量，本人在翻译过程中查证、参考了诸多资料，其中引文部分的主要参考对象有：达尔文的《人类的由来及性选择》（叶笃庄、杨习之译，科学出版社 1984 年版）、达尔文的《物种起源》（周建人、叶笃庄、方宗熙译，商务印书馆 1995 年版）、乔姆斯基的《乔姆斯基语言哲学文选》（徐烈炯、尹大贻、程雨民译，商务印书馆 1993 年版）、乔姆斯基的《乔姆斯基语言学文集》（宁春岩译，湖南教育出版社 2006 年版）、爱因斯坦的《爱因斯坦文集》（许良英、范岱年编译，商务印书馆 1976 年版）、华生的《行为主义》（李维译，浙江教育出版社 1986 年版）、沃尔夫的《论语言、思维和现实——沃尔夫文集》（高一虹等译，湖南教育出版社 2001 年版）、莱布尼兹的《人类理智新论》（陈修斋译，商务印书馆 1982 年版）、米德的《三个原始部落的性别和气质》（宋践等译，浙江人民出版社 1988 年版），乔治·奥威尔的《1984》（董乐山译，上海译文出版社 2009 年版）、刘易斯·卡洛尔的《爱丽丝奇遇记》（管绍淳、赵明菲译，金隄之校，新疆人民出版社 1981 年版）、勒达·科斯米德斯、约翰·图比的《演化心理学导论》（沈中达译）、杰弗里·普勒姆的《爱斯基摩词汇大骗局》、苏斯的《史尼奇及其他故事》（孙若颖译，中国对外翻译出版公司 2007 年版）、莫里哀的《莫里哀喜剧全集》（李健吾译，湖南文艺出版社 1984 年版）、高健选译的《英国散文精选》（上海译文出版社 2010 年版）等。

此外，本人还参阅了国内有关史蒂芬·平克和《语言本能》的多篇学术论文，如黄子东的《评介 Pinker 的〈语言本能〉》（《现代外语》1998 年第 1 期）、奚家文的《从乔姆斯基到平克——语言心理研究的模块化之路》（《心理科学》2009 年第 1 期）、罗忠民的《〈语言本能〉译介》（《外语与外语教学》2003 年第 12 期）、李芝的《S. Pinker 的生物语言学思想评析》（《北京林业大学学报》2010 年第 4 期）、蒋柯的《〈语言本能〉到进化心理学的华丽转身——平克的语言模块性思想述评》（《西南民族大学学报》2010年第7期）等。

对于以上译者和学者（还包括诸多限于篇幅而未能出现在本文中的前辈），本人在此谨致诚挚谢意！特别需要指出的是，作为一部经典著作，《语言本能》已经被译为多种文字，其中中国台湾的洪兰女士曾将其译为中文。虽然洪兰版本《语言本能》的翻译质量在网络和报纸上都引起诸多非议，但筚路蓝缕之功，终究不可抹杀，对于本人的翻译工作，也是十分可贵的参证和镜鉴。另外，豆瓣、卓越上的诸多网友（特别是"安徽医科大学尹力"）针对洪兰版本的《语言本能》所列举的各种问题和错误，也给予我许多启发，使我免于犯一些类似的错误，在此也一并致谢！

此外，还要感谢湛庐文化对我的一贯信任和宽容，在本书的翻译过程中，由于各种原因，译稿一拖再拖，却总是能够得到他们的谅解和鼓励。他们在图书事业上表现出来的敬业精神和职业素质，也常令我敬佩不已。另外，尹娟女士、桂珊女士、吴兰英女士、马强先生、吴安安先生分别承担了本书部分章节的翻译、校对工作，并针对译稿提出了极具建设性的意见，亦惠我不浅。另外，欧阳自强、旷巧玉、卢梅娇、张凤梅、彭嵩松、黄传连和黄璇等同志对我完成本书的翻译工作提供了诸多帮助，在此一并致谢。同时感谢我的父母兄长、亲朋好友一直以来给予的各种支持，让我在享受人生温暖的同时，拥有足够的时间和精力做自己喜欢做的事情。

最后需要说明的是，限于本人的学识水平，本译稿想必存在许多不尽如人意的地方，希望各位读者不吝批评赐教。

欧阳明亮

未来，属于终身学习者

我们正在亲历前所未有的变革——互联网改变了信息传递的方式，指数级技术快速发展并颠覆商业世界，人工智能正在侵占越来越多的人类领地。

面对这些变化，我们需要问自己：未来需要什么样的人才？

答案是，成为终身学习者。终身学习意味着具备全面的知识结构、强大的逻辑思考能力和敏锐的感知力。这是一套能够在不断变化中随时重建、更新认知体系的能力。阅读，无疑是帮助我们整合这些能力的最佳途径。

在充满不确定性的时代，答案并不总是简单地出现在书本之中。"读万卷书"不仅要亲自阅读、广泛阅读，也需要我们深入探索好书的内部世界，让知识不再局限于书本之中。

湛庐阅读 App: 与最聪明的人共同进化

我们现在推出全新的湛庐阅读 App，它将成为您在书本之外，践行终身学习的场所。

- 不用考虑"读什么"。这里汇集了湛庐所有纸质书、电子书、有声书和各种阅读服务。
- 可以学习"怎么读"。我们提供包括课程、精读班和讲书在内的全方位阅读解决方案。
- 谁来领读？您能最先了解到作者、译者、专家等大咖的前沿洞见，他们是高质量思想的源泉。
- 与谁共读？您将加入到优秀的读者和终身学习者的行列，他们对阅读和学习具有持久的热情和源源不断的动力。

在湛庐阅读App首页，编辑为您精选了经典书目和优质音视频内容，每天早、中、晚更新，满足您不间断的阅读需求。

【特别专题】【主题书单】【人物特写】等原创专栏，提供专业、深度的解读和选书参考，回应社会议题，是您了解湛庐近千位重要作者思想的独家渠道。

在每本图书的详情页，您将通过深度导读栏目【专家视点】【深度访谈】和【书评】读懂、读透一本好书。

通过这个不设限的学习平台，您在任何时间、任何地点都能获得有价值的思想，并通过阅读实现终身学习。我们邀您共建一个与最聪明的人共同进化的社区，使其成为先进思想交汇的聚集地，这正是我们的使命和价值所在。

CHEERS

湛庐阅读 App
使用指南

读什么

· 纸质书
· 电子书
· 有声书

与谁共读

· 主题书单
· 特别专题
· 人物特写
· 日更专栏
· 编辑推荐

怎么读

· 课程
· 精读班
· 讲书
· 测一测
· 参考文献
· 图片资料

谁来领读

· 专家视点
· 深度访谈
· 书评
· 精彩视频

HERE COMES EVERYBODY

下载湛庐阅读 App
一站获取阅读服务

著作权合同登记号　图字：11-2023-134

The Language Instinct: How the Mind Creates Language by Steven Pinker

Copyright ©1994 by Steven Pinker

All rights reserved.

本书中文简体字版经授权在中华人民共和国境内独家出版发行。未经出版者书面许可，不得以任何方式抄袭、复制或节录本书中的任何部分。

图书在版编目（CIP）数据

语言本能：人类语言进化的奥秘 /（美）史蒂芬·平克著；欧阳明亮译 . — 杭州：浙江科学技术出版社，2023.6

ISBN 978-7-5739-0590-1

Ⅰ.①语… Ⅱ.①史… ②欧… Ⅲ.①语言学 Ⅳ.①H0

中国国家版本馆 CIP 数据核字（2023）第 082759 号

书　　名　语言本能：人类语言进化的奥秘
著　　者　[美]史蒂芬·平克
译　　者　欧阳明亮

出版发行　**浙江科学技术出版社**
　　　　　地址：杭州市体育场路 347 号　邮政编码：310006
　　　　　办公室电话：0571-85176593
　　　　　销售部电话：0571-85062597
　　　　　网址：www.zkpress.com
　　　　　E-mail:zkpress@zkpress.com
印　　刷　唐山富达印务有限公司

开　本	710mm×965mm　1/16	印　张	33.25
字　数	540 000		
版　次	2023 年 6 月第 1 版	印　次	2023 年 6 月第 1 次印刷
书　号	ISBN 978-7-5739-0590-1	定　价	149.90 元

责任编辑　柳丽敏	责任美编　金　晖
责任校对　张　宁	责任印务　田　文